D1721313

EUL VERLAG

Unternehmensbewertung mit Modellen zur Diskontierung von Gewinnprognosen unter Verwendung zukunftsorientierter Kapitalkosten

—

Eine empirische Analyse auf Basis von Faktorenmodellen zur Bestimmung impliziter Kapitalkosten

Von der Fakultät für Ingenieurwissenschaften, Abteilung Maschinenbau und Verfahrenstechnik

der

Universität Duisburg-Essen

zur Erlangung des akademischen Grades

eines

Doktors der Wirtschaftswissenschaften

Dr. rer. pol.

genehmigte Dissertation

von

Steffen Biermann
aus
Dortmund

Erstgutachter: Univ.-Prof. Dr. rer. pol. Andreas Wömpener

Zweitgutachter: Univ.-Prof. Dr. rer. pol. Thorsten Knauer

Tag der mündlichen Prüfung: 07.09.2017

Reihe: Finanzierung, Kapitalmarkt und Banken · Band 97

Herausgegeben von Prof. Dr. Hermann Locarek-Junge, Dresden, Prof. Dr. Klaus Röder, Regensburg, und Prof. Dr. Mark Wahrenburg, Frankfurt

Steffen Biermann

Unternehmensbewertung mit Modellen zur Diskontierung von Gewinnprognosen unter Verwendung zukunftsorientierter Kapitalkosten

Eine empirische Analyse auf Basis von Faktorenmodellen zur Bestimmung impliziter Kapitalkosten

Mit einem Geleitwort von Prof. Dr. Andreas Wömpener, Universität Duisburg-Essen

Bibliografische Information der Deutschen Nationalbibliothek

Die Deutsche Nationalbibliothek verzeichnet diese Publikation
in der Deutschen Nationalbibliografie; detaillierte bibliografische
Daten sind im Internet über <http://dnb.d-nb.de> abrufbar.

Dissertation, Universität Duisburg-Essen, 2017

ISBN 978-3-8441-0544-5
1. Auflage März 2018

© JOSEF EUL VERLAG GmbH, Siegburg – Köln, 2018
Alle Rechte vorbehalten

JOSEF EUL VERLAG GmbH
Zeithstr. 356
53721 Siegburg
Tel.: 0 22 05 / 90 10 6-80
Fax: 0 22 05 / 90 10 6-88
https://www.eul-verlag.de
info@eul-verlag.de

Bei der Herstellung unserer Bücher möchten wir die Umwelt schonen. Dieses Buch ist daher auf säurefreiem, 100% chlorfrei gebleichtem, alterungsbeständigem Papier nach DIN 6738 gedruckt.

Geleitwort

Für Manager, Kapitalmarktteilnehmer und Wissenschaftler ist es in vielen Situationen von großem Interesse, Unternehmen mit marktkonformen Preisen zu bewerten. In der Wissenschaft wurden bereits viele verschiedene Einflussfaktoren auf ihre Eignung für die Nutzung in Bewertungsmodellen untersucht. Auch der Einfluss unterschiedlicher Spezifikationen von Kapitalkosten wurde getestet. Sämtliche dieser Ansätze basieren bisher jedoch auf historischen Daten. Auch in der Praxis werden vorwiegend historisch orientierte Kapitalkosten auf Basis geläufiger Kapitalmarktmodelle bevorzugt.

Die Arbeit von Herrn Steffen Biermann zeigt erstmalig, dass aus Faktorenmodellen abgeleitete, zukunftsorientierte Kapitalkosten deutlich besser zur Verwendung in der Unternehmensbewertung geeignet sind als klassische, mittels CAPM abgeleitete, Kapitalkosten. Dies lässt sich zum einen auf variable implizite Marktrisikoprämien, aber auch auf die mangelnde Eignung des CAPM-Betas, die unterschiedlichen Risikoprämien der Unternehmen zu erklären, zurückführen. Der Median des „absoluten relativen Bewertungsfehlers" lässt sich durch die von Herrn Biermann eingesetzten Modelle von 38,4% auf bis zu 12,2% reduzieren. Die Faktorenmodelle werden aus zahlreichen Risikofaktoren gebildet, aus denen sich Zusammenhänge und Einflussmöglichkeiten auf die Kapitalkosten ableiten lassen.

Diese Arbeit zeigt die Vorteilhaftigkeit von Abnormal Earnings Growth-Modellen gegenüber Residual Income-Modellen und gibt konkrete Handlungsempfehlungen, welche Bewertungsmodell-Kapitalkosten-Kombination in Abhängigkeit des Informationsniveaus verwendet werden sollten. Herr Biermann leistet einen wertvollen Beitrag zur Erforschung zukunftsorientierter Kapitalkosten und der indirekten Bestimmung impliziter Kapitalkosten aus Faktorenmodellen. Ich wünsche dieser Schrift eine zahlreiche und interessierte Leserschaft.

Duisburg, im Dezember 2017   Prof. Dr. Andreas Wömpener

Vorwort

Die vorliegende Arbeit entstand während meiner Zeit als wissenschaftlicher Mitarbeiter am Lehrstuhl für Allgemeine Betriebswirtschaftslehre und Controlling an der Universität Duisburg-Essen. Sie wurde im Juli 2017 als Dissertationsschrift von der Fakultät für Ingenieurwissenschaften angenommen. Für die Unterstützung in dieser Zeit möchte ich mich bei zahlreichen Personen bedanken.

An erster Stelle danke ich meinem Doktorvater Herrn Prof. Dr. Andreas Wömpener. Durch die gewährten Freiheiten bei der Wahl und Umsetzung des Themas sowie mit der uneingeschränkten Unterstützung und Betreuung während des gesamten Dissertationsprozesses hat er zum erfolgreichen Gelingen meiner Arbeit beigetragen. Darüber hinaus ist seinem liberalen Führungsstil ein angenehmes Arbeitsklima am Lehrstuhl zu verdanken.

Mein weiterer aufrechter Dank gilt Herrn Prof. Dr. Thorsten Knauer für die Übernahme des Zweitgutachtens sowie Prof. Dr. Johannes Gottschling für die Übernahme des Vorsitzes und Frau Prof. Dr. Heike Proff als Mitprüferin der Prüfungskommission.

Weiterhin bedanke ich mich beim Sonderforschungsbereich 649 an der Humboldt Universität Berlin für die Möglichkeit der Generierung der für diese Arbeit benötigten Archivdaten.

Meinen Kollegen am Lehrstuhl möchte ich für die zahlreichen Diskussionen sowie die Unterstützung während meiner Zeit am Lehrstuhl danken. Ein Dank gilt ebenfalls dem Sekretariatsteam sowie den studentischen Hilfskräften die meine Tätigkeit unterstützt haben.

Mein größter Dank gilt meinen Eltern, die mir während der gesamten Zeit der Promotion die nötige Rückendeckung gegeben haben.

Waltrop, im Dezember 2017   Steffen Biermann

Inhaltsverzeichnis

Abbildungsverzeichnis

Tabellenverzeichnis

Abkürzungsverzeichnis

AEG	Abnormal Earnings Growth Model
AEGAQ	Abnormal Earnings Growth Model mit Gewinnthesaurierung in der Konvergenzphase
AEGEW	Abnormal Earnings Growth Model mit klassischem Endwert
AEGK1	Abnormal Earnings Growth Model mit einjähriger Konvergenzphase
AEGK9	Abnormal Earnings Growth Model mit neunjähriger Konvergenzphase
AGP	Anpassung der Gewinnprognosen
ANZA	Anzahl der beobachtenden Analysten
ANZM	Anzahl der Mitarbeiter
APT	Arbitrage Pricing Theory
AQ	Ausschüttungsquote
AQ_BR	Mittelwert der Ausschüttungsquote der Branche
ARBF	Absolute relative Bewertungsfehler
BETA	CAPM Beta
BF	Bewertungsfehler
BM	Buch-Marktwert-Verhältnis
BM_BR	Mittelwert des Buch-Marktwert-Verhältnis der Branche
BPS	Book Value Per Share
BRVM	Branchenrisikoprämie des Vormonats
CAPM	Capital Asset Pricing Model
CCAPM	Consumption Capital Asset Pricing Model
CSR	Clean Surplus Relation
CT	Claus/Thomas (2001)
DCF	Discounted Cashflow Model
DDM	Dividend Discount Model
DR	Dividendenrendite
DR_BR	Mittelwert der Dividendenrendite der Branche
EPSt	Earnings Per Share der Periode t
EW	Endwert
FF3F	Fama French drei Faktorenmodell
FGP	Prognosefehler der Gewinnprognosen

GGM	Gordon Growth Model
GKF	Kurzfristige Wachstumsrate
GKM	Gewinnkapitalisierungsmodell
GLS	Gebhardt/Lee/Swaminathan (2001)
I/B/E/S	Institutional Brokers' Estimate System
IFRS	International Financial Reporting Standards
IKK	Implizite Kapitalkosten
IKK_BR	Implizite Branchen Kapitalkosten des Vormonats
in15%	Anteil der Verteilung mit einem maximalen ARBF von 15%
IPO	Initial Public Offering
IQR	Interquartil Range
KK	Kapitalkosten
LFKB	Quotient langfristiges Fremdkapital zu Eigenkapital-Buchwert
LFKM	Quotient langfristiges Fremdkapital zu Eigenkapital-Marktwert
LNAA	Logarithmus naturalis der Analystenanzahl
LNAM	Logarithmus naturalis der Anzahl der Mitarbeiter
LTG	Long Term Growth
MBO	Management Buy Out
MD	Median
MKAP	Marktkapitalisierung
MPEG	Modified Price Earnings Growth Ratio
MR	Marktrisikoprämie
MW	Mittelwert
N	Anzahl Beobachtungen
Nasdaq	National Association of Securities Dealers Automated Quotations
NW	Newey/West (1987)
NYSE	New York Stock Exchange
OJ	Ohlson/Jüttner-Nauroth (2005)
p	p-Wert
PE	Price Earnings Ratio
PEG	Price Earnings Growth Ratio
PIKK	Faktorenmodell-Prognose der IKK
PRPIKK	Faktorenmodell-Prognose der RPIKK
Q1	Erstes Quintil

Q2	Zweites Quintil
Q3	Drittes Quintil
Q4	Viertes Quintil
Q5	Fünftes Quintil
RBF	Relative Bewertungsfehler
RESET	Regression Equation Specification Error Test
RET	Aktienrendite der vergangenen 12 Monate
RHV	Relatives Handelsvolumen
RIM	Residual Income Model
RIMAQ	Residual Income Model mit Gewinnthesaurierung in der Konvergenz-phase
RIMEW	Residual Income Model mit klassischem Endwert
RIMK1	Residual Income Model mit einjähriger Konvergenzphase
RIMK9	Residual Income Model mit neunjähriger Konvergenzphase
RK	Regressionskoeffizient
ROE	Return on Equity
RP	Risikoprämie
RPIKK	Implizite Risikoprämie
RPIKK_VM	Implizite Risikoprämie des Vormonats (als Marktrisikoprämie)
SA	Standardabweichung
SAG	Standardabweichung der Bilanzgewinne
SARET	Standardabweichung der täglichen Aktienrenditen
SEC	United States Securities and Exchange Commission
SGP	Streuung der Gewinnprognosen
SIC	Standard Industrial Classification
SSRN	Social Science Research Network
STCAPM	Nicht durch das CAPM erklärbare Aktienrendite
t	t-Wert
t-NW	t-Wert nach Newey/West
UR	Umsatzrentabilität
URB	Umsatzrentabilität relativ zur Branche
WFE	World Federation of Exchanges

Symbolverzeichnis

aeg_t	Abnormale Gewinn der Periode t
$aegk_t$	Abnormale Gewinn der Periode t in der Konvergenzphase
a_i	Konstante
aq	Ausschüttungsquote
$ARBF$	Absolute relative Bewertungsfehler
BF	Bewertungsfehler
bps_t	Buchwert pro Aktie der Periode t
dps_t	Dividendenprognose pro Aktie der Periode t
eps_t	Gewinnprognose pro Aktie der Periode t
$E(r_i)$	Erwartete Aktienrendite der Aktie i
F_j	Risikofaktor j
g	Wachstumsrate
g_{ct}	Wachstumsrate nach Claus/Thomas
$g_{oj,kf}$	Kurzfristige Wachstumsrate nach Ohlson/Jüttner-Nauroth
$g_{oj,lf}$	Langfristige Wachstumsrate nach Ohlson/Jüttner-Nauroth
g_p	Langfristige Wachstumsrate nach Gordon
i	Laufindex
j	Laufindex
k	Konvergenzparameter
ltg	Langfristige Wachstumsrate geschätzt von I/B/E/S
m	Anteil des Jahres bis zum nächsten Diskontierungszeitpunkt
N	Anzahl Beobachtungen
p_0	Preis der Aktie in der Periode t_0
R^2	Bestimmtheitsmaß der Regression
R_{adj}^2	Adjustiertes Bestimmtheitsmaß der Regression
RBF	Relative Bewertungsfehler
r_e	Eigenkapitalkostensatz
r_i	Realisierte Rendite der Aktie i
$rips_t$	Residualgewinn pro Aktie der Periode t
RK_0	Koeffizienten der aktuellen Periode
RK_{-1}	Koeffizienten des Vormonats

RK_{-12}	Koeffizienten des Vorjahres (vor 12 Monaten)
$RK_{-11,0}$	Gleitende Mittelwert der Koeffizienten der 12 aktuellsten Monate
$RK_{-35,0}$	Gleitende Mittelwert der Koeffizienten der 36 aktuellsten Monate
$RK_{-59,0}$	Gleitende Mittelwert der Koeffizienten der 60 aktuellsten Monate
$RK_{-142,0}$	Gleitende Mittelwert der Koeffizienten der 143 aktuellsten Monate
$RK_{-238,0}$	Gleitende Mittelwert der Koeffizienten der 239 aktuellsten Monate
roe_b	Gleitende Median der Eigenkapitalrentabilität der Branche
roe_t	Eigenkapitalrentabilität pro Aktie der Periode t
t	Zeitindex
t_0	Aktuelle Periode
u_i	Fehlerterm
V_E	Erwartete Unternehmenswert
V_M	Unternehmens-Marktwert
β_{ij}	Faktorsensitivität der Aktie i auf Risikofaktor j
λ_0	Erwartete Rendite einer risikolosen Anlage
λ_j	Faktor-Risikoprämie des Risikofaktors j

1   Einleitung

1.1   Motivation

Kapitalmarktteilnehmer und Manager sehen sich in vielen Situationen vor der Herausfor-derung, ein Unternehmen mit marktkonformen Preisen zu bewerten. In zahlreichen Sze-narien, in denen keine Marktpreise zur Verfügung stehen, sind Bewertungen mittels ge-eigneter Bewertungsmodelle notwendig. Zu diesen Anlässen zählen bspw. die Bestim-mung des Unternehmenswertes für die Übernahme privat gehaltener Unternehmen, für Börsengänge (IPO), für Management Buyouts oder Mergers & Acquisitions-Transaktio-nen.[1] Für Kapitalmarktteilnehmer sind marktkonforme Bewertungsmodelle auch von In-teresse, um unter- oder überbewertete Unternehmen zu identifizieren.[2]

Zahlreiche wissenschaftliche Arbeiten setzen sich diesbezüglich in umfangreichen Ar-chivstudien mit der Genauigkeit von Bewertungsmodellen auseinander.[3] In diesen Stu-dien werden verschiedene Bewertungsmodelle auf ihre Eignung getestet. Bis Mitte der neunziger Jahre wurden noch Schätzer auf Basis historischer Zahlungsströme für zukünf-tige Zahlungsströme verwendet, seit etwa zwei Jahrzenten liegt ein besonderer Fokus auf Bewertungsmodellen, die zukunftsorientierte Zahlungsströme der Unternehmen diskon-tieren.[4] Als Standard hat sich die Diskontierung von prognostizierten Zahlungsströmen etabliert.[5] Dazu werden Prognosen von Sell-Side-Analysten verwendet, die bspw. vom Institutional Brokers' Estimate System (I/B/E/S) in Datenbanken veröffentlicht werden.[6] Dabei gelten Gewinnprognosen als die qualitativ besten Prognosen, da die Analysten in Abhängigkeit von deren Genauigkeit entlohnt werden.[7] Demzufolge ist bei den in der

---

[1]   Vgl. Jorgensen/Lee/Yoo (2011), S. 448.
[2]   Vgl. Henschke (2009), S. 1. Studien, die Bewertungsmodelle zur Prognose zukünftiger Aktienrenditen verwenden sind bspw. Frankel/Lee (1998); Lee/Myers/Swaminathan (1999); Dechow/Hutton/Sloan (1999); Easton/Monahan (2005); Botosan/Plumlee (2005); Guay/Kothari/Shu (2011); Higgins (2011); Botosan/Plumlee/Wen (2011); Mohanram/Gode (2013); Esterer/Schröder (2014).
[3]   Siehe Studien in *Tabelle 1*.
[4]   Empirische Studien bestätigen die Vorteilhaftigkeit von Analystenprognosen gegenüber Modellen zur Zeitreihenschätzung von erwarteten Gewinnen, vgl. bspw. Brown/Rozeff (1978); Brown et al. (1987); Brown/Caylor (2005).
[5]   Vgl. *Abschnitt 2.1.*
[6]   Als weiterer Anbieter für Prognosedaten wird häufig Value Line verwendet.
[7]   Vgl. Bradshaw (2002), S. 27; Bradshaw/Brown/Huang (2013), S. 930; Hagemeister (2010), S. 7.

Literatur verwendeten Bewertungsmodellen eine Entwicklung von Cashflow und Dividenden basierten Modellen hin zu gewinnbasierten Modellen ersichtlich.

Wenig Entwicklung ist hingegen bei den in der Literatur verwendeten Kapitalkosten zu beobachten. Obwohl das zur Bestimmung der Kapitalkosten meist verwendete Capital Asset Pricing Model (CAPM) allgemein die Verwendung erwarteter Renditen (Kapitalkosten) fordert, werden die Kapitalkosten aus historischen, realisierten Renditen (oft Mittelwerte mehrerer Jahrzehnte) geschätzt.[8] In der Finanzliteratur wird vielfach die Meinung vertreten, dass historische Renditen ein schlechter Schätzer für erwartete zukünftige Renditeforderungen bzw. Kapitalkosten sind. Miller (1977) argumentiert, dass historische Renditen eher die Meinung optimistischer Anleger widerspiegeln, als die des Gesamtmarktes.[9] Fama/French (1997) kommen zu dem Entschluss, dass Kapitalkosten aus historischen Renditen ungenaue Schätzer darstellen.[10] Auch Elton (1999) zeigt, dass historische Renditen schlechte Schätzer für erwartete Renditen darstellen und fordert alternative Ansätze.[11] Dennoch werden die historisch orientierten Kapitalkosten oder pauschale Annahmen, die sich an historischen Größen orientieren, regelmäßig verwendet.

Historische Renditen haben sich als kein guter Schätzer für zukünftige Kapitalkosten (Renditeerwartungen) herausgestellt.[12] Am Kapitalmarkt können Anpassungen der erwarteten Kapitalkosten erfolgen. In der Literatur wird die Meinung vertreten, dass die am Kapitalmarkt erwarteten Kapitalkosten seit vielen Jahrzehnten abnehmen.[13] Diese Reduktion des Diskontierungszinssatzes erhöht c. p. die Marktpreise bei konstanten Cashflows. Demnach führt die Reduktion der erwarteten Kapitalkosten zu Kurssteigerungen. Je weiter das Niveau der erwarteten Kapitalkosten abnimmt, desto schlechter sind historische Renditen als Schätzer für zukünftig erwartete Kapitalkosten geeignet. Bei steigenden Erwartungen wirkt der Effekt entsprechend umgekehrt. Demnach könnte nur bei zeitlich

---

[8] Vgl. zum CAPM Sharpe (1964), Lintner (1965) und Mossin (1966). Häufig zitierte Studien zum Testen des CAPM sind etwa Black/Jensen/Scholes (1972), Fama/MacBeth (1973) und Fama/French (1992).
[9] Vgl. Miller (1977), S. 1154-1155. Er argumentiert über Einschränkungen bei Lehrverkäufen.
[10] Vgl. Fama/French (1997), S. 175.
[11] Vgl. Elton (1999), S. 1199-1120.
[12] Vgl. Elton (1999); Fama/French (2002). Auch das CAPM wird in der Literatur, in der Form, in der es verwendet wird, als ungeeignet beurteilt, vgl. Fama/French (2004), S. 25.
[13] Vgl. bspw. Claus/Thomas (2001); Fama/French (2002). Zur empirischen Implementierung von "expected return news" siehe Vuolteenaho (2002).

konstanten erwarteten Kapitalkosten ein Zusammenhang der Marktrisikoprämie zu langfristigen Mittelwerten realisierter Renditen bestehen.

Die Verwendung zukunftsorientierter Kapitalkosten in der Unternehmensbewertung stellt
den Kern dieser Arbeit da.[14] Die wesentliche Problematik von Renditeerwartungen besteht darin, dass sie nicht direkt am Markt beobachtet werden können.[15] Zu der Lösung
dieser Problematik wurden in den vergangenen Jahren einige Methoden entwickelt, um
aus Analystenschätzungen und dem aktuellen Börsenkurs die implizite Renditeerwartung
als interner Zinssatz eines Unternehmensbewertungsmodells zu bestimmen. Die am häufigsten verwendeten Modelle sind das Residual Income Model (RIM) von Ohlson (1995)
sowie das Abnormal Earnings Growth Model (AEG) von Ohlson/Jüttner-Nauroth
(2005).[16] Diese bauen auf dem Dividend Discount Model von Williams (1938) bzw. dem
Gordon Growth Model von Gordon/Gordon (1997) auf.[17]

Soll dieser interne Zinssatz zur Diskontierung im Bewertungsmodell verwendet werden,
entsteht ein Tautologie-Problem. Zum einen ist der Unternehmensmarktwert notwendig
um den internen Zinssatz zu bestimmen. Dieser Unternehmenswert soll jedoch erst mit
dem Bewertungsmodell bestimmt werden. Würde der interne Zinssatz, der sich aus der
Verwendung des Börsenwertes ergibt, zur Bewertung verwendet werden, so entstünde
kein Bewertungsfehler. Die impliziten Kapitalkosten (IKK) sind demzufolge nicht zur
Unternehmensbewertung zu verwenden.[18] Zur Lösung dieses Problems wird in dieser Arbeit der Ansatz von Gebhardt/Lee/Swaminathan (2001) angewendet.[19] Nach diesem Ansatz werden die zukunftsorientierten Kapitalkosten nicht direkt als interner Zinssatz eines
Bewertungsmodells, sondern indirekt über ein Faktorenmodell bestimmt. Im ersten
Schritt bestimmen sie die IKK aller Unternehmen des relevanten Marktes. Im zweiten

---

[14] In verwandten Forschungsbereichen der Finanzwissenschaft haben zukunftsorientierte Renditeerwar-
      tungen bereits zu Verbesserungen der Ergebnisse geführt. Bspw. Hagemeister (2010) verwendet diese
      zur Portfoliooptimierung und verfolgt damit einen Vorschlag von Markowitz (1991), zukunftsorien-
      tierte Renditeerwartungen zu verwenden. Die Bestimmung zukunftsorientierter Betafaktoren ist nicht
      Bestandteil dieser Arbeit, für einen Überblick zu dieser Thematik siehe bspw. Rausch (2008).
[15] Vgl. Black (1993), S. 36-38; Hagemeister (2010), S. 1.
[16] Vgl. Ohlson (1995); Ohlson/Jüttner-Nauroth (2005). Für einen umfassenden Überblick relevanter Mo-
      delle siehe *Abschnitt 2.3*.
[17] Vgl. Williams (1938); Gordon/Gordon (1997).
[18] Vgl. Daske/Gebhardt (2006), S. 547. Zur Lösung des Tautologie-Problems schlagen sie die Verwen-
      dung von IKK von Vergleichsunternehmen vor, dies ist auch die Basis des hier verwendeten Ansatzes.
      Auch in weiteren Arbeiten wird die Verwendung von Regressionsmodellen zur Bestimmung von zu-
      kunftsorientierten Kapitalkosten oder die Verwendung von IKK von Unternehmen der Branche vorge-
      schlagen, vgl. bspw. Metz (2007), S. 249.
[19] Vgl. Gebhardt/Lee/Swaminathan (2001), S. 166-170.

Schritt erklären sie die Volatilität der IKK mittels Risikofaktoren in einem multivariaten Regressionsmodell. Im dritten Schritt leiten sie aus den Regressionskoeffizienten und den Risikofaktoren ein für den Gesamtmarkt relevantes Faktorenmodell ab, um mit diesem die zukunftsorientierten Renditeerwartungen zu bestimmen. Zur Bestimmung der zukunftsorientierten Kapitalkosten aus diesem Faktorenmodell werden folglich keine aktuellen Börsenkurse mehr benötigt. Dieser Ansatz ist geeignet, um prognostizierte Zahlungsströme zu diskontieren.[20] Die Faktorenmodell-Prognosen der zukunftsorientierten Kapitalkosten hängen weder direkt vom Aktienkurs noch von historischen Renditen ab. Sie basieren auf unternehmensspezifischen Risikofaktoren und der impliziten Branchenrisikoprämie. Dieser Ansatz bietet noch einen weiteren Vorteil gegenüber direkt bestimmten IKK. Faktorenmodellbasierte Kapitalkosten mit zeitlich relativ stabilen Risikofaktoren und Faktorpreisen ermöglichen das Bestimmen von zukunftsorientierten Kapitalkosten, die nicht von täglichen Kursschwankungen des einzelnen Unternehmens abhängig sind.[21] Eine sich deutlich ändernde Marktlage an den Börsen, besonders in den Krisen nach dem 11. September 2001 oder der Subprime-Krise, bildet sich hingegen trotzdem in den Risikoprämien der Risikofaktoren ab.[22]

1.2   Zielsetzung und Forschungsfragen

Das primäre Ziel dieser Arbeit ist die Klärung der Frage, ob durch die Verwendung zukunftsorientierter Kapitalkosten die Bewertungsgenauigkeit von Unternehmensbewertungsmodellen gegenüber der Verwendung von konstanten Marktrisikoprämien abgeleitet aus historischen Renditen in Verbindung mit einem CAPM-Ansatz verbessert werden kann. Die Untersuchung basiert auf einer umfangreichen US-amerikanischen Stichprobe. Die zentrale Forschungsfrage lautet daher:

Können mit zukunftsorientierten Kapitalkosten genauere Bewertungen als mit historisch orientierten Kapitalkosten erzielt werden?

Die grundlegenden Studien zur Bewertungsgenauigkeit von Bewertungsmodellen sowie zur Bestimmung von IKK betrachten jeweils nur einen Zeitpunkt im Jahr. Die Anlässe,

---

[20] Vgl. Gebhardt/Lee/Swaminathan (2001), S. 170.
[21] Vgl. Gebhardt/Lee/Swaminathan (2001), S. 139.
[22] Siehe *Abschnitt 5.1.*

zu denen eine Unternehmensbewertung benötigt wird, treten jedoch zu beliebigen Zeitpunkten im Jahr auf. Deshalb soll die Eignung der zukunftsorientierten Kapitalkosten
auch zu verschiedenen Zeitpunkten im Jahr getestet werden.

*Können Bewertungsmodelle mit zukunftsorientierten Kapitalkosten unterjährig konstant
gute Bewertungen erzielen?*

Besonders im ersten Jahrzehnt der 2000er Jahre lagen längere Phasen mit sehr volatilen
Märkten vor. Deshalb soll betrachtet werden, ob die Bewertungsgenauigkeit im Zeitverlauf von der Volatilität der Kapitalmärkte beeinträchtigt wird oder ob konstant gute Bewertungsergebnisse möglich sind.

Können die Bewertungsmodelle in der Zeitreihe konstant genau bewerten?

In der Literatur zur Unternehmensbewertung wird das AEG-Modell vom RIM häufig dominiert und deutlich häufiger verwendet.[23] Dieses könnte jedoch auf eine deutlich komplexere Konstruktion des Endwertes bei der Verwendung des RIM mit mehr Informationen zurückzuführen sein. Deshalb wird in dieser Arbeit ein AEG-Modell mit vergleichbarer Komplexität zum gängigen RIM-Modell[24] entwickelt und dessen Bewertungsgenauigkeit mit der des RIM verglichen.

*Dominiert das RIM- das AEG-Modell hinsichtlich der Bewertungsgenauigkeit bei ver-
gleichbarer Komplexität der Modellkonstruktionen?*

Bevor die Bewertungsgenauigkeit beurteilt werden kann, müssen zunächst die IKK bestimmt und das Faktorenmodell hergeleitet werden. Die meisten Studien zur Unternehmensbewertung nehmen eine konstante Marktrisikoprämie zur Bestimmung der Kapitalkosten an.[25] Deshalb soll untersucht werden, ob die Annahme zeitlich konstanter Marktrisikoprämien mit dem Verlauf der IKK-Risikoprämien übereinstimmt.

---

[23] Die Studien von Penman (2005) und Jorgensen/Lee/Yoo (2011) zeigen eine deutliche Dominanz des
RIM. Ho et al. (2016) zeigt demgegenüber genauere Ergebnisse für das AEG. Für einen Überblick der
verwendeten Bewertungsmodelle in Studien zur Genauigkeit von Unternehmensbewertungsmodellen
siehe *Tabelle 1*.

[24] Zur besseren Lesbarkeit werden die Abkürzungen RIM und AEG aus drei Buchstaben gebildet. Dabei
wird die Dopplung bei der Nennung des RIM-Modells akzeptiert.

[25] Vgl. *Abschnitt 2.1* und sämtliche Studien in *Tabelle 1*.

Verlaufen die Risikoprämien der IKK des Gesamtmarktes in der Zeitreihe konstant?

Um aus den IKK ein Faktorenmodell ableiten zu können, ist die Identifikation von Risikofaktoren erforderlich. Deshalb werden aufbauend auf unternehmensspezifischen Risikofaktoren, die theoretisch oder empirisch in vorherigen Studien einen Bezug zu Aktienrenditen oder erwarteten Kapitalkosten gezeigt haben, auf den Erklärungsgehalt zu impliziten Risikoprämien getestet.

Welche Risikofaktoren können zur Erklärung der Volatilität der impliziten Risikoprämien beitragen?

Eine unterjährige Bestimmung zukunftsorientierter Kapitalkosten, die aus den IKK abgeleitet werden, erfordert eine unterjährig vergleichbare Eignung der Modelle zur Bestimmung der Kapitalkosten.

Sind die Modelle dazu geeignet, unterjährig IKK mit vergleichbaren Zusammenhängen zu Risikofaktoren zu bestimmen?

Das abzuleitende Faktorenmodell ist zeitlich konstant, wenn die Faktorpreise der Risikofaktoren konstant sind. Deshalb soll untersucht werden, ob die Regressionskoeffizienten der Risikofaktoren über den Betrachtungszeitraum, mit sehr volatilen Marktphasen, konstant verlaufen.

Zeigen die Risikofaktoren konstante Faktorpreise?

Das Faktorenmodell, das aus einem linearen Regressionsmodell erstellt wird, unterstellt lineare Zusammenhänge der Risikofaktoren und der IKK. Nichtlineare Zusammenhänge würden zu ungenau prognostizierten-IKK und somit zu höheren Bewertungsfehlern, in Abhängigkeit der Ausprägung des Risikofaktors, führen. Deshalb soll untersucht werden, ob in Abhängigkeit der Ausprägung der Risikofaktoren unterschiedliche Bewertungsfehler entstehen und demzufolge Schwächen im Modell hinsichtlich der Annahme der linearen Zusammenhänge vorliegen.

Können unterschiedliche Bewertungsfehler, in Abhängigkeit der Ausprägungen der Risikofaktoren, identifiziert werden?

Ein wesentlicher Teil der in der Literatur diskutierten Risikofaktoren verarbeitet Daten, die ausschließlich für börsennotierte Unternehmen vorhanden sind. Deshalb soll des Weiteren getestet werden, ob eine Verbesserung der Bewertungsgenauigkeit mittels eines zukunftsorientierten Faktorenmodells aus nicht-kapitalmarktbezogenen Daten und Branchen-Risikofaktoren erzielt werden kann.

Können zukunftsorientierte Kapitalkosten aus Faktorenmodellen ohne unternehmensindividuellen Kapitalmarktdaten genauere Bewertungen als historisch orientierte Kapitalkosten erzielen?

Abschließend wird im Rahmen dieser Arbeit getestet, ob die zuvor ermittelten Ergebnisse auch auf andere Kapitalmärkte übertragbar sind. Deshalb wird zum Vergleich eine komprimierte Form der Berechnung für eine europäische Stichprobe durchgeführt.

Sind die Ergebnisse robust gegenüber der Wahl des regionalen Kapitalmarktes?

1.3   Vorgehensweise

Auf dieses einleitende Kapitel folgt in *Kapitel 2* zunächst ein Überblick grundlegender empirischer Studien zur Genauigkeit von Unternehmensbewertungsverfahren. Daran anschließend wird ein kompakter Überblick über die in der Finanzliteratur verwendeten Verfahren der Bestimmung von Kapitalkosten gegeben. Danach erfolgt eine umfangreiche Darstellung der in dieser Arbeit verwendeten Bewertungsmodelle sowie die Vorstellung des Testverfahrens der Bewertungsgenauigkeit. In *Kapitel 3* werden die theoretische Basis von Faktorenmodellen sowie die in dieser Arbeit verwendeten Risikofaktoren dargestellt. In *Kapitel 4* folgt die Vorstellung der verwendeten Stichproben sowie die deskriptive Statistik der verwendeten Datensätze.

Ab *Kapitel 5* werden die empirischen Ergebnisse zum US-amerikanischen Datensatz vorgestellt. In diesem Kapitel erfolgt die Darstellung und Analyse der impliziten Risikoprämien und Kapitalkosten. Ein besonderer Fokus liegt dabei auf deren unterjährigen Verlauf sowie der Entwicklung in der Zeitreihe. Aufgrund der hohen Bedeutung der Branchen-IKK für die Faktorenmodelle wird ein Überblick der IKK nach der Fama/French (1997) Branchenklassifikation gegeben. In *Kapitel 6* werden die impliziten Risikoprämien in univariaten und multivariaten Verfahren auf ihren Zusammenhang zur Volatilität der Risikofaktoren getestet. Auch hier liegt ein besonderer Fokus auf der zeitlichen Entwicklung der Regressionskoeffizienten sowie auf dem Verlauf des Erklärungsgehaltes der multivariaten Modelle, unterjährig und im gesamten Betrachtungszeitraum. Aus den multivariaten Modellen werden die im Folgenden verwendeten Faktorenmodelle abgeleitet und aus diesen die Faktorenmodell-Kapitalkosten bestimmt. In *Kapitel 7* wird die Bewertungsgenauigkeit von den einbezogenen Bewertungsmodellen mit Verwendung von historisch orientierten und zukunftsorientierten Kapitalkosten verglichen. Neben dem Vergleich der Methoden zur Bestimmung der Kapitalkosten erfolgt ein Vergleich der verwendeten Spezifikationen der Bewertungsmodelle sowie der Modellarten RIM und AEG. Auch die Bewertungsgenauigkeit wird auf ihre Konstanz im Zeitverlauf untersucht. Zudem wird getestet, ob die Bewertungsgenauigkeit der Modelle von der Branche des Unternehmens oder der Ausprägung der Risikofaktoren abhängig ist.

In *Kapitel 8* folgt ein kompakter Vergleich der zuvor ermittelten Ergebnisse mit der Verwendung von Faktorenmodellen ohne unternehmensindividuellen Kapitalmarktdaten. *Kapitel 9* beinhaltet einen kompakten Vergleich der Ergebnisse der US-Studie mit den Ergebnissen der europäischen Stichprobe.

In *Kapitel 10* erfolgt eine kritische Würdigung der Untersuchung mit einer thesenförmigen Zusammenfassung der Ergebnisse anhand der Forschungsfragen. Zudem werden Limitationen und Robustheitstest der verwendeten Methodik dargestellt. *Kapitel 11* schließt die Arbeit mit einer Zusammenfassung der Arbeit sowie einem Ausblick auf weiterer Forschungsbedarf.

2   Unternehmensbewertung und zukunftsorientierte Kapitalkosten

2.1   Literaturüberblick zum empirischen Vergleich von Unternehmensbewertungsverfahren

In diesem Abschnitt wird die Entwicklung von empirischen Studien zur Genauigkeit von Unternehmensbewertungsmodellen betrachtet. Dazu werden die Entwicklung der verwendeten Bewertungsmodelle, die diskontierten Zahlungsströme, die betrachteten Stichproben, die verwendeten Vergleichswerte, die Methodik zur Bestimmung der Kapitalkosten sowie die ermittelten Bewertungsfehler beleuchtet.

Beginnend mit der Studie von Kaplan und Ruback aus dem Jahr 1995 wurden zahlreiche Studien zur Bewertungsgenauigkeit von Unternehmensbewertungsverfahren publiziert.[26] Aus der Methodik sowie den verwendeten Daten werden verschiedene Entwicklungen deutlich. Diese werden im Folgenden anhand ausgewählter bedeutender Studien näher beleuchtet.[27] Aspekte, die in vorherigen Studien wenig betrachtet werden, stellen die Basis für die zentrale Forschungsfrage dieser Arbeit dar. In *Tabelle 1* werden die wichtigsten Eigenschaften dieser Studien zusammengefasst. In diesem Überblick sind ausschließlich die für diese Studie relevanten zahlungsstromorientierten Diskontierungsmodelle einbezogen. Werden in Studien auch bspw. Multiplikator-Bewertungen betrachtet, wird auf diese nicht eingegangen.

---

[26]   Vgl. Kaplan/Ruback (1995), S. 1059-1093, für einen Überblick bedeutender Studien siehe *Tabelle 1*.

[27]   Die hier aufgeführte Literatur soll keine vollständige Literaturanalyse darstellen, sondern einen Überblick ausgewählter grundlegender Studien geben, die bedeutende Neuerungen in Methodik oder Datenbasis hervorgebracht haben. Eine weitere bedeutende frühe Studie, die hier relevante Modelle in Verbindung mit Analystenprognosen verwendet, aber nicht in diesem Überblick aufgenommen wird, ist Frankel/Lee (1998). In dieser Studie wird primär die Prognose zukünftiger Aktienrenditen betrachtet. Es wird zum Vergleich des hier betrachteten Kontextes lediglich der Quotient aus berechnetem Unternehmenswert mittels RIM und Aktienkurs angegeben. Sämtliche für die Unternehmensbewertung relevanten Aspekte werden auch in der hier einbezogenen Studie von Francis/Olsson/Oswald (2000) betrachtet. In dieser Übersicht wird die Studie von Ohlson/Johannesson (2016) ebenfalls nicht aufgeführt. Diese betrachtet eine kleine Stichprobe (S&P 500) und umfasst nur zwei Jahre (zwei Bewertungsstichtage) und ist, wie die Autoren selbst urteilen, als Fallstudie zu betrachten. Das Ergebnis von Ohlson/Johannesson (2016), dass das AEG-basierte Modell genauere Bewertungen ermöglicht als das RIM-basierte Modell, unterstreicht die Relevanz der in dieser Arbeit zu klärenden Frage, ob AEG-Modelle bei komplexerer Konstruktion vom RIM dominiert werden. Anhand deren Erweiterung des bestehenden AEG-Ansatzes (OJ-Modell) kann vergleichbar zum Ergebnis dieser Arbeit gezeigt werden, dass mit komplexeren AEG-Ansätzen Schwächen bestehender Ansätze behoben werden können und diese genauere Bewertungen ermöglichen als RIM-Ansätze. Siehe zu dieser Studie auch Nekrasov (2016).

Autor	Jahr	Bewertungsmodelle	Bestimmung der Kapitalkosten	Überschussgrößen	Bewertungsfehler (RBF/ARBF)	Besonderheiten
Kaplan/ Ruback	1995	DCF	CAPM aus historischen Daten	Prognosen vom Management aus Unterlagen der SEC.	MW: DCF (0,031/0,167) Fehler als Log des Bewertungsfehlers angegeben.	Betrachtung von MBOs und stark fremdfinanzierten Unternehmenskäufen.
Penman/ Sougiannis	1998	DDM, RIM, DCF, GKM	CAPM aus hist. Daten, MR= 6%, alternativ KK=10%	Historische Bilanz- und GuV Daten.	RIM und GKM geeigneter als DCF und DDM.	Analyse der vier geläufigsten Bewertungsmodelle in Portfolios.
Dechow/ Hutton/ Sloan	1999	RIM	KK=12%	Abgeleitet aus historischen Daten und Prognosen im Vergleich.	RIM (-0,227/0,402)	Vergleich verschiedener Ausgestaltungsvarianten des RIM nach Ohlson (1995) mit Verwendung historisch orientierten Zahlungsströmen und Prognosedaten. Prognosen erzielen genauere Ergebnisse.
Francis/ Olsson/ Oswald	2000	RIM, DCF, DDM	CAPM aus hist. Daten mit Branchen Beta	Prognosen	MD: DDM (-0,687/0,691) MD: DCF (-0,088/0,41) MD: RIM (-0,282/0,303)	Verwendung von historischen Renditen und Prognosen; Prognosen besser als realisierte Renditen.
Courteau/ Kao/ Richardson	2001	DCF, RIM	CAPM aus hist. Daten, MR= 6%	Prognosen	MD: DCF (0,048/0,137) MD: RIM (0,047/0,141)	Prognostizierter zukünftiger Aktienkurs als EW.
Courteau et al.	2006	RIM	CAPM aus hist. Daten, MR= 6%	Prognosen	MD: RIM (0,069/0,171)	Branchen einheitlicher EW auf Basis der Prognostizierten zukünftigen Aktienkurse.
Isidro/ O'Hanlon/ Young	2006	RIM	CAPM aus hist. Daten mit Branchen-Beta, MR= 6%	Prognosen	MD: RIM (-0,183/0,582) Diese höchste Genauigkeit wurde bei US-Daten erzielt.	Es wird der Einfluss von „dirty surplus accounting" auf die Bewertungsgenauigkeit untersucht. Zudem umfasst die Stichprobe 4 Länder.
Nekrasov/ Shroff	2009	RIM	Accounting Beta/ CAPM/FF3F	Prognosen	MD: RIM (?/0,328) auf Unternehmensebene. Beste Ergebnisse mit Acc. Beta.	Es wird der Einfluss verschiedener Methoden zur Bestimmung der Kapitalkosten (bzw. Risikoadjustierung) auf die Bewertungsgenauigkeit getestet.
Jorgensen/ Lee/Yoo	2011	RIM, AEG (OJ)	CAPM hist. Daten MR= 5%	Prognosen	MW: RIM (0,007/0,308) MW: AEG (0,022/0,515)	Vergleich RIM und AEG nach Ohlson/Jüttner-Nauroth (2005) (OJ). Ergebnis: RIM genauer als AEG.

Autor	Jahr	Bewertungs-modelle	Bestimmung der Kapitalkosten	Überschussgrößen	Bewertungsfehler (RBF/ARBF)	Besonderheiten
Ho et al.	2016	RIM AEG (OJ)	CAPM hist. Daten MR=5%	Prognosen	MW: RIM (-0,014/0,82) MW: AEG (-0,068/0,62)	Studie mit RIM und AEG nach Ohlson/Jüttner-Nauroth im Vergleich. Ergebnis: AEG genauer als RIM.
Bach/ Christensen	2016	RIM	CCAPM/ CAPM/ FF3F	Prognosen	MD: RIM (-0,004/0,232) beste Ergebnisse mit CCAPM.	Es wird der Einfluss verschiedener Methoden zur Bestimmung der Kapitalkosten (bzw. Risikoadjustierung) auf die Bewertungsgenauigkeit getestet.

In der Spalte Bewertungsfehler werden, wenn verfügbar, der Median (MD) des RBF und des ARBF der getesteten Bewertungsmodelle angegeben. Wenn nur der Mittelwert angegeben wird, wird dieser verwendet und als MW gekennzeichnet. Wird ein Modell mit unterschiedlichen Spezifikationen getestet, so wird ausschließlich das Ergebnis der Spezifikation mit dem geringsten Fehler angegeben.

Tabelle 1: Überblick von Studien zur Bewertungsgenauigkeit

Hinsichtlich des verwendeten Bewertungsmodells fokussieren Kaplan/Ruback (1995) den Discounted Cashflow Ansatz (DCF).[28] In den darauffolgenden Studien, bspw. Penman/Sougiannis (1998) oder Francis/Olsson/Oswald (2000) wird zudem das Dividend Discount Model (DDM) betrachtet.[29] Diese beiden Modelle werden, zum einen aufgrund ihrer Bewertungsgenauigkeit, aber auch aufgrund der geringeren Datenverfügbarkeit bei der Verwendung von Prognosedaten, in den meisten Studien nicht betrachtet.[30] Mit Penman/Sougiannis (1998) wird das Residual Income Model (RIM) erstmals in einer bedeutenden Studie verwendet, welches sich bis heute als der meist verwendete Ansatz behauptet hat.[31] Bei Penman (2005),[32] Jorgensen/Lee/Yoo (2011) und Ho et al. (2016) wird neben dem RIM ein AEG-Modell eingesetzt. In Penman/Sougiannis (1998) wird ebenfalls ein Gewinnkapitalisierungsmodell (GKM) verwendet, das jedoch gegenüber den anderen Studien nicht auf dem Ansatz von Ohlson/Jüttner-Nauroth (2005) basiert.[33]

Die in Kaplan/Ruback (1995) diskontierten Überschussgrößen unterscheiden sich deutlich von denen anderer Studien. Sie verwenden Cashflows aus veröffentlichten Unterlagen zu Unternehmenstransaktionen.[34] Diese Cashflows orientieren sich an gesetzlichen Vorgaben und können deshalb von einem klassischen erwarteten Cashflow abweichen. Zudem vermuten die Autoren, dass die Prognosen des Managements nicht objektiv sind, sondern zu ihren Zwecken beeinflusst werden.[35] Für eine Prognose kommt erschwerend hinzu, dass die Organisationsstruktur durch die Transaktion verändert wird. In den weiteren Studien werden Zahlungsüberschüsse aus Archivdatenbanken verwendet. Vor Dechow/Hutton/Sloan (1999) und Francis/Olsson/Oswald (2000) werden aus historischen Bilanzdaten abgeleitete Zahlungsströme diskontiert. In diesen Studien und den folgenden Studien werden Prognosedaten von Finanzanalysten verwendet.[36] Penman/Sougiannis

---

[28] Vgl. Kaplan/Ruback (1995), S. 1062.
[29] Vgl. Penman/Sougiannis (1998), S. 354; Francis/Olsson/Oswald (2000), S. 45-47.
[30] Vgl. Penman/Sougiannis (1998), S. 358-359 und Francis/Olsson/Oswald (2000), S. 55 zeigen eine höhere Bewertungsgenauigkeit des RIM gegenüber dem DDM und dem DCF.
[31] Sämtliche in *Tabelle 1* aufgeführten Studien ab 1998 verwenden das RIM.
[32] Die Studie von Penman (2005) wird nicht in *Tabelle 1* aufgenommen, da diese hinsichtlich der Forschungsfrage vergleichbar mit Jorgensen/Lee/Yoo (2011) ist, letztere ist jedoch deutlich umfangreicher. Die Ergebnisse von Penman (2005) werden in *Abschnitt 7.1.2* diskutiert.
[33] Vgl. Jorgensen/Lee/Yoo (2011), S. 446-448; Penman/Sougiannis (1998), S. 354; Ho et al. (2016), S. 4-5.
[34] Vgl. Kaplan/Ruback (1995), S. 1060.
[35] Vgl. Kaplan/Ruback (1995), S. 1061.
[36] Die verwendeten Prognosedaten stammen aus Value Line, vgl. bspw. Francis/Olsson/Oswald (2000), S. 45-47 oder aus I/B/E/S, vgl. bspw. Dechow/Hutton/Sloan (1999), S. 13-14.

(1998) halten die Verwendung von Analystenprognosen nicht für möglich, da die Abdeckung und Verfügbarkeit zu gering und die Prognosen zu subjektiv seien.[37] Die Verfügbarkeit der Prognosedaten hat sich in den darauffolgenden Jahren deutlich verbessert.[38] Dechow/Hutton/Sloan (1999) vergleichen historisch orientierte Überschussgrößen mit Prognosen und zeigen die Vorteilhaftigkeit der Prognosen.[39]

Die Prognosen für die Detailplanungsphasen entnehmen sämtliche Autoren direkt aus den Datenbanken. Unterschiede gibt es hingegen bei der Berechnung des Endwertes (EW). Klassisch werden für die Modelle Zahlungsüberschüsse mit einer für die Ewigkeit konstanten Wachstumsrate angenommen. Neuere Studien verwenden bspw. das RIM-Modell nach Gebhardt/Lee/Swaminathan (2001) mit einer Konvergenzphase zur Branchen-Eigenkapitalrentabilität. Eine von der klassischen Berechnung des EW abweichende Variante verwenden Courteau/Kao/Richardson (2001) und Courteau et al. (2006).[40] Sie verwenden einen EW in Anlehnung an das Modell von Penman (1998), der unter Verwendung des prognostizierten Aktienkurses von Finanzanalysten bestimmt wird.[41] Es ist jedoch kritisch zu hinterfragen, ob die Verwendung eines prognostizierten Aktienkurses bei einem Test von Bewertungsmodellen sinnvoll ist. Dabei ist zu berücksichtigen, dass anzunehmen ist, dass die Prognose des Aktienkurses selbst mit einem Bewertungsmodell bestimmt wird oder die Fortschreibung des aktuellen Aktienkurses darstellt.[42] Zudem stellt der EW den wertmäßig größten Anteil des Unternehmenswertes in den Modellen.[43] Demnach resultiert ein verbundenes Hypothesen-Problem, denn das Bewertungsergebnis beruht maßgeblich auf der im prognostizierten Aktienkurs verwendeten Methodik und nicht auf dem in der Studie zu testenden Bewertungsmodell.

Die Auswahl der Stichprobe übt einen bedeutenden Einfluss auf die zu untersuchenden Modelle aus. Die Zahlungsüberschüsse in Kaplan/Ruback (1995) stammen aus einer besonderen Stichprobe. Sie umfasst 51 US-Unternehmen bei denen im Zeitraum 1983 bis 1989 ein Management Buy Out (MBO) oder eine hochverschuldete Rekapitalisierung

---

[37]   Vgl. Penman/Sougiannis (1998), S. 354.
[38]   Für die Entwicklung der Verwendung von Prognosedaten vgl. *Tabelle 1*.
[39]   Vgl. Dechow/Hutton/Sloan (1999), S. 22.
[40]   Vgl. Courteau/Kao/Richardson (2001), S. 631-636; Courteau et al. (2006), S. 556-562.
[41]   Vgl. Penman (1998); Courteau/Kao/Richardson (2001), S. 631; Courteau et al. (2006), S. 556.
[42]   Für einen Überblick der verwendeten Modelle zur Aktienkursprognose siehe Imam/Chan/Shah (2013).
[43]   Vgl. Claus/Thomas (2001), S. 1640-1644.

vorlag und ausreichend Information zur Durchführung der DCF-Bewertung in den Dokumenten der United States Securities and Exchange Commission (SEC) enthalten sind.[44] Die darauffolgenden Studien analysieren vor allem US-amerikanische börsennotierte Unternehmen.[45] Die Studie von Isidro/O'Hanlon/Young (2006) betrachtet im Vergleich dazu auch die europäischen Märkte in UK, Deutschland und Frankreich mit sehr kleinen Stichproben.[46] Die untersuchten Zeiträume unterscheiden sich deutlich. So betrachten Ho et al. (2016), Jorgensen/Lee/Yoo (2011) und Dechow/Hutton/Sloan (1999) 29, 22 bzw. 20 Jahre und Francis/Olsson/Oswald (2000) sowie Courteau/Kao/Richardson (2001) nur fünf Jahre.[47] Auch der Umfang der einbezogenen Unternehmen unterscheidet sich deutlich. So reicht die Spanne der durchschnittlich jährlich beobachteten Unternehmen von 422 in Courteau/Kao/Richardson (2001) bis 4.192 in Penman/Sougiannis (1998).[48] Dieser große Unterschied ist unter anderem durch die Datenverfügbarkeit begründet. Penman/Sougiannis (1998) verwenden historische Daten aus Jahresabschlüssen, bei denen eine höhere Verfügbarkeit vorliegt.[49] Prognosedaten sind hingegen deutlich seltener verfügbar. Die Verfügbarkeit nimmt in den 2000er Jahren deutlich zu, so werden in der Studie von Jorgensen/Lee/Yoo (2011) im gesamten Beobachtungszeitraum 4.292 verschiedene Unternehmen einbezogen.[50]

Als Vergleichswert zur Bestimmung der Genauigkeit eines Bewertungsmodells werden zwei verschiedene Größen verwendet. Zum einen kann ein realisierter Transaktionspreis wie bspw. in Kaplan/Ruback (1995) verwendet werden. Wie auch in dieser Studie ersichtlich, ist die Anzahl der verfügbaren Datensätze sehr gering. Zudem ist der Zugang zu diesen Datensätzen schwierig, da diese meist nicht öffentlich zugänglich sind. Zudem ist fraglich, ob ein Transaktionspreis einen, nach öffentlich verfügbaren Informationen, objektiven Preis darstellt. Deshalb wird in den meisten Studien der aktuelle Börsenwert (Marktkapitalisierung), unter der Annahme, dass der Aktienmarkt ein effizienter Markt

---

[44] Vgl. Kaplan/Ruback (1995), S. 1068-1070.
[45] Vgl. *Tabelle 1*.
[46] Vgl. Isidro/O'Hanlon/Young (2006), S. 313, die primäre Forschungsfrage in dieser Studie ist der Einfluss von „dirty surplus accounting" auf die Bewertungsgenauigkeit von Bewertungsmodellen. Dieser Aspekt wird in der hier durchgeführten Studie nicht betrachtet.
[47] Vgl. Ho et al. (2016), S. 7; Jorgensen/Lee/Yoo (2011), S. 456; Dechow/Hutton/Sloan (1999), S. 14; Francis/Olsson/Oswald (2000), S. 52; Courteau/Kao/Richardson (2001), S. 637.
[48] Vgl. Courteau/Kao/Richardson (2001), S. 637; Penman/Sougiannis (1998), S. 354-355.
[49] Vgl. Penman/Sougiannis (1998), S. 347.
[50] Vgl. Jorgensen/Lee/Yoo (2011), S. 456.

ist und demnach einen rationalen Wert des Unternehmens bestimmen kann, als bester Schätzer für den aktuell relevanten Unternehmenswert verwendet.[51]

Bei den verwendeten Bewertungsmodellen und den diskontierten Zahlungsüberschüssen ist eine deutliche Entwicklung ersichtlich. Wenig Entwicklung ist hingegen bei der Berechnung der Kapitalkosten (KK) zu erkennen. Im überwiegenden Teil der Studien wird der Kapitalkostensatz nach dem CAPM aus einem sichern Zinssatz und einer Marktrisikoprämie (MR) bestimmt. Der sichere Zins orientiert sich i. d. R. am 10 Jahres T-Bond.[52] Die Marktrisikoprämie wird i. d. R. aus Mittelwerten langfristiger historischer Aktienrenditen ermittelt.[53] Andere Studien verwenden mit vergleichbarer Argumentation historisch abgeleitete konstante Kapitalkosten.[54] Spätestens seit Elton (1999) ist bekannt, dass historische Renditen ein schlechter Schätzer für zukünftige Renditen bzw. Kapitalkosten sind.[55] Nekrasov/Shroff (2009) und Bach/Christensen (2016) verfolgen einen alternativen Weg, indem sie die Zahlungsströme risikoadjustieren und dann mit dem risikolosen Zinssatz diskontieren. Nekrasov/Shroff (2009) verwenden ein Accounting Beta basierend auf der Kovarianz der Eigenkapitalrentabilität (ROE).[56] Bach/Christensen (2016) testen verschiedene Methoden zur Risikoadjustierung, dabei basieren sämtliche Methoden auf historischen Daten.[57] Sie können mit dem Consumption Capital Asset Pricing Model (CCAPM) eine deutliche Verbesserung der Bewertungsgenauigkeit gegenüber dem CAPM und dem Fama-French-Drei-Faktorenmodell (FF3F) zeigen.

Das Beurteilungskriterium zur Bewertungsgenauigkeit ist der Bewertungsfehler (Abweichung des berechneten Wertes vom Vergleichswert).[58] Kaplan/Ruback (1995) erzielen für das DCF-Modell mit einem arithmetischen Mittel[59] des relativen Bewertungsfehlers (RBF) von 0,031% und einem arithmetischen Mittel des absoluten relativen Bewertungsfehler (ARBF) von 16,7% ein sehr genaues Bewertungsergebnis.[60] Die Autoren stellen

---

[51]   Vgl. dazu sämtliche in *Tabelle 1* aufgeführten Studien, abgesehen von Kaplan/Ruback (1995).
[52]   Bspw. Penman/Sougiannis (1998) verwenden einen dreijährigen T-Bond, der zehnjährige wird in Jorgensen/Lee/Yoo (2011) verwendet.
[53]   Die langfristigen Kapitalmarktrenditen werden häufig aus dem Jahrbuch von Ibbotson et al. (2017) entnommen, das über historische Daten seit 1926 verfügt.
[54]   Vgl. Dechow/Hutton/Sloan (1999), S.14.
[55]   Vgl. Elton (1999).
[56]   Vgl. Nekrasov/Shroff (2009).
[57]   Vgl. Bach/Christensen (2016).
[58]   Siehe *Abschnitt 2.5.2.*
[59]   In dieser Arbeit wird unter Mittelwert oder Mittel stets das arithmetische Mittel verstanden.
[60]   Vgl. Kaplan/Ruback (1995), S. 1070-1071, sie verwenden logarithmierte Bewertungsfehler.

selbst die Vermutung auf, dass das DCF-Verfahren hier besonders gute Ergebnisse erzielt, weil die Manager der Unternehmen vor der Transaktion ein vergleichbares Modell zur Bestimmung des Transaktionswertes aus ihren selbst erstellten Prognosen verwendet haben.[61] Bei der Interpretation der Ergebnisse müssen jedoch die besondere Stichprobe und der herangezogene Vergleichswert (Transaktionspreis) beachtet werden. Diese Ergebnisse sind somit nicht mit den weiteren Studien und der im Folgenden erstellten Studie vergleichbar, da der Stichprobenumfang extrem verschieden ist und Marktpreise objektiver gebildet werden als Transaktionspreise. Die geringste Bewertungsgenauigkeit erzielt das DDM bspw. in Francis/Olsson/Oswald (2000) mit einem Median-ARBF (RBF) von 0,691 (0,687).[62] Auch in Penman/Sougiannis (1998) bewertet das DDM vergleichsweise ungenau.[63] Das DCF-Modell weist höhere Bewertungsfehler als gewinnbasierte Modelle auf, so ist bspw. in Francis/Olsson/Oswald (2000) ein Median-ARBF (RBF) von 0,41 (-0,088) dokumentiert.[64] Die genausten Bewertungen können mit gewinnbasierten Modellen erzielt werden. Penman/Sougiannis (1998) stellen fest, dass gewinnbasierte Modelle geeigneter sind als Cashflow oder Dividendenmodelle.[65] Die Genauigkeit wurde ausschließlich mit dem RBF getestet.[66] Das RIM erzielt bei der Verwendung von prognostizierten Gewinnen mit einem klassischen EW in Francis/Olsson/Oswald (2000) bzw. Jorgensen/Lee/Yoo (2011) einen vergleichbaren ARBF von 30,3% (Median) bzw. 30,8% (Mittelwert).[67] Der Bias (RBF-Mittelwert) sinkt in der späteren Studie von -22,9% auf -4,8%. Bach/Christensen (2016) können durch die Verwendung des CCAPM anstatt eines CAPM den Bewertungsfehler des RIM auf ein Median-ARBF von 23,2% verbessern.[68] Auch Nekrasov/Shroff (2009) zeigen mit ihrem Ansatz unter Verwendung eines Accounting Beta eine höhere Genauigkeit des RIM gegenüber einem CAPM-Kapitalkostensatz aus historischen Daten.[69] Jorgensen/Lee/Yoo (2011) stellen fest, dass das RIM das AEG nach dem Mittelwert des ARBF von 30,8% gegenüber 51,5% dominiert.[70] Penman (2005) kommt zu einem vergleichbaren Ergebnis mit höheren Fehlern des AEG.[71] Durch die Erhöhung der Detailplanungsphase von 2 auf 5 Jahre können Jorgensen/Lee/Yoo

---

[61] Vgl. Kaplan/Ruback (1995), S. 1078.
[62] Vgl. Francis/Olsson/Oswald (2000), S. 55.
[63] Vgl. Penman/Sougiannis (1998), S. 358-359
[64] Vgl. Francis/Olsson/Oswald (2000), S. 55.
[65] Vgl. Penman/Sougiannis (1998), S. 358-359.
[66] Vgl. Penman/Sougiannis (1998), S. 357.
[67] Vgl. Francis/Olsson/Oswald (2000), S.55; Jorgensen/Lee/Yoo (2011), S. 458.
[68] Vgl. Bach/Christensen (2016), S. 1178.
[69] Vgl. Nekrasov/Shroff (2009), S. 1995-1998.
[70] Vgl. Jorgensen/Lee/Yoo (2011), S. 458.
[71] Vgl. Penman (2005), S. 376-378.

(2011) die Bewertungsgenauigkeit des AEG verbessern. In ihrer Analyse stellen sie fest, dass zum einen der Eigenkapital-Buchwert die Ergebnisse des RIM gegenüber Schwächen in anderen Modellspezifikationen robuster macht.[72] Des Weiteren weist das AEG ihrer Meinung nach Schwächen auf, wenn die Rentabilität in den ersten Perioden gering ist und durch steigende Gewinnprognosen in den Folgejahren sehr hohe kurzfristige Wachstumsraten entstehen.[73] Durch die Anpassung der im AEG-Modell verwendeten Wachstumsraten können Ho et al. (2016) die Genauigkeit des AEG verbessern.[74] Sie erzielen mit dem AEG sogar genauere Ergebnisse als mit dem RIM. Die RIM-Modelle mit einem prognostizierten zukünftigen Aktienkurs als EW in Courteau/Kao/Richardson (2001) bzw. Courteau et al. (2006) erzielen die genauesten Bewertungen mit einem Median-ARBF von 14,1% bzw. 17,1% mit sehr geringem Median-RBF von 4,7% bzw. 6,9%.[75] Diese Ergebnisse werden jedoch wesentlich vom prognostizierten Aktienkurs geprägt. Dies zeigt auch die sehr geringe Differenz zur Bewertungsgenauigkeit des DCF-Modells in Courteau/Kao/Richardson (2001) mit einem Median-ARBF (RBF) von 13,7% (4,8%).[76] Deshalb werden diese Studien im Weiteren nicht zum Vergleich herangezogen.

2.2 Methoden zur Bestimmung von Kapitalkosten

Bei der Bestimmung von Kapitalkosten stellt die Verwendung von Zeitreihenmittelwerten historischer Renditen die praktische Norm zur Bestimmung von erwarteten Renditen dar.[77] In diesem Zusammenhang wird häufig das theoretisch fundierte CAPM verwendet.[78] Dieses bestimmt die Kapitalkosten eines Unternehmens aus dem systematischen Risiko einer Aktie gegenüber dem Marktportfolio. Bei der Anwendung dieses Modells werden häufig historische Renditezeitreihen verwendet, sowohl um die Marktrisikoprämie als auch um das systematische Risiko (BETA-Faktor) zu bestimmen.[79] So verwenden viele Autoren einen Mittelwert historischer Renditen vieler Jahrzehnte.[80] Neben diesem

---

[72] Vgl. Jorgensen/Lee/Yoo (2011), S. 468.
[73] Vgl. Jorgensen/Lee/Yoo (2011), S. 461.
[74] Vgl. Ho et al. (2016), S. 8.
[75] Vgl. Courteau/Kao/Richardson (2001), S. 641; Courteau et al. (2006), S. 566-567.
[76] Vgl. Courteau/Kao/Richardson (2001), S. 641.
[77] Vgl. Nekrasov/Shroff (2009), S. 1984; Hagemeister (2010), S. 5.
[78] Vgl. Sharpe (1964); Lintner (1965); Mossin (1966).
[79] Die Bestimmung zukunftsorientierter Betafaktoren ist nicht Bestandteil dieser Arbeit, für einen Überblick zu dieser Thematik siehe bspw. Rausch (2008).
[80] Viele Autoren beziehen sich dabei auf das Jahrbuch von Ibbotson et al. (2017), das über historische Daten seit 1926 verfügt.

theoretisch fundierten Modell existieren empirisch fundierte Modelle, die die Renditeerwartungen anhand von empirisch beobachtbaren Zusammenhängen zwischen historischen Renditen und Risikofaktoren herleiten. Das prominenteste Beispiel ist das drei Faktorenmodell von Fama/French (1992/1993).[81] Darauf aufbauend wurden weitere Modelle
entwickelt, bspw. das vier Faktorenmodell von Carhart (1997).[82]

Historische Renditen gelten jedoch als schlechter Schätzer für zukünftige Renditen.[83]
Deshalb wird seit ca. zwei Jahrzenten in der Finanzwissenschaft intensiv an Methoden
geforscht, die aus aktuellen und zukunftsorientierten Daten erwartete Kapitalkosten ableiten. Bei aktuellen Daten handelt es sich bspw. um Buchwerte des Eigenkapitals oder
Marktwerte des Eigenkapitals, bei zukunftsorientierten Daten handelt es sich vor allem
um Prognosen von Gewinnen oder Dividenden.[84]

Bereits seit einigen Jahrzehnten finden sich Ansätze zur Bestimmung von zukunftsorientierten Kapitalkosten in der Literatur.[85] Als zukunftsorientierter Ansatz wird die Bestimmung impliziter Kapitalkosten verwendet. Unter impliziten Kapitalkosten wird der interne Zinssatz eines Bewertungsmodells unter Verwendung von Analystenprognosen,
ggf. Bilanzdaten und Aktienkursen verstanden. Der interne Zinssatz wird dabei als zeitlich konstant angenommen (flache Zinsstrukturkurve).[86] Die ersten Ansätze basieren auf
Dividendenschätzungen und bestimmen die IKK mit dem DDM.[87] Auf Basis des von
Ohlson (1995) entwickelten Residual Income Model (RIM) wurden implizite Kapitalkosten erstmals von Botosan (1997) bestimmt.[88] Dieses wurde aufbauend auf dem Dividen-
den-Barwert-Modell entwickelt und verwendet zur Schätzung der Kapitalkosten aktuelle
Buchwerte sowie Gewinn- bzw. Dividendenprognosen.[89] Für die empirische Anwendung

---

[81] Vgl. Fama/French (1992); Fama/French (1993).
[82] Vgl. Carhart (1997).
[83] Vgl. Elton (1999) S. 1199-1120.
[84] Vgl. Hagemeister (2010), S. 6.
[85] Vgl. Malkiel (1979); Brigham/Shome/Vinson (1985); Harris/Marston (1992); Marston/Harris (1993);
     Gordon/Gordon (1997); Harris/Marston (2001), Ilmanen (2003).
[86] Zeitlich variable IKK spielen in der empirischen Anwendung bislang keine bedeutende Rolle. Zwei
     Studien, die zeitlich variable erwartete Kapitalkosten betrachten sind Ang/Liu (2004) und Gode/Ohlson
     (2004).
[87] Vgl. Malkiel (1979); Gordon/Gordon (1997) bestimmen unternehmensindividuelle IKK mittels DDM.
[88] Vgl. Ohlson (1995); Botosan (1997).
[89] Aufgrund der geringeren Verfügbarkeit von Dividendenprognosen werden diese grundsätzlich mittels
     einer angenommenen Ausschüttungsquote aus den Gewinnprognosen bestimmt.

des Modells gelten die Studien von Claus/Thomas (2001) und Gebhardt/Lee/Swaminathan (2001) als maßgeblich.[90] Im Anschluss an das RIM hat sich ein zweites Modell zur Schätzung der IKK entwickelt. Das Abnormal Earnings Growth Model (AEG) basiert auf der Arbeit von Ohlson/Jüttner-Nauroth (2005). Die empirische Anwendung erfolgt meistens auf Basis der Studie von Gode/Mohanram (2003).[91] Dieses Modell verwendet ebenfalls Gewinnprognosen zur Schätzung der IKK, es verzichtet hingegen auf die Verwendung von Buchwerten. Ein dritter Ansatz zur Bestimmung der IKK ist die Diskontierung von Kursprognosen.[92] Gegen diesen Ansatz spricht die geringere Güte von Kursprognosen gegenüber Gewinnprognosen, da sich die Entlohnung von Analysten an der Güte der Gewinnprognosen orientiert.[93] Die Kursprognosen werden häufig mittels Heuristiken aus den Gewinnprognosen abgeleitet.[94] Analysten verfügen nur über eine geringe Fähigkeit, Kurse genau zu prognostizieren.[95] Der interne Zinssatz, der aus diesem Modell bestimmt wird, wird sehr stark von dem Zinssatz beeinflusst, den der Analyst bei der Erstellung seiner Kursprognose angenommen hat. Die Verfügbarkeit von Kursprognosen ist zudem geringer als die der Gewinnprognosen.[96]

Neben den zuvor beschriebenen Ansätzen, bei denen die IKK direkt aus den erwarteten Zahlungsströmen als interner Zinssatz bestimmt werden, haben Gebhardt/Lee/Swaminathan (2001) einen, alternativen empirisch fundierten Ansatz entwickelt, um erwartete Kapitalkosten aus zukunftsorientierten Daten abzuleiten.[97] Dabei bestimmen sie zunächst die IKK wie zuvor beschrieben. Anschließend werden empirisch beobachtbare Zusammenhänge zwischen den IKK und Risikofaktoren ermittelt. Letztlich lassen sich zukunftsorientierte Kapitalkosten aus den beobachteten Zusammenhängen der Risikofaktoren mittels eines Faktorenmodells bestimmen.

---

[90]   Weitere vergleichbar aufgebaute Modelle finden sich bspw. in: Frankel/Lee (1998); Lee/Myers/Swaminathan (1999); Dechow/Hutton/Sloan (1999); Baginski/Wahlen (2003); Ali/Hwang/Trombley (2003).

[91]   Gode/Mohanram (2003) beziehen sich auf ein Working Paper von Ohlson/Jüttner-Nauroth aus dem Jahr 2003, dass als Ohlson/Jüttner-Nauroth (2005) veröffentlicht wurde.

[92]   Vgl. Botosan/Plumlee (2002); Brav/Lehavy/Michaely (2005), S. 31-64. Die Kritik an diesem Ansatz ist vergleichbar mit der zu den Unternehmensbewertungsstudien von Courteau/Kao/Richardson (2001) und Courteau et. al. (2006), die ebenfalls Kursprognosen verwenden.

[93]   Vgl. Bradshaw (2002), S. 27; Bradshaw/Brown/Huang (2013), S. 930; Hagemeister (2010), S. 7.

[94]   Vgl. Bradshaw (2002), S. 27; Imam/Chan/Shah (2013), S. 9; Bradshaw/Brown/Huang (2013), S. 930.

[95]   Vgl. Imam/Chan/Shah (2013), S. 13-16; Bradshaw/Brown/Huang (2013), S. 930.

[96]   Vgl. Bradshaw/Brown/Huang (2013), S. 930.

[97]   Vgl. Gebhardt/Lee/Swaminathan (2001), S. 166-170.

In Studien zur Bestimmung der Bewertungsgenauigkeit wurden bislang Kapitalkosten aus historischen Daten abgeleitet. Dabei wird vornehmlich auf das CAPM zurückgegriffen. In dieser Arbeit soll getestet werden, ob zukunftsorientierte Kapitalkosten einen Vorteil gegenüber Kapitalkosten, abgeleitet aus historischen Daten, bieten. Die direkt aus Zahlungsströmen abgeleiteten IKK sind zum Testen eines Bewertungsmodells nicht zu verwenden, da der Unternehmenswert zur Bestimmung der IKK bekannt sein muss. Zudem sind die IKK so definiert, dass die Diskontierung der Zahlungsströme mit den IKK genau den Unternehmenswert ergeben, folglich kann durch Tautologie kein Bewertungsfehler entstehen. Deshalb wird hier auf den Ansatz von Gebhardt/Lee/Swaminathan (2001) zurückgegriffen und zunächst für den gesamten Kapitalmarkt empirisch beobachtbare Zusammenhänge zwischen IKK und Risikofaktoren bestimmt. Diese Zusammenhänge werden für alle Unternehmen, zumindest kurzfristig, als relevant unterstellt und aus diesen Zusammenhängen werden mittels Faktorenmodell die zukunftsorientierten Kapitalkosten bestimmt.

In der Literatur zur Bestimmung von IKK und zur Unternehmensbewertung finden sich verschiedene Ausgestaltungsvarianten des RIM und des AEG, mit denen die Autoren versuchen, die ökonomischen Gegebenheiten möglichst gut abzubilden und möglichst genaue Ergebnisse zu bestimmen. Auf die in der Literatur meist verwendeten Varianten wird im Weiteren genauer eingegangen.[98]

2.3 Grundlegende Modelle der empirischen Unternehmensbewertung

2.3.1 Auswahl relevanter Unternehmensbewertungsmodelle

In dieser Arbeit werden Bewertungsmodelle verwendet, die sowohl in der Unternehmensbewertung als auch zur Bestimmung der IKK eingesetzt werden. Dazu sind grundsätzlich alle Modelle geeignet, die Prognosedaten diskontieren. Demnach würden Modelle auf Basis von Cashflows, Dividenden und Gewinnen in Frage kommen.[99] Die Verfügbarkeit

---

[98] Für einen Überblick der meist verwendeten Bewertungsmodelle zur Bestimmung der IKK vgl. Echterling/Eierle/Ketterer (2015), S. 235-252.
[99] Theoretisch lässt sich zeigen, dass bei identischer Ausgestaltung der Parameter alle Discounted Cashflow-Modelle und Residual Income-Modelle zu identischen Bewertungen führen, vgl. Lundholm/O'Keefe (2001a/2001b). In der praktischen Ausgestaltung der Modelle entstehen jedoch häufig

von Gewinnprognosen ist höher als die von Dividenden und deutlich höher als die von Cashflows.[100] Zudem gilt die Qualität von Gewinnprognosen als die höchste, da Analysten abhängig von der Qualität der Gewinnprognosen entlohnt werden.[101] Deshalb basieren die zentralen Modelle bei Verwendung von Prognosedaten auf Gewinnprognosen.

In der jüngeren Literatur zur Unternehmensbewertung sowie zur Bestimmung der IKK wird vornehmlich das Residual Income Model (RIM) verwendet, dieses wird in deutschsprachiger Literatur auch als Übergewinnmodell bezeichnet.[102] Das Abnormal Earnings Growth Model (AEG), in deutschsprachiger Literatur auch als Gewinnkapitalisierungsmodell bezeichnet, wird in der Literatur zur Schätzung der IKK relativ häufig und in der Literatur zur Unternehmensbewertung erst in den letzten Jahren, verwendet.[103]

Neben diesen beiden Ansätzen existieren zahlreiche weitere Ansätze in der Literatur. Hervorzuheben sind das Discounted Cashflow Model (DCF) und das Dividend Discount Model (DDM). Das DCF-Modell wird in dieser Studie nicht weiter berücksichtigt, da es in vorherigen Studien zur Unternehmensbewertung vom RIM dominiert wurde und in der Literatur zur Schätzung der IKK aufgrund geringer Verfügbarkeit von Cashflow-Prognosen wenig beachtet wird.[104] Das DDM-Modell dient im Weiteren zur Herleitung des RIM und wird nicht explizit berücksichtigt. In der Literatur zur Bewertungsgenauigkeit wird das DDM vom RIM dominiert und zur Prognose der IKK verfügt das RIM über weitere Vorteile gegenüber dem DDM.[105] Bei der Anwendung wird meist nicht auf Dividenden-

---

Unterschiede, vgl. Penman (2001). Penman (2005) zeigt, dass auch das AEG und das RIM ineinander überführbar sind. Partington (2006), S. 418-419, zeigen, dass das AEG ebenfalls in das Modigliani/Miller Investment Opportunities Valuation-Modell überführt werden kann.

[100] Dies wurde anhand des hier verwendeten Datensatzes überprüft.

[101] Vgl. Bradshaw (2002), S. 27; Bradshaw/Brown/Huang (2013), S. 930; Hagemeister (2010), S. 7.

[102] Auch frühere Arbeiten haben sich bereits mit Ausgestaltungsvarianten des RIM auseinandergesetzt. Frühe theoretische Bausteine stammen aus Preinreich (1937) und Edwards/Bell (1961). Als frühe deutschsprachige Quelle wird häufig Lücke (1955), S. 313-316 herangezogen. Die theoretische Basis des heute verwendeten RIM basiert auf Ohlson (1995) und Feltham/Ohlson (1995).

[103] Vgl. Ohlson/Jüttner-Nauroth (2005); Ohlson/Gao (2006); als deutschsprachige Quelle dient Jüttner-Nauroth (2006).

[104] Die Studien von Courteau et al. (2001), Francis/Olsson/Oswald (2000), Penman/Sougiannis (1998) und Penman (2005) zeigen die Dominanz des RIM gegenüber dem DCF. Lee/Ng/Swaminathan (2009) berechnen IKK mittels eines Free Cashflows to Equity Ansatz, dieser basiert ebenfalls auf dem RIM-Modell und als Prognosedaten werden Gewinnprognosen verwendet. Für einen Überblick der relevanten Modelle zur Bestimmung der IKK vgl. Echterling/Eierle/Ketterer (2015), S. 235-252. Sie zeigen, dass alle relevanten Modelle auf dem DDM, RIM oder AEG basieren.

[105] Beim DDM entsteht der wesentliche Teil des Unternehmenswertes auf der Basis von Annahmen im Endwert, da aufgrund der geringen Zahlungen in der Detailplanungsphase wenig Wert durch die detaillierten Prognosen abgebildet wird. Hier bietet der beim RIM einbezogenen Eigenkapitalbuchwert einen

modelle, sondern auf Gewinnmodelle zurückgegriffen. Dies liegt zum einen an der höheren Verfügbarkeit von Gewinnprognosen gegenüber Dividendenprognosen.[106] Dividendenprognosen werden deshalb i. d. R. unter der Annahme einer Ausschüttungsquote berechnet.[107] Zum anderen stellen Dividenden nicht immer einen guten Indikator für die Ertragskraft des Unternehmens da. Beispielsweise zahlen stark wachsende Unternehmen selten Dividenden, dies kann über eine mehrere Jahre dauernde Wachstumsphase andauern. Die zukünftige Ertragskraft ist demnach durch Dividendenprognosen kaum abzubilden. Zudem erfordern Bewertungsmodelle i. d. R. die Schätzung einer langfristigen Wachstumsrate, wobei anzunehmen ist, dass Gewinnwachstumsraten einfacher zu schätzen sind als Dividendenwachstumsraten.[108]

Zur Bestimmung von impliziten Kapitalkosten existieren zwei Arten von Modellen in der Literatur. Zum einen Modelle, die ausschließlich das Ziel verfolgen, die IKK auf Unternehmensebene zu bestimmen. Zum anderen werden Modelle entwickelt, die simultan die IKK und die langfristige Wachstumsrate auf Portfolioebene schätzen.[109] Die simultane Schätzung von IKK und langfristiger Wachstumsrate erfolgt auf Portfolioebene, und nicht auf Unternehmensebene. Für diese Studie sollen die Berechnungen auf Unternehmensebene erfolgen, deshalb werden die simultanen Modelle nicht verwendet. In dieser Studie werden ausschließlich Modelle verwendet, die sich auf die Bestimmung der IKK beschränken, deshalb wird auf die weiteren Modelle nicht näher eingegangen.

Die beiden Modellarten RIM und AEG unterscheiden sich im Wesentlichen durch den im RIM berücksichtigten Eigenkapitalbuchwert. Dieser dient als Startwert für die Berechnung des Unternehmenswertes. Zu diesem werden die Residualgewinne addiert. Es wird in Frage gestellt, ob Investoren den Eigenkapitalbuchwert tatsächlich als natürlichen Startpunkt für eine Unternehmensbewertung betrachten.[110] Alternativ wird vorgeschlagen den kapitalisierten erwarteten Gewinn der nächsten Periode als Startpunkt zu verwenden, da künftige Gewinne im Fokus der Investoren liegen.[111] Ohlson/Jüttner-Nauroth

---

Vorteil. Vgl. Echterling/Eierle/Ketterer (2015), S. 244-245.

[106] Vgl. Daske/Gebhardt/Klein (2006), S. 5; Lee (1999), S. 414.

[107] Vgl. Claus/Thomas (2001), S. 1637.

[108] Vgl. Claus/Thomas (2001), S. 1632.

[109] Studien, die sich mit der simultanen Schätzung der IKK und der langfristigen Wachstumsrate auseinandersetzen sind bspw. O'Hanlon/Steele (2000), Easton et al. (2002), Easton (2004), Daske/Gebhardt/Klein (2006), Easton (2006), Nekrasov/Ogneva (2011) und Ashton/Wang (2013).

[110] Vgl. Ohlson (2005), S. 331.

[111] Vgl. Ohlson (2005), S. 331-332; Ohlson/Jüttner-Nauroth (2005), S.351-354.

(2005) entwickeln aufbauend auf dem von Ohlson (1995) selbst entwickelten RIM ein AEG-Modell, das als Startwert den kapitalisierten Gewinn der ersten Periode verwendet und heute häufig zur Schätzung der IKK genutzt wird.[112] Es lässt sich zeigen, dass das RIM und das AEG ineinander überführbar sind.[113]

Für die empirische Verwendung des RIM und des AEG werden die Modelle auf die Gegebenheiten der Datenverfügbarkeit angepasst. Die Berechnung des Unternehmenswertes erfolgt zumeist auf Aktienbasis, deshalb werden die Modelle im Weiteren auf Aktienbasis dargestellt. Die Berechnung des RIM auf Aktienbasis erfordert zudem die Abstraktion von Kapitalerhöhungen und Aktienrückkäufen, da diese Maßnahmen im Modell verwendete Parameter auf Aktienbasis betreffen. Die Prognose solcher Maßnahmen für eine große Stichprobe ist zudem nicht praktikabel, deshalb werden diese Maßnahmen im Weiteren nicht berücksichtigt.[114] Damit wird unterstellt, dass solche Maßnahmen aufgrund der schwierigen Prognostizierbarkeit vom Markt nicht erwartet werden.[115] Es wird demnach angenommen, dass alle Transaktionen die das Eigenkapital verändern, in den Gewinnen enthalten sind.[116]

Im Weiteren werden häufig in der Literatur verwendete Ansätze des RIM und das AEG vorgestellt und anschließend aus diesen Ansätzen die für diese Studie verwendeten Modelle abgeleitet. Da sämtlich Berechnungen und Analysen in dieser Arbeit auf Aktienbasis durchgeführt werden, wird die Notation zur Vereinfachung im Weiteren ebenfalls auf Aktienbasis erfolgen.[117]

---

[112] So werden IKK bspw. von Gode/Mohanram (2003), Botosan/Plumlee (2005), Reese (2007), Gsell (2011) und Botosan/Plumlee/Wen (2011) auf Basis des Ohlson/Jüttner-Nauroth (2005)-Modells berechnet.

[113] Vgl. Penman (2005).

[114] Vgl. Lee/Myers/Swaminathan (1999), S. 1705. Gebhardt/Lee/Swaminathan (2001), S. 144.

[115] Aktienrückkäufe, die vom Markt antizipiert werden, müssten berücksichtigt werden, es ist jedoch keine Methode bekannt um diese für eine große Stichprobe zu prognostizieren, vgl. Gebhardt/Lee/Swaminathan (2001), S. 162.

[116] Vgl. Claus/Thomas, S. 1635. Es ist ausreichend, wenn diese Annahme, ebenso wie die Einhaltung der Clean Surplus Relation beim RIM in den Erwartungen der Marktteilnehmer enthalten ist, vgl. Bernard (1995), S. 742.

[117] Bei vielen der verwendeten Variablen handelt es sich um Prognosen bzw. Schätzungen. Zur Vereinfachung der Notation wird auf Tilden verzichtet.

2.3.2 Ansätze zur Ausgestaltung des Residual Income Model

2.3.2.1 Claus und Thomas (2001)

Die Basis des RIM stellt das Dividend Discount Model (DDM) von Williams (1938) dar.[118]

$$p_0 = \frac{dps_1}{1 + r_e} + \frac{dps_2}{(1 + r_e)^2} + \frac{dps_3}{(1 + r_e)^3} + \cdots \tag{1}$$

Dabei bezeichnet p_0 den Barwert des Eigenkapitals am Beobachtungszeitpunkt t_0, dps_t die Dividende pro Aktie im Zeitpunkt t und r_e den Eigenkapitalzinssatz.[119] Nach dem DDM ergibt sich der Wert einer Aktie aus der Summe aller zukünftigen Dividenden, diskontiert mit dem Eigenkapitalkostensatz. Für einen unendlichen Zeitraum ergibt sich:

$$p_0 = \sum_{t=1}^{\infty} \frac{dps_t}{(1 + r_e)^t} \tag{2}$$

Zur Herleitung des RIM aus dem DDM wird diese Formel mit der Clean Surplus Relation (CSR) erweitert.[120]

$$bps_t = bps_{t-1} + eps_t - dps_t \tag{3}$$

$$dps_t = eps_t - (bps_t - bps_{t-1})$$

---

[118] Vgl. Williams (1938), 87-96. Bei der empirischen Verwendung des DDM wird häufig das Modell von Gordon/Shapiro (1956) verwendet.

[119] Bei der Vorstellung der folgenden Formeln wird als Symbol für den Eigenkapitalkostensatz zur Vereinfachung der Notation einheitlich r_e verwendet. Bei der Verwendung der Modelle resultiert aus jedem Modell ein individueller Kapitalkostensatz.

[120] Vgl. Feltham/Ohlson (1995), S. 694.

Danach setzt sich der Buchwert des Eigenkapitals (bps_t) aus dem Buchwert des Eigenkapitals der Vorperiode sowie des nicht ausgeschütteten Gewinns, der Differenz aus dem
Gewinn (eps_t) und der Dividende (dps_t), zusammen. Zudem wird unterstellt, dass sämtliche erwarteten Veränderungen des Eigenkapitals (abgesehen von Dividenden und Aktienrückkäufen oder Kapitalerhöhungen) im Gewinn abgebildet werden.[121] Nach dem
Einsetzen der CSR in *Formel 2* ergibt sich:

$$p_0 = \sum_{t=1}^{\infty} \frac{eps_t - (bps_t - bps_{t-1})}{(1 + r_e)^t} \tag{4}$$

Dies lässt sich umformen zu:

$$p_0 = bps_0 + \sum_{t=1}^{\infty} \frac{rips_t}{(1 + r_e)^t} \tag{5}$$

mit

$$rips_t = eps_t - r_e \times bps_{t-1}$$

Danach ergibt sich der Wert einer Aktie aus dem Eigenkapitalbuchwert zum Zeitpunkt t_0
zuzüglich der Summe der Barwerte aller zukünftigen Residualgewinne $rips_t$. Die Residualgewinne ergeben sich aus den *eps* der Periode abzüglich der Kapitalkosten des gebundenen Eigenkapitals, d.h. dem *bps* zum Beginn der Periode multipliziert mit dem Eigenkapitalkostensatz.

In der Praxis existieren keine Gewinnprognosen bis in die Ewigkeit. Die verwendeten
eps-Konsensus-Prognosen (Mittelwert der bei I/B/E/S verfügbaren *eps*-Prognosen) sind

---

[121] Vgl. Claus/Thomas (2001), S. 1635. Die CSR ist auch erfüllt, wenn der aktuelle Buchwert „dirty surplus" enthält. Nur für die erwarteten Prognosen muss die CSR erfüllt sein, vgl. Bernard (1995), S. 742.

für maximal fünf Perioden verfügbar. Zusätzlich stellt I/B/E/S eine langfristige Wachstumsrate für die folgenden Perioden zur Verfügung. Deshalb werden in der Praxis häufig Modelle mit einer Detailplanungsphase von bis zu fünf Jahren und einem anschließenden bis in die Ewigkeit reichenden Endwert (EW) gebildet. Die verschiedenen Ansätze des RIM unterscheiden sich vornehmlich hinsichtlich der Gestaltung des EW.

Claus und Thomas verwenden in ihrer Variante des RIM (CT-Modell) eine Detailplanungsphase von fünf Jahren und einen anschließenden EW, bei dessen Berechnung ein mit einer konstanten Wachstumsrate wachsender Residualgewinn angenommen wird.[122]

$$p_0 = bps_0 + \sum_{t=1}^{5} \frac{rips_t}{(1 + r_e)^t} + \frac{rips_5(1 + g_{ct})}{(r_e - g_{ct})(1 + r_e)^5} \tag{6}$$

Dabei bezeichnet r_e den Eigenkapitalkostensatz (hier nach Claus/Thomas) und g_{ct} die Wachstumsrate nach Claus/Thomas.

Zur empirischen Schätzung der impliziten Kapitalkosten mit diesem Modell werden der Aktienkurs zum Bewertungsstichtag, der aktuelle Buchwert des Eigenkapitals und Gewinnprognosen verwendet.[123] Die Buchwerte der Folgeperioden werden mittels der CSR berechnet. Die Dividendenzahlungen werden durch eine als konstant angenommene Ausschüttungsquote von 50% geschätzt. Dies entspricht der mittleren Ausschüttungsquote der Stichprobe über den Betrachtungszeitraum. Fehlende *eps*-Prognosen werden von Claus/Thomas mit Hilfe der Prognose für die langfristige Wachstumsrate der Gewinne (ltg)[124] approximiert, indem die letzte verfügbare Prognose mit dieser Wachstumsrate fortgeschrieben wird. Fehlt zudem ltg, aber sind mindesten drei Prognosen verfügbar, wird die Prognose für *eps* mit der mittleren absoluten Änderung der verfügbaren Prognosen fortgeschrieben. Sie bestimmen die Wachstumsrate für die langfristigen Residualgewinne (geschätzte Inflationsrate) aus dem um den geschätzten realen sicheren Zinssatz

---

[122] Vgl. Claus/Thomas (2001), S. 1636-1637.
[123] Vgl. zu diesem Absatz Claus/Thomas (2001), S. 1636-1640, vgl. für eine ausführliche Darstellung des Modells auch Reese (2007), S. 65-68.
[124] Die langfristige Wachstumsrate der Gewinne (ltg) wird als Analystenprognose, bspw. von I/B/E/S bereitgestellt.

(3%) gekürzten sicheren Zinssatz (10-jährige Staatsanleihen), sie beträgt mindestens null.[125] Sie vertreten die Auffassung, dass die Annahme einer ewigen durchschnittlichen Wachstumsrate für langfristige Residualgewinne von ca. 15% (bspw. ltg) unwahrscheinlich ist und dass diese Auffassung durch historische Daten untermauert wird.[126]

2.3.2.2 Gebhardt, Lee und Swaminathan (2001)

Gebhardt/Lee/Swaminathan (2001) stellen ein weiteres Modell zur Bestimmung der IKK auf Basis des RIM auf (GLS-Modell).[127] Der wesentliche Unterschied zu Claus/Thomas (2001) besteht in der Gestaltung des Endwertes. Sie nehmen an, dass Unternehmen nicht dauerhaft gegenüber Unternehmen der gleichen Branche eine höhere Eigenkapitalrentabilität erzielen können. Sie unterstellen, dass sich die Eigenkapitalrentabilität mit der Zeit an den Median der Branche anpasst.[128] Deshalb verwenden sie in ihrer Variante des RIM eine Detailplanungsphase von zwei Jahren, darauf folgt eine Konvergenzphase von neun Jahren (ab Jahr 3 bis Jahr 12) und ein anschließender Endwert. Dieses Modell lässt sich mit folgender Formel beschreiben:

$$
p_0 = bps_0 + \sum_{t=1}^{2} \frac{(roe_t - r_e)bps_{t-1}}{(1 + r_e)^t} + \sum_{t=3}^{11} \frac{(roe_t - r_e)bps_{t-1}}{(1 + r_e)^t} \\
+ \frac{(roe_{12} - r_e)bps_{11}}{r_e(1 + r_e)^{11}}
\tag{7}
$$

Dabei bezeichnet r_e den Eigenkapitalkostensatz (hier nach Gebhardt/Lee/Swaminathan). Die Detailplanungsphase ist, bis auf die alternative Berechnung des $rips$, vergleichbar zu Claus/Thomas (2001). Dieser wird unter Verwendung des roe $\left[roe_t = \frac{eps_t}{bps_{t-1}}\right]$ berechnet,

---

[125] Vgl. Claus/Thomas (2001), S. 1640, 1644.

[126] Vgl. Claus/Thomas (2001), S. 1637. Bspw. Myers (1999) unterstützen diese These mit historischen Daten. Vergleichbare Modelle ohne Wachstumsrate verwenden Frankel/Lee (1998), Lee/Myers/Swaminathan (1999), Liu/Nissim/Thomas (2002) und Ali/Hwang/Trombley (2003).

[127] Vgl. zu diesem Absatz Gebhardt/Lee/Swaminathan (2001), S. 140-143.

[128] Es wird unterstellt, dass Wettbewerbsvorteile und folglich eine abnormale Eigenkapitalrentabilität innerhalb einer Branche nicht dauerhaft bestehen bleibt und langfristig eine Angleichung der Rentabilität an den Median der Branche erfolgt. Die Autoren erwähnen hingegen selbst, dass bspw. Marktführer eine dauerhaft höhere Rentabilität erzielen können als der Median der Branche. Ihnen ist jedoch keine Methode bekannt, die unternehmensindividuelle Ziel-roe bestimmen könnte. Vgl. Gebhardt/Lee/Swaminathan (2001), S. 162. Für weitere Kritik an dieser Annahme siehe Reese (2007), S. 68.

um über den *roe* den Konvergenzprozess in der zweiten Phase zu modellieren. Um den *rips* zu bestimmen wird die Differenz aus Eigenkapitalrentabilität (*roe*) minus Kapitalkostensatz mit dem gebundenen Eigenkapital (Eigenkapitalbuchwert (*bps*) zum Ende der Vorperiode) multipliziert. Der Konvergenzprozess wird durch lineare Interpolation des Unternehmens-*roe* zum Branchen-*roe* modelliert. Im EW wird eine für die Ewigkeit konstante brancheneinheitliche Eigenkapitalrentabilität unterstellt.[129]

Vergleichbar zu Claus/Thomas werden die Buchwerte der Folgeperioden mittels der CSR berechnet. Die Dividendenzahlungen werden durch die als konstant angenommene Ausschüttungsquote des aktuellsten bekannten Jahresabschlusses geschätzt.[130] Die *eps*-Konsensus-Prognosen (Mittelwert der bei I/B/E/S verfügbaren *eps*-Prognosen) werden für die ersten beiden Perioden direkt von I/B/E/S übernommen. Die *eps*-Prognose der dritten Periode (Startwert der Konvergenzphase) wird berechnet aus $eps_2 \times (1 + ltg)$.[131] Neben den Daten, die im CT-Modell verwendet werden, sind zusätzlich Daten zur Bestimmung des Ziel-*roe* im Konvergenzprozess notwendig. Dazu klassifizieren sie die Unternehmen nach den 48 Fama/French (1997) Branchenklassifikationen anhand von SIC-Codes.[132] Der Branchen-*roe* wird aus dem fünf- bis zehnjährigen gleitenden Median der historischen *roe* aller Unternehmen einer Branche bestimmt.[133]

---

[129] Vgl. Gebhardt/Lee/Swaminathan (2001), S. 142. Implizit erfolgt im EW die Annahme einer vollständigen Ausschüttung der Gewinne (konstanter Eigenkapital-Buchwert), dieses kann auch als wertneutrale Reinvestition von Gewinnen zum Kapitalkostensatz interpretiert werden.

[130] Bei Unternehmen mit negativen Gewinnen wird die Dividende zur Bestimmung der Ausschüttungsquote durch 6% des Gesamtkapitals dividiert. Die langfristige Gesamtkapitalrentabilität in den USA beträgt 6% und deshalb betrachten sie 6% des Gesamtkapitals als den „normalen Gewinn". Die Ausschüttungsquote wird auf Werte zwischen 0 und 1 begrenzt. Vgl. Gebhardt/Lee/Swaminathan (2001), S. 144.

[131] Vgl. Gebhardt/Lee/Swaminathan (2001), S. 141-142. Die dritte Periode könnte auch als dritte Detailplanungsperiode bezeichnet werden. Die erste durch den Konvergenzprozess angepasste Periode ist Periode vier.

[132] Vgl. Gebhardt/Lee/Swaminathan (2001), S. 143. Fama/French (1997).

[133] Vgl. Gebhardt/Lee/Swaminathan (2001), S. 143. Negative *roe* werden nicht im gleitenden Median berücksichtigt, da ihrer Meinung nach profitable Unternehmen die erwartete Branchenrentabilität besser reflektieren. Liu/Nissim/Thomas (2002) verwenden dieses Modell und berechnen den Branchen-*roe* inkl. negativen Ausprägungen. Diese beiden Ansätze werden in Gode/Mohanram (2003) verglichen.

2.3.3   Ansätze zur Ausgestaltung des Abnormal Earnings Growth Model

2.3.3.1 Ohlson und Jüttner-Nauroth (2005)

Das am häufigsten verwendete AEG-Modell ist der Ansatz von Ohlson und Jüttner-Nauroth,[134] die empirische Ausgestaltung des Modells erfolgte durch Gode/Mohanram (2003). Im Folgenden wird der Ausgestaltung von Gode/Mohanram (2003) gefolgt. Ohlson und Jüttner-Nauroth entwickeln in ihrer Studie, aufbauend auf dem Gordon Growth Model (GGM) ein zweiperiodisches Modell mit ewigem Wachstum.[135]

Das Gordon Growth Model wird unter folgenden Annahmen gebildet:[136] Der Unternehmenswert ist der Barwert der erwarteten Dividenden. Es existiert eine fixe Ausschüttungsquote. Vereinfachend wird eine Ausschüttungsquote von 100% angenommen. Zudem existiert eine für die Ewigkeit konstante Wachstumsrate. Daraus entsteht die Formel des Gordon Growth Model:

$$p_0 = \frac{eps_1}{r_e - g_p} \qquad (8)$$

Dabei bezeichnet r_e den Eigenkapitalkostensatz und g_p die unendliche Wachstumsrate. Durch Addition und Subtraktion des Quotienten aus eps_1 und r_e kann die Formel folgendermaße umgeformt werden:

$$p_0 = \frac{eps_1}{r_e} - \frac{eps_1}{r_e} + \frac{eps_1}{r_e - g_p} = \frac{eps_1}{r_e} + \frac{g_p \times eps_1}{r_e(r_e - g_p)} \qquad (9)$$

---

[134] Dieses Modell wird bspw. in folgenden Studien verwendet: Gode/Mohanram (2003); Penman (2005); Botosan/Plumlee (2005); Reese (2007); Gsell (2011); Botosan/Plumlee/Wen (2011); Jorgensen/Lee/Yoo (2011); Ho et al. (2016).
[135] Vgl. Ohlson/Jüttner-Nauroth (2005); Gode/Mohanram (2003), S. 402-403. Für eine Herleitung über die Annahme der Arbitragefreiheit siehe Easton (2004), S. 78-79.
[136] Vgl. Gordon (1959); Gode/Mohanram (2003), S. 402.

Durch die Annahme einer konstanten Wachstumsrate kann diese Formel umgeformt werden zu:

$$p_0 = \frac{eps_1}{r_e} + \frac{eps_2 - eps_1}{r_e(r_e - g_p)} \tag{10}$$

Das Modell von Ohlson/Jüttner-Nauroth baut auf dieser Formel des Gordon Growth Model auf.

Es wird keine Beschränkung hinsichtlich der Ausschüttungsquote unterstellt. Das Modell basiert auf dem Miller-Modigliani Dividend Irrelevance Theorem,[137] unter Berücksichtigung der Kapitalkosten für thesaurierte Gewinne. Diese werden in der Formel in den abnormalen Gewinnen (aeg_t) der Periode t berücksichtigt.

$$aeg_t = eps_{t+1} - eps_t - r_e(eps_t - dps_t) \tag{11}$$

Dabei bezeichnet r_e den Eigenkapitalkostensatz (hier nach Ohlson/Jüttner-Nauroth). Demnach ergibt sich der abnormale Gewinn aeg_t aus der Gewinnsteigerung vom Zeitpunkt t auf $t + 1$ abzüglich der Kapitalkosten für den thesaurierten Gewinn (Erhöhung des Eigenkapital-Buchwertes) von t auf $t + 1$. Wird aeg_t in die Formel des zweiperiodischen GGM (*Formel 10*) eingesetzt, so ergibt sich die Formel des zweiperiodischen Ohlson/Jüttner-Nauroth-Modells (OJ-Modell).

$$p_0 = \frac{eps_1}{r_e} + \frac{aeg_1}{r_e(r_e - g_{oj,lf})} \tag{12}$$

Das AEG kommt somit ohne die Annahme der CSR aus, da keine Buchwerte in dem Modell verwendet werden. Für den Fall einer vollständigen Ausschüttung der Dividenden ergibt sich erneut *Formel 10* (GGM). Des Weiteren wird unterstellt, dass $\frac{aeg_t}{r_e}$ dauerhaft

---

[137] Vgl. Miller/Modigliani (1961).

mit der langfristigen Wachstumsrate $g_{oj,lf}$ ansteigt. Die langfristige Wachstumsrate wird empirisch häufig aus dem sicheren Zins minus 3% (aber mindesten 0%) bestimmt (entspricht der Vorgehensweise von Claus/Thomas (2001)).[138]

$$g_{oj,lf} = r_f - 3\%$$ (13)

Es wird angenommen, dass diese langfristige Wachstumsrate Werte größer null und kleiner r_e annimmt, r_e muss folglich größer $g_{oj,lf}$ sein.

Ein großer Vorteil dieses Ansatzes ist die eindeutige Lösbarkeit der Formel bei Auflösung nach r_e. Danach lässt sich r_e nach folgender Formel berechnen.

$$r_e = A + \sqrt{A^2 + \frac{eps_1}{p_0}(g_{oj,kf} - g_{oj,lf})}$$ (14)

mit:

$$A = \frac{1}{2}(g_{oj,lf} + \frac{dps_1}{p_0})$$

$$g_{oj,kf} = \frac{eps_2 - eps_1}{eps_1}$$

In diesen Formeln verwenden Ohlson/Jüttner-Nauroth neben der langfristigen Wachstumsrate noch eine kurzfristige Wachstumsrate ($g_{oj,kf}$), in der der prozentuale Anstieg von eps_1 auf eps_2 zusammengefasst wird.[139]

---

[138] Vgl. Gode/Mohanram (2003), S. 403.
[139] Gode/Mohanram nutzen einen alternativen Ansatz zur Bestimmung der kurzfristigen Wachstumsrate.

Ein weiterer Vorteil dieses Modells ist der geringe Bedarf an Daten. An unternehmensindividuellen Daten werden lediglich die Gewinnprognosen der ersten beiden Jahre sowie die Dividendenprognose des ersten Jahres benötigt.

Ohlson/Jüttner-Nauroth (2005) haben bereits selbst darauf hingewiesen, dass ihr zwei Perioden-Modell für komplexere Fragestellungen ungeeignet sei, da es nur über zwei Freiheitsgrade verfügt.[140] Aufbauend auf dem Modell von Ohlson/Jüttner-Nauroth (2005) haben Jorgensen/Lee/Yoo (2011) ein mehrperiodisches Modell abgeleitet.[141]

$$p_0 = \frac{eps_1}{r_e} + \sum_{t=1}^{3} \frac{aeg_t}{r_e(1+r_e)^t} + \frac{aeg_4}{r_e(r_e - g_{oj,lf})(1+r_e)^3} \tag{15}$$

Die verwendeten Daten sind im Wesentlichen identisch mit dem OJ-Modell, es werden lediglich weitere eps-Prognosen verwendet.

2.3.3.2 Easton (2004)

Das AEG-Modell wird in manchen Studien als sehr vereinfachtes Modell verwendet.[142] Aufbauend auf dem zweiperiodischen AEG-Modell von Ohlson/Jüttner-Nauroth (2005)

Sie verwenden das Mittel aus der Gewinnsteigerung von Periode 1 auf 2 und der von I/B/E/S prognostizierten langfristigen Wachstumsrate, um unverhältnismäßig hohe Wachstumsraten, die bei Ohlson/Jüttner-Nauroth (2005) auftreten, zu glätten und um ltg im Modell zu nutzen. Vgl. dazu Gode/Mohanram (2003), S. 403, 407-408. Gode/Mohanram bezeichnen den Quotient aus aeg_t und eps_1 als kurzfristige Wachstumsrate. Diese Wachstumsrate wird für die hier verwendete Darstellung nicht explizit benötigt, vgl. Gode/Mohanram (2003), S. 403.

[140] Vgl. Ohlson/Jüttner-Nauroth (2005), S. 360-361. Eine Lösung für dieses Problem zeigen Kryzanowski/Rahman (2009).

[141] Vgl. Ohlson/Jüttner-Nauroth (2005), S. 360-361; Jorgensen/Lee/Yoo (2011), S. 451. Auch bei den AEG-Modellen wird der Laufindex t verwendet. Abweichend zum RIM ist die erste Periode mit Beginn der Aufsummierung der Barwerte der abnormalen Gewinne bereits abgeschlossen und die erste Periode in der Summe bezieht sich auf die Differenz zwischen Periode eins und zwei zum Ende der Periode zwei. Folglich dient t in der Summe als Laufindex und nicht (direkt) als Zeitindex. Es wird kein abweichender Index verwendet, da diese Gegebenheiten in den Berechnungen der relevanten Größen berücksichtigt werden und die verwendete Schreibweise die in der Literatur gängige Schreibweise darstellt.

[142] So bspw. Easton (2004); Botosan/Plumlee (2005); Reese (2007); Gsell (2011); Botosan/Plumlee/Wen (2011); Jorgensen/Lee/Yoo (2011).

entwickelt Easton (2004) drei vereinfachte Varianten des AEG-Modells.[143] Unter der Annahme, dass die aeg_t über alle Perioden konstant sind ($g_{oj,lf} = 0$), entsteht die Modified Price Earnings Growth Ratio (MPEG):[144]

$$p_0 = \frac{(eps_2 + r_e \times dps_1 - eps_1)}{r_e^2} \tag{16}$$

Eine Lösung für r_e wird durch das Lösen der quadratischen Funktion ermittelt.

$$r_e = \sqrt{\frac{eps_2 + r_e \times dps_1 - eps_1}{p_0}}$$

Wird zudem angenommen, dass $dps_1 = 0$ ist, entsteht die Price Earnings Growth Ratio (PEG).

$$r_e = \sqrt{\frac{eps_2 - eps_1}{p_0}} \tag{17}$$

Bei der weiteren Annahme, dass $aeg_1 = 0$ ist, entsteht die Price Earnings Ratio (PE):

$$r_e = \frac{eps_1}{p_0} \tag{18}$$

---

[143] Vgl. Easton (2004), S. 80-81.
[144] Vgl. im folgenden Absatz Easton (2004), S. 80-81.

2.4   Unternehmensbewertungsmodelle für die empirische Studie

2.4.1   Adjustierung der Unternehmensbewertungsmodelle

2.4.1.1 Auswahl der einbezogenen Bewertungsmodelle

Aufbauend auf den in *Abschnitt 2.3* vorgestellten Bewertungsmodellen werden im Folgenden Anpassungen vorgenommen, um den zentralen Forschungsfragen dieser Studie gerecht zu werden. Diese Studie fokussiert die gewinnbasierten Modelle RIM und AEG. Empirische Studien zur Genauigkeit von Bewertungsmodellen haben häufig schlechtere Ergebnisse für das AEG-Modell im Vergleich zum RIM ermittelt.[145] Studien zur Bestimmung von IKK zeigen beim AEG besonders hohe, möglicherweise zu hohe IKK.[146] Dabei wurde bspw. mit dem GLS-Modell ein deutlich komplexeres Modell verwendet, das mehr Informationen verarbeitet als das vergleichsweise kompakte AEG-Modell nach Ohlson/Jüttner-Nauroth (2005). Jorgensen/Lee/Yoo (2011) haben gezeigt, dass mit der Erweiterung der Detailplanungsphase bereits Verbesserungen beim AEG möglich sind.[147] Ho et al. (2016) haben durch die Implementierung zusätzlicher Informationen in die Wachstumsraten ebenfalls eine Verbesserung der Ergebnisse erzielt.[148] Deshalb sollen hier Modelle vergleichbarer Komplexität verwendet werden. Dabei werden je eine Ausgestaltung mit Detailplanungsphase und EW sowie drei mit zusätzlicher Konvergenzphase betrachtet. Die Modelle mit Detailplanungsphase und EW orientieren sich beim RIM an Claus/Thomas (2001) und beim AEG an dem mehrperiodischen OJ-Modell, das von Jorgensen/Lee/Yoo (2011) verwendet wird. Die Modelle mit zusätzlicher Konvergenzphase bauen beim RIM auf Gebhardt/Lee/Swaminathan (2001) auf. Der Modellansatz mit Konvergenzphase für das AEG-Modell wird in Anlehnung an Gebhardt/Lee/Swaminathan (2001) neu entwickelt. Zudem werden alle Modelle an eine monatliche Berechnung angepasst.

---

[145] Vgl. Penman (2005), Jorgensen/Lee/Yoo (2011). Als einzige bekannte Studie konnte bislang Ho et al. (2016) genauere Bewertungen für das AEG zeigen. Auch Ohlson/Johannesson (2016) zeigen genauere Ergebnisse für einen AEG-Ansatz. Wie die Autoren selbst urteilen, ist diese Studie aufgrund des kleinen Datensatzes als Fallstudie zu betrachten.

[146] Vgl. bspw. Gode/Mohanram (2003); Botosan/Plumlee (2005); Botosan/Plumlee/Wen (2011). Diese liegen deutlich über den bspw. von Fama/French (2002) oder Claus/Thomas (2001) ermittelten Kapitalkosten.

[147] Vgl. Jorgensen/Lee/Yoo (2011).

[148] Vgl. Ho et al. (2016).

Die Modelle mit Konvergenzphase werden vergleichbar zu Gebhardt/Lee/Swaminathan (2001) mit einer Konvergenzphase von neun Jahren modelliert.[149] Gebhardt/Lee/Swaminathan (2001) nehmen in ihrer Detailplanungs- und Konvergenzphase eine konstante Ausschüttungsquote entsprechend des letzten bekannten Jahresabschlusses an, diesem Vorgehen wird auch hier gefolgt.[150] Im EW bleib der Buchwert konstant, demnach liegt die implizite Annahme einer einhundertprozentigen Ausschüttung vor.[151] Alternativ zu dieser Vorgehensweise wird hier eine Ausschüttungsquote von einhundert Prozent bereits in der Konvergenzphase angenommen. Damit wird unterstellt, dass Anleger bei mittel- bis langfristigen Gewinnen nicht zwischen Ausschüttung oder Thesaurierung differenzieren.[152] Zum einen ist eine langfristige Ausschüttungsquote schwierig zu schätzen.[153] Zum anderen hängt gemäß Miller/Modigliani (1961) die Wertrelevanz von Dividendenzahlungen mit weiteren Finanzierungsmaßnahmen wie Aktien-Rückkäufen, Ausgabe neuer Aktien oder Fremdfinanzierung zusammen.[154] Alternativ kann diese Annahme der vollständigen Ausschüttung auch als Verzinsung der thesaurierten Gewinne mit den Kapitalkosten und nicht mit dem *roe*, mit dem der Buchwert verzinst wird, verstanden werden. Folglich ist es nicht notwendig, die zum Kapitalkostensatz verzinsten Thesaurierungen zu berücksichtigen, da diese wertneutral sind.

Die Länge der Konvergenzphase wird von Gebhardt/Lee/Swaminathan (2001) übernommen. Sie haben diese auf neun Jahre festgelegt und zudem gezeigt, dass ihre Ergebnisse auch für kürzere oder längere Konvergenzphasen stabil sind.[155] Es ist zudem anzunehmen, dass Zyklen abnormaler Eigenkapitalrentabilität branchenabhängig sind, deshalb könnten möglicherweise die optimalen Konvergenzphasen ebenfalls nur Branchen-individuell bestimmt werden. Ziel dieser Studie ist nicht die Bestimmung der optimalen Länge der Konvergenzphase. Neben der neunjährigen Konvergenzphase wird ein weiterer Fall in die Studie aufgenommen: Ein Modell mit einer einjährigen Konvergenzphase zum Branchen-*roe* im Anschluss an die Detailplanungsphase. Dies unterstellt, dass sich Anleger in ihren Entscheidungen lediglich in den Phasen, für die detaillierte Prognosen

---

[149]   Vgl. Gebhardt/Lee/Swaminathan (2001), S. 142-143.
[150]   Vgl. Gebhardt/Lee/Swaminathan (2001), S. 144.
[151]   Vgl. Kempkes/Wömpener (2016).
[152]   Dieses Vorgehen ist vergleichbar zu den Vereinfachungen des OJ-Modells von Easton (2004).
[153]   Vgl. Claus/Thomas (2001), S. 1632.
[154]   Vgl. Miller/Modigliani (1961), siehe auch Gordon (1963).
[155]   Vgl. Gebhardt/Lee/Swaminathan (2001), S. 142-143.

vorliegen, von unternehmensindividuellen Daten leiten lassen. Darüber hinaus wird die erwartete Rentabilität der Unternehmen als branchenabhängig angenommen.

Die Länge der Detailplanungsphase soll zum einen möglichst lang gewählt werden, um den Informationswert vieler Prognosen abzudecken. Zum anderen ist davon auszugehen, dass der Informationswert mit zunehmendem Prognosezeitraum abnimmt. Ggf. erhöht eine langfristige Prognose lediglich die Unsicherheit im Modell und fügt keinen Informationswert hinzu. Insgesamt stehen über I/B/E/S-Prognosen für maximal fünf Jahre zur Verfügung. Dabei muss berücksichtigt werden, dass die Prognosen ab Jahr vier deutlich seltener verfügbar sind. Diese fehlenden Werte werden häufig approximiert, beinhalten in diesem Falle demnach keine zusätzlichen Informationen. Gebhardt/Lee/Swaminathan (2001) verwenden in ihrer Studie lediglich zwei Prognosen in ihrer Detailplanungsphase und bestimmen eine weitere als Startwert für die Konvergenzphase aus der Prognose der zweiten Periode und der langfristigen Wachstumsrate. In dieser Studie werden drei Prognosen verwendet, da in der Prognose für Jahr drei noch ein zusätzlicher Informationswert vermutet wird.[156]

Acht Modelle werden in die Studie aufgenommen (siehe *Abbildung 1*). Jeweils vier Modelle zum RIM und zum AEG. Das RIM-Modell mit klassischem Endwert (ohne Konvergenz) wird als RIMEW bezeichnet und entspricht im Wesentlichen dem Modell von Claus/Thomas (2001). Die RIM-Modelle mit einer einhundertprozentigen Ausschüttung in der Konvergenzphase werden als RIMK1 bzw. RIMK9 (einjährige bzw. neunjährige Konvergenz) bezeichnet. Zudem wird ein RIM mit einer neunjährigen Konvergenz unter Berücksichtigung der Ausschüttungsquote in der Konvergenzphase einbezogen und als RIMAQ bezeichnet. Dieses entspricht im Wesentlichen dem Modell von Gebhardt/Lee/Swaminathan (2001). Das AEG-Modell mit klassischem Endwert (ohne Konvergenz) wird als AEGEW bezeichnet und wird erstellt nach einem angepassten Modell in Anlehnung an dem mehrperiodischen Modell von Ohlson/Jüttner-Nauroth (2005) und Jorgensen/Lee/Yoo (2011). Die AEG-Modelle mit einer einhundertprozentigen Ausschüttung in der Konvergenzphase werden als AEGK1 bzw. AEGK9 (einjährige bzw.

---

[156] Bei der in dieser Arbeit verwendeten Stichprobe ist die *eps*-Prognose für Periode eins am häufigsten verfügbar. Bei längerfristigen Prognosen nimmt die Verfügbarkeit ab. Besonders deutlich sinkt die Verfügbarkeit bei den Prognosen ab Periode vier.

neunjährige Konvergenz) bezeichnet. Zudem wird ein AEG-Modell mit einer neunjährigen Konvergenz unter Berücksichtigung der Ausschüttungsquote in der Konvergenzphase einbezogen und als AEGAQ bezeichnet.

Verwendete Bewertungsmodelle							
RIM				AEG			
ohne Konvergenzphase	Ausschüttung 100%		Ausschüttungsquote	ohne Konvergenzphase	Ausschüttung 100%		Ausschüttungsquote
	Konvergenz 1 Jahr	Konvergenz 9 Jahre	Konvergenz 9 Jahre		Konvergenz 1 Jahr	Konvergenz 9 Jahre	Konvergenz 9 Jahre
RIMEW	RIMK1	RIMK9	RIMAQ	AEGEW	AEGK1	AEGK9	AEGAQ

Abbildung 1: Übersicht der verwendeten Bewertungsmodelle

Bei der Diskussion der Ergebnisse werden häufig die Modellpaare der vergleichbar ge-
stalteten RIM- und AEG-Modelle verglichen. Diese Modellpaare werden als EW-Modelle für RIMEW und AEGEW sowie analog als K1-Modelle, K9-Modelle bzw. AQ-
Modelle bezeichnet.

2.4.1.2 Adjustierung des Residual Income Model

Das RIM-Modell mit Detailplanungsphase und EW ohne Konvergenzphase (RIMEW)
wird nach der folgenden, angepassten Formel nach Claus/Thomas (2001) berechnet:

$$p_0 = bps_0 + \sum_{t=1}^{3} \frac{rips_t}{(1 + r_e)^{t-1+m}} + \frac{rips_3(1 + g)}{(r_e - g)(1 + r_e)^{2+m}} \qquad (19)$$

mit:

$$rips_t = (roe_t - r_e) \times bps_{t-1} \qquad (20)$$

Der Residualgewinn wird hier entsprechend dem Ansatz von Gebhardt/Lee/Swaminathan (2001) über den roe berechnet. Der roe wird mit $\left[roe_t = \dfrac{eps_t}{bps_{t-1}} \right]$ bestimmt. Dies ist nur eine Abweichung in der Schreibweise und soll zur Vereinheitlichung mit den Konvergenzmodellen dienen. Der Parameter m bezeichnet den relativen Anteil des Jahres bis zur nächsten Ausschüttung an den Aktionär. Er wird aus der Anzahl der Monate bis zur nächsten Ausschüttung dividiert durch zwölf berechnet (dabei wird eine jährliche Dividendenzahlung unterstellt).[157]

Die langfristige Wachstumsrate g wird für alle EW-Modelle nach der Methode von Claus/Thomas (2001) aus dem Zinssatz eines zehnjährigen T-Bond minus 3% (aber mindestens null) bestimmt.

Das RIM-Modell mit Detailplanungsphase und Konvergenzphase unter Verwendung der Ausschüttungsquote in der Konvergenzphase (RIMAQ) wird mit der folgenden angepassten Formel nach Gebhardt/Lee/Swaminathan (2001) berechnet:

$$
\begin{aligned}
p_0 = bps_0 &+ \sum_{t=1}^{3} \frac{(roe_t - r_e)bps_{t-1}}{(1+r_e)^{t-1+m}} + \sum_{t=4}^{11} \frac{(roe_t - r_e)bps_{t-1}}{(1+r_e)^{t-1+m}} \\
&+ \frac{(roe_{12} - r_e)bps_{11}}{r_e(1+r_e)^{10+m}}
\end{aligned}
\tag{21}
$$

Die Konvergenzphase beginnt nach dieser Formel mit Periode 4. Bei dieser Periode ist bereits erstmals der roe mittels des Konvergenzprozesses angepasst. Der Ausgangspunkt der Konvergenzphase ist die letzte Periode der Detailplanungsphase, Periode 3. Abgesehen von der monatsgenauen Diskontierung entspricht dieses Modell im Wesentlichen dem Ansatz von Gebhardt/Lee/Swaminathan (2001). Es unterscheidet sich zum einen durch die Berechnungsmethode des gleitenden Medians des Branchen-roe. Dieser wird bei Gebhardt/Lee/Swaminathan (2001) über fünf bis zehn Jahre berechnet und hier einheitlich über fünf Jahre. Zudem wird er auf Werte zwischen dem sicheren Zinssatz und

---

[157] Einen ähnlichen Ansatz mit taggenauer Diskontierung verwenden Daske/Gebhardt/Klein (2006) und Easton (2009), S. 347-356.

20% begrenzt.[158] Dieses Vorgehen erfolgt analog zu Liu/Nissim/Thomas (2002). In dieser Studie werden, entgegen Gebhardt/Lee/Swaminathan (2001), für die Berechnung des Branchen-*roe* keine negativen *roe* ausgeschlossen, dafür begrenzen Liu/Nissim/Thomas (2002) die Branchen-*roe* wie zuvor beschrieben. Die Begrenzung nach unten ist insofern sinnvoll, als dass ein langfristiger Branchen-*roe* unter dem sicheren Zinssatz langfristig ökonomisch nicht sinnvoll ist. Nach oben ist eine Begrenzung besonders dann sinnvoll, wenn, wie in dieser Studie, nur positive *roe* zur Berechnung verwendet werden, um den positiven Bias zu begrenzen. Da die Optimierung der Begrenzung des Branchen-*roe* nicht Ziel dieser Studie ist, wird hier Liu/Nissim/Thomas (2002) gefolgt.[159] Zum anderen wird hier die *eps*$_3$-Prognose und demnach auch *roe*$_3$ nicht über die um *ltg* erweiterten Prognosen der zweiten Periode berechnet, sondern die I/B/E/S-Prognosen für das Jahr drei verwendet.

Unter der Annahme einer vollständigen Ausschüttung der Gewinne ergibt sich das Modell RIMK9. Dies hat zur Folge, dass die Buchwerte innerhalb der Konvergenzphase konstant bleiben. Die im RIMAQ-Modell thesaurierten Gewinne und die dadurch in der Folgeperiode gestiegenen Buchwerte führen dazu, dass bei Unternehmen mit einem *roe* über dem Branchen-*roe* auch zu Beginn der Konvergenzphase die Gewinne steigen können. Durch die Annahme einer einhundertprozentigen Ausschüttung wirkt der Konvergenzprozess stärker auf die Entwicklung der *eps*, da sich die Anpassung des *roe*, aufgrund des konstanten *bps*, stärker in den Gewinnen wiederspiegelt.

Wird die Konvergenzphase auf eine Periode (hier Periode 4) verkürzt und die Annahme der vollständigen Ausschüttung innerhalb der Konvergenzphase beibehalten, ergibt sich das Modell RIMK1.

$$p_0 = bps_0 + \sum_{t=1}^{3} \frac{(roe_t - r_e)bps_{t-1}}{(1+r_e)^{t-1+m}} + \frac{(roe_4 - r_e)bps_3}{r_e(1+r_e)^{2+m}} \tag{22}$$

---

[158] Vgl. Liu/Nissim/Thomas (2002), S. 146.
[159] Die zentralen Ergebnisse der Studie sind robust gegenüber der Wahl dieser Grenze siehe *Abschnitt 10.2.2.*

Periode drei ist der Ausgangspunkt der Konvergenz und wird endsprechend der Perioden in der Detailplanungsphase berechnet. In Periode 4 ist die Konvergenz zum Branchen-*roe* bereits abgeschlossen und ab diesem Zeitpunkt wird, für die Ewigkeit, die Rentabilität der Branche angenommen. Dieses Model stellt eine Extremform dar, die unterstellt, dass nur für drei Perioden außergewöhnlich hohe (bzw. niedrige) *roe* zu erzielen sind und Investoren im Anschluss brancheneinheitliche *roe* erwarten. Gebhardt/Lee/Swaminathan (2001) zeigen in ihrer Studie, dass ihr Modell für verschiedene Längen von Konvergenzphasen vergleichbare Ergebnisse liefert, sie testen diese Extremform allerdings nicht.[160]

2.4.1.3 Adjustierung des Abnormal Earnings Growth Model

Das AEG-Modell mit Detailplanungsphase, EW und ohne Konvergenzphase (AEGEW) wird nach dieser angepassten Formel in Anlehnung an Ohlson/Jüttner-Nauroth (2005) und Jorgensen/Lee/Yoo (2011) berechnet:[161]

$$p_o = \frac{eps_1}{r_e(1 + r_e)^m} + \sum_{t=1}^{2} \frac{aeg_t}{r_e(1 + r_e)^{t+m}} + \frac{aeg_3}{r_e(r_e - g)(1 + r_e)^{2+m}} \tag{23}$$

Durch die monatsgenaue Diskontierung mit m wird berücksichtigt, dass der Barwert der ewigen Rente der eps_1-Prognose mit den Kapitalkosten diskontiert wird, bis eps_1 tatsächlich realisiert und dem Aktionär bekannt ist. Diese monatsgenaue Diskontierung wird bei Ohlson/Jüttner-Nauroth (2005) oder Jorgensen/Lee/Yoo (2011) nicht vorgenommen. Auch in den Folgeperioden muss zur monatsgenauen Diskontierung die Anzahl der Perioden um m erweitert werden. Bei dieser Darstellung des AEG ist eine explizite Verwendung der kurzfristigen Wachstumsrate nicht erforderlich, deshalb wird die langfristige Wachstumsrate als g bezeichnet. Die langfristige Wachstumsrate wird entsprechend zu

---

[160] Vgl. Gebhardt/Lee/Swaminathan (2001), S. 142-143.
[161] Auch bei den AEG-Modellen wird der Laufindex *t* verwendet. Abweichend zum RIM ist die erste Periode mit Beginn der Aufsummierung der Barwerte der abnormalen Gewinne bereits abgeschlossen und die erste Periode in der Summe bezieht sich auf die Differenz zwischen Periode eins und zwei zum Ende der Periode zwei. Folglich dient *t* in der Summe als Laufindex und nicht (direkt) als Zeitindex. Es wird kein abweichender Index verwendet, da diese Gegebenheiten in den Berechnungen der relevanten Größen berücksichtigt werden und die verwendete Schreibweise die in der Literatur gängige Schreibweise darstellt, vgl. bspw. Jorgensen/Lee/Yoo (2011), S. 451.

Claus/Thomas (2001) aus dem sicheren Zinssatz minus 3% (aber mindestens null) berechnet. Die Prognose für eps_4, die zur Berechnung von aeg_3 benötigt wird, wird aus
eps_3 multipliziert mit $1 + g$, berechnet. Demnach wächst diese Gewinnprognose (eps),
die für den Endwert benötigt wird, mit der Wachstumsrate g (vergleichbar mit der langfristigen Wachstumsrate nach Ohlson/Jüttner-Nauroth) und nicht wie im OJ-Modell mit
der kurzfristigen Wachstumsrate. Dies soll die Überbewertung des OJ-Modell, die in vorherigen Studien dokumentiert wurde, reduzieren.[162]

Das AEG-Modell mit einer neunjährigen Konvergenzphase und unter Berücksichtigung
der Ausschüttungsquote in der Konvergenzphase (AEGAQ) lässt sich nach folgender
Formel berechnen:

$$p_0 = \frac{eps_1}{r_e(1 + r_e)^m} + \sum_{t=1}^{2} \frac{aeg_t}{r_e(1 + r_e)^{t+m}} + \sum_{t=3}^{11} \frac{aegk_t}{r_e(1 + r_e)^{t+m}} \tag{24}$$

mit:

$$aegk_t = epsk_{t+1} - epsk_t - r_e(eps_t - dps_t)$$

Dabei bezeichnet $aegk_t$ die abnormalen Gewinne in der Konvergenzphase. Die eps-
Prognosen innerhalb der Konvergenzphase werden über den roe berechnet. Es wird unterstellt, dass der unternehmensindividuelle roe in der Konvergenzphase von neun Perioden linear zum Branchen-roe konvergiert. Der $aegk_3$, der erste abnormale Gewinn der
Konvergenzphase, wird mit eps_3 (Ausgangswert der Konvergenzphase) als $epsk_3$ berechnet. Der erste mittels Konvergenzprozess angepasste Gewinn ist $epsk_4$. Der unternehmensindividuelle roe verringert sich in jeder Periode um eine konstante Anzahl an
Prozentpunkten k. Dieser wird aus dem roe der Periode der letzten von I/B/E/S verwendeten eps-Prognose (hier eps_3) und dem gleitenden Median der Branche (roe_b) bestimmt.

---

[162] Vgl. Penman (2005), S. 377; Jorgensen/Lee/Yoo (2011), S. 457.

$$k = \frac{roe_3 - roe_b}{9} \tag{25}$$

roe_3, die Eigenkapitalrentabilität des Unternehmens in der dritten Periode, kann entweder direkt, bspw. über eine I/B/E/S roe-Prognose, geschätzt werden oder, wie hier, mittels der CSR und der Weiterführung des Buchwertes berechnet werden.[163] Dann berechnet sich roe_3 aus:

$$roe_3 = \frac{eps_3}{bps_2} \tag{26}$$

Die weiteren roe berechnen sich mit:

$$roe_t = roe_3 - k(t - 3) \tag{27}$$

Dies lässt sich umformen in:

$$roe_t = roe_{t-1} - k$$

In der Konvergenzphase berechnen sich die unternehmensindividuellen roe im Anschluss der Periode 3 aus dem Vorjahres-roe minus k. Für die erste Konvergenzperiode (Periode 4) verändert sich roe um k gegenüber der Periode 3. Die Prognosen innerhalb der Konvergenzphase ($epsk$) lassen sich nach folgender Formel bestimmen:

$$epsk_{t+1} = epsk_t \times \frac{roe_{t+1}}{roe_t} + epsk_t(1 - aq)roe_{t+1} \tag{28}$$

---

[163] In dieser Studie werden die zum entsprechenden RIM-Modell identischen roe verwendet.

Sie berechnen sich aus der $epsk$-Prognose der Vorperiode multipliziert mit dem Quotienten des aktuellen roe zum roe der Vorperiode. Zusätzlich wird der in $t+1$ aktuelle roe auf den thesaurierten Gewinn der Vorperiode erwirtschaftet. Dies lässt sich zusammenfassen zu:

$$epsk_{t+1} = epsk_t\left(1 - \frac{k}{roe_t} + (1 - aq)roe_{t+1}\right) \tag{29}$$

Die berechneten $epsk$ können nun in die Formel für die abnormalen Gewinne in der Konvergenzphase ($aegk$) eingesetzt werden.

Im Anschluss der Konvergenzphase folgt kein EW. Dies bedeutet nicht, dass keine weiteren Gewinne erwirtschaftet werden, sondern nur, dass keine weiteren abnormalen Gewinne erzielt werden. Unter der Annahme $aq = 1$ innerhalb der Konvergenzphase ergibt sich das Modell AEGK9.

Wird die Konvergenzphase auf eine Periode (hier Periode 4) verkürzt und die Annahme $aq = 1$ innerhalb der Konvergenzphase beibehalten, ergibt sich das Modell AEGK1.

$$p_0 = \frac{eps_1}{r_e(1 + r_e)^m} + \sum_{t=1}^{2} \frac{aeg_t}{r_e(1 + r_e)^{t+m}} + \frac{aegk_3}{r_e(1 + r_e)^{3+m}} \tag{30}$$

Aufgrund der Annahme $aq = 1$, verkürzt sich $aegk$ zu:

$$aegk_3 = epsk_4 - epsk_3 \tag{31}$$

mit:

$$epsk_4 = epsk_3 \times \frac{roe_b}{roe_3}$$

Durch die Annahme einer einhundertprozentigen Ausschüttung verringert (erhöht) sich bei Unternehmen mit im Branchenvergleich hohen (niedrigen) *roe* die *eps*-Prognose innerhalb der Konvergenzphase von Jahr zu Jahr. Mit thesaurierten Gewinnen und darauf in der Folgeperiode erzielten Gewinnen kann der Effekt der sinkenden *roe* kompensiert werden und es ist nicht eindeutig wie sich die *eps* verändern. Diese negativen (positiven) *aeg* können als Korrektur der zuvor zu hohen (zu niedrigen) kapitalisierten und für die Zukunft als konstant angenommenen *eps* verstanden werden.

2.4.2   Bestimmung des Diskontierungszeitpunktes

Die Bewertung von Unternehmen sowie die Bestimmung von Kapitalkosten sind nicht ausschließlich zum Geschäftsjahresende erforderlich, sondern werden in der Praxis zu beliebigen Zeitpunkten benötigt. Die meisten Studien zu diesen Themen betrachten jedoch nur einen Zeitpunkt pro Jahr.[164] Der Eigenkapitalbuchwert ist am Bilanzstichtag nur Unternehmensinsidern bekannt. Öffentlich bekannt sind Bilanzdaten erst nach der Veröffentlichung der Jahresbilanz. Nach der Veröffentlichung des Gewinns des vergangenen Geschäftsjahres passt I/B/E/S die Bezeichnung der Prognosen an.[165] Zwischen dem Bilanzstichtag und der Anpassung bezieht sich die erste Prognose (eps_1) auf das Vorjahr. Nach der Anpassung wird eps_2 zu eps_1, diese spiegelt die Prognose für das aktuelle Jahr wider. Deshalb wird für Studien mit einem jährlichen Bewertungszeitpunkt ein Zeitpunkt gewählt, an dem die Bilanzdaten bekannt, die Prognosen angepasst und die Daten noch möglichst aktuell sind. Beim Großteil der Unternehmen fällt der Bilanzstichtag auf den 31.12.,[166] deshalb wird bspw. von Claus/Thomas (2001) der 30.04. oder von Gebhardt/Lee/Swaminathan (2001) der 30.06 als Bewertungszeitpunkt gewählt. Alle Zahlungsströme werden auf diesen Zeitpunkt diskontiert und nicht auf den Bilanzstichtag, da die Zahlungsströme erst zu diesem Zeitpunkt bekannt und die Gewinnbeteiligungen den Aktionären zugeflossen sind.

---

[164] Vgl. bspw. Kaplan/Ruback (1995); Francis/Olsson/Oswald (2000); Gebhardt/Lee/Swaminathan (2001); Claus/Thomas (2001); Courteau/Kao/Richardson (2001); Gode/Mohanram (2003); Botosan/Plumlee (2005); Courteau et al. (2006); Isidro/O'Hanlon/Young (2006); Nekrasov/Shroff (2009); Botosan/Plumlee/Wen (2011); Ho et al. (2016); Bach/Christensen (2016).

[165] In den USA könnte diese Bekanntgabe für ein Unternehmen mit Bilanzstichtag am 31.12. in der zweiten Woche des Februars erfolgen, vgl. Gebhardt/Lee/Swaminathan (2001), S. 143.

[166] In der hier betrachteten US-Stichprobe weisen 70,2% der Beobachtungen einen Bilanzstichtag am 31.12. auf.

Dieses Vorgehen ist mit der halbstrengen Kapitalmarkteffizienz vereinbar und wird deshalb auch in dieser Studie verwendet.[167] Es wird angenommen, dass (vergleichbar zu Claus/Thomas (2001)) alle Bilanzdaten am Ende des vierten Monats nach dem Bilanzstichtag bekannt und die Bezeichnungen der eps-Prognosen angepasst sind. Bspw. werden für Unternehmen mit einem Bilanzstichtag am 31.12. die Daten am 30.04. des Folgejahres als bekannt angenommen. Für ein Unternehmen mit einem Bilanzstichtag am 30.06. werden sie entsprechend am 31.10. als bekannt angenommen. In den ersten drei Monaten nach dem Bilanzstichtag werden die Daten und eps-Prognose-Bezeichnungen des Vorjahres verwendet. Alle Zahlungen werden auf den Tag vier Monate nach dem Bilanzstichtag diskontiert.[168] Dieser Tag wird gewählt, da angenommen wird, dass für den Investor nicht der Bilanzstichtag relevant ist, an dem das Unternehmen den Gewinn ermittelt, sondern der Tag, an dem der Gewinn bekannt ist und die Gewinnbeteiligung dem Investor zufließt. Damit wird angenommen, dass die Bilanzdaten von der Veröffentlichung im Vorjahr bis zur Veröffentlichung im darauffolgenden Jahr für den Investor relevant sind. Somit sind die Bilanzdaten des Vorjahres bis zum Bewertungszeitpunkt, vier Monate nach dem Bilanzstichtag, relevant.

Auf eine Anpassung des Buchwertes bei unterjährigen Bewertungen nach dem Diskontierungszeitpunkt wird verzichtet, da dem sicheren Buchwert ansonsten unsichere Anteile der eps-Prognose zugerechnet würden. Die $rips_t$ und aeg_t werden monatsgenau mit dem Anteil des Jahres bis zum nächsten Diskontierungszeitpunkt m diskontiert.[169] Diese beziehen sich stets auf das gesamte Geschäftsjahr, da keine Anteile des eps unterjährig dem bps zugerechnet werden.

---

[167] Im Rahmen dieser Arbeit wird die halbstrenge Kapitalmarkteffizienz unterstellt, da angenommen wird, dass die hier untersuchten, öffentlich verfügbaren Informationen in den Aktienkursen enthalten sind, vgl. Fama (1970), S. 383; Fama (1991). Zur Wahl des Diskontierungszeitpunktes bei der Berechnung der IKK siehe auch Kempkes/Wömpener (2016).

[168] Besonders für Unternehmen in der europäischen Stichprobe kann diese Zeitspanne zu kurz gewählt sein, so dass nach vier Monaten noch nicht sämtliche Daten bekannt oder in den Datenbanken aktualisiert sind. Dieses könnte besonders in den Monaten um den Diskontierungszeitpunkt zu höheren Fehler führen. Gsell (2011) zeigt, dass (Stand: 2006) für den deutschen Kapitalmarkt sowohl der mittlere Zeitpunkt der Dividendenzahlung nach dem 30.04. liegt als auch die I/B/E/S Daten bei einem bedeutenden Anteil der Unternehmen nach den 30.04. aktualisiert werden, vgl. Gsell (2011), S. 221-228. Der Trend der angegebenen Jahre (seit 1989) zeigt eine Entwicklung zu einer zunehmend früheren Aktualisierung.

[169] Dieses Vorgehen erfolgt in Anlehnung an Daske/Gebhardt/Klein (2006) mit einigen Anpassungen (bspw. wird bei Daske/Gebhardt/Klein (2006) Tag-genau diskontiert und der Diskontierungszeitpunkt ist der Bilanzstichtag).

Es wird darauf verzichtet, im Anschluss der zwei vollständig berücksichtigten Detailpla-
nungsjahre ein anteiliges drittes Jahr zu bestimmen, um auf vollständige drei Jahre De-
tailplanungszeitraum zu gelangen. Der Rechenaufwand steigt deutlich durch diese Unterteilung des dritten Planungsjahres. Zudem erfolgt die Berechnung des, für ein Bewertungsmodell sehr bedeutsamen, EW bzw. der Konvergenzphase auf Basis von Annahmen, mittels derer dieses Geschäftsjahr unterteilt wird. Deshalb wird hier bevorzugt,
Prognosedaten für vollständige Geschäftsjahre im EW bzw. der Konvergenzphase zu verwenden und diese mittels monatsgenauer Diskontierung auf die unterschiedlichen Bewertungsstichtage anzupassen. Die Detailplanungsphase beträgt demnach zwischen $2\frac{1}{12}$ und
3 Jahren.[170]

2.5   Beurteilung der Bewertungsgenauigkeit

2.5.1   Empirisches Maß zur Beurteilung der Bewertungsgenauigkeit

Um die Bewertungsgenauigkeit eines Bewertungsmodells beurteilen zu können, wird ein
Vergleichswert benötigt. Als Vergleichswert einer empirischen Bewertung werden Mark-
werte für die bewerteten Unternehmen verwendet.[171] Es können zwei Arten von Markt-
werten verwendet werden. Zum einen kommen an Börsen beobachtbare Marktpreise, zum
anderen kommen Transaktionspreise in Frage. Transaktionspreise weisen dabei einige
Nachteile auf. Zum einen sind die Anzahl und Verfügbarkeit von Transaktionspreisen
gering. Zum anderen muss die Verhandlungssituation in der ein Transaktionspreis ent-
standen ist, nicht mit der Situation des Bewertenden übereinstimmen. Zudem ist fraglich,
ob die Einflussfaktoren, die zu dem Transaktionspreis geführt haben, in den öffentlich
zugänglichen Information, mit denen Bewertungsmodelle getestet werden, enthalten sind.
Deshalb ist die Verwendung von Transaktionspreisen in Studien eher selten.[172] Börsenwerte verfügen über die Vorteile, dass sie in hoher Zahl in Archivdatenbanken zu beliebigen Zeitpunkten beobachtet werden können und aufgrund vieler gut informierter Marktteilnehmer als effizient angesehen werden können.

---

[170] Die zuvor verwendeten Symbole (vorwiegend Kleinschreibung und kursiv) werden ausschließlich in
den *Abschnitten 2.3.2* sowie *2.4* verwendet. Im weiteren Verlauf der Arbeit werden Abkürzungen in
Großschreibung eingesetzt, um die Lesbarkeit zu erhöhen.

[171] Analytische Vergleichswerte werden in dieser Arbeit nicht betrachtet, für einen Überblick siehe Henschke (2009), S. 27-28.

[172] Die Bekannteste dieser Studien ist Kaplan/Ruback (1995).

Zur Beurteilung der Bewertungsgenauigkeit muss entweder der Börsenwert oder der mittels Modell geschätzte Wert als effizient angenommen werden.[173] Unter der Annahme, dass die am Kapitalmarkt entstandenen Preise effizient sind, dient die Differenz zwischen Börsenwert und geschätztem Wert des zu testenden Bewertungsmodells als Testgröße zur Beurteilung der Bewertungsgenauigkeit.[174] Wenn die Marktwerte nicht als effizient angenommen werden und unterstellt wird, dass die Bewertungsmodelle effizientere Bewertungen erzielen, dient eine zu erwartende Überrendite unterbewerteter Unternehmen gegenüber überbewerteten Unternehmen als Testgröße, wenn eine mittel bis langfristige Rückkehr zum inneren Wert unterstellt wird.[175] In diesem Szenario ist ein Modell vorteilhaft, dass bestmöglich falsch bepreiste Unternehmen identifizieren kann und demnach möglichst hohe Überrenditen erzielt. Wenn historische Renditen schlechte Schätzer für erwartete Renditen sind, ist fraglich, ob zukünftige realisierte Renditen geeignete Vergleichswerte für erwartete Renditen sind, da weitere Einflussfaktoren auf die realisierten Renditen wirken und der Zeitraum, bis zu dem die Ineffizienzen am Markt korrigiert sind, unbekannt ist.

In dieser Studie werden die Börsenwerte gemäß der halbstrengen Kapitalmarkteffizienz als effizient angenommen und deshalb aktuelle Börsenwerte als relevante Vergleichswerte verwendet.[176]

2.5.2   Kennzahlen zur Beurteilung der Bewertungsgenauigkeit

Zur Beurteilung der Bewertungsgenauigkeit werden verschiedene Kennzahlen verwendet. Die nicht einheitlich verwendeten Kennzahlen erschweren den Vergleich verschiedener Studien. Dies liegt an unterschiedlichen Vor- und Nachteilen, die mit den verschiedenen Kennzahlen verbunden sind. Bestimmte Kennzahlen werden jedoch besonders häufig verwendet. Die Kombination verschiedener Kennzahlen ermöglicht folglich den

---

[173] Zur Kapitalmarkteffizienz und zum empirischen Test der Kapitalmarkteffizienz vgl. Fama (1970); Fama (1991); Fama (1998); Kothari (2001): Malkiel (2003).

[174] Diesen Ansatz verfolgen, abgesehen von Kaplan/Ruback (1995), sämtliche in *Tabelle 1* aufgeführten Studien.

[175] Diesen Ansatz verfolgen bspw. Frankel/Lee (1998); Claus/Thomas (2001); Courteau et al. (2006); Guay/Kothari/Shu (2011); Esterer/Schröder (2014).

[176] Im Rahmen dieser Arbeit wird die halbstrenge Kapitalmarkteffizienz unterstellt, da angenommen wird, dass die hier untersuchten, öffentlich verfügbaren Informationen in den Aktienkursen enthalten sind, vgl. Fama (1970), S. 383; Fama (1991).

Vergleich mit verschiedenen Studien sowie die Bündelung der unterschiedlichen Vorteile.

Unter dem Bewertungsfehler (BF) wird hier der Quotient aus dem erwarteten (durch das zu testende Modell bestimmten) und dem tatsächlichen Wert (Börsenwert) verstanden.[177]

$$BF = \frac{V_E}{V_M} \qquad\qquad (32)$$

Dabei bezeichnet BF den Bewertungsfehler, V_E ist der erwartete Unternehmenswert und V_M bezeichnet den aktuellen Unternehmensmarktwert. Der Richtwert dieser Kennzahl ist eins. Werte unter eins zeigen eine Unterbewertung und Werte über eins eine Überbewertung des Bewertungsmodells. Zu dieser Kennzahl wird i. d. R. die Verteilung der Kennzahl oder Kennzahlen, die Teile der Verteilung beschreiben, angegeben,[178] bspw. die Interquartil Range (IQR), der Mittelwert oder der Median.[179] Der Mittelwert und der Median geben an, ob die Verteilung dieser Kennzahl einen positiven (bei Werten über eins) oder negativen (bei Werten unter eins) Bias aufweist. Die IQR gibt den Abstand der mittleren 50% der Verteilung an. Sind die Fehler symmetrisch um eins verteilt, so beinhaltet diese Kennzahl die Spanne der 50% genauesten Bewertungen. Weist die Verteilung einen Bias auf, so ist diese Kennzahl nicht weiter eindeutig zu interpretieren. Folglich kann diese Kennzahl nicht ohne den Bias analysiert werden.

Unter dem relativen Bewertungsfehler (RBF) wird die prozentuale Abweichung des erwarteten Unternehmenswertes vom tatsächlichen Börsenwert verstanden.[180] Der Richtwert dieser Kennzahl ist folglich null.

$$RBF = \frac{V_E - V_M}{V_M} \qquad\qquad (33)$$

---

[177] Vgl. Penman (2005), S. 377.
[178] Vgl. Penman (2005), S. 377; Jorgensen/Lee/Yoo (2011), S. 457-458.
[179] In dieser Arbeit wird unter Mittelwert oder Mittel stets das arithmetische Mittel verstanden.
[180] Vgl. Francis/Olsson/Oswald (2000), S. 55; Henschke (2009), S. 30. Manche Autoren berechnen den Fehler mit umgekehrtem Vorzeichen $(V_M - V_E)/V_M$, so bspw. Penman/Sougiannis (1998). Dies ist bei der Interpretation und einem Vergleich der Ergebnisse zu berücksichtigen.

Dabei bezeichnet RBF den prozentualen Bewertungsfehler. Der RBF misst den relativen Fehler und berücksichtig dabei die Vorzeichen aller Fehler der Stichprobe. Dies führt zwar zur Kompensation der Fehler, stellt jedoch heraus, in welcher Richtung die Bewertung vom Marktwert abweicht (Bias).[181] Der Mittelwert oder Median dieser Kennzahl ist folglich vergleichbar zum Mittelwert oder Median des BF zu interpretieren. Auch beim BF erfolgt eine Kompensation der Fehler, da der Mittelwert oder Median i. d. R. aus Werten um den Richtwert eins gebildet wird.

Zudem wird der absolute relative Bewertungsfehler (ARBF) bestimmt. Dieser wird als Betrag des relativen Bewertungsfehlers berechnet.[182]

$$ARBF = \left| \frac{V_E - V_M}{V_M} \right| \tag{34}$$

Aufgrund der Betragsbildung erfolgt keine Kompensation von positiven und negativen Abweichungen.[183] Deshalb baut der wesentliche Teil der Kennzahlen auf diesem Fehler auf.

In der Literatur werden verschiedene Kennzahlen zur Beurteilung der Bewertungsgenauigkeit aus dem ARBF bestimmt. Je nach verwendeter Kennzahl können die Beurteilungen der Bewertungsgenauigkeit variieren, da die verschiedenen Testverfahren unterschiedliche Abschnitte der Verteilung der ARBF in den Vordergrund stellen. Bei der Interpretation der Bewertungsfehler müssen deshalb die Kennzahlen gemeinsam interpretiert werden, um für den Bewertenden das geeignete Bewertungsmodell zu identifizieren. Im Weiteren werden die geläufigsten Kennzahlen vorgestellt.

Sowohl zum RBF als auch zum ARBF werden häufig der Median, der Mittelwert und die Standardabweichung (SA) berechnet. Zur Beurteilung eines Bewertungsverfahrens stellt sich die Frage, ob der Mittelwert oder der Median der Fehler der Stichprobe herangezogen werden soll. Der Mittelwert ist bekanntlich anfällig gegenüber extremen Ausreißern,[184]

---

[181] Vgl. Francis/Olsson/Oswald (2000), S. 47.
[182] Vgl. Francis/Olsson/Oswald (2000), S. 55-56.
[183] Vgl. Francis/Olsson/Oswald (2000), S. 47.
[184] Vgl. Courteau/Kao/Richardson (2001), S. 639-640.

die bei der empirischen Anwendung von Bewertungsmodellen regelmäßig auftreten können.[185] Zudem ist es möglich, dass Datensätze falsche Daten enthalten, die zu Ausreißern führen.[186] Zum einen ist zu empfehlen, die Stichprobe um solche Ausreißer zu bereinigen und zum anderen empfiehlt es sich, den Median zur Beurteilung heranzuziehen.[187] Dabei wird nur eine Beobachtung betrachtet. Dies führt besonders zur Vernachlässigung der höheren Bewertungsfehler. Der Median ist hinsichtlich der Bewertungsgenauigkeit eine sehr häufig beachtete Kennzahl.[188] Bei der Standardabweichung und dem Mittelwert gelten vergleichbare Einschränkungen hinsichtlich der Ausreißer. Der Vorteil dieser Kennzahlen, im Vergleich zum Median, ist die Berücksichtigung der gesamten Verteilung.

Die folgenden Kennzahlen werden hier ausschließlich zum ARBF berechnet.[189] Eine häufig verwendete Kennzahl bestimmt den Anteil der Bewertungen, die einen ARBF von maximal 15% aufweisen (wird als „in15%" bezeichnet).[190] Der Satz von 15% scheint willkürlich gewählt zu sein. Diese Kennzahl hat sich jedoch in der Literatur durchgesetzt und kann als noch akzeptabler Fehler interpretiert werden.

Zur Beurteilung höherer Quartile der Verteilung wird die Interquartil Range (IQR) berechnet. Diese bestimmt die Differenz des 25%-Quartils und des 75%-Quartils.[191]

Das oberste Quartil der Verteilung wird im Mittelwert und der Standardabweichung abgebildet. Wenn ein besonderer Fokus auf den extremen Fehlern liegt, wird der quadrierte Fehler des ARBF bestimmt. Dieser berücksichtigt im Vergleich zum ARBF-Mittelwert

---

[185] Für die Bedeutung von Ausreißern in empirischen Studien vgl. Wooldridge (2016), S. 296.

[186] Vgl. Henschke (2009), S. 31.

[187] Vgl. Dittmann/Maug (2008), S. 21.

[188] Die meisten Studien verwenden den Median-ARBF (Vgl. *Tabelle 1*). Bspw. Francis/Olsson/Oswald (2000); Courteau/Kao/Richardson (2001); Courteau et al. (2006); Isidro/O'Hanlon/Young (2006); Nekrasov/Shroff (2009); Bach/Christensen (2016) diskutieren diese Kennzahl.

[189] In dieser Studie liegt der Fokus bei der Beurteilung der Bewertungsgenauigkeit auf dem ARBF. Der RBF (Bias) ist primär bei der Beurteilung von Portfolios von Bedeutung, vgl. Penman/Sougiannis (1998). Bei der Beurteilung auf Unternehmensebene steht der ARBF im Vordergrund, da sich die Bewertungsfehler gegenüber einer Portfoliobetrachtung nicht ausgleichen können, vgl. Francis/Olsson/Oswald (2000), S. 55.

[190] Vgl. Kaplan/Ruback (1995), S. 1076; Kim/Ritter (1999), S. 421; Francis/Olsson/Oswald (2000), S. 55-56; Jorgensen/Lee/Yoo (2011), S. 456. Jorgensen/Lee/Yoo berechnen den Anteil der Fehler, der über 15% liegt.

[191] Diese IQR des ARBF ist nicht identisch mit der IQR des BF, die bspw. bei Courteau et al. (2006), S. 639-640 oder Jorgensen/Lee/Yoo (2011), S. 458 angegeben wird. Die IQR des BF wird zusätzlich in den Ergebnistabellen abgebildet.

eine höhere Gewichtung von besonders hohen Abweichungen vom aktuellen Marktwert.[192]

In einigen Studien ist der logarithmierte Fehler zu finden.[193] Dieser wird aus dem Logarithmus naturalis des BF bestimmt. Dieser berücksichtigt zum einen das Vorzeichen der
Abweichung, vergleichbar zum RBF und zum anderen werden höhere Abweichungen
untergewichtet.[194] Durch die Logarithmierung sind positive und negative Fehler symmet-
rischer verteilt. Zu dieser Kennzahl wird auch der absolute Wert bestimmt. Dieser ist
vergleichbar zum ARBF, mit geringerer Gewichtung hoher Abweichungen. Dieser Fehler
wird hier nicht verwendet, da prozentuale Fehler einfacher zu interpretieren sind.[195]

In dieser Studie werden zum RBF und ARBF der Median, der Mittelwert und die SA
berechnet. Zur Bestimmung des Mittelwertes und der SA werden beim RBF die extremen
1% auf beiden Seiten der Verteilung winsorisiert.[196] Damit soll gewährleistet werden,
dass extreme Fehler aufgrund von Ausreißern und Datenfehlern die Kennzahlen nicht
verfälschen. Zusätzlich werden zum ARBF die Kennzahlen „in15%" und IQR bestimmt.
Diese Auswahl der Kennzahl ermöglicht einen Überblick über die Verteilung des Bewertungsfehlers. Auf Kennzahlen, die besonders hohe Fehler übergewichten, wird verzichtet,
da diese bereits bei wenigen extremen Ausreißern nicht zu interpretieren und zu vergleichen sind.

Der BF wird in dieser Arbeit in Form der IQR angegeben. Diese Kennzahl soll zum besseren Vergleich mit weiteren Studien dienen, die zuvor gennannte Kennzahlen nicht angeben. Sie wird im Weiteren jedoch nicht diskutiert, da diese Kennzahl bei einem geringen Bias zu vergleichbaren Aussagen zum ARBF-Median führt und diese ist die im Weiteren zentral diskutierte Kennzahl.

---

[192] Vgl. Dechow/Hutton/Sloan (1999), S. 21; Dittmann/Maug (2008), S. 9; Vgl. Henschke (2009), S. 31.
[193] Vgl. bspw. Kaplan/Ruback (1995); Ohlson/Johannesson (2016).
[194] Vgl. Dittmann/Maug (2008), S. 6.
[195] Vgl. Liu/Nissim/Thomas (2002), S. 153.
[196] Dieses Vorgehen ist vergleichbar zu Courteau/Kao/Richardson (2001), S. 639-640. Das hier gewählte
      Vorgehen hat keinen Einfluss auf die Rangfolge der im Weiteren analysierten Modelle. Die von diesem
      Vorgehen betroffenen Kennzahlen werden im Weiteren neben dem Median diskutiert, die wesentliche
      Diskussion erfolgt auf Basis des Medians der Bewertungsfehler. Der Median wird zur Beurteilung von
      prozentualen Bewertungsfehlern empfohlen, vgl. Dittmann/Maug (2008), S. 21.

3 Grundlagen von Faktorenmodellen zur Bestimmung von Kapitalkosten

3.1 Bestimmung von erwarteten Kapitalkosten mittels Faktorenmodellen

3.1.1 Arbitrage Pricing Theory

Die indirekte Bestimmung der Kapitalkosten wird aufbauend auf dem Ansatz von Gebhardt/Lee/Swaminathan (2001) durchgeführt. Dieser Ansatz basiert auf der Arbitrage Pricing Theory (APT) von Ross (1976).[197]

Die APT ist ein Modell zur Beschreibung von Aktienrenditen. Dabei wird ein linearer Zusammenhang zwischen N Risikofaktoren und der Aktienrendite unterstellt. Zudem dürfen auf effizienten Märkten keine Arbitragemöglichkeiten existieren.[198] Die lineare Rendite-Risiko-Beziehung wird durch folgende Formel abgebildet.[199]

$$r_i = a_i + \sum_{j=1}^{N} \beta_{ij} F_j + u_i \qquad (35)$$

Dabei beschreibt r_i die realisierte Rendite der Aktie i, F_j die Risikofaktoren $j = 1, .. N$ und β_{ij} die Faktorsensitivitäten der i Aktien auf die j Risikofaktoren.[200] Der Faktor a_i stellt eine Konstante dar und u_i einen Fehlerterm (unsystematisches Risiko) mit einem Erwartungswert von null.

Unter den Annahmen der Linearität, Konstanz der Risikostruktur, keine risikolosen Arbitragemöglichkeiten und einen Fehlerterm mit einem Erwartungswert von null, können

---

[197] Vgl. Ross (1976).
[198] Vgl. Schneider (2001), S. 95.
[199] Auf Zeitangaben wird aus Gründen der Übersichtlichkeit verzichtet.
[200] Vgl. Gebhardt/Lee/Swaminathan (2001), S. 139.

die erwarteten Renditen $E(r_i)$ als Linearkombination aus den Risikofaktoren und Faktorsensitivitäten mit folgender Formel geschätzt werden.

$$E(r_i) = \lambda_0 + \sum_{j=1}^{N} \beta_{ij}\lambda_j \tag{36}$$

Der Faktor λ_0 ist die erwartete Rendite einer risikolosen Anlage und λ_j ist die Faktor-Risikoprämie (Faktorpreis) des Risikofaktors j.

Bei der empirischen Umsetzung der Arbitrage Pricing Theory werden die Faktorsensitivitäten von nicht unternehmensspezifischen Risikofaktoren zunächst über eine Zeitreihenregression ermittelt und anschließend Faktorpreise dieser Sensitivitäten mittels einer Querschnittsregressionen bestimmt.[201] Bei unternehmensspezifischen Risikofaktoren werden die Risikofaktoren in einer Querschnittsregression direkt auf die Renditen regressiert, da die unternehmensspezifischen Ausprägungen bereits als Sensitivitäten angesehen werden können.[202]

Bei diesem Verfahren werden zeitlich konstante Faktor-Risikoprämien (Regressionskoeffizienten) unterstellt. Da die zeitliche Konstanz der Faktor-Risikoprämien, besonders bei impliziten Kapitalkosten, nicht erwiesen ist, wird eine Fama-MacBeth-Regression verwendet.

3.1.2 Fama-MacBeth-Regression

Zur Erklärung der Zusammenhänge zwischen den IKK und Risikofaktoren wird die grundsätzlich verwendete Fama-MacBeth Regression eingesetzt.[203] Bei einer Fama-MacBeth-Regression wird für jede Periode des Untersuchungszeitraums eine Querschnittsregression durchgeführt. Die einzelne Regression einer Periode entspricht einer

---

[201] Vgl. Schneider (2000), S. 396.
[202] Vgl. Rosenberg (1974); Fama (1976); Fama/French (1992); Schneider (2000), S. 406; Gebhardt/Lee/-Swaminathan (2001), S. 140.
[203] Vgl. Fama/MacBeth (1973); Fama/French (2004).

klassischen Kleinste-Quadrate-Regression. Dabei stellt die implizite Risikoprämie die abhängige Variable und die Risikofaktoren die unabhängigen Variablen dar. Aus den Regressionskoeffizienten aller Perioden wird der Mittelwert gebildet, um die gesamte Stichprobe zu beurteilen. Dabei werden alle Perioden, unabhängig ihrer Anzahl von Beobachtungen, gleich gewichtet. Der Vorteil dieses Verfahrens gegenüber einer gepoolten Regression ist, dass keine Konstanz der Regressionskoeffizienten über den Untersuchungszeitraum unterstellt wird. Der Test der Signifikanz der Risikofaktoren erfolgt häufig anhand des t-Test nach Newey/West (1987).[204] Dieses Verfahren korrigiert bei der Berechnung des t-Wertes die Schätzer des Standardfehlers auf Autokorrelation und Heteroskedastie.

3.2   Risikofaktoren

3.2.1   Theoretische Basis von Risikofaktoren

Für die Erklärung der unternehmensspezifischen Ausprägungen der IKK werden Risikofaktoren benötigt. In dieser Arbeit werden ausschließlich unternehmensspezifische Risikofaktoren betrachtet. Diese Risikofaktoren sollen im Weiteren als Faktoren im abgeleiteten Faktorenmodell dienen. Wird dem klassischen CAPM nach Sharpe (1964), Lintner (1965) und Mossin (1966), dass auf der Portfoliotheorie von Markowitz (1952) aufbaut, gefolgt, soll das Ausmaß der Risikoprämie vollständig durch das systematische Risiko BETA erklärt werden. Fama/French (1992) schlagen demgegenüber drei konkrete Faktoren zur Erklärung der Risikoprämie vor. Keine andere prominent in der Literatur vertretene Theorie liefert genaue Angaben darüber, welche Risikofaktoren verwendet werden sollen.[205] In der Realität sind grundlegende Annahmen des CAPM nicht erfüllt.[206] Bspw. wird angenommen, dass sämtlichen Marktteilnehmern die erwarteten Renditen sowie die

---

[204] Vgl. Newey/West (1987); Petersen (2009). Der *lag* für den Newey/West Standardfehler wird entsprechende der empfohlenen Heuristik $INTEGER \left[4 \left(\frac{T}{100} \right)^{\frac{2}{9}} \right]$ bestimmt. Er beträgt für diese Stichprobe demzufolge 4. Vgl. Newey/West (1987). Diesen Test verwenden bspw. Gebhardt/Lee/Swaminathan (2001) oder Daske/Gebhardt/Klein (2006). Alternativ wird in der Literatur bspw. der Test von Bernard (1995) und Abarbanell/Bernard (2000) verwendet. So bspw. bei Gode/Mohanram (2003) und Daske/Gebhardt/Klein (2006). Letztere verwenden beide Tests und gelangen zu vergleichbaren Ergebnissen, vgl. Daske/Gebhardt/Klein (2006), S. 26.

[205] Vgl. Gode/Mohanram (2003), S. 404. Die Auflistung der Risikofaktoren orientiert sich an Gebhardt/Lee/Swaminathan (2001), Gode/Mohanram (2003), S. 403-406, Botosan/Plumlee (2005), S. 33-36 sowie Botosan/Plumlee/Wen (2011), S. 1089-1091 und wird durch weitere Faktoren ergänzt.

[206] Vgl. bspw. Klein/Bawa (1976), S. 215.

Varianzen und Kovarianzen der Wertpapierrenditen bekannt sind.[207] Zudem werden homogene Erwartungen aller Anleger unterstellt.[208] Wenn in der Realität das reale Informationsniveau vom theoretischen abweicht, und folglich diese Annahmen nicht erfüllt sind, kann es am Kapitalmarkt zu unvollständiger Informationspräzision und Informationsasymmetrie kommen.[209] Unter Informationspräzision wird die aufgrund unvollständiger Information resultierende Abweichung der Schätzer der erwarteten Renditen, Varianzen und Kovarianzen von den theoretisch optimalen verstanden.[210] Informationsasymmetrie liegt vor, wenn die Informationen am Kapitalmarkt asymmetrisch verteilt sind. Verschiedene Studien haben gezeigt, dass die Kapitalkosten bei geringer Informationspräzision und hoher Informationsasymmetrie steigen können.[211] In der Literatur werden einige Risikofaktoren diskutiert, die als Indikator für das Informationsniveau, die Informationspräzision oder die Informationsasymmetrie gelten (im Folgenden werden diese Effekte vorwiegend nicht differenziert betrachtet und als Informationsniveau bezeichnet). Neben den theoretisch begründbaren Risikofaktoren sollen auch empirisch nachgewiesene Einflussfaktoren berücksichtigt werden, die eine Korrelation zu historischen Renditen oder zu impliziten Kapitalkosten gezeigt haben.[212] Diese werden oft als Marktanomalien bezeichnet. Aufgrund der Diskussion, welche Faktoren tatsächlich Risikofaktoren sind, werden diese Faktoren auch allgemein Unternehmenscharakteristika genannt. Auch wenn diese Marktanomalien keine Risikofaktoren darstellen, können sie zur Bestimmung der Kapitalkosten relevant sein, wenn die Fehlbepreisung innerhalb des betrachteten Investitionszeitraums nicht abgebaut wird.[213] Deshalb werden Risikofaktoren verwendet, die sich entweder bei der Erklärung historischer oder impliziter Renditen als einflussreich gezeigt haben. In dieser Arbeit steht nicht die Diskussion über die theoretische Fundierung der Faktoren im Vordergrund, deshalb werden im Weiteren die Unternehmenscharakteristika als Risikofaktoren bezeichnet, da dieser Begriff in der Literatur geläufig ist.

---

[207] Vgl. Markowitz (1952), S. 77-91. Dabei ist zu bedenken, dass historische Renditen einen schlechten Schätzer für die erwartete Rendite darstellt vgl. Elton (1999).
[208] Vgl. Sharpe (1964), S. 435.
[209] Vgl. Nölte (2008), S. 210.
[210] Vgl. Nölte (2008), S. 212.
[211] Vgl. Klein/Bawa (1976); Barry/Brown (1986); Amihud/Mendelson (1986); Diamond/Verrecchia (1991); Handa/Linn (1993); Easley/Hvidkjaer/O'Hara (2002); Easley/O'Hara (2004); Lambert/Leuz/Verrecchia (2012); Botosan/Plumlee (2013). Für eine umfassende Diskussion einiger dieser Studien siehe Nölte (2008), S. 212-221.
[212] Vgl. Gebhardt/Lee/Swaminathan (2001), S. 137.
[213] Vgl. Stein (1996); Frankel/Lee (1998).

Neben der begründeten Vermutung eines Einflusses des Risikofaktors auf die IKK ist eine hohe Datenverfügbarkeit erforderlich, damit die verwendete Stichprobe nicht durch einzelne, selten verfügbare Kennzahlen verkleinert wird. Die folgende Auflistung stellt keine vollständige Auflistung aller Risikofaktoren dar, sondern nur eine Auswahl von Kennzahlen, von denen ein signifikanter Einfluss auf den Erklärungsgehalt der IKK erwartet wird und eine hohe Verfügbarkeit in der Stichprobe vorliegt.

Bei der Erklärung von erwarteten Kapitalkosten stellt sich die Frage, ob es zielführend ist, historische Bilanzdaten und historische Renditedaten als erklärende Variablen mit in die Regression aufzunehmen. Unter der Annahme, dass die aus den Analystenprognosen berechneten impliziten Risikoprämien die Markterwartungen für die zukünftigen Risikoprämien darstellen, ist das Ziel des Regressionsmodells zu bestimmen, aufgrund welcher Variablen die Marktteilnehmer die Höhe der Risikoprämie festlegen. Dabei ist durchaus denkbar, dass diese Entscheidungen von publizierten historischen Informationen beeinflusst werden.

3.2.2   Auswahl von Risikofaktoren für die Faktorenmodelle

3.2.2.1 Marktrisiko

Gemäß der Capital Asset Pricing Theory soll das BETA den gesamten Unterschied der Risikoprämien zwischen Unternehmen erklären.[214] Verwendet wird hier ein von Thomson Reuters Datastream berechneter BETA-Faktor. Dieser wird aus den vergangenen 60 Monatsrenditen der Aktie und den Monatsrenditen des lokalen Leitindex berechnet.[215] Diese Kennzahl wird im Weiteren als BETA bezeichnet. Das BETA wird analog zu Gode/Mohanram (2003) auf Werte zwischen 0,2 und 4 winsorisiert.[216] In der Literatur wird der Zusammenhang des CAPM-BETA mit der Ausprägung der Kapitalkosten bzw. Rendite bestätigt.[217] Einig sind sich die Autoren jedoch ebenso in der Hinsicht, dass es nicht der Risikofaktor ist, der die gesamte Ausprägung der Kapitalkosten erklären

---

[214] Vgl. Sharpe (1964); Lintner (1965); Mossin (1966).
[215] Verwendet wird der Datastream Code 897E.
[216] Vgl. Gode/Mohanram (2003), S. 404. Botosan/Plumlee (2005), S. 35 und Botosan/Plumlee/Wen (2011), S. 1092-1093 verwenden im unverschuldetes Beta. Dieser Methodik wird hier nicht gefolgt, da die Mehrzahl der Studien zur Erklärung von IKK das verschuldete Beta verwenden, vgl. *Abschnitt 6.5*.
[217] Vgl. Black/Jensen/Scholes (1972); Harris/Marston (1992); Gordon (1993); Gordon/Gordon (1997); Harris et al. (2003); Tang/Shum (2003).

kann.[218] Zu erwarten ist gemäß der Theorie ein positiver Zusammenhang zwischen BETA und den IKK.

Zahlreiche Studien stellen den positiven Zusammenhang zwischen dem Buch-Marktwert-Verhältnis (BM) und historischen Renditen heraus.[219] Empirisch hat sich dieser Zusammenhang auch zu IKK sehr deutlich bestätigt.[220] Fama/French (1992/1993) folgern aus diesem Zusammenhang ein höheres systematisches Risiko von Unternehmen mit hohem BM.[221] Gebhardt/Lee/Swaminathan (2001) führen dieser Schlussfolgerung entgegen, dass der positive Zusammenhang auch mit einer Unterbewertung von Unternehmen mit hohem BM begründet werden kann und diese mit der Zeit vom Markt korrigiert wird. Somit könne dieser Zusammenhang nicht eindeutig auf ein höheres systematisches Risiko zurückzuführen sein.[222] Ein hoher BM kann zudem auf geringe Wachstumsmöglichkeiten, höhere Insolvenzgefahr oder unvorsichtige Bilanzierung des jeweiligen Unternehmens zurückzuführen sein.[223] Diese Argumentationen führen zu einem positiven Zusammenhang von BM und IKK, der auch in dieser Studie erwartet wird.

Entgegen den Aussagen der Kapitalmarkttheorie wird in der Literatur ein Zusammenhang zwischen dem unsystematischen Risiko und den zukünftigen Renditen nachgewiesen.[224] Das unsystematische Risiko wird im Folgenden mit zwei verschiedenen Kennzahlen in die weitere Analyse einbezogen.

Häufig wird die Standardabweichung der täglichen Aktienrenditen des letzten Jahres verwendet.[225] Diese wird in dieser Studie als Standardabweichung der täglichen Rendite der

---

[218] Aufbauend auf der APT von Ross (1976) wurden verschiedene Modelle mit weiteren relevanten Variablen aufgestellt, vgl. Banz (1981); Basu (1983); Rosenberg/Reid/Lanstein (1985); Chen/Roll/Ross (1986); Fama/French (1992); Chen/Jordan (1993).

[219] Vgl. Rosenberg/Reid/Lanstein (1985); Fama/French (1992); Lakonishok/Shleifer/Vishny (1994); Berk/Green/Naik (1999).

[220] Vgl. Gebhardt/Lee/Swaminathan (2001); Gode/Mohanram (2003); Botosan/Plumlee (2005); Botosan/Plumlee/Wen (2011). Bspw. Fama/French (2006) und Fama/French (2008) zeigen, dass BM einen Beitrag zur Erklärung und Prognose von Renditen leisten kann.

[221] Vgl. Fama/French (1992/1993). Aufgrund der hohen Bedeutung des BM für die Erklärung der Varianz der IKK und der Argumentation von Fama/French (1992/1993), dass es sich beim BM um Risiko handelt, wird dieses hier unter Marktrisiko aufgeführt. Teilweise wird es auch als Marktanomalie bezeichnet.

[222] Vgl. Gebhardt/Lee/Swaminathan (2001), S. 147.

[223] Vgl. Schneider (2001), S. 528-529; Gode/Mohanram (2003), S. 406.

[224] Vgl. bspw. Malkiel/Xu (1997).

[225] Vgl. Malkiel/Xu (1997); Gebhardt/Lee/Swaminathan (2001).

vergangenen 260 Handelstage als Indikator für das unsystematische Risiko des Unternehmens bestimmt und im Weiteren als SARET bezeichnet.[226] Erwartet wird ein positiver Zusammenhang zwischen SARET und den IKK, da stärkere Schwankungen ein höheres Risiko darstellen und deshalb höhere IKK verlangt werden.

In der Praxis ist die Anwendung des CAPM sehr verbreitet. Deshalb kann vermutet werden, dass der Teil der Aktienrendite, der nicht durch das CAPM erklärt werden kann von Marktteilnehmern als Risikoindikator beachtet wird. Daher wird der Anteil der Rendite, der nicht durch das CAPM erklärt werden kann, zusätzlich als Indikator für das unsystematische Risiko verwendet und als STCAPM bezeichnet.[227] Diese Kennzahl wird über den Berechnungszeitraum des BETA von 60 Monaten berechnet. Dabei ist ein negativer Zusammenhang zu den IKK zu erwarten. Diese Kennzahl bildet ein Risiko ab, wenn die historische Rendite negativ von der durch das CAPM erklärten abweicht. Eine positive Abweichung stellt hingegen eine Reduzierung des Risikos da.

3.2.2.2 Verschuldung

Gemäß Modigliani/Miller (1958/1959) sollen die Kapitalkosten mit der Verschuldung des Unternehmens steigen.[228] Auch Fama/French (1992) haben empirisch im Drei-Faktorenmodell einen positiven Zusammenhang zwischen Verschuldung und historischen Aktienrenditen nachgewiesen.[229] Der Zusammenhang zwischen Verschuldung und IKK konnte hingegen bislang nicht eindeutig bestätigt werden.[230] Die Kennzahl wird analog zu Gebhardt/Lee/Swaminathan (2001) als Quotient aus langfristigem Fremdkapital und Eigenkapital-Marktwert (LFKM) berechnet. Im weiteren Verlauf der Studie wird eine Abwandlung des Modells ohne Kapitalmarktinformationen erstellt. Für dieses Modell wird diese Kennzahl als Quotient aus langfristigem Fremdkapital und Eigenkapital-Buchwert (LFKB) bestimmt. Dabei ist jedoch ein geringerer Zusammenhang zu vermuten.

---

[226] Gebhardt/Lee/Swaminathan (2001) berechnen die Standardabweichung der täglichen Renditen über ein Jahr, dies entsprich ca. 260 Handelstagen.

[227] Chen/Jorgensen/Yoo (2004) verwenden die Varianz der Störgröße aus der Berechnung (Regression) des CAPM-BETA als Risikoparameter. Siehe dazu auch Fama/MacBeth (1973).

[228] Vgl. Modigliani/Miller (1958/1959). Auch Merton (1974) zeigt anhand eines optionspreistheoretischen Modells den Zusammenhang zwischen Verschuldung und dem Risiko des Eigenkapitals.

[229] Vgl. Fama/French (1992).

[230] Vgl. Gebhardt/Lee/Swaminathan (2001), S. 164; Chen/Jorgensen/Yoo (2004), S. 328. Botosan/Plumlee (2005), S. 43 und Botosan/Plumlee/Wen (2011), S. 1110, zeigen einen deutlicheren Zusammenhang, da sie ein unverschuldetes Beta verwenden.

Verwendet werden die am Bewertungszeitpunkt aktuellsten zur Verfügung stehenden Jahresabschlussdaten.

3.2.2.3 Größeneffekt

In der Finanzliteratur wird angenommen, dass mehr Informationen über große Unternehmen am Kapitalmarkt vorhanden sind, als über kleinere Unternehmen.[231] Demzufolge sollte die Risikoprämie mit steigender Marktkapitalisierung (als Indikator für die Unternehmensgröße) sinken.[232] Mehrere Autoren vertreten die Auffassung, dass der sogenannte Size Effekt wenige Jahre nach dem entdecken durch Banz (1981) verschwunden sei.[233] Hou/Van Dijk (2014) zeigen, dass der Size Effekt in realisierten Renditen nicht mehr nachweisbar, in erwartet Renditen aber nach wie vor enthalten ist.[234]

Neben der Marktkapitalisierung werden verschiedene weitere Kennzahlen, die die Größe eines Unternehmens beschreiben, in der Literatur diskutiert. Für Studien, in denen Analystenprognosen Verwendung finden, werden diese als Größenkennzahl verwendet.[235] Es wird angenommen, dass für größere Unternehmen mehr Prognosen verfügbar sind. Zudem sollen Analysten, als besonders gut informierte Marktteilnehmer, dazu beitragen, Informationsasymmetrien zwischen Unternehmen und Aktionären abzubauen und neue Informationen am Markt schneller zu beurteilen.[236] Demzufolge sollte die Risikoprämie mit der Anzahl der beobachtenden Analysten sinken. Berechnet wird diese Kennzahl (LNAA) als der Logarithmus naturalis der Analystenanzahl der Prognose des Gewinns pro Aktie der Periode 1 (EPS1), da angenommen wird, dass zusätzliche Analysten einen sinkenden Grenznutzen beim Abbau von Informationsasymmetrien aufweisen.

---

[231] Vgl. Banz (1981); Fama/French (1992); Berk (1995); Gebhardt/Lee/Swaminathan (2001); Brav/Lehavy/Michaely (2005); Botosan/Plumlee (2005). Beaver/Kettler/Scholes (1970), S. 662, argumentieren über ein höheres Insolvenzrisiko von kleineren Unternehmen.

[232] Zur Erklärung von IKK wird die Marktkapitalisierung bspw. von Chen/Jorgensen/Yoo (2004), S. 328, Botosan/Plumlee (2005), S. 35 und Botosan/Plumlee/Wen (2011), S. 1092-1093, verwendet.

[233] Vgl. Dichev (1998), Chan/Karceski/Lakonishok (2000); Horowitz/Loughran/Savin (2000); Amihud (2002).

[234] Vgl. Hou/Van Dijk (2014), S. 1.

[235] Vgl. Gebhardt/Lee/Swaminathan (2001), S. 146.

[236] Vgl. Brennan/Jegadeesh/Swaminathan (1993); Mohanram (1999).

Weitere Größenkennzahlen sind bspw. der Logarithmus naturalis der Mitarbeiteranzahl (LNAM) oder des Umsatzes.[237] Diese Kennzahlen haben gegenüber der Marktkapitalisierung den Vorteil, dass sie auch für nicht-börsennotierte Unternehmen verfügbar sind. Als Nachteil kann angesehen werden, dass diese Kennzahlen besonders innerhalb einer Branche vergleichbare Größen darstellen.[238]

Für die Faktorenmodelle wird LNAA als Größenkennzahl verwendet. Diese Kennzahl spiegelt neben dem Größenaspekt zusätzlich den Informationswert der Analysten wider. Bei dem Faktorenmodell ohne Marktdaten wird LNAM verwendet, da dies im multivariaten Modell ein geringfügig höheres Bestimmtheitsmaß als die Verwendung des Umsatzes erzielt.[239]

3.2.2.4 Volatilität der Gewinne

Die Volatilität der Gewinne wird in der Praxis und in der Finanzwissenschaft als ein Indikator für das Unternehmensrisiko betrachtet. Es existiert jedoch keine Kennzahl, die die gesamte Unsicherheit der Gewinne bzw. Gewinnprognosen widerspiegelt. Deshalb werden nachfolgend verschiedene Kennzahlen aufgeführt, die Aspekte dieser Unsicherheit darstellen. Unter anderen wird der Zusammenhang von Gewinnvolatilität und IKK von Gebhardt/Lee/Swaminathan (2001) überprüft und nachgewiesen.[240]

Ein Indikator für die Unsicherheit der Gewinne ist der Prognosefehler der Gewinnprognosen (FGP). Dieser wird hier als Prognosefehlers der EPS1-Prognosen definiert. Der einjährige Prognosefehler wird als Abweichung der aktuellen realisierten EPS von der EPS1-Prognose zwölf Monate vor dem Beobachtungszeitpunkt bestimmt. Die Abweichungen werden analog zu Mohanram/Gode (2013) mit dem Aktienkurs skaliert.[241] Eine Skalierung mit der realisierten EPS ist ebenfalls denkbar.[242] Dabei ist ein negativer Zusammenhang dieser Kennzahl zu den IKK zu erwarten, da eine Überschätzung zu einem

---

[237] Vgl. für die Verwendung des Umsatzes als Größenkennzahl bspw. Lev/Kunitzky (1974) oder Bowman/Bush (2006). Für die Mitarbeiteranzahl als Größenkennzahl vgl. bspw. Pashigian (1968). Botosan (1997) zeigt einen starken Zusammenhang der Mitarbeiteranzahl zu weiteren Größenkennzahlen.

[238] Durch die Verwendung eines Branchenfaktors wird dabei für den Brancheneinfluss kontrolliert.

[239] Siehe *Kapitel 8*.

[240] Vgl. Gebhardt/Lee/Swaminathan (2001), S. 164.

[241] Vgl. Mohanram/Gode (2013), S.462.

[242] Alternativ kann der Prognosefehler mit der realisierten EPS skaliert werden, vgl. Gebhardt/Lee/Swaminathan (2001), S. 146. Dies ist jedoch genau dann besonders problematisch, wenn der Gewinn nahe null liegt. Bei der Skalierung mit dem Aktienkurs ist diese Kennzahl dessen Schwankungen unterlegen.

negativen Vorzeichen der Kennzahl führt und erwartet wird, dass eine Überschätzung der Prognosen für den Kapitalmarkt ein zusätzliches Risiko darstellt, das mit einer höheren Risikoprämie kompensiert wird.

Für Unternehmen, die von mehreren Analysten beobachtet werden, liegen verschiedene EPS-Prognosen für eine Periode vor. In den Bewertungsmodellen wird der Mittelwert dieser Prognosen verwendet (Konsensusschätzung). Je weiter die individuellen Prognosen auseinanderliegen, desto größer ist die Unsicherheit für den Investor darüber, ob der Mittelwert den relevanten Schätzer für die Prognose darstellt. Die Streuung der Gewinnprognosen (SGP) wird deshalb häufig als Risikofaktor verwendet.[243] Diese wird hier für die EPS1-Prognosen (die am häufigsten verfügbare Prognose) aus der Differenz der höchsten und der niedrigsten EPS-Prognose berechnet, dividiert durch den Mittelwert. Eine vergleichbare Kennzahl könnte aus der Standardabweichung der Gewinnprognosen bestimmt werden.[244] Zum einen könnte ein positiver Zusammenhang erwartet werden, da eine höhere Streuung und demnach eine höhere Unsicherheit in höhere IKK münden sollten.[245] Zum anderen sprechen die Ergebnisse bestehender Studien für einen negativen Zusammenhang.[246] Dies kann damit erklärt werden, dass Aktienkurse eher die Meinung optimistischer Anleger widerspiegeln, da pessimistische, aufgrund von Leerverkaufsbeschränkungen tendenziell weniger handeln.[247] Deshalb wird hier ebenfalls ein negativer Zusammenhang erwartet.

Als weiterer Indikator für die Unsicherheit der EPS-Prognosen wird die Anpassung der EPS1-Prognose in den vergangenen sechs Monaten berücksichtigt. Die Anpassung der Gewinnprognosen (AGP) wird als Differenz der aktuellen EPS1-Prognose und der Prognose sechs Monate zuvor berechnet, skaliert mit dem Aktienkurs. Mohanram/Gode (2013) haben gezeigt, dass diese Kennzahl einen Zusammenhang mit dem Ausmaß der Überschätzung der EPS-Prognosen aufweist.[248] Eine kurzfristige Steigerung der EPS-

---

[243] Vgl. Gebhardt/Lee/Swaminathan (2001), S. 147; Botosan/Plumlee (2005), S. 35.
[244] Vgl. Chen/Jorgensen/Yoo (2004), S. 328. Diese Kennzahl steht für diese Arbeit nicht zur Verfügung.
[245] Vgl. Gebhardt/Lee/Swaminathan (2001), S. 164.
[246] Vgl. Merton (1987); Diether/Malloy/Scherbina (2002), S. 2117.
[247] Vgl. Miller (1977); Diether/Malloy/Scherbina (2002), S. 2116.
[248] Vgl. Mohanram/Gode (2013), S. 465.

Prognose, die in den Bewertungsmodellen berücksichtigt ist, stellt eine Erhöhung der Un-sicherheit (Überschätzung der Prognosen) dar, deshalb wird hier ein positiver Zusam-menhang zu den IKK erwartet.

Als nicht von Kapitalmarktdaten abhängige Kennzahl wird häufig die Standardabwei-chung der Gewinne (SAG) verwendet.[249] Diese wird analog zu Gebhardt/Lee/Swami-nathan (2001) aus der Standardabweichung des Gewinns der letzten 5 Jahre dividiert durch das arithmetische Mittel berechnet.[250] Zu erwarten ist ein positiver Zusammenhang dieser Kennzahl mit den IKK.[251] Unter der Annahme, dass die historischen Gewinn-schwankungen vom Kapitalmarkt als Risiko aufgefasst werden, würde eine höhere Risi-koprämie verlangt werden.

3.2.2.5 Gewinnwachstum

Die langfristige Wachstumsrate der Gewinnprognosen wird aus der I/B/E/S Datenbank übernommen.[252] La Porta (1996) hat einen negativen Zusammenhang der langfristigen Wachstumsrate der Gewinne (LTG) und historischen Renditen empirisch nachgewiesen. Dies wird mit zu optimistischen Prognosen der Analysten begründet.[253] Geb-hardt/Lee/Swaminathan (2001) folgern aus diesem Zusammenhang, dass Unternehmen mit hohen LTG überbewertet sind und demzufolge abnormal niedrige Renditen und IKK erzielen. Dazu führen sie an, dass Modelle zur Schätzung von IKK mit Konvergenzpro-zessen die zu hohen LTG abmildern (Konvergenz des ROE zum langjährigen Branchen-Median) und diese Modelle somit zu einem negativen Zusammenhang von LTG mit IKK führen.[254] Gode/Mohanram (2003) weisen darauf hin, dass diese Schlussfolgerung nur bei Modellen mit Konvergenzprozess gilt. Bei Modellen mit einer ewigen Rente wird die Überschätzung nicht abgemildert. Des Weiteren könnten zu hohe Gewinnprognosen (un-ter Verwendung von LTG bestimmt) in einem zu hohen Aktienkurs resultieren und bei korrekter Diskontierung die IKK nicht beeinflussen.[255] Außerdem ist zu berücksichtigen,

---

[249] Vgl. Beaver/Kettler/Scholes (1970), S, 662-663.
[250] Vgl. Gebhardt/Lee/Swaminathan (2001), S. 146-147; Gode/Mohanram (2003), S. 404.
[251] Vgl. Barth/Elliott/Finn (1999).
[252] Aufgrund der weiten Verbreitung der englischsprachigen Bezeichnung wird die Abkürzung für Long Term Growth (LTG) verwendet. Wenn keine I/B/E/S-Prognose für LTG vorliegt, wird die Wachstums-rate aus den vorhandenen EPS-Prognosen berechnet, siehe *Abschnitt 4.1.*
[253] Vgl. La Porta (1996).
[254] Vgl. Gebhardt/Lee/Swaminathan (2001), S. 147.
[255] Vgl. Gode/Mohanram (2003), S. 405.

dass eine hohe langfristige Wachstumsrate und die darauf beruhenden zukünftigen Zahlungsströme ein hohes Risiko für den Aktionär darstellen, da bereits geringe Fehler in der Prognose einen hohen Einfluss auf den Wert des Unternehmens haben.[256] Das Risiko aus Investorensicht stammt demnach aus zu hohen Zahlungsströmen, die im Modell diskontiert werden. Angenommen, die Aktienkurse sind effizient und hohe Gewinnprognosen (aufgrund hoher Wachstumsraten) sind überbewertet, dann müssen diese höher diskontiert werden, um auf den effizienten Aktienkurs abgezinst zu werden.

In den in dieser Studie verwendeten Bewertungsmodellen ist LTG nicht enthalten. Demnach führt ein hoher Wert für LTG nicht grundsätzlich zu einer Überschätzung der Gewinne. Diese modellbasierte Gefahr der Überschätzung wird durch die kurzfristige Wachstumsrate (s. u.) abgebildet. Für diese Studie wird deshalb ein negativer Zusammenhand von LTG zu IKK angenommen, da ein hoher LTG als Indikator für gute Zukunftsaussichten interpretiert wird, was tendenziell eher einen Sicherheitsaspekt für den Investor darstellt.

Eine mögliche Überschätzung der zukünftigen Gewinne wird durch eine kurzfristige Wachstumsrate (GKF), die implizit in den Bewertungsmodellen verwendet wird, berücksichtigt. Neben der LTG wird deshalb die Wachstumsrate von der aktuellsten und bekannten realisieren EPS auf die EPS3-Prognose berechnet. Diese Wachstumsrate bezieht sich bei allen Beobachtungen auf einen Zeitraum von drei Jahren. Eine Annualisierung ist deshalb nicht notwendig. Diese Kennzahl soll dazu dienen, die Unsicherheit von hohen (möglicherweise überschätzten) EPS-Prognosen in der Detailplanungsphase sowie deren Auswirkungen auf den EW, abzubilden. Es wird erwartet, dass diese Kennzahl einen positiven Zusammenhang zu den IKK aufweist. Die Kennzahl kann zusätzlich zu LTG verwendet werden, da die Korrelation mit 0,12 (0,32) nach Pearson (Spearman) relativ niedrig ausfällt.[257]

---

[256] Vgl. Gode/Mohanram (2003), S. 405-406.
[257] Vgl. *Abschnitt 6.2.*

3.2.2.6 Rentabilitätskennzahlen

Aus der Sicht eines Aktionärs stellt die Dividende potenziell einen wesentlichen Teil seiner Rendite dar. Deshalb sollen dividendenabhängige Kennzahlen mit in die Analyse einbezogen werden. In Studien zur Erklärung des Unternehmensrisikos (CAPM-BETA) weist die Zahlung von Dividenden einen vorwiegend risikosenkenden Zusammenhang auf.[258] Die Ausschüttungsquote ist nicht direkt eine Rentabilitätskennzahl, wird aber aufgrund des Zusammenhangs zur Dividendenrendite ebenfalls an dieser Stelle genannt.

Aus der Perspektive eines Aktionärs könnte die Ausschüttungsquote (AQ) ein positives Signal darstellen, da er kurzfristig an den Gewinnen des Unternehmens beteiligt wird und nicht auf Kurssteigerungen bzw. zukünftige Ausschüttungen spekulieren muss.[259] Demnach ist ein negativer Zusammenhang zwischen Ausschüttungsquote und IKK zu erwarten.

Als weitere dividendenabhängige Kennzahl wird die Dividendenrendite (DR) einbezogen.[260] Diese wird aus dem Quotienten der Dividende und dem Aktienkurs (Eigenkapitalmarktwert) berechnet. Bei einem Unternehmen, das einen hohen Anteil des Eigenkapitals an seine Anteilseigner ausschüttet, ist zu unterstellen, dass im Unternehmen nur begrenzt wertsteigernde Investitionsmöglichkeiten vorliegen. Deshalb stellt eine hohe Dividendenrendite ein negatives Signal für die Innovations- und Investitionsfähigkeit des

---

[258] Vgl. bspw. für einen negativen Zusammenhang zu den Kapitalkosten Beaver/Kettler/Scholes (1970); Abdelghany (2005). Es wird argumentiert, dass Unternehmen mit höheren Gewinnschwankungen geringere Ausschüttungsquoten aufweisen, um die Auszahlungsstrategie konstant halten zu können, ohne die Dividenden fremdfinanzieren zu müssen, vgl. Beaver/Kettler/Scholes (1970), S. 660. Bspw. Bauer (1992); Steiner/Bauer (1992) zeigen jedoch einen positiven Zusammenhang. Darüber hinaus verwenden bspw. Hou/Van Dijk (2014) und Van Halteren (2011) die Dividenden-Buchwert-Rendite und einen Dividenden-Dummy (wird eine Dividende gezahlt oder nicht) zur Erklärung der zukünftigen Gesamtkapitalrentabilität. Hou/Van Dijk/Zhang (2012) und Van Halteren (2011) verwenden den Dummy zur Prognose zukünftiger EPS aus historischen Daten.

[259] Diese Schlussfolgerung basiert auf den Arbeiten von Lintner (1962) und Gordon (1993), die entgegen Miller/Modigliani (1961) die Relevanz der Ausschüttungsquote herausstellen. Vgl. zudem Beaver/Kettler/Scholes (1970), S. 1970; sie argumentieren, dass Unternehmen stets bestrebt sind, ihre Dividenden-Level konstant zu halten. Folglich zahlen Unternehmen mit hohen Gewinnschwankungen eine niedrigere Dividende, um diese auch in schwächeren Phasen zahlen zu können.

[260] Die Dividendenrendite wird zur Erklärung des Unternehmensrisikos bspw. von Ang/Peterson/Peterson (1985) oder Steiner/Bauer (1992) verwendet. Weitere Studien verwenden die Dividendenrendite als Kennzahl für die Prognose von Aktienrenditen, vgl. Litzenberger/Ramaswamy (1979/1982); Shiller/Fischer/Friedman (1984); Fama/French (1988).

Unternehmens dar und demzufolge wird ein positiver Zusammenhang von DR zu IKK erwartet.[261]

Welche Reaktion der IKK auf eine hohe Dividendenzahlung zu erwarten ist, ist folglich unklar, da entgegengesetzte Reaktionen der beiden Kennzahlen erwartet werden.[262]

Zusätzlich soll eine Rentabilitätskennzahl einbezogen werden, die auf Daten des Jahresabschlusses basiert. Die Eigenkapitalrentabilität zu verwenden erscheint aufgrund hoher zu erwartender Korrelationen zu den oben genannten Kennzahlen nicht sinnvoll. Deshalb wird die Umsatzrentabilität (UR) und nicht die Eigen- oder Gesamtkapitalrentabilität verwendet. Die absolute Höhe der Umsatzrentabilität hängt sehr deutlich von den Strukturen der Branche ab. Im Vergleich zu Unternehmen innerhalb einer Branche ist eine höhere Umsatzrentabilität ein Indikator für eine bessere Marktposition und effizientere Unternehmensstrukturen. Deshalb sollte diese Kennzahl einen negativen Zusammenhang zu den IKK aufweisen und wird als Differenz aus der UR des Unternehmens und der Median-UR aller Branchenunternehmen in der betrachteten Periode ermittelt und als URB bezeichnet.

3.2.2.7 Branchenrisiko

Unternehmen innerhalb einer Branche sind häufig einem vergleichbaren Risiko ausgesetzt, deshalb wird eine Kennzahl einbezogen, die das Risiko sämtlicher Unternehmen einer Branche zusammenfasst. Dabei wird der Brancheneinteilung von Fama/French (1997) in 48 Branchen gefolgt.[263] In empirischen Studien wurde nachgewiesen, dass das Branchenrisiko einen Einfluss auf die Risikoprämie eines Unternehmens hat.[264] Das Branchenrisiko wird über die mittlere Risikoprämie einer Branche der Vorperiode berechnet.[265] Vorherige Studien, die nur einen Beobachtungszeitpunkt im Jahr analysieren, verwenden die Vorjahresrisikoprämie. Da hier monatliche Daten verwendet werden, wird

---

[261] Vgl. Dhaliwal et al. (2005); Schröder (2007) verwenden die Dividendenrendite zur Erklärung von IKK. Überwiegend werden positive Zusammenhänge ermittelt.
[262] In zahlreichen Studien, die nur den Einfluss der Ausschüttungsquote auf das Unternehmensrisiko untersuchen, sind uneinheitliche Ergebnisse zu beobachten. Siehe für einen umfassenden Überblick verschiedener Studien Loßagk (2014), S. 133-135.
[263] Vgl. Fama/French (1997).
[264] So haben Gebhardt/Lee/Swaminathan (2001) gezeigt, dass sobald für das Branchenrisiko kontrolliert wird, das CAPM-BETA keinen signifikanten Erklärungsgehalt mehr besitzt.
[265] Vgl. Gode/Mohanram (2003), S. 406.

die Vormonatsrisikoprämie (BRVM) gewählt. Die Vormonatsrisikoprämie sollte daher einen positiven Zusammenhang zu den IKK aufweisen. Alternativ könnte auch die aktuelle Risikoprämie verwendet werden. Es wird jedoch angenommen, dass die aktuelle Branchenrisikoprämie bei Bestimmung des Faktorenmodells noch nicht bekannt ist.

3.2.2.8 Sonstige Risikokennzahlen

In diesem Abschnitt werden die Risikofaktoren zusammengefasst, die keiner der vorherigen Kategorien zugeordnet werden konnten. Zwei weitere Kennzahlen sollen mit in die weitere Analyse aufgenommen werden, zum einen der Momentum-Effekt und zum anderen das relative Handelsvolumen.

Der Momentum-Effekt unterstellt, dass die vergangene Aktienrendite einen Einfluss auf die zukünftige Rendite aufweist.[266] Gemäß des Momentum-Effekts erzielen Aktien mit hohen Renditen in den vergangenen Monaten eine höhere Rendite in den folgenden Monaten als erfolglose Aktien. Dem steht der sogenannte Winner-Looser-Effekt gegenüber.[267] Dieser unterstellt eine Trendumkehr der Aktienrendite zum langfristigen Mittelwert. Der Zeitraum über den die Rendite bestimmt werden soll ist unklar. Diese Kennzahl wird hier als die Aktienrendite der vergangen zwölf Monate vor dem Bewertungszeitpunkt (RET) berechnet.[268] In Bezug auf implizite Kapitalkosten kann eine hohe kurzfristige Aktienrendite zu einem überbewerteten Aktienkurs führen, daraus resultieren c. p. geringere IKK. Ein durch den Anstieg der Gewinnprognosen gerechtfertiger Kursanstieg kann demgegenüber zu höheren IKK führen, wenn der Aktienkurs nach wie vor unterbewertet ist. Die exakte Wirkung der vergangenen Aktienrendite ist demnach unklar.

Das relative Handelsvolumen (RHV) einer Aktie wird als Anteil der gehandelten Aktien an den gesamten ausstehenden Aktien bestimmt.[269] Das Handelsvolumen wird als Mittelwert der täglichen Handelsvolumina des vergangenen Jahres ermittelt. Lee/Swaminathan

---

[266] Vgl. Jegadeesh/Titman (1993). Fama/French (1996) können diesen Effekt mit dem Drei-Faktorenmodell erklären.

[267] Vgl. De Bondt/Thaler (1985/1987); Power/Lonie (1993). Der Overreaction-Effect wird oft synonym zum Winner-Looser-Effekt verwendet, vgl. Daske (2002), S. 1.

[268] Dieser Zeitraum wurde gewählt, da er in der folgenden multivariaten Analyse den stärksten Zusammenhang zeigt. Getestet wurden zudem 1, 3, 6, 24, 36 und 60 Monate.

[269] In manchen Studien wird das absolute Handelsvolumen in USD verwendet. Diese Kennzahl ist als weitere Größenkennzahl zu interpretieren und wird hier nicht betrachtet. Vgl. Brennan/Chordia/Subrahmanyam (1998); Gebhardt/Lee/Swaminathan (2001).

(2000) zeigen, dass das relative Handelsvolumen ein Indikator für die Aufmerksamkeit darstellt, die Marktteilnehmer einer Aktie schenken und deshalb als Risikofaktor betrachtet werden kann.[270] Eine selten gehandelte Aktie und folglich illiquider Markt kann zu Fehlbepreisungen führen und stellt somit ein Risiko für den Aktionär dar.[271] Es wird unterstellt, dass die Preisfindung bei relativ häufig gehandelten Aktien effizienter erfolgt. Demzufolge sollte ein Unternehmen mit höherer RHV geringere IKK aufweisen.[272]

In diesem Abschnitt wurden theoretisch begründbare und empirisch nachgewiesene unternehmensspezifische Einflussfaktoren auf die Ausprägung der Kapitalkosten vorgestellt und in acht Risikokategorien gegliedert. Diese Risikofaktoren sollen im Weiteren als unabhängige Variablen im multivariaten Regressionsmodel sowie als Faktoren im abgeleiteten Faktorenmodell dienen. Zu den Risikofaktoren wurden Hypothesen hinsichtlich der Wirkungsrichtung der Faktoren auf die Kapitalkosten aufgestellt, die in *Kapitel 6* getestet werden.

---

[270] Vgl. Lee/Swaminathan (2000); Gebhardt/Lee/Swaminathan (2001), S. 148.
[271] Empirisch wurde gezeigt, dass durch geringe Marktliquidität höhere Risikoprämien gefordert werden, vgl. Brennan/Subrahmanyam (1996); Brennan/Chordia/Subrahmanyam (1998).
[272] Vgl. Gebhardt/Lee/Swaminathan (2001), S. 148.

4   Datenbasis der empirischen Analyse

4.1   Auswahl der Stichproben

Die Studie umfasst zwei Teilstichproben: Eine mit sämtlichen Unternehmen des US-amerikanischen Kapitalmarktes und eine zweite Stichprobe, die sämtliche Unternehmen des europäischen Kapitalmarktes beinhaltet. Die Stichproben umfassen alle am 01.01.2013 aktiv gehandelten Unternehmen, für die in der Datastream-Datenbank Informationen von I/B/E/S als verfügbar angegeben werden. Es erfolgt keine Eingrenzung auf einzelne Börsenplätze. Die amerikanische Stichprobe umfasst zwanzig Jahre, von Januar 1993 bis Dezember 2012. Die europäische Stichprobe umfasst zwölf Jahre, von Januar 2001 bis Dezember 2012. Für Europa wird der Startpunkt im Jahr 2001 gelegt, da seit 1999 alle Notierungen in EURO erfolgen und zur Berechnung einiger Kennzahlen ein Vorlauf von zwei Jahren benötigt wird. Die europäische Stichprobe wird demnach auf die elf Euro-Mitglieder begrenzt, die am 01.01.1999 den EURO als Buchgeldwährung eingeführt haben.[273] Die Kennzahlen STCAPM und SAG werden für Europa komplett ausgeschlossen, da diese Daten aus fünf vorherigen Jahren benötigen.

Die Eingrenzung der Stichprobe auf aktive Unternehmen verstärkt, besonders in den ersten Jahren des Betrachtungszeitraums, den ohnehin in IKK-Studien vorhandenen Bias zu großen langfristig notierten Unternehmen. Dieser ist in jeder Studie dieser Art vorhanden, da lange Zeitreihen an Daten benötigt werden und besonders häufig langfristig in bekannten Indizes börsennotierte Unternehmen von Analysten beobachtet werden.[274] Der Einfluss des Survivorship-Bias auf die Ergebnisse kann nicht direkt untersucht werden. Es kann lediglich analysiert werden, ob die im Laufe des Beobachtungszeitraums neu hinzukommenden Unternehmen systematisch andere Ergebnisse als die dauerhaft börsennotierten Unternehmen aufzeigen. Zudem können Zwischenergebnisse mit vorherigen Studien verglichen werden, die diese Eingrenzung nicht vorgenommen haben. Anhand dieser

---

[273] Die einbezogenen Länder sind: Belgien, Deutschland, Finnland, Frankreich, Irland, Italien, Luxemburg, Niederlande, Österreich, Portugal und Spanien.

[274] Besonders große Unternehmen (hohe Marktkapitalisierung), die einen hohen Anteil institutioneller Investoren aufzeigen, in vielen Indizes und besonders im Leitindex (bspw. DAX) notiert sind, zeigen eine höhere Analysten-Coverage, vgl. Pietzsch (2004), S. 209, 261-282. Bei neu emittierten Unternehmen ist die Anzahl der beobachtenden Analysten stark abhängig von der Anzahl der Konsortialmitglieder und diese beobachten das emittierte Unternehmen tendenziell nach der Emission weiter, vgl. Pietzsch (2004), S. 291-292.

Ergebnisse kann abgeschätzt werden, ob die hier gewählte Stichprobeneingrenzung den gesamten Kapitalmarkt gut repräsentiert.

Die Beschränkung auf aktive Unternehmen erfolgt zum einen aus forschungsökonomischen Gründen. Zum anderen kann diese Eingrenzung auch positive Effekte haben. Bevor Unternehmen bspw. aufgrund von Übernahmen und Insolvenzen nicht mehr aktiv gehandelt werden, können sie Ausreißer in der Stichprobe darstellen. Es ist anzunehmen, dass Unternehmen in der Zeit vor dem Ausscheiden aus dem aktiven Handel zu Preisen gehandelt werden, die durch die hier betrachteten quantitativen Faktoren nicht abgebildet werden können.[275] Die Bestimmung der unternehmensindividuellen IKK wird durch die nicht-Berücksichtigung nicht mehr aktiv gehandelter Unternehmen nicht verzerrt, selbst wenn diese Unternehmen eine systematisch andere Rendite aufweisen, vorausgesetzt die Marktpreise und EPS-Prognose sind effizient und beinhalten zu jedem Zeitpunkt die gleichen Informationen.[276] Die Wirkung auf den Mittelwert der IKK des Gesamtmarktes sowie die Prognose von Kapitalkosten mittels unternehmensspezifischer Faktoren ist hingegen unklar. Dieses könnte nur durch einen Vergleich entsprechender Stichproben beantworten werden. Von den Unternehmen, die in *Abschnitt 7.2.1* zur Beurteilung der Bewertungsgenauigkeit im Dezember 2012 verwendet werden, sind 47% bereits im Januar 1993 in der Stichprobe enthalten. Diese stellen im letzten Monat des Untersuchungszeitraums noch 75% der Marktkapitalisierung der Stichprobe.[277] Aufgrund dieses hohen Anteils an der Marktkapitalisierung der maximal verfügbaren Datensätze und des hohen Umfangs der hier verwendeten Stichprobe, sollte diese den Gesamtmarkt gut repräsentieren.

Alle Daten werden für den letzten Tag eines Monats generiert. Die benötigten Daten aus den Jahresabschlüssen der Unternehmen sowie Aktienkurse werden über Thomson Reuters Datastream/Worldscope bezogen. Die I/B/E/S-Prognosedaten stammen aus ThomsonOne.[278]

---

[275] Am Tag der Bekanntgabe einer Übernahme zeigt das übernommene Unternehmen eine extrem hohe abnormale Rendite, vgl. bspw. King et al. (2004), S. 192-195. Bereits in den Wochen vor der Bekanntgabe sind deutliche abnormale Renditen zu beobachten, vgl. bspw. Laamanen (2007), S. 1363.
[276] Vgl. Claus/Thomas (2001), S. 1646.
[277] Dieser Unterschied der verwendeten Datensätze zu den maximal verfügbaren Datensätzen nimmt im Zeitverlauf ab.
[278] Die Generierung der Daten erfolgte mit Unterstützung des Sonderforschungsbereichs 649 an der Humboldt Universität Berlin.

In der folgenden Studie werden zunächst die IKK für die amerikanische (europäische) Stichprobe für die maximale Anzahl von 387.475 (152.083) Beobachtungen (monatlich betrachtete Unternehmensjahre), von 3.098 (1.703) Unternehmen mit mindestens einem der Modelle bestimmt. Dabei werden Beobachtungen ausgeschlossen, die ökonomisch irrationale IKK erzeugen. Es werden ausschließlich Lösungen mit Werten zwischen null und eins zugelassen.[279] Damit sollen extreme Ausreißer, aufgrund von Fehlern in den Daten und Ausreißer aufgrund nicht durch quantitative Faktoren abbildbare Preise, ausgeschlossen werden. Die EW-Modelle haben zudem die Voraussetzung, dass die IKK über der langfristigen Wachstumsrate liegen, damit der Nenner des Endwertes nicht gleich null und nicht negativ wird.[280]

Zur Bestimmung der IKK werden Datensätze in die Stichprobe aufgenommen, für die am Monatsende folgende Daten verfügbar sind: Es müssen zwei der EPS-Prognosen der ersten drei Jahre verfügbar sein.[281] Die ggf. fehlende Prognose wird linear aus den beiden vorhandenen interpoliert.[282] Fehlende Prognosen für EPS4[283] werden mit den beiden vorherigen Prognosen linear interpoliert. Eine fehlende Prognose für LTG wird mittels der annualisierten Wachstumsrate von EPS1 auf EPS4 geschätzt.[284] Wenn LTG fehlt und entweder EPS1 oder EPS4 negativ ist, wird der Datensatz aufgrund der Berechnungsproblematik ausgeschlossen.[285] Negative Werte für LTG werden auf null korrigiert.[286] Aus dem aktuellsten und bekannten Jahresabschluss des Unternehmens müssen der Eigenkapitalbuchwert pro Aktie (BPS) (Beobachtungen mit negativem Eigenkapitalbuchwert werden aufgrund von Insolvenzgefahr ausgeschlossen)[287], die aktuelle Dividende, der aktuelle

---

[279] Vor allem die obere Grenze könnte aus ökonomischen Gründen noch deutlich enger gefasst werden.

[280] Vgl. Gode/Mohanram (2003), S. 403.

[281] Bspw. Gebhardt/Lee/Swaminathan (2001), Claus/Thomas (2001) und Gode/Mohanram (2003) setzen die Verfügbarkeit der ersten beiden Prognosen voraus, Daske/Gebhardt/Klein (2006) setzen die ersten drei voraus.

[282] Zur Schätzung fehlender EPS-Prognosen wird keine kurzfristige Wachstumsrate aus den vorhandenen Prognosen berechnet, da durch dieses Vorgehen ökonomisch unsinnig hohe Wachstumsraten entstehen können. Alternativ könnten die weiteren Prognosen aus der Prognose der Vorperiode und $1 + LTG$ berechnet werden, vgl. Claus/Thomas (2001), S. 1638. Hier soll LTG nicht direkt in den Modellen verwendet werden, vgl. *Abschnitt 3.2.2.5.*

[283] EPS4 wird ausschließlich für die Berechnung fehlender Werte für LTG sowie für Berechnungen in Robustheitstests verwendet.

[284] Vgl. Gebhardt/Lee/Swaminathan (2001), S. 143. Sie verwenden die Wachstumsrate von EPS1 auf EPS2 wenn LTG fehlt.

[285] Vgl. Gebhardt/Lee/Swaminathan (2001), S. 147.

[286] Negative langfristige Wachstumsraten sind bei vorhandenen Prognosen i. d. R. nicht zu beobachten, vgl. bspw. Botosan/Plumlee (2005), S. 37.

[287] Vgl. Daske/Gebhardt/Klein (2006), S. 14.

Gewinn pro Aktie und der Bilanzstichtag bekannt sein. Zudem wird der aktuelle Aktienkurs am Bewertungszeitpunkt benötigt. Die Ausschüttungsquote wird aus der zum Bewertungszeitpunkt aktuellen Dividende und dem aktuellen Gewinn pro Aktie berechnet. Bei negativem Gewinn wird der Nenner durch 6% des Gesamtvermögens ersetzt.[288] Ausschüttungsquoten geringer als null und höher als eins werden auf null und eins begrenzt.[289] Aktienrückkäufe und Kapitalerhöhungen werden nicht berücksichtigt, da die Wahrscheinlichkeit der Wiederholung nicht bestimmbar ist.[290]

Die Anzahl der Datensäte, für die IKK bestimmt werden können, ist vom Modell abhängig. In *Tabelle 2* wird diese Anzahl pro Modell angegeben.

Zur Berechnung der Regressionsmodelle sowie der Faktorenmodelle werden weitere Daten benötigt.[291] Dies verringert die Stichprobe auf 288.395 (131.493) Beobachtungen von 2.666 (1.578) Unternehmen. *Tabelle 3* zeigt die Anzahl der Beobachtungen mit vollständigen Datensätzen für die acht Modelle.

Modell	RIMEW	RIMK1	RIMK9	RIMAQ	AEGEW	AEGK1	AEGK9	AEGAQ
Anzahl Beobachtungen USA	366.800	378.418	378.181	377.297	369.911	378.278	378.343	376.896
Anzahl Beobachtungen EU	147.015	150.641	150.378	150.496	148.682	150.115	150.161	150.231

Tabelle 2: Anzahl der Datensätze mit bestimmbaren IKK

Modell	RIMEW	RIMK1	RIMK9	RIMAQ	AEGEW	AEGK1	AEGK9	AEGAQ
Anzahl Beobachtungen USA	276.311	283.289	283.223	282.673	277.735	283.272	283.324	282.408
Anzahl Beobachtungen EU	127.492	130.450	130.216	130.367	128.592	130.096	130.113	130.201

Tabelle 3: Anzahl der vollständigen Datensätze inklusive Regressionsparameter

An weiteren Prognosedaten werden die höchste und die niedrigste Prognose der EPS1-Prognosen, die EPS1-Prognose sechs Monate und zwölf Monate vor dem Bewertungszeitpunkt sowie die Anzahl der beobachtenden Analysten für die EPS1-Prognosen benötigt. Zudem werden an Jahresabschlussdaten das aktuelle langfristige Fremdkapital, die

---

[288] 6% sind das langjährige Mittel der Gesamtkapitalrentabilität in den USA, vgl. Gebhardt/Lee/Swaminathan (2001), S. 144.
[289] Vgl. Lee/Myers/Swaminathan (1999), S. 1705; Gode/Mohanram (2003), S. 407.
[290] Vgl. Gebhardt/Lee/Swaminathan (2001), S. 144; Claus/Thomas (2001), S. 1635.
[291] Siehe *Abschnitt 4.3*.

Gewinne der vergangenen fünf Jahre und die aktuelle Umsatzrentabilität benötigt. An Kapitalmarktdaten müssen die historischen Aktienkurse der vergangen 60 Monate (nicht für Europa),[292] das Handelsvolumen der vergangenen 260 Handelstage und die Anzahl ausstehender Aktien sowie der von Datastream berechnete BETA-Faktor[293] vorhanden sein. Für das Modell ohne Marktdaten ist zudem die Anzahl der Mitarbeiter erforderlich. Zum Ausschluss von Ausreißern und Datenfehlern werden sämtliche Kennzahlen auf dem 0,5%-Niveau winsorisiert.

Zur Vergleichbarkeit mit vorherigen Studien wird die Analyse in den folgenden Kapiteln auf Basis der Risikoprämien und nicht der IKK erfolgen. Die Berechnungen könnten auch direkt auf Basis der IKK erfolgen, dies hätte keinen Einfluss auf die Ergebnisse der Bewertungsgenauigkeit. Dafür wird ein sicherer Zinssatz benötigt, um aus den IKK die Risikoprämien der IKK (RPIKK) zu bestimmen. Als sicherer Zinssatz werden in Studien zur Bestimmung von IKK i. d. R. Zinssätze von Staatsanleihen mit einer Restlaufzeit von zehn Jahren verwendet.[294] Studien zur Genauigkeit von Unternehmensbewertungsverfahren verwenden vergleichbare Zinssätze von Staatsanleihen mit einer Restlaufzeit von drei bis zehn Jahren.[295] Diese Zinssätze werden als konstant mit einer flachen Zinsstrukturkurve angenommen.[296] Die Frage der Restlaufzeit der als sicher angenommenen Staatsanleihe hat einen Einfluss auf die Analyse der Zeitreihe der Risikoprämien. Es gibt Argumente für eine kurze Laufzeit, bspw. beträgt die durchschnittliche Haltedauer einer Aktie weniger als ein Jahr.[297] Viele Autoren verwenden jedoch einen langfristigen Zinssatz. Dies kann mit der langfristigen Ausrichtung der Unternehmenstätigkeit und der damit verbundenen Investitionen begründet werden.[298] In dieser Studie ist die Wahl der Laufzeit von geringer Bedeutung, da die Risikoprämie zwar bestimmt wird, um diese durch Risikofaktoren zu erklären. Diese Regressionen werden jedoch monatlich und nur

---

[292] Dies gilt nicht für BETA, da dieses direkt von Datastream berechnet wird.
[293] Für weitere Information zu diesem BETA-Faktor siehe *Abschnitt 3.2.2.1.*
[294] Vgl. bspw. Claus/Thomas (2001), S. 1641; Gebhardt/Lee/Swaminathan (2001), S. 145; Gode/Mohanram (2003), S. 403.
[295] Penman/Sougiannis (1998) verwenden einen dreijährigen T-Bond, vorwiegend wird der zehnjährige T-Bond verwendet, so bspw. in Jorgensen/Lee/Yoo (2011) oder Ho et al. (2016).
[296] Für eine umfassende Diskussion der Verwendung von Zinsstrukturkurven in der Unternehmensbewertung siehe, Reese (2010), S. 5-28. Aufgrund der geringen Bedeutung dieses Aspektes für diese Studie wird hier auf eine Diskussion verzichtet.
[297] Die durchschnittliche Haltedauer von Aktien in den Jahren 2003 bis 2012 beträgt 0,59 Jahre. Diese wird für diese Arbeit als Quotient der Marktkapitalisierung am Ende des Jahres und des Handelsvolumens in USD aller Aktien an den Börsenplätzen Nasdaq und NYSE berechnet. Die Daten stammen von der Homepage der WFE (World Federation of Exchanges), die Daten können ab 2003 abgerufen werden.
[298] Vgl. Stehle/Hausladen (2004), S. 934.

innerhalb eines Währungsraumes durchgeführt. Deshalb ist innerhalb der Regressionen der sichere Zins für alle Beobachtungen identisch. Eine direkte Prognose der Kapitalkosten würde demnach zu identischen Ergebnissen der Bewertungsgenauigkeit führen. Für einen Vergleich mit vorherigen Studien und zur Analyse der Zeitreihe der Risikoprämien wird für die US-Stichprobe ein T-Bond mit einer Restlaufzeit von zehn Jahren als sicherer Zinssatz verwendet. Bei der Betrachtung des Datensatzes aus dem Euro-Raum wird die Umlaufrendite neun- bis zehnjähriger Anleihen der öffentlichen Hand Deutschlands verwendet.[299] Für den US-Datensatz wird zum Vergleich eine Berechnung der impliziten Risikoprämien mit einem einjährigen T-Bill durchgeführt.

4.2   Deskriptive Statistik der Stichproben zur Bestimmung der impliziten Kapitalkosten

In diesem Abschnitt wird ein Überblick über die wichtigsten Kennzahlen zur Beschreibung der Stichprobe zur Bestimmung der IKK vorgestellt. Diese Kennzahlen sollen besonders die Größe der einbezogenen Unternehmen und den Umfang der Stichprobe beschreiben, um die amerikanische und europäische Stichprobe miteinander und mit anderen Studien vergleichen zu können. *Tabelle 4* zeigt die deskriptive Statistik ausgewählter Unternehmenskennzahlen der Stichprobe zur Bestimmung der IKK für die USA. Die Anzahl der Beobachtungen, für die im US-Datensatz mindestens nach einem Modell ein IKK-Satz bestimmt werden kann, beträgt 387.475 mit einer mittleren Marktkapitalisierung (MKAP) von 5,3 Mrd. USD. Die Summe der monatlichen Beobachtungen pro Jahr steigt von 8.368 im Jahr 1993 auf 28.769 im Jahr 2012. Die Größenkennzahlen der Unternehmen, Gesamtvermögen und Marktkapitalisierung, nehmen im Mittel bis 2002 zu. Der Median steigt bis Mitte der 2000er Jahre. In den Folgejahren schwankt die Marktkapitalisierung besonders aufgrund volatiler Phasen an den Börsen. Die Unterschiede zwischen Mittelwert und Median liegen an extrem hohen Ausprägungen dieser Kennzahlen, die weiter vom Mittel entfernt liegen als die extrem geringen Ausprägungen (rechtsschiefe Verteilung). Eine Ursache für diese Verteilung ist, dass einzelne Unternehmen stark positiv vom Mittel abweichen können und eine negative Abweichung vom Mittel

---

[299] Dieser Zinssatz ist auf der Internetseite der deutschen Bundesbank abrufbar (www.bundesbank.de).

nur eingeschränkt möglich ist. Zudem setzt die Stichprobenauswahl eine gewisse Unternehmensgröße voraus (da kleinere Unternehmen weniger durch Analysten beobachtet werden), dies schränkt die Abweichungsmöglichkeiten nach unten ein.

Die von 1993 bis 2002 sinkende mittlere Analystenanzahl erscheint zunächst überraschend. Sie sinkt von 11,1 im Jahr 1993 auf 7,1 im Jahr 2002, steigt anschließend wieder an und erreicht im Jahr 2012 den Höchstwert der 2000er Jahre mit 8,7 Analysten pro Unternehmen. Der Median bestätigt diesen Verlauf auf einem niedrigeren Niveau. Dies liegt darin begründet, dass in den ersten Jahren der Stichprobe hauptsächlich sehr große Unternehmen einbezogen werden. Im Zeitverlauf werden zunehmend mehr Unternehmen von Analysten beobachtet. Diese Unternehmen werden anfangs jedoch nur von wenigen Analysten analysiert.

Jahr	Beobachtungen (Anzahl)	Gesamtvermögen (in Mrd. USD)		Marktkapitalisierung (in Mrd. USD)		beobachtende Analysten (Anzahl)	
		MW	MD	MW	MD	MW	MD
1993	8.368	5,2	0,6	3,1	0,7	11,1	8,0
1994	9.319	5,1	0,6	2,8	0,7	10,7	8,0
1995	11.039	4,7	0,5	3,3	0,6	9,6	7,0
1996	12.364	4,9	0,5	3,7	0,6	9,0	6,0
1997	13.692	4,7	0,5	4,6	0,7	8,4	6,0
1998	15.273	5,3	0,6	5,6	0,6	8,1	6,0
1999	16.141	5,8	0,6	6,3	0,7	8,2	6,0
2000	16.576	6,3	0,7	6,0	0,7	8,1	6,0
2001	16.528	8,6	0,9	6,1	0,8	7,5	5,0
2002	18.104	9,3	0,9	4,7	0,7	7,1	5,0
2003	19.113	8,6	0,9	6,0	0,9	7,5	5,0
2004	20.927	8,6	0,9	6,1	1,0	7,7	5,0
2005	22.669	8,7	1,0	5,9	1,0	7,7	5,0
2006	23.892	9,1	1,0	6,5	1,1	7,6	6,0
2007	25.774	8,9	1,0	6,1	0,9	7,6	6,0
2008	26.666	8,2	1,2	3,7	0,6	7,3	6,0
2009	26.847	8,2	1,1	4,9	0,8	7,2	5,0
2010	27.325	8,3	1,2	5,6	1,0	8,1	6,0
2011	28.089	8,8	1,2	5,2	0,9	8,5	6,0
2012	28.769	9,3	1,3	5,9	1,0	8,7	6,0
Mittel	19.374	7,8	0,9	5,3	0,8	8,1	6,0

In dieser Tabelle wird zum Gesamtvermögen, zur Marktkapitalisierung und zur Anzahl der beobachtenden Analysten jeweils das arithmetische Mittel (MW) und der Median (MD) angegeben. Die angegebenen Werte beziehen sich auf alle Beobachtungen der zwölf Monate des Kalenderjahres.

Tabelle 4: Deskriptive Statistik der IKK-Stichprobe – USA

Tabelle 5 zeigt die deskriptive Statistik der europäischen Stichprobe. Die Stichprobe bezieht sich auf einen kürzeren Zeitraum von 12 Jahren ab 2001. Demzufolge ist die Anzahl der Beobachtungen, für die mindestens ein impliziter Kapitalkostensatz bestimmt werden kann, mit insgesamt 152.083 deutlich geringer. Bei einem Vergleich der jährlichen Anzahl der Beobachtungen weist die europäische Stichprobe gut die Hälfte der amerikanischen Stichprobe auf. Diese steigt von 2001 bis 2012 von 9.267 auf 15.990 Beobachtungen. Bei einem Vergleich der Werte der Kennzahlen muss die Notierung in unterschiedlichen Währungen (EURO und USD) berücksichtigt werden. Die Marktkapitalisierung der europäischen Unternehmen ist bei einer vergleichbaren zeitlichen Entwicklung, mit im Mittel 3,1 Mrd. EURO im Vergleich zu 5,5 Mrd. USD für den Zeitraum ab 2001 geringer. Die Entwicklung des Gesamtvermögens verläuft auch in Europa vergleichsweise konstant.[300] Der Mittelwert der Anzahl der Analysten ist in Europa Anfang der 2000er Jahre noch deutlich höher als in den USA, gleicht sich im Zeitverlauf jedoch an. Der Median der amerikanischen Unternehmen liegt in den meisten Jahren über dem der europäischen Unternehmen. In Europa werden demzufolge weniger Unternehmen beobachtet, diese aber mit vergleichbarer Intensität.

Jahr	Beobachtungen (Anzahl)	Gesamtvermögen (in Mrd. EURO)		Marktkapitalisierung (in Mrd. EURO)		beobachtende Analysten (Anzahl)	
		MW	MD	MW	MD	MW	MD
2001	9.267	12,7	0,4	3,5	0,3	9,1	6,0
2002	9.241	14,4	0,6	2,6	0,3	9,4	6,0
2003	9.395	14,4	0,6	3,0	0,4	8,9	6,0
2004	9.730	15,2	0,6	3,4	0,5	7,9	4,0
2005	10.705	15,3	0,5	3,9	0,5	6,9	4,0
2006	11.971	16,8	0,5	4,5	0,6	7,8	5,0
2007	13.811	16,3	0,5	4,3	0,5	7,8	5,0
2008	15.358	16,5	0,5	2,1	0,2	7,7	4,0
2009	15.393	16,5	0,5	2,7	0,3	7,6	4,0
2010	15.261	15,7	0,5	2,9	0,3	8,0	4,0
2011	15.961	15,5	0,5	2,4	0,2	8,0	4,0
2012	15.990	15,6	0,5	2,8	0,3	7,7	4,0
Mittel	12.674	15,6	0,5	3,1	0,3	8,0	5,0

In dieser Tabelle wird zum Gesamtvermögen, zur Marktkapitalisierung und zur Anzahl der beobachtenden Analysten jeweils das arithmetische Mittel (MW) und der Median (MD) angegeben. Die angegebenen Werte beziehen sich auf alle Beobachtungen der zwölf Monate des Kalenderjahres.

Tabelle 5: Deskriptive Statistik der IKK-Stichprobe – Europa

Aufgrund der Stichprobenauswahl werden im Vergleich zu einigen US-Studien in den ersten Jahren des Betrachtungszeitraums weniger Unternehmen einbezogen.[301] Dieser

---

[300] Im Mittel weisen die europäischen Unternehmen ein deutlich höheres Gesamtvermögen auf. Dies liegt an einer abweichenden Definition der „Total Assets" bei Datastream für Finanzinstitute zwischen amerikanischen und europäischen Unternehmen. Auf eine Korrektur wird verzichtet, da diese Kennzahl im weiteren Verlauf der Arbeit nicht verwendet wird.

[301] Vgl. *Abschnitt 2.1*. Manche Studien beobachten auch in den neunziger Jahren aufgrund anderer Eingrenzungen der Stichprobe weniger Unternehmen.

Unterschied entfällt im Zeitverlauf.[302] Aufgrund der monatlichen Betrachtung stehen insgesamt deutlich mehr Beobachtungen (gegenüber Studien mit jährlicher Betrachtung) zur Verfügung. Deshalb ist anzunehmen, dass diese Stichprobe den Gesamtmarkt gut abbildet und die Ergebnisse mit denen anderer Studien vergleichbar sind.

4.3 Deskriptive Statistik der Stichproben zur Erstellung der Faktorenmodelle

In diesem Abschnitt wird ein kompakter Überblick der deskriptiven Statistik der Risikofaktoren der amerikanischen und der europäischen Stichprobe gegeben. Dabei werden aufgrund des hohen Umfangs nicht alle Faktoren, sondern nur besonders relevante Aspekte diskutiert.[303]

Tabelle 6 (*Tabelle 7*) zeigt einen Überblick der Kennzahlen der amerikanischen (europäischen) Stichprobe. Diese Stichproben sind, wie in *Abschnitt 4.1* erwähnt, aufgrund des höheren benötigten Datenumfangs, kleiner als die der IKK Berechnung. Die Unternehmensgröße steigt bei dieser weiteren Eingrenzung an. Die Marktkapitalisierung steigt im Mittel auf 6,3 Mrd. USD (3,3 Mrd. EURO). Grundsätzlich sind diese umfangreicheren Datenanforderungen häufiger für größere Unternehmen erfüllt.[304]

Ein auffälliger Unterschied der beiden Stichproben ist am BETA abzulesen. Das BETA liegt im Mittel der amerikanischen Stichprobe, besonders in den Jahren, die beide Stichproben abdecken, über eins, das der europäischen deutlich unter eins. Der Anteil der riskanteren Unternehmen, gemessen am BETA, ist demnach in den USA deutlich höher. In Europa ist die Berechnung des BETA nicht identisch mit dem der US-Stichprobe. In Europa wird das BETA nicht zu einem gemeinsamen Leitindex, sondern zum jeweiligen nationalen Leitindex der elf Länder berechnet.[305] Die Unternehmen, die diese hohen Datenanforderungen erfüllen, sind tendenziell große Unternehmen, über die im Vergleich

---

[302] Bspw. beobachten Gode/Mohanram (2003) 1.086 Unternehmen im Juni 1993. In der hier verwendeten Stichprobe werden 719 Unternehmen im Juni 1993 einbezogen. Im Jahr 1998 (Juni) sind es bei Gode/Mohanram (2003) 1.352 und hier bereits vergleichbare 1.314 Unternehmen.

[303] Zum Ausschluss von Ausreißern und Datenfehlern werden sämtliche Kennzahlen auf dem 0,5%-Niveau winsorisiert.

[304] Siehe zum Größeneffekt *Abschnitt 3.2.2.3*. Für große Unternehmen sind mehr Informationen verfügbar als für kleine Unternehmen.

[305] Vgl. *Abschnitt 3.2.2.1*. Verwendet wird der Datastream Code 897E.

		1993	1994	1995	1996	1997	1998	1999	2000	2001	2002	2003	2004	2005	2006	2007	2008	2009	2010	2011	2012	Mittel
N		6,5	6,8	7,3	7,9	8,6	9,7	10,4	10,7	11,3	12,6	14,1	15,8	17,5	18,6	19,7	20,2	20,3	21,6	23,4	25,3	14,4
MKAP	MW	3,536	3,404	4,301	5,092	6,235	7,706	8,426	7,774	7,505	5,818	6,986	7,066	6,775	7,465	7,243	4,514	5,831	6,383	5,783	6,219	6,332
	MD	0,968	0,888	1,014	1,041	1,134	1,037	0,991	1,024	1,119	0,954	1,200	1,289	1,239	1,369	1,158	0,726	0,997	1,134	1,004	1,050	1,065
BETA	MW	1,034	1,088	1,065	0,891	0,844	0,874	0,925	0,851	0,845	0,891	0,919	0,981	1,139	1,203	1,246	1,325	1,357	1,299	1,289	1,209	1,127
	MD	1,031	1,083	1,036	0,830	0,780	0,822	0,862	0,810	0,724	0,729	0,695	0,710	0,831	0,953	1,046	1,204	1,253	1,198	1,185	1,209	0,997
BM	MW	0,545	0,550	0,543	0,511	0,461	0,471	0,557	0,631	0,621	0,609	0,596	0,457	0,452	0,446	0,472	0,778	1,131	0,712	0,676	0,715	0,625
	MD	0,470	0,461	0,456	0,433	0,389	0,381	0,439	0,474	0,462	0,463	0,472	0,397	0,388	0,376	0,385	0,523	0,698	0,566	0,531	0,548	0,463
SARET	MW	0,020	0,020	0,020	0,021	0,022	0,025	0,030	0,033	0,034	0,030	0,028	0,022	0,021	0,021	0,021	0,032	0,049	0,029	0,025	0,027	0,027
	MD	0,018	0,017	0,017	0,018	0,019	0,022	0,027	0,029	0,029	0,026	0,024	0,019	0,019	0,019	0,019	0,029	0,045	0,026	0,023	0,025	0,024
STCAPM	MW	0,349	0,263	0,701	0,630	0,610	0,118	-0,229	0,068	0,241	0,345	0,553	1,001	1,329	1,182	0,892	0,562	0,113	0,068	0,010	0,042	0,447
	MD	-0,115	-0,227	-0,133	-0,099	-0,108	-0,410	-0,882	-0,784	-0,171	-0,069	0,091	0,424	0,583	0,351	0,036	-0,137	-0,114	-0,118	-0,160	-0,118	-0,059
LFKM	MW	0,333	0,343	0,346	0,318	0,276	0,294	0,391	0,478	0,448	0,463	0,453	0,327	0,286	0,277	0,295	0,563	1,101	0,581	0,494	0,490	0,460
	MD	0,142	0,155	0,149	0,128	0,113	0,110	0,156	0,195	0,182	0,189	0,194	0,158	0,135	0,115	0,117	0,154	0,238	0,183	0,162	0,169	0,155
LFKB	MW	0,597	0,596	0,590	0,588	0,600	0,621	0,729	0,727	0,759	0,820	0,922	0,903	0,807	0,721	0,730	0,781	1,013	0,948	0,951	0,909	0,810
	MD	0,345	0,361	0,353	0,347	0,349	0,343	0,401	0,432	0,418	0,434	0,434	0,399	0,348	0,313	0,312	0,323	0,380	0,349	0,327	0,332	0,359
ANZA	MW	12,40	12,29	11,59	10,91	10,26	9,750	9,838	9,467	8,198	7,796	8,154	8,384	8,269	8,142	8,162	7,735	7,768	8,576	8,875	8,972	8,847
	MD	10,00	10,00	9,000	8,000	8,000	7,000	7,000	7,000	6,000	6,000	6,000	6,000	6,000	6,000	6,000	6,000	6,000	6,000	6,000	6,000	6,000
ANZM	MW	17,83	17,55	17,13	16,80	16,49	16,35	16,13	17,16	16,87	17,11	16,67	15,28	15,01	15,29	15,35	15,85	15,53	14,39	14,07	13,74	15,61
	MD	4,900	5,088	4,488	4,166	4,200	4,080	3,984	4,300	3,853	3,601	3,400	2,954	2,609	2,590	2,600	2,600	2,504	2,196	2,161	2,100	3,000
FGP	MW	-0,020	-0,020	-0,015	-0,018	-0,014	-0,019	-0,037	-0,030	-0,042	-0,057	-0,051	-0,018	-0,016	-0,017	-0,023	-0,076	-0,235	-0,070	-0,036	-0,047	-0,051
	MD	-0,003	-0,003	-0,001	-0,002	-0,001	-0,002	-0,005	-0,004	-0,004	-0,007	-0,005	-0,018	-0,002	-0,002	-0,003	-0,004	-0,018	-0,005	-0,005	-0,005	-0,004
SGP	MW	0,175	0,166	0,148	0,156	0,117	0,108	0,128	0,098	0,080	0,077	0,071	0,088	0,090	0,083	0,069	0,103	0,096	0,124	0,126	0,120	0,106
	MD	0,111	0,100	0,091	0,080	0,069	0,059	0,056	0,054	0,049	0,038	0,043	0,046	0,047	0,052	0,052	0,063	0,066	0,067	0,064	0,063	0,059
AGP	MW	0,002	0,004	0,003	0,000	0,002	-0,004	-0,002	-0,001	-0,011	-0,002	0,002	0,005	0,002	0,003	-0,002	-0,016	-0,042	0,015	0,005	0,002	-0,002
	MD	0,003	0,003	0,004	0,003	0,003	0,001	0,001	0,000	0,000	0,001	0,002	0,004	0,003	0,003	0,002	0,000	-0,005	0,005	0,003	0,002	0,002
SAG	MW	0,462	0,660	0,516	0,843	0,412	0,528	0,373	0,405	0,578	0,544	0,657	0,310	0,243	0,590	0,209	0,255	-0,017	0,320	0,155	0,213	0,331
	MD	0,315	0,349	0,378	0,382	0,370	0,364	0,351	0,361	0,354	0,360	0,341	0,324	0,324	0,345	0,338	0,329	0,324	0,320	0,315	0,315	0,339
LTG	MW	0,130	0,132	0,138	0,142	0,150	0,155	0,153	0,159	0,155	0,150	0,145	0,145	0,155	0,158	0,154	0,152	0,135	0,139	0,145	0,143	0,147
	MD	0,120	0,120	0,125	0,130	0,140	0,150	0,150	0,150	0,133	0,130	0,125	0,125	0,135	0,136	0,138	0,130	0,120	0,120	0,120	0,120	0,130
GKF	MW	2,562	2,348	1,896	1,888	1,735	1,842	2,151	2,850	2,388	2,406	1,906	1,886	1,810	1,820	1,649	1,532	1,525	2,593	2,289	2,060	2,021
	MD	0,617	0,633	0,598	0,574	0,585	0,602	0,630	0,655	0,508	0,741	0,674	0,686	0,638	0,596	0,557	0,497	0,498	1,000	0,850	0,705	0,643
AQ	MW	0,352	0,330	0,308	0,286	0,253	0,231	0,238	0,231	0,220	0,222	0,217	0,216	0,207	0,210	0,212	0,223	0,241	0,235	0,214	0,212	0,231
	MD	0,306	0,286	0,263	0,232	0,197	0,145	0,138	0,112	0,092	0,056	0,042	0,047	0,055	0,070	0,075	0,077	0,056	0,016	0,001	0,012	0,092
DR	MW	0,022	0,023	0,022	0,019	0,016	0,013	0,015	0,017	0,015	0,014	0,014	0,012	0,011	0,012	0,012	0,019	0,031	0,016	0,014	0,014	0,016
	MD	0,018	0,018	0,016	0,014	0,010	0,007	0,007	0,007	0,006	0,003	0,002	0,002	0,003	0,004	0,004	0,005	0,007	0,003	0,001	0,001	0,006

		1993	1994	1995	1996	1997	1998	1999	2000	2001	2002	2003	2004	2005	2006	2007	2008	2009	2010	2011	2012	Mittel
URB	MW	0,013	0,011	0,012	0,008	0,011	0,015	0,013	0,013	-0,013	-0,011	-0,026	-0,016	-0,022	-0,005	0,003	-0,001	0,000	0,002	0,006	-0,008	-0,002
	MD	0,000	0,000	0,000	0,000	0,000	0,000	0,000	0,000	0,000	0,000	0,000	0,000	0,000	0,000	0,000	0,000	0,000	0,000	0,000	0,000	0,000
RET	MW	0,227	0,070	0,200	0,221	0,289	0,160	0,116	0,208	0,158	0,067	0,000	0,361	0,143	0,179	0,102	-0,199	-0,120	0,403	0,166	0,062	0,135
	MD	0,154	0,011	0,119	0,161	0,238	0,116	-0,043	-0,034	0,109	0,036	0,077	0,247	0,091	0,104	0,054	-0,214	-0,220	0,236	0,119	0,034	0,067
RHV	MW	0,002	0,003	0,003	0,004	0,007	0,007	0,007	0,011	0,017	0,013	0,011	0,013	0,015	0,015	0,016	0,018	0,019	0,017	0,013	0,011	0,013
	MD	0,001	0,001	0,001	0,001	0,001	0,002	0,002	0,003	0,003	0,003	0,004	0,004	0,005	0,005	0,007	0,009	0,009	0,007	0,007	0,006	0,005

In dieser Tabelle bezeichnet N die Anzahl der Beobachtung in tausend im angegebenen Kalenderjahr. MKAP bezeichnet die Marktkapitalisierung in Mrd. USD. BETA bezeichnet das CAPM-BETA übernommen aus Datastream. BM bezeichnet das Buch-Marktwert-Verhältnis. SARET bezeichnet die Standardabweichung der täglichen Aktienrenditen der vergangenen 260 Handelstage. LFKM ist der Quotient aus langfristigem Fremdkapital und Eigenkapital-Marktwert. LFKB ist der Quotient aus langfristigem Fremdkapital und Eigenkapital-Buchwert. ANZA ist die Anzahl beobachtender Analysten, im Regressionsmodell wird der in dieser Kennzahl verwendet (LNAA). ANZM ist die Anzahl der Mitarbeiter in tausend, im Regressionsmodell wird der in dieser Kennzahl verwendet (LNAM). FGP gibt den Prognosefehler der EPS1-Prognosen an. SGP gibt die Differenz der höchsten und der geringsten EPS1-Prognose dividiert durch den Mittelwert an. AGP bezeichnet die Anpassung der Gewinnprognose in den letzten 6 Monaten. SAG ist die Standardabweichung der Bilanzgewinne der vergangenen 5 Jahre. LTG ist die langfristige Wachstumsrate von I/B/E/S. GKF ist die kurzfristige Wachstumsrate aus der aktuellen Bilanz EPS auf EPS3. AQ ist die Ausschüttungsquote. DR steht für die Dividendenrendite (zum Eigenkapital-Marktwert). URB bezeichnet die Umsatzrentabilität relativ zur Branche. RET steht für die 12 Monats Aktienrendite. RHV bezeichnet das relative Handelsvolumen. Für die genauen Definitionen der Kennzahlen siehe *Abschnitt 3.2.2.*

		2001	2002	2003	2004	2005	2006	2007	2008	2009	2010	2011	2012	Mittel
N		6,2	6,9	8,2	8,7	9,4	10,2	11,7	13,3	14,0	13,7	14,5	14,7	11,0
MKAP	MW	4,276	2,857	3,279	3,592	4,131	4,862	4,733	2,287	2,856	3,098	2,487	2,944	3,349
	MD	0,424	0,327	0,412	0,474	0,547	0,687	0,580	0,223	0,306	0,348	0,253	0,289	0,374
BETA	MW	0,837	0,829	0,821	0,836	0,860	0,870	0,860	0,922	0,923	0,887	0,856	0,841	0,867
	MD	0,661	0,668	0,663	0,687	0,729	0,744	0,758	0,862	0,864	0,818	0,789	0,778	0,780
BM	MW	0,751	0,960	1,018	0,707	0,571	0,522	0,497	0,874	1,230	0,896	0,992	1,183	0,876
	MD	0,540	0,636	0,735	0,558	0,456	0,418	0,391	0,622	0,887	0,700	0,704	0,818	0,610
SARET	MW	0,028	0,028	0,027	0,020	0,017	0,018	0,019	0,026	0,034	0,024	0,022	0,025	0,024
	MD	0,024	0,024	0,024	0,017	0,015	0,017	0,017	0,025	0,032	0,022	0,020	0,023	0,021
LFKM	MW	0,559	0,833	0,925	0,568	0,449	0,392	0,387	0,715	1,154	0,963	1,131	1,365	0,835
	MD	0,172	0,236	0,280	0,212	0,169	0,151	0,136	0,222	0,328	0,251	0,238	0,251	0,217
LFKB	MW	0,775	0,785	0,806	0,770	0,752	0,739	0,759	0,750	0,834	0,881	0,795	0,782	0,789
	MD	0,338	0,378	0,394	0,391	0,387	0,362	0,359	0,359	0,358	0,380	0,367	0,349	0,365
ANZA	MW	10,36	10,428	9,529	8,382	7,412	8,459	8,521	8,287	7,993	8,390	8,332	7,989	8,503
	MD	7,000	7,000	6,000	5,000	5,000	6,000	6,000	5,000	5,000	5,000	4,000	4,000	5,000

Tabelle 6: Deskriptive Statistik der Risikofaktoren – USA

		2001	2002	2003	2004	2005	2006	2007	2008	2009	2010	2011	2012	Mittel
ANZM	MW	19,72	20,42	19,30	17,95	17,32	17,40	16,45	15,54	15,58	15,32	14,68	14,98	16,57
	MD	2,970	3,110	2,798	2,695	2,608	2,462	2,060	1,961	1,953	1,850	1,735	1,786	2,157
FGP	MW	-0,062	-0,141	-0,137	-0,049	-0,035	-0,025	-0,025	-0,045	-0,168	-0,093	-0,059	-0,116	-0,080
	MD	-0,004	-0,015	-0,013	-0,004	-0,002	-0,001	0,000	-0,002	-0,023	-0,008	-0,003	-0,010	-0,005
SGP	MW	0,476	0,352	0,427	0,351	0,274	0,264	0,239	0,254	0,270	0,244	0,269	0,283	0,293
	MD	0,314	0,303	0,266	0,188	0,173	0,193	0,183	0,194	0,204	0,189	0,173	0,163	0,198
AGP	MW	-0,011	-0,022	-0,006	0,005	0,007	0,002	0,004	-0,012	-0,058	0,017	0,002	-0,009	-0,007
	MD	0,000	-0,001	0,000	0,004	0,005	0,004	0,003	0,000	-0,011	0,005	0,002	0,000	0,001
LTG	MW	0,173	0,161	0,153	0,146	0,151	0,151	0,152	0,145	0,153	0,170	0,180	0,161	0,158
	MD	0,127	0,110	0,095	0,094	0,090	0,091	0,100	0,089	0,071	0,100	0,110	0,091	0,098
GKF	MW	3,606	2,410	2,671	2,407	2,468	2,662	2,458	2,302	2,587	3,508	2,890	2,601	2,707
	MD	0,594	0,575	0,582	0,774	0,737	0,621	0,597	0,415	0,302	0,983	0,711	0,525	0,598
AQ	MW	0,329	0,331	0,348	0,370	0,368	0,345	0,329	0,335	0,310	0,326	0,350	0,350	0,340
	MD	0,296	0,298	0,315	0,329	0,339	0,318	0,303	0,312	0,276	0,278	0,309	0,310	0,306
DR	MW	0,029	0,028	0,030	0,024	0,022	0,021	0,021	0,036	0,040	0,024	0,027	0,031	0,028
	MD	0,020	0,021	0,024	0,020	0,018	0,017	0,016	0,026	0,028	0,018	0,021	0,026	0,021
URB	MW	0,019	0,007	0,019	0,027	0,030	0,037	0,038	0,026	0,027	0,027	0,026	0,024	0,026
	MD	0,000	0,000	0,000	0,000	0,000	0,000	0,000	0,000	0,000	0,000	0,000	0,000	0,000
RET	MW	-0,117	-0,142	-0,005	0,376	0,302	0,257	0,177	-0,310	-0,143	0,308	0,064	-0,074	0,053
	MD	-0,100	-0,119	-0,039	0,268	0,229	0,198	0,124	-0,326	-0,221	0,202	0,025	-0,087	0,014
RHV	MW	0,003	0,003	0,003	0,004	0,004	0,005	0,006	0,004	0,003	0,003	0,003	0,002	0,003
	MD	0,001	0,001	0,001	0,001	0,001	0,001	0,001	0,001	0,001	0,001	0,001	0,001	0,001

Siehe Tabellenbeschreibung von *Tabelle 6*. Alle Währungsangaben in EURO.

Tabelle 7: Deskriptive Statistik der Risikofaktoren – Europa

zu anderen Unternehmen in den nationalen Märkten viele Informationen vorhanden sind. Auch das in Europa höhere Buch-Marktwert-Verhältnis spricht für einen höheren Anteil an Wachstumsunternehmen in der US-Stichprobe, die tendenziell höher am Markt bewertet werden.

Im zeitlichen Verlauf sind deutliche Schwankungen bei einigen Kennzahlen zu beobachten. Besonders die Kennzahlen, die von Marktdaten (bspw. dem Aktienkurs) abhängig sind, verlaufen nicht nach einem stetigen Trend, sondern schwanken über den Zeitverlauf, abhängig von der Börsenlage. Zu diesen Kennzahlen zählen bspw. BM, LFKM, Renditekennzahlen sowie die Kennzahlen, in denen Prognosedaten enthalten sind und die mit dem Aktienkurs skaliert werden. Diese Schwankungen sind in beiden Märkten vorhanden. Kennzahlen, die nicht von der Börsenlage abhängig sind, verlaufen deutlich konstanter (bspw. AQ oder LTG).

5 Empirische Bestimmung der impliziten Kapitalkosten

5.1 Implizite Risikoprämie

In diesem Kapitel werden die empirischen Ergebnisse der berechneten IKK diskutiert. Zunächst werden die Ergebnisse der impliziten Risikoprämien (RPIKK) vorgestellt. Bei den meisten Studien zur Beurteilung der Bewertungsgenauigkeit, wie in vielen anderen Anwendungsbereichen von Kapitalkosten, werden zeitlich konstante Marktrisikoprämien verwendet.[306] Dieser Abschnitt soll deshalb zur Beurteilung des zeitlichen Verlaufs der impliziten Risikoprämie dienen. Dazu werden im Anschluss verschiedene Abwandlungen der Berechnung der RPIKK vorgestellt.

Tabelle 8 zeigt die jährlichen Mittelwerte, Mediane und Standardabweichungen der impliziten Risikoprämien der acht Modelle sowie das Mittel aus den acht Modellen (zum Mittelwert und zum Median). Zudem werden die gleichgewichteten Mittelwerte über die 240 Monate zu den acht Modellen sowie deren Mittel angegeben. *Abbildung 2* und *Abbildung 3* zeigen den Verlauf des Mittelwertes bzw. des Medians der RPIKK über die 240 betrachteten Monate.[307] Bei der Interpretation der Ergebnisse sollte stets berücksichtigt werden, dass, vergleichbar zu vorherigen Studien,[308] zur Bestimmung der RPIKK ein zehnjähriger T-Bond verwendet wird. Der Mittelwert liegt in allen Modellen zu sämtlichen Zeitpunkten über dem Median. Dies deutet auf eine rechtsschiefe Verteilung der RPIKK hin. Dies liegt insbesondere an den relativ hohen Abweichungsmöglichkeiten für hohe Risikoprämien.[309]

Im Zeitverlauf zeigen sich deutliche Schwankungen der Risikoprämien. Diese werden anhand des Mittels der Mittelwerte der acht Modelle beschrieben. Mitte der neunziger

---

[306] Der Großteil der Studien in *Tabelle 1* verwenden zeitlich konstante Marktrisikoprämien. Bspw. verwendet Penman (2005) entgegen der Mehrheit der Studien einen zeitlich konstanten Kapitalkostensatz.

[307] Für die Übersicht der verwendeten Modelle siehe *Abbildung 1* in *Abschnitt 2.4.1.1*.

[308] Vgl. bspw. Claus/Thomas (2001), S. 1641; Gebhardt/Lee/Swaminathan (2001), S. 145; Gode/Mohanram (2003), S. 403.

[309] Bei der Bestimmung der IKK werden die Grenzen für den Ausschluss ökonomisch nicht sinnvoller IKK auf null und eins gelegt. Bei den Modellen ohne Konvergenzphase muss der IKK-Satz zudem über der langfristigen Wachstumsrate liegen, damit der Nenner des Endwertes nicht null und nicht negativ wird vgl. Gode/Mohanram (2003), S. 403.

Jahr	RIMEW			RIMK1			RIMK9			RIMAQ			AEGEW			AEGK1			AEGK9			AEGAQ			Mittel	
	MW	MD	SA	MW	MD	SA	MW	MD	SA	MW	MD	SA	MW	MD	SA	MW	MD	SA	MW	MD	SA	MW	MD	SA	MW	MD
93	4,5	3,4	5,2	2,6	1,7	4,6	2,9	2,0	5,3	4,7	4,2	4,4	5,2	4,1	5,4	2,0	1,1	5,2	2,2	1,3	5,5	4,3	3,8	4,3	3,5	2,7
94	4,2	3,2	4,7	1,5	0,7	4,7	1,9	1,1	5,8	3,7	3,2	4,2	5,4	4,5	5,6	0,9	0,0	5,6	1,2	0,2	5,8	3,3	2,7	4,2	2,8	1,9
95	4,9	3,8	5,1	2,3	1,6	4,5	2,8	2,0	5,1	4,7	4,1	4,1	5,7	4,7	5,3	1,6	0,8	5,2	2,0	1,1	5,5	4,2	3,7	4,0	3,5	2,7
96	4,2	3,3	4,7	1,9	1,3	4,5	2,3	1,6	4,8	4,4	3,9	3,9	5,1	4,3	5,0	1,3	0,5	4,9	1,5	0,8	5,1	3,9	3,5	3,8	3,1	2,4
97	3,9	2,9	4,8	1,6	1,0	4,3	2,0	1,3	4,9	4,4	3,8	4,6	4,6	3,8	4,8	0,9	0,2	4,6	1,1	0,4	4,7	4,0	3,4	4,5	2,8	2,1
98	4,7	3,4	5,4	3,0	2,1	4,8	3,4	2,3	5,5	5,6	5,0	4,7	5,0	3,8	5,2	2,3	1,3	5,2	2,5	1,5	5,4	5,2	4,6	4,6	4,0	3,0
99	5,0	3,7	6,4	3,2	2,3	5,5	3,6	2,6	6,6	5,5	4,9	5,7	5,6	4,4	6,5	2,6	1,6	7,2	2,8	1,7	6,4	5,1	4,4	5,5	4,2	3,2
00	5,1	4,1	6,3	3,4	2,4	6,3	3,7	2,8	6,9	5,5	5,0	5,8	5,8	5,0	6,4	2,8	1,6	6,0	2,9	1,9	6,9	5,5	4,5	5,8	4,3	3,4
01	4,9	3,7	6,4	4,0	3,0	5,3	4,1	3,1	6,1	5,9	5,3	5,0	5,3	4,2	6,3	3,5	2,3	5,9	3,4	2,3	6,1	5,5	4,9	5,1	4,6	3,6
02	4,7	3,7	5,7	4,1	3,2	5,1	4,3	3,3	5,9	6,0	5,4	5,0	4,9	3,9	5,6	3,6	2,5	5,9	3,5	2,6	5,7	5,7	5,0	5,1	4,6	3,7
03	4,7	3,8	4,9	4,2	3,5	4,5	4,3	3,7	4,5	6,1	5,6	4,4	4,7	3,9	4,7	3,7	2,8	5,1	3,6	2,9	4,7	5,8	5,2	4,3	4,6	3,9
04	3,6	3,1	4,2	2,7	2,2	3,7	2,8	2,4	4,0	4,9	4,5	4,0	3,7	3,3	3,9	2,1	1,6	3,8	2,1	1,7	3,8	4,5	4,2	3,7	3,3	2,9
05	3,6	3,1	4,3	2,5	2,1	3,6	2,8	2,3	4,5	4,7	4,4	4,2	3,7	3,2	3,9	2,0	1,5	3,8	2,1	1,7	3,8	4,4	4,1	4,1	3,2	2,8
06	3,4	2,8	4,0	2,0	1,5	3,7	2,2	1,8	4,1	4,1	3,8	4,2	3,6	3,2	3,8	1,4	0,9	3,9	1,5	1,1	3,8	3,8	3,5	4,0	2,8	2,3
07	3,5	2,9	4,2	2,5	1,9	4,2	2,6	2,1	4,3	4,6	4,3	4,5	3,7	3,2	4,3	1,9	1,4	4,4	1,9	1,1	4,3	4,3	3,9	4,5	3,1	2,6
08	5,7	4,5	6,1	5,8	4,7	6,0	5,7	4,7	6,0	7,2	6,6	5,3	5,6	4,5	4,9	5,3	3,9	6,7	5,1	3,9	6,1	6,9	6,2	5,4	5,9	4,9
09	6,8	5,0	7,8	7,7	6,4	6,9	7,5	6,1	7,1	8,4	7,5	6,2	6,7	4,9	8,0	7,5	5,7	8,1	7,0	5,4	7,6	8,2	7,1	6,3	7,5	6,0
10	5,7	4,9	6,0	5,8	5,2	5,1	5,8	5,2	5,3	7,2	6,7	5,3	5,4	4,6	5,6	5,3	4,5	5,6	5,1	4,5	5,3	6,9	6,4	5,2	5,9	5,2
11	6,0	5,2	5,7	5,7	5,1	4,9	5,9	5,2	5,5	7,2	6,8	4,8	5,6	4,9	5,2	5,2	4,4	5,4	5,2	4,5	5,1	7,0	6,5	5,0	6,0	5,3
12	7,2	6,3	6,4	6,8	6,0	4,8	7,1	6,2	6,2	8,3	7,6	6,1	6,8	5,9	6,1	6,4	5,4	6,1	6,4	5,5	5,9	8,0	7,3	5,3	7,1	6,3
Mittel	4,8	3,9	5,4	3,7	2,9	4,8	3,9	3,1	5,3	5,7	5,2	4,7	5,1	4,3	5,3	3,1	2,2	5,3	3,2	2,4	5,3	5,3	4,8	4,7	4,3	3,6

Diese Tabelle zeigt den Mittelwert (MW), den Median (MD) und die Standardabweichung (SA) der RPIKK sämtlicher Beobachtungen der Kalenderjahre. In der Spalte Mittel werden das Mittel der Mittelwerte und Mediane der acht Modelle angegeben. Die Zeile „Mittel" gibt den Mittelwert der 20 Jahre an.

Tabelle 8: Jährliche RPIKK – USA

Jahre schwanken die Risikoprämien der Modelle zwischen 2,3% und 4,0%, und erreichen mit 2,3% im Oktober 1994 den niedrigsten Stand in den neunziger Jahren. Eine deutliche Veränderung der Risikoprämien wird Ende der neunziger Jahre ersichtlich. Ende 1998 steigt diese auf einen vorläufigen unterjährigen Höchststand von 6,0%. In den darauffolgenden Jahren, in der Zeit der sogenannten Dotcom-Krise und des 11. September 2001, schwankt das Mittel aller Modelle zwischen 3,3% und 6,2%. Im Jahr 2003 pendeln sich die Risikoprämien wieder auf dem Niveau der neunziger Jahre ein und erzielen im Mai 2006 mit 2,2% den niedrigsten Stand im Betrachtungszeitraum. Anfang 2008 steigen die RPIKK erneut deutlich an und übersteigen bereits im März 2008 erneut die 5,5%. Im Anschluss der Insolvenz von Leman-Brothers, im September 2008, erzielen die Risikoprämien im März 2009 den allzeitigen Höchststand mit einem Mittel von 11,5%. Diese pendeln sich Mitte 2009 auf einem erhöhten Niveau um 6% ein und bewegen sich bis Ende 2012 auf einem deutlich erhöhten Niveau zwischen 4,7% und 8,1%.

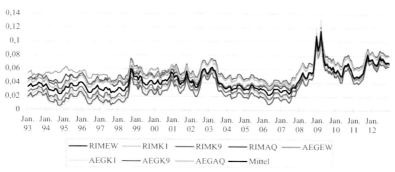

Abbildung 2: Verlauf des Mittelwertes der RPIKK – USA

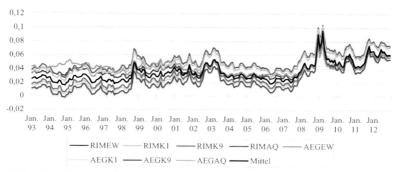

Abbildung 3: Verlauf des Medians der RPIKK – USA

Die zeitlichen Schwankungen der Risikoprämien werden von allen Modellen abgebildet, wobei die Modelle ohne Konvergenzphase konstantere Risikoprämien aufweisen. Die Modelle mit einhundertprozentiger Ausschüttung weisen grundsätzlich niedrigere Risikoprämien als die Modelle mit Verwendung der AQ und denen ohne Konvergenzphase auf. Seit der Subprime-Krise gehören die EW-Modelle zu denen mit den geringsten Risikoprämien, da die Wachstumsrate aufgrund des geringen Zinsniveaus null beträgt oder nur geringfügig im positiven Bereich liegt.[310] Die K1- und K9-Modelle weisen vergleichbare Schwankungen auf. AEG-Modelle erzielen im Mittel, über den gesamten Betrachtungszeitraum, mit 4,2% etwas geringere Risikoprämien als RIM-Modelle mit 4,5%, jeweils gemessen mit den gleichgewichteten monatlichen Mittelwerten der vier Modelle. Die AEG-Modelle mit einhundertprozentiger Ausschüttung weisen die niedrigsten Risikoprämien auf (AEGK1 mit 3,1% und AEGK9 mit 3,2%). Das AEGK1-Modell erreicht mit 0,3% im Oktober 1994 den niedrigsten Stand aller Modelle im Betrachtungszeitraum. Die AQ-Modelle zeigen im Mittel die höchsten Risikoprämien. Diese liegen beim RIMAQ bei 5,7% und beim AEGAQ bei 5,3%. Die Modelle mit nur teilweiser Ausschüttung der Gewinne erzielen höhere RPIKK, da durch die Thesaurierung von Gewinnanteilen in der Konvergenzphase die mittels ROE berechneten EPS höhere Werte erzielen als bei konstanten Eigenkapital-Buchwerten. Die gestiegenen Buchwerte bleiben im EW für die Ewigkeit konstant. Durch die höheren Zahlungsströme werden bei den AQ-Modellen höhere RPIKK erzielt, um diese auf denselben Aktienkurs zu diskontieren. Zu beurteilen, welche Höhe der Risikoprämie zu bevorzugen ist, ist nicht Ziel dieser Arbeit. Es soll hier im Weiteren die Volatilität der Risikoprämien erklärt werden, um diese mittels Risikofaktoren nachzubilden. Die Höhe der Risikoprämie bzw. IKK lassen sich bspw. durch die Berechnungsmethode der AQ, der Berechnung des Branchen-ROE, der Länge der Konvergenzphase oder der Wachstumsrate bei den EW-Modellen, adjustieren.

Die monatlichen Mediane der Risikoprämien (*Abbildung 3*) zeigen einen mit den Mittelwerten vergleichbaren Verlauf auf niedrigerem Niveau und mit geringeren Ausschlägen durch die Krisen. Im Jahr 1994 zeigen das AEGK1- und das AEGK9-Modell aufgrund des hohen Zinsniveaus in einigen Monaten Risikoprämien geringfügig unter null Prozent. Bis 2003 ist ein leicht ansteigender Trend ersichtlich, der sich im Jahr 2003, in der Erholungsphase des Aktienmarktes nach dem 11. September 2001, umkehrt. Mit Beginn der

---

[310] Vgl. *Abbildung 4*. Ab dem Beginn der Subprime-Krise schwankt der sichere Zinssatz um 3%. Im Jahr 2012 sinkt er weiter auf unter 2%.

Subprime-Krise im Jahr 2008 steigen auch die Mediane deutlich an. Der extreme Aus-
schlag der Risikoprämie nach der Insolvenz von Lehman-Brothers ist auch am Median
abzulesen. Die Mediane liegen durchschnittlich 0,7 Prozentpunkte unter den Mittelwerten. Über den Zeitraum der betrachteten 20 Jahre weisen die monatlichen gleichgewichteten Mittel der acht Modelle einen Mittelwert von 4,3% und die Mediane einen Mittelwert von 3,6% auf.

Wie *Abbildung 4* zeigt, hängen die Schwankungen der RPIKK deutlich negativ mit denen
des sicheren Zinssatzes zusammen (Pearson-Korrelation von -0,754). Die Abbildung
zeigt den Verlauf des Mittelwertes der Mittel aller Modelle und des Zinssatzes des T-
Bonds mit zehnjähriger Restlaufzeit. Dieser Verlauf deutet darauf hin, dass die RPIKK
zum einen, wie zuvor diskutiert, zeitlich nicht konstant verlaufen und zum anderen nicht
unabhängig vom sicheren Zinssatz sind.

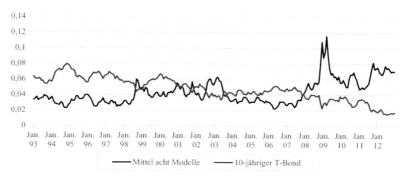

Abbildung 4: Verlauf des Mittelwertes der RPIKK und der Rendite des T-Bond (10 Jahre) – USA

Die dargestellten Ergebnisse zeigen, dass die häufige Annahme konstanter Marktrisikoprämien bei Verwendung eines sicheren Zinssatzes in Höhe eines zehnjährigen T-
Bond, nicht dem Verlauf der RPIKK entspricht und folglich bei Verwendung in der Unternehmensbewertung zu höheren Bewertungsfehlern führen sollte. Zudem ist ein negativer Zusammenhang des sicheren Zinssatzes zu den RPIKK zu beobachten. Aus diesem
Grund wird im folgenden Abschnitt der Verlauf der IKK betrachtet sowie im darauffolgenden Abschnitt alternativ ein kurzfristiger sicherer Zinssatz verwendet. Damit soll untersucht werden, ob der Kapitalmarkt nicht konstante Marktrisikoprämien, sondern eher

im Mittel konstante Kapitalkosten erwartet oder sich eher an einem kurzfristigen sicheren Zinssatz orientiert.

Monat	RIMEW	RIMK1	RIMK9	RIMAQ	AEGEW	AEGK1	AEGK9	AEGAQ	Mittel
Jan	0,048	0,035	0,038	0,056	0,052	0,031	0,032	0,054	0,043
Feb	0,049	0,035	0,038	0,057	0,053	0,031	0,032	0,055	0,044
Mrz	0,050	0,035	0,039	0,058	0,055	0,032	0,033	0,055	0,045
Apr	0,047	0,036	0,038	0,055	0,049	0,027	0,028	0,050	0,041
Mai	0,046	0,034	0,036	0,054	0,048	0,026	0,027	0,049	0,040
Jun	0,046	0,034	0,037	0,054	0,048	0,027	0,028	0,050	0,041
Jul	0,047	0,035	0,037	0,055	0,049	0,028	0,029	0,051	0,041
Aug	0,048	0,037	0,039	0,057	0,051	0,031	0,031	0,053	0,043
Sep	0,049	0,039	0,041	0,058	0,052	0,033	0,034	0,055	0,045
Okt	0,049	0,039	0,042	0,058	0,052	0,034	0,034	0,055	0,046
Nov	0,049	0,040	0,041	0,058	0,052	0,035	0,035	0,055	0,046
Dez	0,049	0,040	0,041	0,058	0,052	0,036	0,035	0,056	0,046
Mittel	0,048	0,037	0,039	0,057	0,051	0,031	0,032	0,053	0,043

Diese Tabelle zeigt die Mittelwerte der RPIKK der Kalendermonate über die 20 betrachteten Jahre. Die Spalte „Mittel" gibt den Mittelwert der acht Modelle an.

Tabelle 9: Unterjährige RPIKK – USA

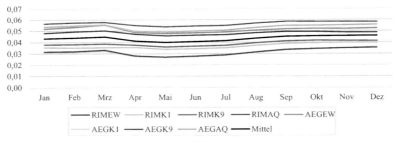

Abbildung 5: Unterjähriger Verlauf der RPIKK – USA

Ein weiterer Aspekt, auf den kurz eigegangen werden soll, ist das Verhalten der Risikoprämien innerhalb der Kalenderjahre. Die grundlegenden Studien zur Bestimmung der IKK haben diese nur an einem Zeitpunkt im Jahr bestimmt, den sie als am geeignetsten für die Berechnung erachtet haben.[311] Sie wählen einen Zeitpunkt in der Mitte des Jahres, wenn die Bilanzdaten veröffentlicht sind und die Prognosen auf das neue Geschäftsjahr aktualisiert wurden. Es ist jedoch wünschenswert, zu beliebigen Zeitpunkten im Jahr IKK zu bestimmen und zudem ist der Bilanzstichtag nicht bei sämtlichen Unternehmen der 31.12. eines Jahres. In *Tabelle 9* und *Abbildung 5* werden die gleichgewichteten Mittel der Mittelwerte der Kalendermonate in den 20 betrachteten Jahren abgebildet. Es zeigt

---

[311] Vgl. bspw. Claus/Thomas (2001); Gebhardt/Lee/Swaminathan (2001); Gode/Mohanram (2003).

sich von Mai bis Dezember ein leicht ansteigender Verlauf der Risikoprämie mit einem
Rückgang von März auf April. Die RPIKK weichen dabei nur um wenige zehntel Prozentpunkte vom unterjährigen Mittel ab und verlaufen demnach auf einem vergleichbaren
Niveau. Der Mittelwert aus den acht Modellen schwankt zwischen 4,0% und 4,6%. Der
Zeitpunkt des Rückgangs der Risikoprämie ist nicht zufällig, da von März auf April für
den Großteil der Unternehmen (mit Bilanzstichtag am 31.12.) die Bilanzdaten und Prognosen aktualisiert werden. Der Rückgang fällt bei den AEG-Modellen stärker aus als bei
den RIM-Modellen, da der Ausgangswert Buchwert bei der Aktualisierung der Daten geringeren Schwankungen unterliegt als der Quotient aus EPS1 und IKK. Ob diese Reduzierung der Risikoprämien tatsächlich auf eine aktuellere Informationslage (höheres Informationsniveau) oder auf Ungenauigkeiten in den Modellen zurückzuführen ist, ist unklar. Aufgrund des relativ konstanten unterjährigen Verlaufs kann nicht darauf geschlos-
sen werden, dass RPIKK nur zu einzelnen Zeitpunkten im Jahr bestimmt werden können.

5.2   Implizite Kapitalkosten

In diesem Abschnitt werden die impliziten Kapitalkosten für die betrachteten 20 Jahre
dargestellt. Im Vergleich zur vorherigen Darstellung der RPIKK werden hier die gesamten Kapitalkosten, inklusive sicherem Zinssatz abgebildet. Die vorherige Darstellung hat
gezeigt, dass die Risikoprämien im Mittel nicht konstant und nicht unabhängig vom sicheren Zinssatz sind. Hier soll untersucht werden, welcher Entwicklung die IKK im Zeitverlauf unterliegen. Ein Vorteil dieser Betrachtung ist die Unabhängigkeit von der Wahl
des sicheren Zinssatzes.

Tabelle 10 zeigt die jährlichen Mittelwerte, Mediane und Standardabweichungen der impliziten Kapitalkosten der acht Modelle sowie die Mittel der acht Modelle (zum Mittelwert und zum Median). Zudem werden die gleichgewichteten Mittelwerte über die 240
Monate angegeben. *Abbildung 6* und *Abbildung 7* zeigen den Verlauf des Mittelwertes
bzw. Medians der IKK über die 240 betrachteten Monate. Der zeitliche Verlauf der IKK
ist konstanter als der der Risikoprämien (die Standardabweichung der monatlichen Mittel
der RPIKK der acht Modelle beträgt 0,016 und die der IKK 0,011). So schwankt das
Mittel der acht Modelle bis 2003 zwischen 8,5% und 10,5%. Erst in der Erholungsphase
nach dem 11. September 2001 bis zum Beginn der Subprime-Krise sinken die IKK ab
und pendeln zwischen September 2003 und Dezember 2007 zwischen 7% und 8%. Der

Jahr	RIMEW			RIMKI			RIMK9			RIMAQ			AEGEW			AEGK1			AEGK9			AEGAQ			Mittel	
	MW	MD	SA	MW	MD	SA	MW	MD	SA	MW	MD	SA	MW	MD	SA	MW	MD	SA	MW	MD	SA	MW	MD	SA	MW	MD
93	10,3	9,3	5,2	8,4	7,5	4,6	8,8	7,8	5,3	10,5	10,0	4,4	11,0	10,0	5,5	7,8	6,9	5,2	8,0	7,1	5,5	10,1	9,6	4,3	9,4	8,5
94	11,4	10,4	4,7	8,7	7,9	4,7	9,1	8,2	5,1	10,9	10,4	4,3	12,6	11,6	5,7	8,0	7,1	5,6	8,3	7,4	5,8	10,5	9,9	4,2	9,9	9,1
95	11,3	10,2	5,1	8,7	8,0	4,5	9,3	8,4	5,1	11,1	10,5	4,1	12,1	11,2	5,4	8,0	7,2	5,1	8,4	7,5	5,4	10,6	10,1	4,0	10,0	9,1
96	10,7	9,7	4,6	8,4	7,8	4,5	8,8	8,1	4,8	10,8	10,4	3,9	11,6	10,8	5,0	7,7	7,0	4,9	8,0	7,2	5,1	10,4	9,9	3,8	9,6	8,9
97	10,2	9,2	4,8	7,9	7,3	4,3	8,3	7,6	4,9	10,7	10,1	4,6	10,9	10,1	4,8	7,2	6,5	4,6	7,4	6,7	4,7	10,3	9,7	4,5	9,1	8,4
98	9,9	8,6	5,3	8,2	7,3	4,7	8,6	7,6	5,4	10,8	10,2	4,7	10,2	9,1	5,2	7,5	6,5	5,1	7,7	6,7	5,3	10,4	9,8	4,5	9,1	8,2
99	10,7	9,4	6,4	8,9	8,1	5,5	9,4	8,3	6,6	11,2	10,6	5,6	11,3	10,1	6,5	8,3	7,3	6,1	8,5	7,5	6,4	10,8	10,1	5,4	9,9	8,9
00	11,1	10,1	6,3	9,4	8,3	6,3	9,7	8,7	6,8	11,5	11,0	5,8	11,8	10,9	6,4	8,8	7,5	7,2	8,9	7,8	6,8	11,1	10,5	5,8	10,3	9,3
01	9,8	8,7	6,4	9,0	8,0	5,3	9,1	8,1	6,1	10,8	10,3	5,0	10,2	9,2	6,3	8,4	7,2	6,0	8,4	7,3	6,1	10,5	9,8	5,1	9,5	8,6
02	9,2	8,2	5,6	8,6	7,7	5,6	8,8	7,9	5,8	10,5	9,9	5,0	9,5	8,5	5,6	8,1	6,8	5,8	8,0	7,1	5,6	10,2	9,5	5,1	9,1	8,2
03	8,7	7,8	4,8	8,2	7,5	4,5	8,3	7,7	4,5	10,1	9,6	4,3	8,7	8,0	4,7	7,7	6,8	5,0	7,6	6,9	4,7	9,8	9,2	4,2	8,6	7,9
04	7,9	7,4	4,2	6,9	6,4	3,7	7,1	6,7	4,0	9,1	8,8	4,0	8,0	7,5	3,9	6,3	5,9	3,8	6,4	6,0	3,8	8,8	8,4	3,7	7,6	7,1
05	7,9	7,3	4,3	6,8	6,4	3,6	7,1	6,6	4,5	9,0	8,7	4,2	8,0	7,5	3,9	6,2	5,8	3,8	6,3	6,0	3,8	8,7	8,4	4,1	7,5	7,1
06	8,1	7,6	4,0	6,8	6,3	3,7	7,0	6,5	4,1	8,9	8,6	4,1	8,4	8,0	3,8	6,2	5,7	3,9	6,3	5,9	3,8	8,6	8,3	4,0	7,5	7,1
07	8,1	7,5	4,5	7,0	6,5	4,2	7,2	6,7	4,6	9,1	8,9	4,6	8,3	7,8	4,3	6,5	5,9	4,4	6,5	6,0	4,3	8,8	8,5	4,5	7,7	7,2
08	9,3	8,2	6,0	9,4	8,3	5,9	9,3	8,4	5,8	10,8	10,2	5,2	9,2	8,2	5,8	8,9	7,6	6,5	8,7	7,6	5,9	10,5	10,4	5,3	9,5	8,5
09	10,1	8,4	7,7	11,0	9,7	6,8	10,7	9,4	7,0	11,7	10,8	6,2	10,0	8,2	7,9	10,8	9,0	8,0	10,3	8,7	7,5	11,5	10,4	6,2	10,7	9,3
10	8,8	8,0	5,9	8,9	8,3	5,0	8,9	8,3	5,3	10,4	9,9	5,3	8,5	7,7	5,6	8,4	7,6	5,6	8,3	7,6	5,2	10,0	9,5	5,2	9,0	8,4
11	8,7	8,0	6,4	8,4	7,8	4,8	8,6	8,0	4,8	10,0	9,5	4,8	8,3	7,7	5,1	8,0	7,2	5,2	8,0	7,3	5,0	9,7	9,2	4,9	8,7	8,1
12	9,0	8,0	6,4	8,6	7,7	5,2	8,8	7,9	6,2	10,0	9,4	5,2	8,5	7,6	6,1	8,2	7,1	6,1	8,2	7,3	5,9	9,7	9,1	5,3	8,0	8,0
Mittel	9,6	8,6	5,4	8,4	7,7	4,8	8,6	7,9	5,3	10,4	9,9	4,7	9,9	9,0	5,3	7,9	7,0	5,3	7,9	7,1	5,3	10,1	9,5	4,7	9,1	8,3

Diese Tabelle zeigt den Mittelwert (MW), den Median (MD) und die Standardabweichung (SA) der IKK sämtlicher Beobachtungen eines Kalenderjahres. In der Spalte „Mittel" werden das Mittel der Mittelwerte und Mediane der acht Modelle angegeben. Die Zeile „Mittel" gibt den Mittelwert der 20 Jahre an.

Tabelle 10: Jährliche IKK – USA

extreme Anstieg in der Subprime-Krise zeigt sich auch bei den IKK. Bereits 2009 pendeln
sich die IKK wieder auf einem Niveau, vergleichbar zu den neunziger Jahren, zwischen
8% und 10%, ein.

Die Unterschiede zwischen den Modellen sind, absolut betrachtet, identisch mit der Betrachtung der Risikoprämien, da monatlich derselbe sichere Zinssatz von den IKK sub-
trahiert wird, um die Risikoprämien zu erhalten.

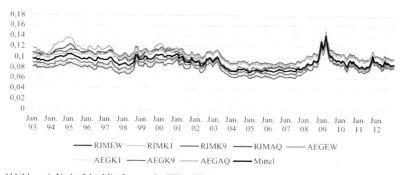

Abbildung 6: Verlauf des Mittelwertes der IKK – USA

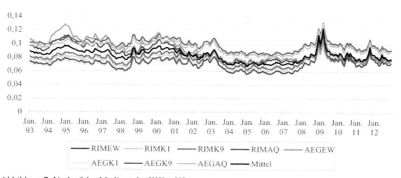

Abbildung 7: Verlauf des Medians der IKK – USA

Die monatlichen Mediane und Mittelwerte der IKK weisen vergleichbare Schwankungen
über den Betrachtungszeitraum auf. Für den Zeitraum der betrachteten 20 Jahre zeigen
die monatlichen gleichgewichteten Mittel der acht Modelle einen Mittelwert von 9,1%
und die Mediane einen Mittelwert von 8,3%.

Die in diesem und dem vorherigen Abschnitt ermittelten Ergebnisse verdeutlichen, dass die Annahme einer konstanten Marktrisikoprämie für die Unternehmensbewertung nicht mit den empirischen Renditeerwartungen der Anleger übereinstimmt. Diese fordern im Mittel der Stichprobe, abgesehen von den Krisen, relativ konstante Renditen, die geringer als erwartet vom sicheren Zinssatz beeinflusst werden. Deshalb sollte bei den folgenden Unternehmensbewertungen die Verwendung von CAPM-Kapitalkosten bei der Annahme konstanter Marktrisikoprämien eher ungeeignet sein. Die ermittelten Ergebnisse unterstützen sogar die vereinfachende Annahme eines konstanten Kapitalkostensatzes (bspw. von Penman (2005)). Dabei werden jedoch die unterschiedlichen Risiken der Unternehmen nicht berücksichtigt. Deshalb wird in *Kapitel 7* nicht dieser Ansatz verfolgt, sondern neben dem klassischen CAPM mit konstanter Marktrisikoprämie eine variable Marktrisikoprämie verwendet, die die Inkonstanz der RPIKK berücksichtigt. Diese Risikoprämie wird aus den mittleren RPIKK des Marktes bestimmt.[312] Dadurch werden die volatilen Renditeerwartungen im CAPM abgebildet und sollten folglich besser zur Unternehmensbewertung geeignet sein.

Es stellt sich bei der Betrachtung der RPIKK und IKK die Frage, warum die IKK konstanter verlaufen als die RPIKK und die in der Finanzliteratur häufig unterstellten konstanten Marktrisikoprämien nicht dem Verlauf der RPIKK entsprechen.[313] Deshalb liegt hier der Verdacht nahe, dass die Wahl des sicheren Zinssatzes zu diesem Ergebnis beigetragen hat. Daher werden im folgenden Abschnitt die RPIKK bei Verwendung eines einjährigen T-Bill dargestellt.

5.3   Implizite Risikoprämien mit kurzfristigem sicheren Zins

In diesem Abschnitt werden die impliziten Risikoprämien unter Verwendung eines einjährigen T-Bill als sicherer Zins betrachtet. Es soll untersucht werden, ob die RPIKK bei Verwendung eines kurzfristigen sicheren Zinssatzes konstanter verlaufen als in *Abschnitt 5.1* und folglich eher der Annahme einer konstanten Marktrisikoprämie entsprechen. Das wesentliche Argument für einen langfristigen Zins ist die mit der Beteiligung an einem Unternehmen langfristig angelegte Investition. Ein Aktionär ist gegenüber einem Investor

---

[312] Es wird der Mittelwert der RPIKK des Vormonats verwendet, da unterstellt wird, dass die tagesaktuellen Werte zum Zeitpunkt der Bewertung noch nicht vorhanden sind.
[313] Bspw. der Großteil der Studien in *Tabelle 1* unterstellen konstante Marktrisikoprämien.

in andere Unternehmensformen mit deutlich geringerem Aufwand in der Lage, sich von seiner Unternehmensbeteiligung zu trennen. Da die durchschnittliche Haltedauer einer Aktie weniger als ein Jahr beträgt,[314] können begründete Zweifel daran entstehen, dass Aktionäre in ihren Beteiligungen grundsätzlich langfristige Investitionen sehen und danach den sicheren Zinssatz wählen.

Abbildung 8 zeigt die Mittelwerte der Risikoprämien der acht Modelle unter Verwendung des einjährigen sicheren Zinssatzes. Es wird deutlich, dass die Risikoprämien keineswegs konstanter verlaufen. Die Standardabweichung der monatlichen Mittel der RPIKK der acht Modelle steigt von 0,016 auf 0,023 gegenüber der Verwendung des zehnjährigen T-Bond. Die Schwankungen sind gegenüber der vorherigen Betrachtung noch deutlicher ersichtlich. Besonders die Krisen nach dem 11. September 2001 sowie die Subprime-Krise zeigen sich hier noch markanter durch ansteigende Risikoprämien. Zudem bildet sich auch hier das erhöhte Niveau der Risikoprämien im Anschluss an die Subprime-Krise bis Ende 2012 deutlich heraus. Dies liegt vor allem am deutlich gesunkenen Niveau des sicheren Zinssatzes mit Zinssätzen um ca. 5% in den neunziger Jahren auf deutlich unter 1% nach der Subprime-Krise. Das Niveau der Risikoprämie steigt über den Betrachtungszeitraum, aufgrund des geringeren sicheren Zinssatzes bei hoher Volatilität, an.

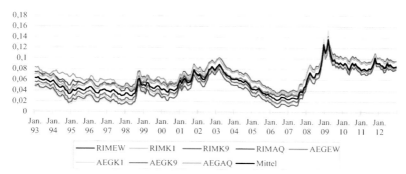

Abbildung 8: Verlauf des Mittelwertes der RPIKK mit 1 Jahr T-Bill – USA

---

[314] Die durchschnittliche Haltedauer von Aktien in den Jahren 2003 bis 2012 beträgt 0,59 Jahre. Diese wird hier als Quotient der Marktkapitalisierung am Ende des Jahres und des Handelsvolumens in USD aller Aktien an den Börsenplätzen Nasdaq und NYSE berechnet. Die Daten stammen von der Homepage der WFE (World Federation of Exchanges), die Daten können ab 2003 abgerufen werden.

Durch den Spread zwischen langfristigem und kurzfristigem sicheren Zinssatz können die variierenden Risikoprämien nicht erklärt werden. Eine weitere Möglichkeit besteht in der Stichprobenauswahl. Besonders die angestiegenen Risikoprämien, von den neunziger Jahren auf das Niveau der Jahre ab 2009, könnten auf die geänderte Zusammensetzung der Stichprobe zurückzuführen sein. In den letzten drei Jahren können für ca. die vierfache Anzahl an Unternehmen IKK berechnet werden. Die mittlere Marktkapitalisierung und das mittlere Gesamtvermögen der erweiterten Stichprobe sind zwar gegenüber der anfänglichen Stichprobe, gestiegen. Durch neu aufgenommene Unternehmen, die relativ zur Grundgesamtheit klein sind oder durch eine veränderte Branchengewichtung der Stichprobe können die Mittel der Risikoprämien beeinflusst werden. Deshalb werden im folgenden Abschnitt die Risikoprämien der Unternehmen dargestellt die bereits im ersten Monat des Betrachtungszeitraums notiert sind und in die Stichprobe einbezogen werden.

5.4 Implizite Risikoprämien durchgängig einbezogener Unternehmen

In diesem Abschnitt werden die Risikoprämien der 1.259 Unternehmen betrachtet, die im Januar 1993 und im Dezember 2012 notiert sind und von Analysten beobachtet werden. Es steht nicht für sämtliche Unternehmen ein kompletter Datensatz für alle Zeitpunkte zur Verfügung, deshalb können die IKK nicht für alle Unternehmen für sämtliche 240 Monate berechnet werden. Die IKK können für zwischen 607 (Februar 1993) und 1042 (Juni 2012) Unternehmen bestimmt werden.

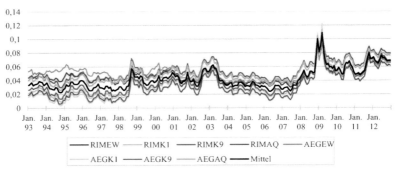

Abbildung 9: Verlauf der RPIKK durchgängig einbezogener Unternehmen – USA

Jahr	RIMEW			RIMK1			RIMK9			RIMAQ			AEGEW			AEGK1			AEGK9			AEGAQ			Mittel	
	MW	MD	SA	MW	MD	SA	MW	MD	SA	MW	MD	SA	MW	MD	SA	MW	MD	SA	MW	MD	SA	MW	MD	SA	MW	MD
93	4,5	3,4	5,2	2,6	1,7	4,6	3,0	2,0	5,3	4,7	4,2	4,4	5,2	4,1	5,4	2,0	1,1	5,2	2,2	1,3	5,5	4,3	3,8	4,3	3,5	2,7
94	4,2	3,2	4,8	1,5	0,7	4,7	1,9	1,1	5,2	3,7	3,2	4,4	5,5	4,5	5,7	0,9	0,0	5,7	1,2	0,2	5,9	3,3	2,7	4,3	2,8	1,9
95	4,9	3,7	5,2	2,3	1,6	4,6	2,9	2,0	5,3	4,6	4,0	4,2	5,7	4,7	5,5	1,7	0,8	5,3	2,0	1,1	5,6	4,2	3,5	4,1	3,5	2,7
96	4,2	3,3	4,7	2,0	1,3	4,5	2,3	1,6	4,9	4,3	3,8	4,0	5,1	4,3	5,1	1,3	0,5	5,0	1,6	0,8	5,2	3,8	3,3	3,9	3,1	2,4
97	4,0	2,9	5,0	1,7	1,0	4,2	2,0	1,3	5,0	4,2	3,6	4,6	4,7	3,8	4,9	1,0	0,3	4,5	1,2	0,5	4,8	3,8	3,2	4,6	2,8	2,1
98	4,5	3,3	5,0	2,9	2,0	4,5	3,2	2,2	5,0	5,3	4,6	4,4	4,9	3,8	5,7	2,2	1,3	5,7	2,4	1,5	5,8	4,9	4,0	4,2	3,8	2,9
99	4,7	3,6	5,5	3,1	2,2	5,3	3,4	2,4	5,7	5,1	4,5	4,7	5,3	4,3	6,0	2,5	1,4	6,6	2,6	1,6	6,5	4,7	4,2	4,6	3,9	3,0
00	5,2	4,2	6,0	3,6	2,5	6,0	3,9	2,9	6,7	5,4	4,9	5,2	5,9	5,1	4,6	3,0	1,7	5,3	3,1	2,0	5,1	5,0	4,4	5,1	4,4	3,5
01	4,4	3,7	4,5	3,8	3,0	4,9	3,9	3,1	5,0	5,6	5,0	4,2	4,8	4,1	4,7	3,2	2,3	5,2	3,2	2,3	4,9	5,2	4,6	4,1	4,3	3,5
02	4,6	3,7	4,7	4,0	3,1	4,7	4,1	3,3	4,9	5,8	5,2	4,0	4,8	4,0	4,5	3,5	2,5	4,7	3,4	2,6	4,5	5,4	4,8	4,5	4,5	3,7
03	4,8	3,9	4,6	4,3	3,6	4,3	4,4	3,7	4,3	6,0	5,5	4,0	4,8	4,0	4,1	3,7	3,0	3,7	3,7	3,0	3,9	5,6	5,1	3,8	4,7	4,0
04	3,8	3,2	4,1	2,8	2,4	3,6	3,0	2,5	4,0	4,8	4,5	3,1	3,9	3,4	3,3	2,2	1,8	3,4	2,3	1,9	3,3	4,5	4,1	3,8	3,4	3,0
05	3,7	3,2	3,4	2,7	2,3	3,4	2,9	2,5	3,3	4,6	4,4	3,1	3,8	3,4	3,4	2,1	1,7	4,1	2,2	1,9	3,5	4,3	4,0	3,0	3,3	2,9
06	3,5	3,1	3,5	2,1	1,7	3,5	2,9	1,9	3,6	4,1	3,8	3,6	3,8	3,4	3,4	1,5	1,1	3,5	1,7	1,3	3,5	3,8	3,5	3,6	2,9	2,5
07	3,6	3,1	3,2	2,5	2,0	3,7	2,6	2,2	3,6	4,5	4,2	4,5	3,8	3,4	3,4	1,9	1,3	4,1	1,9	1,5	3,5	4,1	3,9	4,5	3,1	2,7
08	5,4	4,5	4,5	5,5	4,6	5,7	5,4	4,6	4,7	6,9	6,4	4,9	5,3	4,5	4,6	5,0	3,8	5,7	4,8	3,9	5,2	6,5	6,0	5,0	5,6	4,8
09	6,3	5,0	6,1	7,4	6,3	6,0	7,1	6,0	5,8	8,0	7,3	5,8	6,2	4,8	6,3	7,1	5,6	7,1	6,6	5,3	6,3	7,7	6,9	5,0	7,0	5,9
10	5,6	5,0	5,1	5,7	5,2	5,1	5,8	5,2	4,8	7,1	6,6	4,6	5,4	4,7	4,4	5,2	4,5	5,0	5,1	4,5	4,6	6,7	6,2	4,4	5,8	5,2
11	6,0	5,3	4,7	5,7	5,1	4,3	5,8	5,2	4,6	7,1	6,7	4,6	5,6	4,9	5,1	5,1	4,5	4,5	5,2	4,6	4,3	6,8	6,4	4,0	5,9	5,3
12	7,1	6,3	5,2	6,7	5,9	4,4	6,9	6,1	4,9	8,1	7,6	4,2	6,7	5,9	5,1	6,2	5,4	4,9	6,3	5,5	5,0	7,7	7,3	4,0	7,0	6,3
Mittel	4,7	3,9	4,7	3,6	2,9	4,5	3,8	3,1	4,7	5,5	5,0	4,2	5,1	4,3	4,8	3,1	2,2	4,9	3,1	2,4	4,8	5,1	4,6	4,1	4,3	3,6

Siehe Tabellenbeschreibung von *Tabelle 8*.

Tabelle 11: RPIKK durchgängig einbezogener Unternehmen – USA

Tabelle 11 und *Abbildung 9* zeigen die Risikoprämien[315] dieser eingeschränkten Stichprobe. Das monatliche Mittel der Mittelwerte (Mediane) der Risikoprämien der acht Modelle ist mit 4,3 (3,6) identisch zur Gesamtstichprobe. Der Verlauf der Risikoprämien in *Abbildung 9* ist ebenfalls nahezu identisch zum Verlauf der gesamten Stichprobe in *Abbildung 2* (*Abbildung 10* zeigt einen Vergleich der Mittel beider Stichproben, diese haben einen Pearson-Korrelationskoeffizienten von 0,997). Der maximale jährliche (monatliche) Unterschied der mittleren Risikoprämie beträgt 0,44 Prozentpunkte im Jahr 2009 (0,80 Prozentpunkte im Dezember 2008). Dies zeigt, dass die Aufnahme von Unternehmen in die Stichprobe, die neu notiert und von Analysten beobachtet werden, die Entwicklung der Risikoprämie nicht maßgeblich beeinflusst. Allen voran der Anstieg der Risikoprämien seit Anfang 2008 bleibt bestehen (in diesem Zeitraum ist der Unterschied der Stichproben am größten). Dieser resultiert vornehmlich aus der Absenkung des sicheren Zinssatzes seit dem Beginn der Subprime-Krise.[316] Folglich sind auch die Mittelwerte der IKK dieser eingeschränkten Stichprobe nahezu identisch. Auch das Niveau der RPIKK vor und nach der Subprime-Krise sind identisch. Der Verlauf der RPIKK resultiert folglich nicht aus der hier betrachteten unterschiedlichen Stichprobenauswahl. Ein weiterer Grund für mögliche Ausreißer in der Stichprobe könnten Beobachtungen mit negativen Gewinnprognosen sein, da die Diskontierung und Kumulation von negativen Prognosen, die einen positiven Unternehmenswert erklären sollen, zu irrationalen IKK führen könnten. Dieser Aspekt wird im folgenden Abschnitt betrachtet.

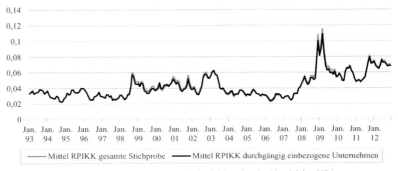

Abbildung 10: Verlauf der Mittelwerte der RPIKK der Stichproben im Vergleich – USA

---

[315] Hier und im Folgenden werden die RPIKK mit Verwendung des zehnjährigen T-Bond berechnet.
[316] Vgl. *Abbildung 4.*

5.5   Implizite Risikoprämien von Unternehmen mit negativen Prognosen

In diesem Abschnitt wird untersucht, ob für Unternehmen mit negativen Gewinnprognosen ökonomisch rationale RPIKK bestimmt werden können oder ob für diese Unternehmen Gewinndiskontierungsmodelle ungeeignet sind, um die Renditeerwartungen des Kapitalmarktes abzuleiten. Es ist problematisch, wenn negative Zahlungsströme auf einen
positiven Unternehmenswert diskontiert werden sollen. Dieses Problem sollte mit steigender Anzahl an Verlustprognosen zunehmen. Nur wenn die verwendeten Modelle ökonomisch rationale RPIKK bestimmen können, können diese für die Unternehmensbewertung von Unternehmen mit Verlustprognosen geeignet sein, wenn ökonomisch rational
abgeleitete Faktorenmodell-Kapitalkosten zur Bewertung in den Modellen eingesetzt
werden. Diesbezüglich werden zunächst die Risikoprämien für verschiedene Konstellati-
onen von Verlustprognosen betrachtet. Zudem wird die RPIKK ohne Unternehmen mit
negativen Prognosen berechnet.

Aus den vorhandenen Unternehmen werden acht verschiedene Gruppen erstellt und gemäß *Tabelle 12* eingeteilt. „Gruppe 0" beinhaltet alle Unternehmen, die in allen drei Prognosen keine Verluste aufweisen. Die Unternehmen der „Gruppen 1 bis 3" verfügen über
je eine Verlustprognose, die Unternehmen der „Gruppe 4 bis 6" über zwei Verlustprognosen und die der „Gruppe 7" über drei Verlustprognosen.

	EPS1 < 0	EPS2 < 0	EPS3 < 0
Gruppe 0	✗	✗	✗
Gruppe 1	✓	✗	✗
Gruppe 2	✗	✓	✗
Gruppe 3	✗	✗	✓
Gruppe 4	✓	✓	✗
Gruppe 5	✓	✗	✓
Gruppe 6	✗	✓	✓
Gruppe 7	✓	✓	✓

Tabelle 12: Gruppeneinteilung der Unternehmen mit negativen Prognosen

Tabelle 13 zeigt die RPIKK für die „Gruppen 0 bis 7". Zudem wird die Anzahl der Be-obachtungen je Gruppe angegeben. Die Risikoprämien der „Gruppe 0" (mit ausschließ-lich Unternehmen ohne negative Prognosen), weichen nur geringfügig von der Gesamt-stichprobe ab, da die Unternehmen mit Verlustprognosen nur einen geringen Teil (je nach Modell 7,8% bis 10,4%) der Gesamtstichprobe darstellen. „Gruppe 1" mit Verlustprog-nosen in der ersten Periode und anschließenden Gewinnen zeigt deutlich höhere Risi-koprämien mit 2,23 bis 3,87 Prozentpunkten über denen der Gesamtstichprobe. Aufgrund eines höheren Risikos für den Investor erscheinen diese ökonomisch durchaus rational. Bei Verlusten in Periode zwei (Gruppe 2) zeigen die EW-Modelle bereits irrationale Ri-sikoprämien. Diese liegen unter 3% und deutlich unter denen anderer Modelle. Wenn für die zweite Periode Verluste prognostiziert werden, ist anzunehmen, dass für Periode eins oder drei keine besonders hohen Gewinne prognostiziert werden, die diese Verluste über-kompensieren können um den Börsenwert zu rechtfertigen. Deshalb werden in diesen Modellen die geringen Gewinne sehr gering diskontiert, um den Börsenwert nachzubil-den. Die Modelle mit Konvergenzphase können durch die Konvergenz des ROE zum Branchenmedian die Verluste über die Totalperiode kompensieren.

		RIMEW	RIMK1	RIMK9	RIMAQ	AEGEW	AEGK1	AEGK9	AEGAQ
Alle	MW	4,95	4,07	4,26	5,96	5,11	3,54	3,54	5,62
	N	366.800	378.418	378.181	377.297	369.911	378.278	378.343	376.896
Gruppe 0	MW	4,81	3,91	4,10	5,79	5,00	3,32	3,40	5,42
	N	338.075	339.373	339.305	339.571	339.940	339.093	339.157	339.429
Gruppe 1	MW	7,55	6,30	7,78	9,67	7,51	6,18	6,63	9,48
	N	18.845	19.271	19.159	18.859	19.230	18.895	18.894	18.876
Gruppe 2	MW	2,83	7,15	6,16	7,91	2,65	7,78	6,15	8,03
	N	359	399	399	397	394	390	390	390
Gruppe 3	MW		5,59	3,06	3,43		5,84	3,24	3,49
	N		717	717	712		716	717	712
Gruppe 4	MW	4,91	4,87	5,12	7,75	4,37	5,42	5,01	7,82
	N	9.506	9.502	9.440	8.999	10.347	8.625	8.659	8.731
Gruppe 5	MW		4,72	2,58	3,12		4,73	2,46	3,03
	N		229	229	221		235	235	221
Gruppe 6	MW		6,32	3,36	3,72		6,86	3,41	3,91
	N		570	570	550		601	600	550
Gruppe 7	MW	-2,89	4,21	1,79	2,57		3,87	1,32	2,65
	N	15	8.357	8.362	7.988		9.723	9.691	7.987

Diese Tabelle zeigt die Mittelwerte (MW) der RPIKK der acht Modelle in % für die acht Gruppen aus *Tabelle 12* sowie die der gesamten Stichprobe (Alle). Zudem wird die Anzahl an Beobachtungen (N) zu den Gruppen-Modell-Kombinationen angegeben.

Tabelle 13: RPIKK von Unternehmen mit und ohne Verlustprognosen – USA

Die Berechnungsprobleme der IKK nehmen in „Gruppe 3" weiter zu. Bei den K1-Mo-dellen sind die Risikoprämien geringer als in „Gruppe 1 und 2", aber noch höher als bei den weiteren Konvergenzmodellen, da direkt im Anschluss an Periode 3 (Verlustperiode)

der Branchen-ROE erzielt wird. Die K9-Modelle zeigen in „Gruppe 3" geringere Kapitalkosten als in „Gruppe 0". Hier wirkt sich die langsame Konvergenz von der Verlustperiode 3 zum Branchen-ROE aus. In den direkt auf Periode 3 folgenden Perioden können sich weitere Verluste ergeben, erst in den folgenden Konvergenzphasen entstehen Gewinne. Die insgesamt geringen Zahlungsströme werden folglich (zu) gering diskontiert. Die Modelle ohne Konvergenzphase können die IKK bei Verlusten in der letzten Detailplanungsperiode nicht bestimmen, da sie die Verluste im EW für die Ewigkeit (mit ewigem Wachstum) beibehalten. Das AEG-Modell kann dies mathematisch nicht, da sich aus in die Unendlichkeit fortgeschriebenen negativen Zahlungsströmen ein positiver Börsenwert ergeben müsste. Das RIM-Modell kann diese in Ausnahmefällen mathematisch bestimmen, bspw. wenn der Buchwert des Eigenkapitals den Aktienkurs übersteigt oder bei negativem Eigenkapitalbuchwert (diese wurden hier ausgeschlossen). Dieser Ausnahmefall lieg ausschließlich in „Gruppe 7" vor. Noch irrationalere Risikoprämien zeigen sich in den „Gruppen 5, 6" und vor allem „Gruppe 7". Wenn weitere Verlustperioden hinzukommen, hat dies zur Folge, dass die Kapitalkosten weiter sinken, da Gewinne, die den Börsenwert rechtfertigen sollen, erst am Ende der Konvergenzphase entstehen und diese dann nur noch gering diskontiert werden können. Bereits in „Gruppe 4" sinken aus vergleichbaren Gründen die Kapitalkosten unter diejenigen der „Gruppen 1 und 2".

Insgesamt zeigt sich, dass die Kapitalkosten umso irrationaler werden, je mehr Verlustperioden vorhanden sind. Die meisten Beobachtungen stammen aus „Gruppe 1, 4 und 7". Die Ergebnisse der „Gruppen 1" und mit Einschränkungen auch der „Gruppe 4" erscheinen noch ökonomisch begründbar. Besonders bei Verlusten in Periode 3 verstärkt sich das Problem, da die Folgeperioden aus dieser abgeleitet werden. Zudem reagieren die Modelle unterschiedlich stark auf Verlustprognosen (die K1-Modelle können die rationalsten RPIKK bestimmen), deshalb kann das Vermischen von Unternehmen mit Verlustprognosen und Unternehmen ohne negative Prognosen die weitere Analyse beeinflussen. Im Weiteren werden diese daher getrennt voneinander analysiert. Der wesentliche Teil der Analyse fokussiert die Unternehmen ohne negative Prognosen. *Abbildung 11* zeigt die geringen Unterschiede der RPIKK dieser Unternehmen zur Gesamtstichprobe. Der Pearson-Korrelationskoeffizient der monatlichen Mittelwerte der Mittel der acht Modelle beträgt 0,997. Im Mittel verlaufen die RPIKK der „Gruppe 0" und der Gesamtstichprobe nahezu identisch.

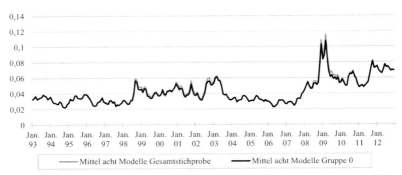

Abbildung 11: Verlauf der Mittelwerte der RPIKK der Gesamtstichproben sowie Gruppe 0 im Vergleich – USA

5.6   Branchenrisikoprämien

In diesem Abschnitt wird aufgrund der hohen Bedeutung der Branchen-Kapitalkosten im Faktorenmodell ein Überblick über die Risikoprämien der 48 Fama/French Branchen-klassifikationen gegeben.[317] Die Form der Übersicht ist vergleichbar zu der von Geb-hardt/Lee/Swaminathan (2001).[318] Aus den zuvor genannten Gründen werden ausschließlich Unternehmen ohne negative Prognosen einbezogen. *Tabelle 14* zeigt die Mittel der jährlichen Mittelwerte aller Beobachtungen einer Branche. Zusätzlich wird der Mittelwert der acht Modelle für jede Branche jährlich berechnet und über die Jahre gemittelt. Nach diesem Mittelwert wird die Rangfolge der Branchenrisikoprämien gebildet.

Die höchsten Risikoprämien weisen die Tabakindustrie (11,5%), die Kohleindustrie (8,5%) und die Schiffsindustrie (7,1%) auf. Die deutlich geringsten Risikoprämien ergeben sich für die Edelmetallbranche (0,0%), Süßigkeiten & Getränke (2,2%) und Tele-kommunikation (2,4%). Die Risikoprämien der Tabak- und Edelmetall-Branche liegen demnach 11,5 Prozentpunkte auseinander. Diese beiden Branchen mit extremen Risi-koprämien weichen besonders von den Renditeforderungen der weiteren Branchen ab. Die Risikoprämien der mittleren 46 Branchen unterscheiden sich im Mittel nur um 6,3 Prozentpunkte. Einige Branchen zeigen sehr konstante jährliche Rangplatzierungen, so bspw. die Edelmetallindustrie, die in sämtlichen betrachteten Jahren sehr geringe Risi-koprämien aufzeigt. Auch die Unternehmensdienstleitungsbranche, Süßigkeiten & Ge

---

[317] Vgl. Fama/French (1997).
[318] Vgl. Gebhardt/Lee/Swaminathan (2001), S. 152-153.

Rang	Nr.	Name	RIMEW		RIMK1		RIMK9		RIMAQ		AEGEW		AEGK1		AEGK9		AEGAQ		Mittel	
			MW	SA	MW	SA	MW	SA	MW	SA	MW	SA	MW	SA	MW	SA	MW	SA	MW	SA
1	5	Tobacco Products	14,6	5,8	9,7	5,7	12,1	6,8	12,4	6,4	13,4	5,4	8,4	5,2	10,2	5,8	10,9	5,6	11,5	5,8
2	29	Coal	6,9	3,6	9,2	4,3	8,5	3,0	8,8	3,3	7,2	2,5	10,0	5,3	8,5	3,4	8,9	3,3	8,5	3,0
3	25	Shipbuilding, Railroad Equipment	8,6	3,0	5,8	3,0	7,0	2,4	8,2	2,0	8,5	2,8	5,0	2,9	5,8	2,3	7,6	2,0	7,1	2,0
4	18	Construction	6,4	1,4	6,5	1,9	6,4	1,6	8,0	2,1	7,1	1,6	5,8	1,8	5,7	1,5	7,6	2,0	6,7	1,5
5	10	Apparel	7,8	1,3	5,3	2,1	6,3	1,9	8,3	1,8	7,7	1,1	4,4	2,2	5,0	1,9	7,7	1,8	6,6	1,7
6	1	Agriculture	6,4	3,2	5,4	2,0	6,3	2,7	8,4	2,2	6,7	3,0	4,6	2,0	5,1	2,2	7,9	2,0	6,4	2,0
7	23	Automobiles and Trucks	6,2	1,4	5,6	1,9	5,7	1,7	7,8	1,3	6,4	1,3	4,8	2,0	4,8	1,8	7,3	1,4	6,1	1,5
8	20	Fabricated Products	7,1	2,4	5,1	4,3	5,7	3,7	6,0	3,1	7,8	2,8	4,8	4,6	5,2	4,0	5,8	3,1	5,9	3,3
9	19	Steel Works Etc	6,2	1,3	5,1	3,2	5,3	2,6	7,0	2,5	6,4	1,3	4,4	3,4	4,5	2,8	6,5	2,5	5,7	2,3
10	45	Insurance	5,5	1,3	5,6	2,4	5,5	1,4	6,7	1,7	6,0	1,2	5,0	2,6	4,4	2,4	6,3	1,3	5,7	1,9
11	17	Construction Materials	6,0	1,1	4,5	1,6	4,9	1,3	6,0	1,3	6,4	1,2	4,0	1,6	4,4	1,4	5,7	1,3	5,2	1,2
12	40	Transportation	5,9	1,4	4,4	1,5	4,8	1,3	5,9	1,2	6,4	1,5	4,1	1,4	4,0	1,4	5,7	1,2	5,2	1,3
13	6	Recreation	5,5	1,7	4,4	1,9	4,8	2,1	6,5	1,5	5,9	1,8	3,9	2,2	4,0	2,1	6,1	1,5	5,1	1,7
14	8	Printing and Publishing	5,3	1,5	4,6	1,8	4,7	1,7	5,3	1,6	6,4	1,4	4,8	1,7	3,6	1,6	5,3	1,5	5,1	1,4
15	33	Personal Services	4,8	1,5	4,5	1,9	4,5	1,9	7,4	1,8	5,1	1,3	3,8	1,9	3,6	1,8	7,0	1,8	5,1	1,6
16	22	Electrical Equipment	5,3	1,3	4,1	1,9	4,4	1,9	6,4	1,6	5,4	1,1	3,3	1,9	3,5	1,9	5,9	1,6	4,8	1,6
17	44	Banking	4,8	1,2	4,4	1,7	4,4	1,6	5,5	1,1	5,3	1,0	3,8	1,8	3,8	1,7	5,1	1,2	4,6	1,4
18	15	Rubber and Plastic Products	5,4	1,7	3,9	2,1	4,2	1,9	5,8	2,3	5,7	1,3	3,2	2,1	3,4	2,1	5,4	2,2	4,6	1,9
19	41	Wholesale	4,9	1,4	3,9	2,0	4,1	1,9	5,7	1,5	5,3	1,0	3,4	2,0	3,4	1,9	5,4	1,5	4,5	1,6
20	38	Business Supplies	5,4	1,8	3,6	2,0	4,0	2,1	5,9	1,9	5,5	1,5	2,9	2,0	3,1	2,1	5,4	1,9	4,5	1,9
21	28	Non-Metallic and Industrial Metal Mining	4,8	1,2	3,9	2,2	4,0	2,0	6,1	2,2	5,1	1,2	3,2	2,2	3,2	2,0	5,6	2,2	4,5	1,8
22	21	Machinery	5,2	1,0	3,7	2,0	4,0	1,9	6,0	1,8	5,4	0,8	2,9	2,0	3,3	1,9	5,5	1,8	4,5	1,6
23	30	Petroleum and Natural Gas	5,0	1,9	3,7	3,7	4,0	3,3	5,7	3,7	5,4	1,6	3,1	3,6	3,3	3,3	5,3	3,6	4,4	3,0
24	16	Textiles	5,5	1,7	3,7	2,5	4,1	2,3	4,7	2,0	6,2	1,9	3,3	2,6	3,6	2,4	4,5	2,0	4,4	2,0
25	13	Pharmaceutical Products	5,0	2,1	3,1	3,0	3,8	3,1	7,1	2,6	4,9	1,9	2,2	3,0	2,6	3,1	6,6	2,6	4,4	2,6
26	14	Chemicals	5,0	1,2	3,7	1,7	4,0	1,6	5,6	1,7	5,1	1,0	3,0	1,7	3,2	1,6	5,2	1,7	4,3	1,5
27	35	Computers	4,9	1,6	3,3	1,7	3,9	1,8	6,2	1,5	5,0	1,7	2,6	1,7	2,9	1,7	5,8	1,4	4,3	1,5
28	42	Retail	4,1	1,1	3,6	2,1	3,6	2,0	6,1	1,7	4,4	0,9	2,9	2,2	2,8	2,0	5,7	1,7	4,1	1,7
29	39	Shipping Containers	5,0	1,4	2,9	2,6	3,4	2,4	5,9	2,8	5,2	1,3	2,2	2,5	2,5	2,3	5,5	2,8	4,1	2,1
30	24	Aircraft	4,9	1,7	3,3	2,5	3,5	2,4	4,9	2,4	5,3	1,4	2,7	2,5	2,9	2,4	4,6	2,4	4,0	2,2
31	26	Defense	4,9	2,8	3,3	3,3	3,5	3,2	4,8	2,8	5,3	3,0	2,6	3,1	2,8	3,2	4,4	2,7	4,0	3,0
32	9	Consumer Goods	4,1	1,0	3,4	2,2	3,3	2,0	5,7	2,0	4,4	0,8	2,7	2,2	2,8	2,0	5,3	1,2	3,9	1,7
33	7	Entertainment	3,4	1,4	3,8	1,4	3,4	1,3	5,4	1,2	3,9	1,0	3,3	1,4	2,8	1,2	5,1	1,2	3,9	1,1
34	11	Healthcare	4,2	1,4	3,2	2,9	3,4	2,6	5,3	2,7	4,5	1,2	2,6	2,8	2,6	2,6	5,0	2,6	3,8	2,3

Rang	Branche Nr.	Name	RIMEW MW	RIMEW SA	RIMK1 MW	RIMK1 SA	RIMK9 MW	RIMK9 SA	RIMAQ MW	RIMAQ SA	AEGEW MW	AEGEW SA	AEGK1 MW	AEGK1 SA	AEGK9 MW	AEGK9 SA	AEGAQ MW	AEGAQ SA	Mittel MW	Mittel SA
35	46	Real Estate	5,7	3,9	2,1	2,1	3,5	3,2	3,9	1,6	6,1	4,4	1,9	2,4	2,9	3,2	3,6	1,7	3,7	2,6
36	43	Restaraunts, Hotels, Motels	4,1	1,4	3,0	2,1	3,2	2,0	5,3	1,5	4,3	1,2	2,4	2,2	2,5	2,1	4,9	1,5	3,7	1,7
37	34	Business Services	3,9	1,2	2,6	1,7	2,9	1,8	5,5	1,3	4,1	0,9	1,9	1,7	2,0	1,8	5,1	1,3	3,5	1,4
38	48	Almost Nothing	4,0	1,9	2,6	1,7	3,0	1,7	4,5	1,2	4,4	1,9	2,2	1,8	2,3	1,8	4,2	1,2	3,4	1,4
39	47	Trading	4,3	1,5	2,7	1,5	2,9	1,4	4,0	1,5	4,5	1,5	2,3	1,5	2,4	1,4	3,7	1,4	3,3	1,3
40	36	Electronic Equipment	4,0	1,6	2,4	1,6	2,8	1,8	4,9	1,4	4,2	1,4	1,8	1,6	2,0	1,8	4,6	1,3	3,3	1,5
41	4	Beer & Liquor	3,3	1,3	2,9	1,9	2,8	1,7	4,7	1,7	3,7	0,9	2,3	2,0	2,2	1,8	4,4	1,7	3,3	1,5
42	31	Utilities	4,1	0,9	2,8	1,3	3,0	1,2	3,5	1,2	4,6	0,7	2,4	1,3	2,6	1,2	3,1	1,2	3,3	1,1
43	2	Food Products	3,9	1,1	2,4	1,6	2,5	1,6	4,2	1,5	4,2	0,9	1,8	1,6	1,9	1,6	3,9	1,5	3,1	1,4
44	12	Medical Equipment	3,4	0,9	2,3	1,5	2,4	1,4	5,0	1,1	3,6	0,9	1,5	1,5	1,6	1,5	4,7	1,1	3,1	1,2
45	37	Measuring and Control Equipment	4,0	1,2	2,1	1,5	2,5	1,5	4,4	1,3	4,2	1,1	1,5	1,5	1,8	1,9	4,1	1,3	3,1	1,3
46	32	Communication	2,9	1,6	1,8	1,9	1,9	1,9	3,5	1,6	3,2	1,4	1,4	2,0	1,3	1,9	3,2	1,6	2,4	1,6
47	3	Candy & Soda	2,4	1,0	1,4	1,6	1,3	1,6	4,4	1,6	2,6	0,8	0,8	1,6	0,7	1,5	4,0	1,6	2,2	1,4
48	27	Precious Metals	1,2	1,7	-0,9	2,0	-0,7	2,0	0,5	1,8	1,5	1,5	-1,1	2,0	-1,0	2,0	0,4	1,8	0,0	1,7

Diese Tabelle zeigt die RPIKK der acht Modelle der 48 Fama/French (1997) Branchenklassifikationen. Die Branchenbezeichnungen und die Nummerierung werden von Fama/French (1997) übernommen. Zu den RPIKK werden der Mittelwert (MW) und die Standardabweichung der jährlichen Mittel aller RPIKK einer Branche (SA) angegeben. Die Spalte „Mittel" zeigt das Mittel der acht Modelle. Nach diesem Mittel ist die Tabelle absteigend sortiert.

Tabelle 14: RPIKK nach Branchenklassifikation – USA

tränkebranche sowie die Nahrungsmittelbranche weisen sehr konstante Platzierungen auf. Andere Branchen zeigen im Zeitverlauf deutliche negative oder positive Entwicklungen der Platzierungen. Die Tabakindustrie ist bis 2007 die Branche mit den deutlich höchsten Risikoprämien. Seit diesem Jahr nehmen die Platzierungen deutlich ab. Auch die Unterhaltungsbranche, das Baugewerbe und die Baumaterialienindustrie weisen deutlich abnehmende Rangplatzierungen auf. Ansteigende Platzierungen und demzufolge relativ steigende Risikoprämien zeigen bspw. die Öl-, Stahl-, Schiffscontainer- und Pharmabranche.

In *Abschnitt 7.2.4* wird auf diese Branchenklassifizierungen erneut eingegangen und betrachtet, ob diese Klassifizierungen und die hier ermittelten Ergebnisse einen Einfluss auf die Bewertungsgenauigkeit aufweisen.

5.7 Einbettung in die Literatur

In diesem Abschnitt wird ein kompakter Vergleich zu vorherigen Studien zur Bestimmung der IKK gegeben. Dieser dient zur Einordnung des Verlaufs und der Höhe der hier ermittelten IKK mit denen vorheriger Studien.[319]

Im Vergleich zu Gebhardt/Lee/Swaminathan (2001) liegen die RPIKK des zum GLS-Modell weitestgehend identischen Modells RIMAQ im Mittel in den drei Jahren 1993-1995, die in beiden Studien betrachtet werden, nur 0,2 Prozentpunkte darüber.[320] Die Stichprobe ist jedoch nicht identisch und geringfügige Abweichungen in der Ausgestaltung des Modells liegen ebenfalls vor. Die jährlichen Schwankungen sind ebenfalls in beiden Studien vergleichbar.

Im Vergleich zur Studie von Gode/Mohanram (2003) liegen die RPIKK des zum RIMAQ vergleichbaren GLS-Modells für die fünf in beiden Stichproben enthaltenen Jahre, im Mittel um 0,4 Prozentpunkten höher.[321] Die jährlichen Schwankungen weichen nur geringfügig voneinander ab. Die Unterschiede könnten auf restriktive Eingrenzungen der

---

[319] Es werden bei den Studien, die nur für einen Zeitpunkt im Jahr die IKK bestimmen, die RPIKK dieses Monats verglichen. Für einen grafischen Vergleich für die Jahre 1985 bis 1995 der im Folgenden verglichenen Studien siehe Echterling/Eierle/Ketterer (2015), S. 239-240.

[320] Vgl. Gebhardt/Lee/Swaminathan (2001), S. 149.

[321] Vgl. Gode/Mohanram (2003), S. 410-411.

Stichprobe bei Gode/Mohanram (2003) zurückzuführen sein.[322] Die Ausprägungen der AEG-Modelle mit denen des OJ-Modells zu vergleichen ist nicht zielführend, da sich die Modelle und folglich die Ergebnisse unterscheiden. Die RPIKK des OJ-Modells liegen bei Gode/Mohanram (2003) grundsätzlich deutlich über denen des GLS-Modells und folglich, aufgrund der höheren Wachstumsrate gegenüber den hier verwendeten AEG-Modellen, auch über den RPIKK dieser Modelle.

Claus/Thomas (2001) weisen in ihrer Studie im Mittel 0,8 Prozentpunkte niedrigere Werte zu dem hier berechneten RIMEW-Modell aus. Die jährlichen Veränderungen der RPIKK der sechs in beiden Studien betrachteten Jahre sind vergleichbar.[323]

Der Verlauf der RPIKK für die Jahre 1993 bis 1999 kann zur Studie von Easton (2004) verglichen werden.[324] Der Verlauf der Price Earnings Ratio ist hinsichtlich des niedrigen Niveaus und der jährlichen Schwankungen des Medians vergleichbar zum AEGK1- und AEGK9-Modell. Dies liegt darin begründet, dass die PE die Basis des hier verwendeten AEG-Modell darstellt. Die Konvergenzphase gleicht die Rentabilität der Unternehmen an den Branchen-Median an. Dies hat jedoch einen geringen Einfluss auf den Median der Stichprobe. Daraus folgt jedoch nicht, dass sämtliche unternehmensindividuellen RPIKK ebenfalls vergleichbar sein müssen. Die PEG und PEGM zeigen synchrone Schwankungen zur PE auf deutlich höherem Niveau. Diese liegen in einigen Jahren nur wenige zehntel Prozentpunkte über dem hier verwendeten AEGEW. Auffällig ist, dass die IKK, besonders nach PEG und PEGM seit Anfang der 80er Jahre relativ konstant verlaufen. Ein vergleichsweise konstanter Verlauf der IKK ist in dieser Arbeit ebenfalls zu beobachten.

Eine aktuellere Studie, die RPIKK im Zeitverlauf betrachtet, ist Ashton/Wang (2013).[325] Die Autoren berechnen die RPIKK mit ihrem eigenen simultanen Modell. Sie zeigen jedoch, dass der Verlauf ihrer RPIKK vergleichbar zu dem von Gebhardt/Lee/Swaminathan (2001) ist. Ihr Modell zeigt mit niedrigen RPIKK im Jahr 1997, einen Anstieg bis 2003 und einen Abschwung bis 2006, einen vergleichbaren Verlauf zum RIMAQ-Modell.

---

[322] Vgl. Gode/Mohanram (2003), S. 407. Es werden bspw. nur Unternehmen mit einer Marktkapitalisierung über 100 Mio. USD einbezogen.
[323] Vgl. Claus/Thomas (2001), S. 1643.
[324] Vgl. in diesem Absatz Easton (2004), S. 84-85.
[325] Vgl. Ashton/Wang (2013), S. 284.

Auch Hou/Van Dijk/Zhang (2012) zeigen einen vergleichbaren Verlauf der RPIKK mit einem Anstieg der RPIKK bis Juni 2008, dem Beginn der Subprime-Krise.[326] Ebenso zeigen Mohanram/Gode (2013) beim GLS- und CT-Modell vergleichbare Ausprägungen und Schwankungen der RPIKK zu den hier verwendeten RIMAQ- und RIMEW-Modellen bis zum Jahr 2008.[327] Einen geringfügig abweichenden Verlauf zeigt Gsell (2011) mit einem Abschwung im Jahr 2000.[328] Der weitere Verlauf der RPIKK stimmt mit den hier ermittelten RPIKK überein.

Die in dieser Studie ermittelte Höhe der RPIKK und besonders der Verlauf der RPIKK ist mit denen vorheriger Studien vergleichbar. Es entstehen auch bei vergleichbaren Modellen zwischen verschiedenen Studien geringfügige Unterschiede für dieselben Jahre. Dies liegt an unterschiedlichen Zeitpunkten im Jahr, für die die Berechnungen durchgeführt werden, sowie an Unterschieden in der Stichprobenauswahl und Abweichungen in der Ausgestaltung der Modelle.

In diesem Kapitel wird die Frage erörtert, ob die in der Literatur häufige aufgestellte Annahme von konstanten Marktrisikoprämien mit dem Verlauf des Mittelwertes der RPIKK über den Betrachtungszeitraum übereinstimmt. Konstante Mittelwerte der RPIKK können für den betrachteten Untersuchungszeitraum und die verwendeten Modelle nicht festgestellt werden. Die Mittelwerte der IKK weisen eine geringere Schwankung als die Mittelwerte der RPIKK auf. Dieser Verlauf ist konsistent zur bestehenden Literatur. Folglich sollte die Annahme konstanter Marktrisikoprämien zu höheren Bewertungsfehlern führen, als die Verwendung von zeitlich variablen Marktrisikoprämien (bspw. der Mittelwert der RPIKK). Der Einfluss von zeitlich variablen und konstanten Marktrisikoprämien auf die Bewertungsgenauigkeit wird in *Abschnitt 7.1.1* betrachtet.

---

[326] Vgl. Hou/Van Dijk/Zhang (2012), S. 514. Sie betrachten den Mittelwert aus dem GLS-, CT-, OJ-Modell, GGM und MPEG.
[327] Vgl. Mohanram/Gode (2013), S. 455. Es werden die RPIKK für vier Modelle berechnet (GLS-, CT-, OJ-Modell und PEG).
[328] Vgl. Gsell (2011), S. 276. Es werden die RPIKK für fünf Modelle berechnet (GLS-, CT-, OJ-Modell, PEG und PE).

6 Empirische Bestimmung der impliziten Kapitalkosten mittels Faktorenmodellen

6.1 Vorüberlegung

In diesem Kapitel werden Zusammenhänge zwischen den IKK und den in *Abschnitt 3.2.2* aufgeführten Risikofaktoren identifiziert, um anschließend aus den Risikofaktoren ein Faktorenmodell zu bilden. Die Kapitalkosten für die Unternehmensbewertung (*Kapitel 7*) können dann in *Abschnitt 6.8* anhand des Faktorenmodells bestimmt werden. Zunächst werden die Risikoparameter auf Kollinearität getestet, die ggf. bei der Verwendung bzw. der Interpretation der Ergebnisse der Risikoparameter berücksichtigt werden müsste. Anschließend werden die Zusammenhänge der Parameter und der RPIKK in univariaten und multivariaten Tests analysiert. Abschließend werden die Faktorenmodelle aus den multivariaten Modellen abgeleitet und die prognostizierten RPIKK bestimmt (PRPIKK).

6.2 Test der Risikoparameter auf Kollinearität

In diesem Abschnitt wird untersucht, ob zwischen verschiedenen Risikofaktoren Kollinearität vorliegt. In *Tabelle 15* werden links unten der Pearson-Korrelationskoeffizient und rechts oben der Spearman-Rang-Korrelationskoeffizient angegeben. Dabei werden ausschließlich Beobachtungen mit positiven Prognosen einbezogen, da diese im Folgenden intensiv analysiert werden. Die höchste Korrelation (Pearson von 0,668 und Spearman von 0,944) liegt zwischen der Ausschüttungsquote (AQ) und der Dividendenrendite (DR) vor. Eine hohe Korrelation ist hier zu erwarten, da sich die Ausprägung der Dividende auf beide Kennzahlen auswirkt. Der deutlich geringere Pearson-Koeffizient zeigt hingegen, dass bei Berücksichtigung der Ausprägung der Kennzahl der Zusammenhang deutlich geringer ist. Durch eine hohe Anzahl an Beobachtungen mit einer Ausprägung von null bei beiden Kennzahlen ist ein großer Anteil der Datensätze perfekt korreliert. Bei diesen Datensätzen können diese Kennzahlen nicht zur Erklärung der RPIKK beitragen. Bei Betrachtung des Anteils der Stichprobe mit Dividendenzahlungen sinkt der

	BETA	BM	SARET	STCAPM	LFKM	LFKB	LNAA	LNAM	FGP	SGP	AGP	SAG	LTG	GKF	AQ	DR	URB	RET	RHV
BETA	1	0,016	0,407	-0,122	-0,097	-0,128	0,130	0,069	-0,078	0,263	0,039	0,133	0,268	0,205	-0,327	-0,319	0,014	-0,039	0,417
BM	0,082	1	0,107	-0,437	0,440	0,113	-0,263	-0,112	-0,117	0,086	-0,147	0,045	-0,283	-0,130	0,054	0,165	-0,241	-0,322	-0,019
SARET	0,385	0,247	1	-0,074	-0,126	-0,192	-0,209	-0,250	-0,113	0,144	-0,024	0,146	0,363	0,215	-0,461	-0,432	-0,012	-0,149	0,343
STCAPM	-0,003	-0,204	0,040	1	-0,257	-0,133	0,057	-0,073	0,201	-0,138	0,122	0,127	0,194	-0,021	-0,152	-0,191	0,091	0,333	0,075
LFKM	0,055	0,475	0,151	-0,097	1	0,368	-0,024	0,121	-0,113	0,093	-0,055	-0,046	-0,392	-0,084	0,256	0,321	-0,175	-0,125	-0,023
LFKB	0,033	-0,040	0,028	-0,042	0,368	1	0,065	0,175	-0,084	0,063	-0,007	-0,072	-0,341	-0,046	0,277	0,299	-0,110	-0,021	-0,027
LNAA	0,107	-0,193	-0,215	0,031	-0,067	-0,026	1	0,619	0,008	0,382	0,027	0,026	0,025	0,003	0,040	0,025	0,118	0,020	0,246
LNAM	0,022	-0,076	-0,243	-0,095	0,011	0,052	0,609	1	-0,016	0,126	0,005	0,006	-0,103	-0,046	0,135	0,135	-0,110	-0,002	0,097
FGP	-0,092	-0,249	-0,249	0,055	-0,225	-0,064	0,056	0,027	1	-0,120	0,062	0,019	0,020	-0,527	-0,018	0,009	0,039	0,184	-0,036
SGP	0,149	0,121	0,173	-0,056	0,098	0,047	0,087	-0,031	-0,091	1	-0,009	0,101	0,024	0,116	-0,054	-0,043	-0,007	-0,090	0,278
AGP	0,002	-0,128	-0,046	0,031	0,004	0,024	-0,006	-0,027	0,019	-0,055	1	0,025	0,089	0,269	-0,087	-0,120	-0,025	0,389	-0,031
SAG	-0,025	-0,012	-0,023	0,018	-0,023	-0,039	0,014	0,007	0,032	-0,015	-0,020	1	0,166	0,122	-0,160	-0,160	-0,027	0,025	0,104
LTG	0,198	-0,084	0,295	0,190	-0,095	-0,079	-0,056	-0,178	-0,024	0,035	0,035	0,009	1	0,319	-0,511	-0,554	0,088	0,084	0,145
GKF	0,093	0,007	0,117	-0,010	0,012	0,020	-0,028	-0,049	-0,068	0,068	0,054	-0,007	0,118	1	-0,212	-0,310	-0,035	0,173	0,067
AQ	-0,288	-0,002	-0,322	-0,165	0,072	0,088	-0,024	0,036	0,040	-0,043	-0,037	0,000	-0,350	-0,025	1	0,668	-0,017	-0,066	-0,262
DR	-0,180	0,324	-0,128	-0,151	0,385	0,104	-0,033	0,028	-0,154	0,011	-0,098	-0,008	-0,305	-0,069	0,668	1	-0,038	-0,128	-0,245
URB	0,013	-0,140	-0,028	0,070	-0,042	-0,023	0,107	-0,097	0,067	-0,028	-0,032	0,008	0,058	-0,021	-0,010	-0,019	1	0,012	0,046
RET	0,045	-0,221	0,017	0,278	-0,079	0,021	-0,017	-0,043	0,067	-0,058	0,230	-0,009	0,110	0,064	-0,110	-0,155	0,005	1	-0,099
RHV	0,104	0,095	0,121	0,012	0,089	0,041	0,024	0,000	-0,061	0,070	0,009	-0,007	0,063	0,025	-0,062	-0,005	-0,020	-0,004	1

Diese Tabelle zeigt die Korrelationskoeffizienten der Risikofaktoren, links unten nach Pearson und rechts oben nach Spearman. BETA bezeichnet das CAPM-BETA übernommen aus Datastream. BM ist das Buch-Marktwert-Verhältnis. SARET ist die Standardabweichung der täglichen Aktienrenditen der vergangenen 260 Handelstage. LFKM ist der Quotient aus langfristigem Fremdkapital- und Eigenkapital-Marktwert. LFKB ist der Quotient aus langfristigem Fremdkapital- und Eigenkapital-Buchwert. LNAA ist der Logarithmus naturalis der Anzahl beobachtender Analysten. LNAM ist der Logarithmus naturalis der Anzahl der Mitarbeiter. FGP gibt den Prognosefehler der EPS1-Prognosen an. SGP gibt die Differenz der höchsten und der geringsten EPS1-Prognose dividiert durch den Mittelwert an. AGP ist die Anpassung der Gewinnprognose in den letzten 6 Monaten. SAG ist die Standardabweichung der Bilanzgewinne der vergangenen 5 Jahre. LTG ist die langfristige Wachstumsrate von I/B/E/S. GKF ist die kurzfristige Wachstumsrate, von der aktuellen Bilanz EPS auf EPS3. AQ ist die Ausschüttungsquote. DR ist die Dividendenrendite (zum Eigenkapital-Marktwert). URB ist die Umsatzrentabilität relativ zur Branche. RET ist die 12-Monats-Aktienrendite. RHV ist das relative Handelsvolumen. Für die genauen Definitionen der Kennzahlen siehe *Abschnitt 3.2.2.*

Tabelle 15: Korrelation der Risikofaktoren – USA

Pearson- (Spearman-) Koeffizient auf 0,486 (0,766).[329] Zudem werden im Regressions-modell die Ausprägungen und nicht die Rangplatzierungen berücksichtigt. Besonders aufgrund der erwarteten entgegengesetzten Wirkungsrichtung der Kennzahlen werden beide Kennzahlen, trotz erhöhter Korrelation, in die Regressionsmodelle aufgenom-men.[330]

Weitere hohe Korrelationen nach Pearson (Spearman) sind zwischen LFKB und LFKM mit 0,368 (0,908) sowie LNAA und LNAM mit 0,609 (0,619) zu beobachten. Von diesen Kennzahlen wird in den Regressionsmodellen jeweils nur eine verwendet. Als weiterer Test auf Multikollinearität wird in *Abschnitt 10.2.5* der Variance Inflation Factor berech-net.

6.3   Univariate Analyse

Um einen ersten Eindruck des Beitrags der Risikoparameter, ohne Berücksichtigung wei-terer Faktoren, zur Erklärung der Volatilität der RPIKK zu erhalten, werden in diesem Abschnitt zwei Analysen durchgeführt. Zunächst werden zu jedem Risikofaktor kombi-niert mit jedem der acht Risikoprämien univariate Fama-MacBeth Regressionen be-stimmt. Zudem wird eine Portfoliobetrachtung in Anlehnung an Gebhardt/Lee/Swami-nathan (2001) durchgeführt. Dazu werden die Beobachtungen monatlich nach den Aus-prägungen der Risikofaktoren aufsteigend in Quintile einsortiert. Anschließend werden die Mittelwerte und Mediane der Risikoprämien der Quintile gebildet und die Differenz aus Quintil 1 (Q1), mit den geringsten Ausprägungen des Risikofaktors, und Quintil 5 (Q5), mit den höchsten Ausprägungen, berechnet. Es wird anhand von Signifikanztests getestet, ob die Differenz aus Q1 und Q5 über den Betrachtungszeitraum von 240 Mona-ten ungleich null ist. Dies erfolgt mittels eines klassischen t-Tests sowie einem t-Test nach Newey/West (NW).[331]

---

[329] Vergleichbare Korrelationskoeffizienten werden in der Literatur akzeptiert, vgl. Botosan/Plumlee (2005), S. 39-41.
[330] Vgl. *Abschnitt 3.2.2.6*.
[331] Vgl. Newey/West (1987). Der t-Wert nach Newey/West wird mit einem Lag von 4 Perioden berechnet. Vgl. dazu *Abschnitt 3.1.2*.

Tabelle 16 zeigt die Ergebnisse der univariaten Fama/MacBeth Regressionen. Zu jeder Risikofaktor-Modell-Kombination werden vier Werte bestimmt. Es werden der Regressionskoeffizient (RK), der t- und p-Wert nach NW sowie das R^2 angegeben.

Tabelle 17 zeigt die Ergebnisse der Portfoliobetrachtung. Es werden die Mittelwerte des Risikofaktors zu jedem Quintil, die Mittelwerte und Mediane der Risikoprämien der Quintile zu jeder Risikofaktor-Modellkombination sowie die t-Werte und t-Werte nach NW zu den Q1-Q5 Differenz der Mittelwerte und Mediane der Quintile angegeben.

Die Kennzahlen BM, LFKM, FGP und BRVM zeigen bei beiden Testverfahren hochsignifikante Ergebnisse mit dem erwarteten Vorzeichen und einem mittleren univariaten R^2 um 10%.[332] Für BM wird sogar ein sehr hohes mittleres R^2 von 44% ermittelt. Die Kennzahlen LNAA, STCAPM und URB sind ebenso signifikant mit einem R^2 um 4%. SARET zeigt einen erwartet signifikant positiven Koeffizienten, mit einem R^2 von 6%. Dessen Portfolio-Differenzen zeigen bei allen Modellen das erwartete Vorzeichen. Die Mittelwertdifferenzen sind bei allen und die Mediandifferenzen bei sechs Modellen signifikant. RET weist signifikant negative Ergebnisse mit einem R^2 von 5% aus. Bei dieser Kennzahl gab es keine eindeutige Erwartung für das Vorzeichen. Das Ergebnis spricht entweder für ein geringeres Risiko kurzfristig erfolgreicher Aktien, oder für den Winner-Looser-Effekt und somit überbewertete Aktien, aus denen geringere IKK folgen.[333]

Die dividendenabhängigen Kennzahlen AQ und DR zeigen vorwiegend die erwarteten Ergebnisse. AQ zeigt bei der Regressionsanalyse immer signifikant das erwartete Vorzeichen mit einem niedrigen Erklärungsgehalt von 2%. Die Portfolio-Differenzen der Mittelwerte sind immer signifikant negativ, der Median nur bei der Hälfte der Modelle. Der eindeutig stärkste Zusammenhang zeigt sich erwartungsgemäß bei den AQ-Model-

---

[332] Für die Erläuterungen der Risikofaktoren siehe *Abschnitt 3.2.2*. Die Abkürzungen stehen für die folgenden Kennzahlen: CAPM Beta (BETA), Buch-Marktwert-Verhältnis (BM), Standardabweichung der täglichen Rendite (SARET), nicht durch das CAPM erklärbare Rendite (STCAPM), Quotient langfristiges Fremdkapital zu Eigenkapital-Marktwert (LFKM), Quotient langfristiges Fremdkapital zu Eigenkapital-Buchwert (LFKB), Logarithmus naturalis der Analystenanzahl (LNAA), Logarithmus naturalis der Anzahl der Mitarbeiter (LNAM), Prognosefehler der Gewinnprognosen (FGP), Streuung der Gewinnprognosen (SGP), Anpassung der Gewinnprognosen (AGP), Standardabweichung der Bilanzgewinne (SAG), Long Term Growth (LTG), Kurzfristige Wachstumsrate (GKF), Ausschüttungsquote (AQ), Dividendenrendite (DR), Umsatzrentabilität relativ zur Branche (URB), Aktienrendite der vergangenen 12 Monate (RET) und relatives Handelsvolumen (RHV).

[333] Vgl. *Abschnitt 3.2.2.8*

len. DR zeigt, abgesehen von den AQ-Modellen, hoch signifikant die erwarteten Ergebnisse, mit einem R^2 von 4%. Die Portfolio-Differenzen der AQ-Modelle sind sogar negativ und die Regressionskoeffizienten insignifikant positiv. Bei diesen Modellen wirkt die Ausprägung der AQ zu deutlich auf die Risikoprämien, um univariat die entgegengesetzte Reaktion der DR herauszustellen.

BETA zeigt bei der univariaten Regression einen sehr geringen positiven Koeffizienten, jedoch nur bei den AQ-Modellen und dem RIMEW signifikante Ergebnisse. Bei der Portfoliobetrachtung zeigt es nur bei den Mittelwerten das erwartete Vorzeichen und erzielt bei der Differenz der Portfolio-Mediane bei fünf Modellen ein negatives Vorzeichen.

GKF weist bei der univariaten Regression, bei allen Modellen, das erwartete Vorzeichen auf einem hohen Signifikanzniveau, bei geringem R^2 (2%) auf. Bei der Portfoliobetrachtung zeigen sich bei den Q1-Q5-Differenzen unterschiedliche Vorzeichen. Erwartet signifikant positiv sind nur die EW- und AQ-Modelle. Dies ist auf teilweise hohe IKK für Unternehmen mit negativem GKF in Q1 zurückzuführen. Bei Betrachtung der Differenz von Q2 und Q5 ist ein erwarteter positiver Trend ersichtlich.

LTG zeigt ein uneinheitliches Ergebnis. Abgesehen von den AQ-Modellen ergeben sich bei der Portfolioanalyse erwartet signifikant negative Differenzen. Die der AQ-Modelle sind nach Mittelwerten signifikant positive. Diese Modelle zeigen auch signifikant positive Regressionskoeffizienten. Die der K1- und K9-Modelle sind hingegen signifikant negativ.

SGP zeigt bei der Regressionsanalyse der EW-Modelle einen signifikant negativen und bei den weiteren Modellen einen unerwartet signifikant positiven Zusammenhang. Das R^2 ist bei allen Modellen sehr gering. Die Portfoliobetrachtung zeigt durchgängig ein erwartetes, signifikant negatives, Ergebnis. Auch AGP weist uneinheitliche Ergebnisse auf, es gibt bei beiden Testverfahren signifikant positive und signifikant negative sowie insignifikante Modelle. Auch bei diesen Kennzahlen bleibt abzuwarten, ob sich in der multivariaten Analyse ein einheitlicheres Bild zeigt.

Das relative Handelsvolumen (RHV) weist bei den univariaten Regressionen unerwartet signifikant positive Ergebnisse mit sehr geringem R^2 auf. Bei der Portfoliobetrachtung ist die Reaktion sehr modellabhängig, dabei zeigen sich teils signifikant positive und teils signifikant negative Ergebnisse.

Bei SAG zeigt sich nach der Portfolioanalyse ein erwartet positiver Zusammenhang, dieser ist jedoch vorwiegend auf Anstiege der Risikoprämien in Q5 zurückzuführen. Zwischen den fünf Quintilen kann nur bei wenigen Modellen ein stetiger Trend der Risikoprämie beobachtet werden. Die Regressionsanalyse zeigt vorwiegend insignifikante Ergebnisse, lediglich die K1-Modelle sind signifikant, bei einem extrem geringen R^2 von 0,1%.

Die erwarteten Zusammenhänge lassen sich nicht bei allen Kennzahlen bestätigen. Allerdings wäre es zu früh, an dieser Stelle bereits auf einen fehlenden Zusammenhang zu den RPIKK zu schließen. Dazu muss im Folgenden der multivariate Zusammenhang zwischen den RPIKK und den Risikofaktoren betrachtet werden.

Grundsätzlich sollen zunächst alle Kennzahlen in die multivariate Regression aufgenommen werden. Ausgenommen davon ist die Standardabweichung der Gewinne. SAG wird nicht in die multivariaten Modelle aufgenommen, da diese Kennzahl zum einen in der univariaten Analyse den geringsten Erklärungsgehalt aufweist. Zum anderen sind für diese Kennzahl die Gewinne von fünf Jahren vor dem Bewertungsstichtag notwendig, deshalb ist diese Kennzahl für einen bedeutenden Anteil der Beobachtungen nicht vorhanden und würde die Stichprobe deutlich verringern.[334]

		RIMEW	RIMK1	RIMK9	RIMAQ	AEGEW	AEGK1	AEGK9	AEGAQ	Mittel
BETA	RK	0,00	0,00	0,00	0,00	0,00	0,00	0,00	0,01	0,00
	t	2,3	0,8	1,5	6,6	1,5	1,0	1,1	6,4	2,6
	p	0,02	0,43	0,15	0,00	0,12	0,33	0,28	0,00	0,17
	R^2	0,01	0,01	0,01	0,01	0,01	0,01	0,01	0,01	0,01
BM	RK	0,04	0,08	0,07	0,04	0,05	0,09	0,08	0,04	0,06
	t	17,4	36,9	30,1	32,9	17,1	42,1	31,7	36,7	30,6
	p	0,00	0,00	0,00	0,00	0,00	0,00	0,00	0,00	0,00
	R^2	0,14	0,70	0,46	0,26	0,24	0,77	0,60	0,32	0,44
SARET	RK	0,68	0,59	0,75	0,00	0,65	0,60	0,67	0,00	0,49
	t	7,9	6,2	7,5	13,1	7,1	5,7	6,4	13,2	8,4
	p	0,00	0,00	0,00	0,00	0,00	0,00	0,00	0,00	0,00
	R^2	0,04	0,05	0,05	0,09	0,04	0,04	0,05	0,10	0,06
STCAPM	RK	0,00	-0,01	-0,01	0,00	0,00	-0,01	-0,01	0,00	0,00
	t	-7,0	-8,5	-8,6	-6,6	-8,3	-8,3	-8,5	-6,5	-7,8
	p	0,00	0,00	0,00	0,00	0,00	0,00	0,00	0,00	0,00
	R^2	0,01	0,06	0,05	0,02	0,02	0,06	0,05	0,02	0,04

---

[334] SAG wird auch bspw. von Gebhardt/Lee/Swaminathan (2001) berechnet, aber nicht in die multivariaten Modelle aufgenommen. Es wird für diese Arbeit getestet, ob die Aufnahmen von SAG den Erklärungsgehalt der folgenden multivariaten Modelle verbessert. Eine Verbesserung, oder ein signifikanter Zusammenhang ist nicht festzustellen.

		RIMEW	RIMK1	RIMK9	RIMAQ	AEGEW	AEGK1	AEGK9	AEGAQ	Mittel
LFKM	RK	0,02	0,02	0,02	0,01	0,02	0,03	0,02	0,01	0,02
	t	12,0	16,2	14,6	14,9	12,0	15,6	14,2	15,1	14,3
	p	0,00	0,00	0,00	0,00	0,00	0,00	0,00	0,00	0,00
	R^2	0,08	0,15	0,13	0,07	0,10	0,18	0,16	0,09	0,12
LNAA	RK	-0,01	-0,01	-0,01	-0,01	-0,01	-0,01	-0,01	-0,01	-0,01
	t	-9,8	-14,7	-13,7	-11,5	-10,4	-14,7	-14,0	-11,8	-12,6
	p	0,00	0,00	0,00	0,00	0,00	0,00	0,00	0,00	0,00
	R^2	0,02	0,06	0,05	0,04	0,02	0,05	0,05	0,04	0,04
FGP	RK	-0,15	-0,11	-0,15	-0,11	-0,15	-0,12	-0,15	-0,11	-0,13
	t	-12,8	-15,6	-13,0	-13,9	-12,1	-14,0	-12,9	-14,5	-13,6
	p	0,00	0,00	0,00	0,00	0,00	0,00	0,00	0,00	0,00
	R^2	0,09	0,08	0,09	0,09	0,10	0,08	0,09	0,09	0,09
SGP	RK	0,00	0,00	0,00	0,00	0,00	0,00	0,00	0,00	0,00
	t	-3,4	6,1	3,2	2,5	-2,4	6,9	4,0	3,1	2,5
	p	0,00	0,00	0,00	0,01	0,02	0,00	0,00	0,00	0,00
	R^2	0,00	0,00	0,00	0,00	0,00	0,00	0,00	0,00	0,00
AGP	RK	0,11	-0,05	0,01	0,01	0,07	-0,07	-0,02	0,00	0,01
	t	3,5	-2,0	0,4	0,4	2,2	-2,2	-0,6	0,1	0,2
	p	0,00	0,04	0,71	0,66	0,03	0,03	0,58	0,89	0,37
	R^2	0,04	0,03	0,03	0,03	0,04	0,03	0,03	0,03	0,03
SAG	RK	0,00	0,00	0,00	0,00	0,00	0,00	0,00	0,00	0,45
	t	-0,2	2,0	1,4	1,6	0,1	2,2	1,5	1,6	1,3
	p	0,81	0,04	0,18	0,11	0,95	0,03	0,13	0,12	0,29
	R^2	0,00	0,00	0,00	0,00	0,00	0,00	0,00	0,00	0,00
GKF	RK	0,00	0,00	0,00	0,00	0,00	0,00	0,00	0,00	0,00
	t	11,0	4,1	8,8	9,8	9,9	4,1	6,8	9,6	8,0
	p	0,00	0,00	0,00	0,00	0,00	0,00	0,00	0,00	0,00
	R^2	0,02	0,01	0,01	0,03	0,02	0,01	0,01	0,02	0,02
LTG	RK	0,00	-0,05	-0,03	0,03	-0,01	-0,05	-0,04	0,03	-0,01
	t	0,0	-6,6	-3,3	6,0	-1,7	-6,8	-4,9	6,2	-1,4
	p	0,97	0,00	0,00	0,00	0,10	0,00	0,00	0,00	0,13
	R^2	0,01	0,02	0,02	0,01	0,01	0,02	0,02	0,01	0,01
AQ	RK	0,00	-0,01	-0,01	-0,03	0,00	-0,01	-0,01	-0,03	-0,01
	t	-3,4	-8,2	-8,4	-33,9	-3,1	-5,7	-5,3	-36,6	-13,1
	p	0,00	0,00	0,00	0,00	0,00	0,00	0,00	0,00	0,00
	R^2	0,00	0,01	0,01	0,08	0,00	0,01	0,01	0,08	0,02
DR	RK	0,31	0,36	0,34	0,01	0,37	0,46	0,44	0,02	0,29
	t	10,6	12,4	10,7	0,3	10,7	13,8	12,2	0,9	9,0
	p	0,00	0,00	0,00	0,75	0,00	0,00	0,00	0,36	0,14
	R^2	0,03	0,05	0,04	0,01	0,05	0,06	0,06	0,01	0,04
URB	RK	-0,03	-0,05	-0,05	-0,04	-0,03	-0,05	-0,05	-0,04	-0,04
	t	-16,2	-23,2	-23,4	-21,9	-18,2	-23,1	-24,6	-21,8	-21,5
	p	0,00	0,00	0,00	0,00	0,00	0,00	0,00	0,00	0,00
	R^2	0,02	0,04	0,04	0,03	0,02	0,03	0,03	0,03	0,03
BRVM	RK	0,95	0,97	0,96	0,97	0,95	0,96	0,96	0,97	0,96
	t	157,5	200,4	190,0	249,0	143,3	146,7	151,1	218,4	182,1
	p	0,00	0,00	0,00	0,00	0,00	0,00	0,00	0,00	0,00
	R^2	0,09	0,12	0,11	0,18	0,09	0,10	0,10	0,17	0,12
RET	RK	-0,01	-0,03	-0,03	-0,01	-0,02	-0,03	-0,03	-0,01	-0,02
	t	-7,0	-10,1	-9,9	-7,4	-7,5	-9,1	-9,3	-7,0	-8,4
	p	0,00	0,00	0,00	0,00	0,00	0,00	0,00	0,00	0,00
	R^2	0,03	0,08	0,06	0,04	0,03	0,07	0,06	0,04	0,05
RHV	RK	0,11	0,16	0,15	0,17	0,09	0,19	0,16	0,18	0,15
	t	4,1	5,8	7,1	7,3	3,5	5,8	6,5	7,5	5,9
	p	0,00	0,00	0,00	0,00	0,00	0,00	0,00	0,00	0,00
	R^2	0,00	0,02	0,01	0,01	0,00	0,02	0,01	0,02	0,01

Diese Tabelle zeigt die Ergebnisse der univariaten Fama/MacBeth-Regressionen der Risikofaktoren. Zu jeder Risikofaktor-Modell-Kombination werden vier Werte angegeben: Der Regressionskoeffizient (RK), der t-Wert nach NW (t), der p-Wert nach NW (p) und das R^2 des Regressionsmodells. In der Spalte „Mittel" wird der Mittelwert der acht Modelle angegeben. Für die Definitionen der Kennzahlen siehe die Tabellenbeschreibung von *Tabelle 14* und *Abschnitt 3.2.2.*

Tabelle 16: Univariate Fama/MacBeth-Regression – USA

		Faktor	RIMEW		RIMK1		RIMK9		RIMAQ		AEGEW		AEGK1		AEGK9		AEGAQ	
		MW	MW	MD	MW	MD	MW	MD	MW	MD	MW	MD	MW	MD	MW	MD	MW	MD
BETA	Q1	0,313	4,5	3,9	3,5	3,0	3,7	3,1	5,1	4,8	4,9	4,3	2,9	2,3	3,0	2,5	4,7	4,4
	Q2	0,621	4,6	3,9	3,5	3,0	3,7	3,2	5,3	5,0	5,0	4,3	2,9	2,3	3,0	2,5	4,9	4,6
	Q3	0,924	4,7	3,9	3,6	2,9	3,8	3,1	5,5	5,1	5,0	4,2	2,9	2,2	3,1	2,4	5,1	4,7
	Q4	1,278	4,7	3,9	3,7	2,9	3,9	3,2	5,7	5,4	5,1	4,3	3,0	2,2	3,3	2,4	5,4	5,0
	Q5	2,155	4,9	3,9	3,7	2,7	4,0	3,0	6,1	5,6	5,2	4,2	3,2	1,9	3,3	2,2	5,8	5,2
	Q5-Q1		0,4	0,0	0,2	-0,3	0,3	-0,1	1,0	0,8	0,3	-0,1	0,3	-0,4	0,3	-0,3	1,0	0,8
	t-NW	2,9***	2,9***	0,0	1,1	-1,2	1,9*	-0,5	8,6***	5,8***	2,0**	-0,7	1,1	-1,7*	1,4	-1,5	8,2***	5,9***
	L	5,6***	5,6***	0,0	2,1**	-2,4**	3,7***	-1,1	16,6***	11,6***	3,9***	-1,4	2,3**	-3,6***	2,7***	-3,1***	15,8***	11,8***
BM	Q1	0,144	3,2	2,5	-0,6	-0,8	0,2	-0,3	3,8	3,2	3,0	2,5	-1,3	-1,4	-0,8	-1,1	3,4	2,9
	Q2	0,304	3,9	3,4	1,4	1,3	2,0	1,6	4,4	4,2	3,9	3,5	0,7	0,6	1,1	0,9	4,0	3,8
	Q3	0,453	4,5	4,1	3,1	2,9	3,4	3,1	5,1	5,0	4,7	4,4	2,4	2,2	2,6	2,4	4,7	4,6
	Q4	0,636	5,1	4,5	4,8	4,6	4,8	4,5	5,9	5,8	5,4	5,0	4,1	3,9	4,1	3,8	5,5	5,3
	Q5	1,230	6,9	5,5	9,3	8,0	8,6	7,3	8,6	7,8	7,9	6,4	9,0	7,3	8,3	6,7	8,3	7,4
	Q5-Q1		3,7	3,0	9,8	8,8	8,4	7,6	4,8	4,6	4,9	3,9	10,3	8,7	9,1	7,7	4,9	4,5
	t-NW	16,9***	16,9***	14,6***	35,1***	31,6***	32,5***	30,7***	25,3***	23,0***	16,7***	15,9***	31,4***	30,2***	31,1***	30,5***	24,4***	22,4***
	L	36,2***	36,2***	31,3***	75,9***	68,4***	70,5***	66,6***	54,6***	50,0***	36,0***	34,3***	65,7***	64,0***	65,6***	64,9***	52,2***	48,5***
SARET	Q1	0,014	4,4	3,8	3,0	2,5	3,2	2,7	4,4	4,1	4,7	4,2	2,4	2,0	2,6	2,2	4,0	3,7
	Q2	0,019	4,5	3,9	3,3	2,8	3,5	3,0	5,1	4,9	4,8	4,2	2,7	2,2	2,9	2,3	4,7	4,5
	Q3	0,024	4,4	3,9	3,5	3,1	3,6	3,2	5,4	5,2	4,7	4,2	2,9	2,3	2,9	2,5	5,0	4,8
	Q4	0,030	4,6	4,0	3,7	3,1	3,9	3,3	5,9	5,6	4,9	4,3	3,0	2,3	3,1	2,5	5,5	5,2
	Q5	0,044	5,5	4,2	4,3	3,2	4,7	3,6	6,8	6,1	5,7	4,5	3,8	2,4	3,9	2,6	6,4	5,7
	Q5-Q1		1,1	0,3	1,3	0,7	1,5	0,8	2,4	2,0	1,0	0,3	1,3	0,4	1,3	0,5	2,4	2,0
	t-NW	5,7***	5,7***	1,9*	4,9***	2,6***	6,0***	3,4***	14,4***	13,2***	4,7***	1,4	4,3***	1,5	4,6***	1,9*	14,0***	13,2***
	L	12,0***	12,0***	4,0***	10,5***	5,5***	12,8***	7,1***	30,5***	27,7***	9,7***	2,8***	9,1***	3,2***	9,8***	4,0***	29,4***	27,6***
STCAPM	Q1	0,000	5,8	4,6	5,9	5,1	6,0	5,0	6,9	6,3	6,4	5,2	5,4	4,4	5,3	4,3	6,5	5,9
	Q2	-0,469	4,9	4,2	4,1	3,6	4,3	3,7	5,5	5,1	5,3	4,6	3,6	3,0	3,6	3,0	5,1	4,7
	Q3	-0,030	4,6	4,0	3,5	2,9	3,7	3,1	5,1	4,8	4,9	4,3	2,9	2,3	3,0	2,4	4,7	4,4
	Q4	0,596	4,3	3,8	2,8	2,3	3,1	2,6	4,9	4,7	4,6	4,0	2,2	1,6	2,4	1,8	4,5	4,3
	Q5	3,694	4,3	3,5	2,6	1,8	3,0	2,2	5,4	5,1	4,5	3,7	2,0	1,0	2,2	1,3	5,1	4,7
	Q5-Q1		-1,5	-1,1	-3,3	-3,3	-3,0	-2,8	-1,5	-1,2	-1,9	-1,5	-3,5	-3,4	-3,2	-3,0	-1,5	-1,2
	t-NW	-11,0***	-11,0***	-9,0***	-18,5***	-17,3***	-17,4***	-15,4***	-10,4***	-8,3***	-12,7***	-10,5***	-18,3***	-18,3***	-17,9***	-16,9***	-10,5***	-8,4***
	L	-23,2***	-23,2***	-19,1***	-39,6***	-37,0***	-37,0***	-33,0***	-22,5***	-17,9***	-26,7***	-22,4***	-38,2***	-38,6***	-37,6***	-35,8***	-22,5***	-18,1***
LFKM	Q1	0,000	3,8	3,0	2,3	1,5	2,6	1,8	5,0	4,6	4,0	3,2	1,6	0,8	1,8	1,2	4,7	4,3
	Q2	0,039	3,9	3,3	2,2	1,6	2,5	2,0	5,0	4,7	4,1	3,5	1,5	0,9	1,7	1,2	4,6	4,3
	Q3	0,151	4,5	4,0	3,1	2,7	3,4	2,9	5,3	5,1	4,8	4,2	2,4	2,0	2,6	2,2	4,9	4,7
	Q4	0,366	4,9	4,3	4,1	3,5	4,2	3,7	5,6	5,4	5,2	4,7	3,4	2,8	3,5	3,0	5,2	5,0
	Q5	1,486	6,3	5,0	6,2	5,1	6,2	5,1	6,8	6,2	6,9	5,6	5,9	4,4	5,8	4,4	6,5	5,8
	Q5-Q1		2,4	2,0	3,9	3,5	3,6	3,3	1,7	1,5	3,0	2,4	4,3	3,6	4,0	3,4	1,8	1,5
	t-NW	13,8***	13,8***	15,1***	20,2***	16,7***	18,0***	16,8***	12,0***	11,1***	13,8***	15,3***	19,2***	17,0***	18,3***	17,2***	12,0***	10,8***
	L	29,6***	29,6***	31,9***	43,5***	36,1***	38,8***	36,2***	25,8***	23,7***	29,3***	32,3***	40,2***	36,3***	38,5***	36,7***	25,5***	23,0***

		Faktor	RIMEW		RIMK1		RIMK9		RIMAQ		AEGEW		AEGK1		AEGK9		AEGAQ	
		MW	MW	MD	MW	MD	MW	MD	MW	MD	MW	MD	MW	MD	MW	MD	MW	MD
LNAA	Q1	0,357	5,7	4,6	5,1	4,4	5,4	4,5	6,6	6,1	6,1	5,0	4,6	3,7	4,6	3,7	6,2	5,7
	Q2	1,361	4,6	4,0	3,8	3,2	3,9	3,5	5,7	5,4	5,0	4,4	3,2	2,5	3,2	2,7	5,3	5,0
	Q3	1,918	4,4	3,9	3,3	2,8	3,5	3,0	5,4	5,1	4,8	4,2	2,7	2,1	2,8	2,3	5,0	4,7
	Q4	2,422	4,4	3,7	3,0	2,4	3,3	2,6	5,2	4,8	4,7	4,0	2,4	1,7	2,5	1,9	4,8	4,4
	Q5	3,038	4,1	3,5	2,3	1,7	2,6	2,0	4,6	4,3	4,3	3,8	1,7	1,0	1,9	1,3	4,3	3,9
	Q5-Q1		-1,6	-1,0	-2,8	-2,8	-2,7	-2,5	-1,9	-1,8	-1,7	-1,3	-2,9	-2,7	-2,7	-2,5	-1,9	-1,8
	t-NW		-9,3***	-7,9***	-13,9***	-13,7***	-12,9***	-12,5***	-10,7***	-10,2***	-9,7***	-8,2***	-14,1***	-14,0***	-13,4***	-13,0***	-11,0***	-10,5***
	L		-20,1***	-17,0***	-30,4***	-29,8***	-28,3***	-27,3***	-23,6***	-22,5***	-21,1***	-17,8***	-30,6***	-30,4***	-29,1***	-28,4***	-24,2***	-23,2***
FGP	Q1	-0,147	7,3	5,7	6,0	5,1	6,5	5,4	7,6	7,0	7,6	6,1	5,4	4,3	5,7	4,5	7,2	6,5
	Q2	-0,016	4,4	4,1	3,3	2,9	3,5	3,1	5,2	5,1	4,7	4,4	2,6	2,2	2,7	2,4	4,8	4,7
	Q3	-0,004	3,6	3,4	2,2	1,9	2,4	2,2	4,4	4,3	3,8	3,7	1,6	1,3	1,7	1,5	4,0	3,9
	Q4	0,002	3,4	3,2	2,0	1,8	2,2	2,0	4,3	4,3	3,7	3,5	1,4	1,1	1,5	1,3	4,0	3,9
	Q5	0,031	4,8	4,0	4,2	3,5	4,3	3,6	6,0	5,6	5,2	4,4	3,7	2,7	3,6	2,8	5,7	5,2
	Q5-Q1		-2,5	-1,6	-1,8	-1,6	-2,2	-1,7	-1,6	-1,3	-2,4	-1,6	-1,8	-1,5	-2,1	-1,6	-1,5	-1,3
	t-NW		-17,0***	-16,9***	-11,5***	-11,9***	-14,2***	-13,6***	-12,9***	-14,0***	-16,0***	-15,9***	-11,2***	-11,6***	-13,0***	-13,2***	-12,2***	-13,3***
	L		-33,1***	-31,7***	-23,5***	-24,1***	-28,6***	-27,5***	-26,3***	-28,1***	-30,8***	-30,2***	-22,5***	-23,4***	-25,9***	-26,5***	-24,7***	-27,5***
SGP	Q1	0,004	5,5	4,3	4,6	3,8	4,9	4,0	6,3	5,8	5,8	4,7	4,0	3,1	4,1	3,2	5,9	5,3
	Q2	0,037	4,4	3,7	2,7	2,2	3,0	2,5	5,1	4,5	4,6	4,0	2,1	1,5	2,3	1,8	4,7	4,4
	Q3	0,073	4,5	3,9	3,0	2,5	3,2	2,7	5,2	4,8	4,7	4,2	2,3	1,8	2,5	2,0	4,8	4,4
	Q4	0,143	4,6	3,9	3,5	2,9	3,7	3,1	5,4	5,1	4,9	4,3	2,9	2,2	3,0	2,4	5,0	4,7
	Q5	0,713	4,6	3,8	4,1	3,5	4,2	3,6	5,8	5,5	5,0	4,2	3,6	2,8	3,6	2,8	5,4	5,1
	Q5-Q1		-0,9	-0,5	-0,5	-0,3	-0,6	-0,4	-0,5	-0,3	-0,8	-0,5	-0,4	-0,3	-0,6	-0,4	-0,5	-0,3
	t-NW		-6,6***	-5,5***	-4,1***	-2,9***	-4,9***	-3,4***	-5,6***	-3,6***	-5,5***	-5,1***	-3,4***	-2,7***	-4,1***	-3,4***	-5,3***	-3,3***
	L		-13,6***	-10,9***	-8,0***	-5,7***	-9,9***	-6,8***	-11,2***	-7,1***	-11,3***	-10,0***	-6,5***	-5,0***	-8,2***	-6,5***	-10,5***	-6,4***
AGP	Q1	-0,032	5,5	4,7	5,5	4,9	5,4	4,8	6,7	6,4	6,1	5,2	5,0	4,1	5,0	4,1	6,0	6,0
	Q2	-0,002	4,0	3,5	2,9	2,5	3,1	2,6	4,8	4,5	4,2	3,8	2,4	1,9	2,4	2,0	4,4	4,1
	Q3	0,003	3,6	3,3	2,1	1,7	2,3	2,0	4,3	4,1	3,8	3,5	1,5	1,1	1,7	1,3	4,0	3,7
	Q4	0,008	3,9	3,6	2,5	2,0	2,7	2,3	4,8	4,7	4,2	3,9	1,8	1,4	1,9	1,6	4,5	4,3
	Q5	0,034	6,2	4,9	4,6	3,7	5,1	4,1	6,8	6,2	6,4	5,2	3,9	2,9	4,2	3,2	6,3	5,7
	Q5-Q1		0,7	0,3	-0,9	-1,2	-0,3	-0,7	0,1	-0,2	0,3	0,0	-1,1	-1,3	-0,6	-0,9	0,0	-0,3
	t-NW		4,3***	2,1**	-4,8***	-6,5***	-1,9*	-4,5***	0,4	-1,6	2,1**	0,3	-5,0***	-6,8***	-3,2***	-5,6***	-0,1	-1,9*
	L		7,5***	3,8***	-9,4***	-12,6***	-3,5***	-8,6***	0,8	-2,9***	3,7***	0,5	-9,7***	-13,3***	-6,0***	-10,6***	-0,3	-3,5***
SAG	Q1	-2,847	5,0	3,9	3,7	3,0	4,1	3,2	5,7	5,0	5,3	4,3	3,2	2,3	3,4	2,5	5,4	4,6
	Q2	0,222	4,2	3,7	2,9	2,5	3,1	2,7	4,8	4,6	4,5	4,1	2,3	1,9	2,4	2,0	4,4	4,2
	Q3	0,379	4,5	3,9	3,2	2,6	3,4	2,9	5,2	4,9	4,8	4,3	2,6	1,9	2,7	2,1	4,8	4,6
	Q4	0,650	4,7	4,0	3,6	2,9	3,8	3,2	5,6	5,3	5,0	4,4	3,0	2,2	3,0	2,4	5,2	4,9
	Q5	4,017	5,0	4,1	4,3	3,5	4,4	3,7	6,2	5,8	5,4	4,5	3,7	2,8	3,7	2,9	5,8	5,4
	Q5-Q1		0,1	0,2	0,6	0,5	0,3	0,5	0,4	0,8	0,1	0,3	0,6	0,4	0,4	0,4	0,5	0,7
	t-NW		0,8	4,4***	7,9***	6,2***	3,7***	6,9***	5,3***	11,4***	1,5	4,9***	7,2***	5,2***	4,7***	5,4***	5,7***	11,2***
	L		1,6	8,5***	16,1***	12,4***	7,7***	13,7***	11,1***	23,3***	3,1***	9,5***	14,5***	10,5***	9,5***	10,8***	11,8***	23,0***

		Faktor	RIMEW		RIMK1		RIMK9		RIMAQ		AEGEW		AEGK1		AEGK9		AEGAQ	
		MW	MW	MD	MW	MD	MW	MD	MW	MD	MW	MD	MW	MD	MW	MD	MW	MD
GKF	Q1	-0,038	3,9	3,6	4,6	3,9	4,3	3,7	5,4	5,1	4,5	4,1	4,2	3,3	3,8	3,1	5,1	4,7
	Q2	0,368	4,3	3,9	3,3	2,9	3,4	3,0	5,1	5,0	4,6	4,3	2,6	2,2	2,7	2,3	4,7	4,6
	Q3	0,673	4,4	3,9	2,9	2,3	3,1	2,6	5,1	4,9	4,6	4,1	2,3	1,6	2,4	1,9	4,8	4,5
	Q4	1,330	4,7	4,0	3,2	2,4	3,5	2,8	5,5	5,2	5,0	4,2	2,6	1,7	2,7	2,0	5,1	4,8
	Q5	9,218	6,2	4,6	3,9	2,9	4,8	3,5	6,6	5,8	6,4	4,9	3,3	2,1	3,8	2,6	6,2	5,4
	Q5-Q1		2,4	1,1	-0,7	-1,0	0,5	-0,2	1,3	0,7	1,9	0,8	-0,9	-1,1	0,0	-0,5	1,1	0,6
	t-NW		18,8***	10,3***	-5,5***	-6,9***	4,0***	-1,5	12,7***	7,4***	14,6***	7,0***	-7,5***	-8,1***	0,0	-4,1***	11,8***	6,9***
	L		38,6***	20,8***	-11,2***	-13,8***	8,1***	-3,1***	26,0***	14,6***	30,2***	14,1***	-14,8***	-16,1***	0,1	-8,1***	24,1***	13,7***
LTG	Q1	0,062	4,8	4,2	4,2	3,6	4,3	3,8	5,1	4,8	5,3	4,7	3,7	3,0	3,7	3,1	4,8	4,4
	Q2	0,107	5,0	4,3	4,2	3,5	4,3	3,7	5,7	5,4	5,4	4,7	3,6	2,8	3,6	2,9	5,3	4,9
	Q3	0,139	4,8	4,0	3,8	3,0	4,0	3,2	5,8	5,4	5,2	4,3	3,2	2,3	3,3	2,5	5,4	5,0
	Q4	0,180	4,4	3,6	3,0	2,3	3,3	2,6	5,5	5,2	4,6	3,8	2,4	1,5	2,5	1,7	5,1	4,8
	Q5	0,307	4,3	2,9	2,4	1,3	2,9	1,6	5,6	4,9	4,4	3,1	1,7	0,5	2,0	0,8	5,2	4,5
	Q5-Q1		-0,5	-1,3	-1,9	-2,4	-1,4	-2,1	0,5	0,0	-0,9	-1,6	-2,0	-2,5	-1,7	-2,4	0,5	0,1
	t-NW		-3,5***	-9,7***	-10,7***	-13,1***	-7,5***	-11,3***	3,8***	0,3	-5,0***	-10,1***	-11,7***	-14,5***	-9,6***	-12,9***	4,0***	0,6
	L		-7,3***	-20,3***	-22,9***	-27,9***	-16,0***	-24,0***	8,0***	0,6	-10,7***	-21,4***	-24,7***	-30,9***	-20,3***	-27,5***	8,3***	1,3
AÖ	Q1	0,000	4,7	3,7	3,6	2,8	3,9	3,1	6,2	5,8	4,9	4,0	3,0	2,0	3,1	2,2	5,9	5,4
	Q2	0,063	4,7	3,7	2,9	1,9	3,2	2,2	5,6	4,9	5,9	4,8	2,2	1,0	2,5	1,2	5,1	4,5
	Q3	0,120	5,1	4,2	4,2	3,5	4,4	3,7	6,2	5,8	5,5	4,6	3,7	2,7	3,7	2,8	5,8	5,4
	Q4	0,323	4,7	4,1	3,5	3,0	3,7	3,2	5,3	4,9	5,0	4,4	2,9	2,3	3,0	2,5	4,9	4,5
	Q5	0,758	4,4	3,8	3,0	2,5	3,2	2,7	3,8	3,4	4,7	4,2	2,5	2,1	2,7	2,2	3,4	3,0
	Q5-Q1		-0,2	0,1	-0,7	-0,3	-0,7	-0,4	-2,5	-2,4	-0,2	0,2	-0,4	0,1	-0,4	0,0	-2,5	-2,4
	t-NW		-2,6**	1,8*	-6,3***	-2,8***	-6,6***	-3,9***	-28,4***	-29,8***	-2,1**	2,4**	-3,9***	0,5	-3,7***	0,1	-30,4***	-31,3***
	L		-5,3***	3,6***	-13,1***	-5,7***	-13,7***	-8,1***	-59,0***	-61,8***	-4,2***	4,9***	-8,1***	1,0	-7,6***	0,2	-62,9***	-64,5***
DR	Q1	0,000	4,7	3,7	3,6	2,8	3,9	3,1	6,2	5,8	4,9	4,0	3,0	2,0	3,1	2,2	5,9	5,4
	Q2	0,003	2,8	2,3	0,3	-0,3	0,7	0,1	3,2	3,2	3,6	2,9	-0,2	-0,9	0,2	-0,6	2,8	2,8
	Q3	0,007	3,9	3,5	2,6	2,1	2,8	2,3	4,9	4,8	4,2	3,7	1,9	1,4	2,0	1,6	4,6	4,4
	Q4	0,020	4,6	4,1	3,3	2,9	3,5	3,1	5,0	4,8	4,8	4,4	2,6	2,3	2,8	2,4	4,5	4,4
	Q5	0,054	5,5	4,4	4,6	3,6	4,8	3,7	5,1	4,5	6,0	4,9	4,3	3,0	4,3	3,2	4,8	4,0
	Q5-Q1		0,8	0,7	1,0	0,8	0,9	0,6	-1,1	-1,3	1,1	0,9	1,3	1,0	1,3	1,0	-1,1	-1,3
	t-NW		6,6***	8,2***	5,9***	5,2***	5,1***	4,5***	-8,5***	-12,8***	7,1***	8,5***	7,6***	7,4***	7,3***	7,0***	-8,5***	-13,7***
	L		14,0***	17,1***	12,7***	11,0***	10,9***	9,5***	-18,2***	-26,7***	15,0***	17,6***	16,1***	15,4***	15,4***	14,7***	-17,9***	-28,4***
URB	Q1	-0,185	5,2	4,2	4,6	3,7	4,7	3,9	6,3	5,8	5,5	4,6	3,9	3,0	3,9	3,1	5,9	5,4
	Q2	-0,022	5,0	4,3	4,3	3,7	4,4	3,8	5,9	5,5	5,4	4,7	3,7	3,0	3,8	3,1	5,5	5,1
	Q3	0,010	4,7	3,9	3,6	3,0	3,9	3,2	5,6	5,3	5,1	4,3	3,0	2,3	3,1	2,4	5,2	4,9
	Q4	0,073	4,3	3,6	2,9	2,3	3,2	2,6	5,3	4,8	4,6	3,9	2,3	1,6	2,5	1,8	4,9	4,4
	Q5	0,263	4,2	3,4	2,3	1,4	2,7	1,8	4,7	4,2	4,4	3,6	1,7	0,8	1,9	1,0	4,4	3,9
	Q5-Q1		-1,0	-0,8	-2,3	-2,3	-2,0	-2,1	-1,6	-1,6	-1,1	-1,0	-2,2	-2,3	-2,0	-2,1	-1,5	-1,5
	t-NW		-12,6***	-11,8***	-20,3***	-20,6***	-20,3***	-19,3***	-22,4***	-20,5***	-13,7***	-12,6***	-18,9***	-20,9***	-19,4***	-19,8***	-22,0***	-20,5***
	L		-25,6***	-24,4***	-43,6***	-43,8***	-43,0***	-41,2***	-46,6***	-42,7***	-28,2***	-26,7***	-40,2***	-44,3***	-41,1***	-42,3***	-46,1***	-42,6***

	Faktor	RIMEW		RIMK1		RIMK9		RIMAQ		AEGEW		AEGK1		AEGK9		AEGAQ	
	MW	MW	MD	MW	MD	MW	MD	MW	MD	MW	MD	MW	MD	MW	MD	MW	MD
BRVM																	
Q1	0,031	3,2	2,8	1,8	1,2	2,0	1,4	3,5	3,3	3,5	3,0	1,2	0,6	1,4	0,8	3,2	2,9
Q2	0,040	4,1	3,5	2,8	2,2	3,0	2,5	4,9	4,7	4,4	3,8	2,1	1,5	2,3	1,7	4,6	4,3
Q3	0,046	4,6	4,1	3,6	3,0	3,8	3,2	5,6	5,3	5,0	4,4	3,0	2,3	3,1	2,5	5,2	4,9
Q4	0,053	5,2	4,5	4,4	3,8	4,6	4,0	6,3	5,9	5,6	4,9	3,8	3,1	3,8	3,2	5,9	5,5
Q5	0,069	6,8	5,3	6,0	5,2	6,2	5,2	7,9	7,4	7,1	5,7	5,5	4,3	5,5	4,3	7,4	6,9
Q5-Q1		3,6	2,5	4,3	4,1	4,2	3,7	4,4	4,1	3,7	2,7	4,3	3,7	4,1	3,5	4,2	3,9
t-NW		33,6***	22,9***	30,4***	25,2***	34,0***	24,9***	51,9***	41,8***	28,1***	20,1***	26,7***	22,6***	30,8***	22,9***	50,3***	41,0***
L		68,8***	47,1***	63,7***	52,2***	70,1***	51,3***	106,6***	86,2***	57,9***	42,1***	54,9***	46,6***	63,2***	47,2***	102,5***	84,7***
RET																	
Q1	-0,301	6,0	4,9	5,7	4,9	5,8	4,9	7,1	6,5	6,5	5,3	5,2	4,1	5,2	4,1	6,7	6,1
Q2	-0,055	4,8	4,2	4,0	3,5	4,2	3,7	5,6	5,3	5,2	4,6	3,4	2,9	3,5	3,0	5,2	4,9
Q3	0,092	4,5	3,9	3,4	2,9	3,6	3,1	5,1	4,9	4,8	4,3	2,8	2,2	2,9	2,4	4,8	4,5
Q4	0,272	4,3	3,6	2,9	2,3	3,1	2,6	5,0	4,6	4,6	3,9	2,3	1,7	2,4	1,9	4,6	4,3
Q5	0,908	3,9	3,2	2,1	1,4	2,4	1,7	5,0	4,6	4,1	3,4	1,4	0,6	1,6	0,9	4,6	4,2
Q5-Q1		-2,1	-1,7	-3,6	-3,5	-3,4	-3,2	-2,1	-2,0	-2,4	-2,0	-3,8	-3,5	-3,5	-3,2	-2,1	-1,9
t-NW		-9,0***	-7,6***	-12,5***	-11,5***	-12,1***	-10,6***	-9,9***	-8,7***	-9,4***	-7,9***	-11,9***	-11,5***	-11,9***	-10,9***	-9,7***	-8,7***
L		-18,9***	-16,0***	-26,5***	-24,3***	-25,6***	-22,5***	-21,0***	-18,4***	-19,5***	-16,6***	-24,7***	-24,1***	-24,8***	-23,0***	-20,4***	-18,3***
RHV																	
Q1	0,001	5,0	4,1	3,9	3,3	4,2	3,5	5,6	5,2	5,3	4,5	3,3	2,7	3,4	2,8	5,2	4,8
Q2	0,002	4,7	3,9	3,4	2,8	3,7	3,1	5,3	5,0	5,0	4,3	2,8	2,2	3,0	2,3	4,9	4,6
Q3	0,004	4,4	3,8	3,2	2,7	3,4	2,9	5,1	4,8	4,8	4,2	2,6	2,1	2,7	2,2	4,7	4,4
Q4	0,006	4,5	3,8	3,5	2,9	3,7	3,1	5,5	5,2	4,8	4,2	2,9	2,2	3,0	2,3	5,1	4,8
Q5	0,031	4,8	3,9	3,9	2,8	4,1	3,1	6,2	5,7	5,2	4,2	3,3	2,0	3,4	2,2	5,8	5,2
Q5-Q1		-0,1	-0,2	0,0	-0,6	-0,1	-0,4	0,6	0,5	-0,1	-0,3	0,1	-0,7	0,0	-0,6	0,7	0,5
t-NW		-1,0	-1,4	0,3	-3,6***	-0,4	-2,4**	4,8***	3,8***	-0,8	-1,9*	0,7	-4,8***	-0,2	-3,9***	5,6***	3,8***
L		-2,0***	-3,0***	0,6	-7,6***	-0,7	-5,2**	10,3***	8,1***	-1,8*	-4,0***	1,4	-10,1***	-0,4	-8,3***	11,9***	8,2***

Diese Tabelle zeigt die univariate Portfolioanalyse der Risikofaktoren. Es werden die Mittelwerte des Risikofaktors zu jedem Quintil (Q1 bis Q5), die Mittelwerte (MW) und Mediane (MD) der Risikoprämien der Quintile zu jeder Risikofaktor-Modellkombination sowie die t-Werte (t) und t-Werte nach NW (t-NW) zu den Q1-Q5 Differenzen der Mittelwerte und Mediane der Quintile angegeben. Für die Definitionen der Kennzahlen siehe die Tabellenbeschreibung von *Tabelle 14* und *Abschnitt 3.2.2*. *, **, *** stehen für ein Signifikanzniveau von 10%, 5% und 1%.

Tabelle 17: Univariate Portfolioanalyse – USA

6.4   Multivariate Regressionen

6.4.1   Vorüberlegung

In den folgenden Abschnitten wird der multivariate Zusammenhang zwischen den RPIKK und den Risikofaktoren analysiert, um anschließend aus den Regressionskoeffizienten die Faktorenmodelle abzuleiten. Vor der Durchführung der multivariaten Regressionen muss die Überlegung angestellt werden, wie mit Unternehmen umgegangen wird, für die Verluste prognostiziert werden. Wie bereits aus *Abschnitt 5.6* bekannt ist, weisen Unternehmen mit negativen Prognosen ökonomisch irrationale implizite Risikoprämien auf. Deshalb ist zu erwarten, dass die Risikoparameter die Volatilität dieser irrationalen Risikoprämien nicht erklären können. Daher werden im Folgenden zunächst ausführlich Unternehmen ohne negative Prognosen analysiert und in *Kapitel 7* erfolgt zudem eine Berechnung der Bewertungsfehler differenziert nach den acht Gruppen von Unternehmen aufgeteilt nach der Anzahl negativer Prognosen.

Im Folgenden wird zunächst in *Abschnitt 6.4.2* ein mulivariates Modell mit allen 17 vorgestellten Risikofaktoren gebildet. In *Abschnitt 6.4.3* wird betrachtet, wie sich der Erklärungsgehalt der Modelle im Zeitverlauf sowie unterjährig verhält.[335] In *Abschnitt 6.4.4* wird das Regressionsmodell mit standardisierten Regressionsparametern bestimmt, um den Einfluss der Faktoren auf das Modell beurteilen zu können. In *Abschnitt 6.4.5* wird der zeitliche Verlauf einflussreicher Regressionsparameter betrachtet. In *Abschnitt 6.4.6* erfolgt eine Reduzierung der Risikofaktoren im Regressionsmodell auf die elf einflussreichsten Faktoren. Darauf folgt in *Abschnitt 6.5* ein Vergleich der Ergebnisse mit vorherigen Studien, die die Volatilität der IKK mit Risikofaktoren erklärt haben. Dieses Kapitel schließt mit der Prognose der indirekt mittels Faktorenmodellen bestimmten IKK.

6.4.2   Multivariate Regression mit 17 Parametern

In diesem Abschnitt werden die 17 Risikofaktoren in einem multivariaten Regressionsmodell gemäß *Formel 35* auf ihren Erklärungsgehalt getestet.[336] Die Regressionen werden über einen Zeitraum von 239 Monaten durchgeführt, da der erste Monat benötigt

---

[335] Der erste Monat wird benötigt, um die Vormonats-Branchen-RPIKK zu bestimmen. Deshalb erfolgt die Betrachtung ab Februar 1993 (über 239 Monate).
[336] Vgl. *Abschnitt 3.1.1*.

		RIMEW	RIMK1	RIMK9	RIMAQ	AEGEW	AEGK1	AEGK9	AEGAQ	Mittel
	RK	0,001	0,001	0,001	0,000	0,001	0,001	0,001	0,000	
BETA	t	0,8	3,6	1,2	-0,5	1,2	3,5	2,0	-0,3	1,4
	p	0,41	0,00	0,24	0,61	0,24	0,00	0,05	0,77	0,29
	RK	0,019	0,071	0,055	0,030	0,032	0,081	0,067	0,033	
BM	t	14,1	37,3	28,4	27,9	16,3	46,8	34,0	33,8	29,8
	p	0,00	0,00	0,00	0,00	0,00	0,00	0,00	0,00	0,00
	RK	0,454	0,263	0,433	0,343	0,419	0,240	0,340	0,324	
SARET	t	7,0	9,8	7,9	9,4	6,7	7,0	6,8	9,3	8,0
	p	0,00	0,00	0,00	0,00	0,00	0,00	0,00	0,00	0,00
	RK	0,000	-0,001	-0,001	-0,001	0,000	-0,001	-0,001	0,000	
STCAPM	t	-1,4	-6,4	-6,3	-5,0	-0,5	-5,7	-5,3	-4,2	-4,3
	p	0,17	0,00	0,00	0,00	0,60	0,00	0,00	0,00	0,10
	RK	0,003	-0,001	0,000	0,001	0,003	0,000	0,000	0,001	
LFKM	t	5,2	-4,9	-0,8	2,3	5,4	-0,7	0,9	3,3	1,3
	p	0,00	0,00	0,43	0,02	0,00	0,48	0,37	0,00	0,16
	RK	0,001	-0,001	-0,001	-0,001	0,001	-0,001	-0,001	-0,001	
LNAA	t	1,9	-4,7	-3,9	-5,0	2,1	-2,9	-2,3	-4,4	-2,4
	p	0,06	0,00	0,00	0,00	0,04	0,00	0,03	0,00	0,01
	RK	-0,109	-0,034	-0,071	-0,054	-0,098	-0,039	-0,067	-0,050	
FGP	t	-10,6	-6,3	-7,9	-7,9	-9,1	-6,6	-7,8	-8,1	-8,0
	p	0,00	0,00	0,00	0,00	0,00	0,00	0,00	0,00	0,00
	RK	-0,009	-0,004	-0,006	-0,003	-0,010	-0,005	-0,006	-0,004	
SGP	t	-14,4	-13,1	-12,1	-7,9	-16,1	-14,0	-14,6	-9,2	-12,7
	p	0,00	0,00	0,00	0,00	0,00	0,00	0,00	0,00	0,00
	RK	0,189	0,077	0,136	0,089	0,167	0,077	0,119	0,082	
AGP	t	8,6	9,9	9,4	8,8	7,4	6,4	7,2	8,1	8,2
	p	0,00	0,00	0,00	0,00	0,00	0,00	0,00	0,00	0,00
	RK	0,001	0,000	0,001	0,001	0,001	0,000	0,000	0,001	
GKF	t	9,8	7,0	8,6	10,9	9,8	6,0	8,0	10,6	8,8
	p	0,00	0,00	0,00	0,00	0,00	0,00	0,00	0,00	0,00
	RK	0,031	-0,005	0,007	0,008	0,031	0,006	0,015	0,011	
LTG	t	6,3	-1,8	2,0	2,8	6,0	1,8	3,4	3,8	3,0
	p	0,00	0,08	0,05	0,01	0,00	0,08	0,00	0,00	0,03
	RK	-0,032	-0,027	-0,034	-0,049	-0,032	-0,025	-0,030	-0,048	
AQ	t	-15,8	-22,0	-17,8	-25,9	-13,4	-15,9	-14,6	-25,8	-18,9
	p	0,00	0,00	0,00	0,00	0,00	0,00	0,00	0,00	0,00
	RK	0,648	0,243	0,445	0,471	0,618	0,263	0,416	0,449	
DR	t	14,9	10,9	12,9	14,9	13,1	9,4	11,2	14,5	12,7
	p	0,00	0,00	0,00	0,00	0,00	0,00	0,00	0,00	0,00
	RK	-0,010	-0,017	-0,018	-0,015	-0,009	-0,013	-0,014	-0,014	
URB	t	-5,3	-20,3	-12,3	-17,1	-5,1	-15,6	-11,3	-16,9	-13,0
	p	0,00	0,00	0,00	0,00	0,00	0,00	0,00	0,00	0,00
	RK	0,689	0,499	0,557	0,757	0,595	0,368	0,429	0,722	
BRVM	t	36,5	30,8	31,8	54,6	24,8	20,5	23,0	48,1	33,8
	p	0,00	0,00	0,00	0,00	0,00	0,00	0,00	0,00	0,00
	RK	-0,008	-0,007	-0,009	-0,009	-0,008	-0,006	-0,007	-0,006	
RET	t	-5,5	-7,7	-7,2	-7,2	-5,6	-7,1	-6,5	-7,0	-6,7
	p	0,00	0,00	0,00	0,00	0,00	0,00	0,00	0,00	0,00
	RK	-0,068	-0,043	-0,052	-0,017	-0,090	-0,048	-0,070	-0,016	
RHV	t	-2,6	-3,8	-2,8	-1,3	-3,8	-4,3	-4,2	-1,4	-3,0
	p	0,01	0,00	0,01	0,19	0,00	0,00	0,00	0,17	0,05
	RK	-0,019	-0,020	-0,021	-0,006	-0,018	-0,029	-0,028	-0,008	
Konstante	t	-10,9	-14,1	-12,8	-4,2	-8,4	-17,5	-14,6	-5,4	-11,0
	p	0,00	0,00	0,00	0,00	0,00	0,00	0,00	0,00	0,00
R^2_{adj}		41,2	82,5	66,2	64,8	47,7	85,1	73,9	68,0	
N		256.420	257.010	257.027	257.146	257.114	256.899	256.943	257.073	

Diese Tabelle zeigt die Ergebnisse der multivariaten Fama/MacBeth Regressionen. Zu jeder Risikofaktor-Modell-Kombination werden drei Werte angegeben. Es werden der Regressionskoeffizient (RK), der t-Wert nach NW (t) und der p-Wert nach NW (p) abgebildet. In der Spalte „Mittel" wird der Mittelwert der acht Modelle dargestellt. In der Zeile R^2_{adj} wird der Erklärungsgehalt des Modells angegeben. N bezeichnet die Anzahl der Beobachtungen. Auf die Darstellung von * für die verschiedenen Signifikanzniveaus wird aus Gründen der Übersichtlichkeit verzichtet. Die p-Werte enthalten dieselben Informationen. Für die Definitionen der Kennzahlen siehe Tabellenbeschreibung von *Tabelle 15* und *Abschnitt 3.2.2.*

Tabelle 18: Multivariate Regression mit 17 Risikofaktoren – USA

wird, um die erste Vormonats-RPIKK zu bestimmen, die als Branchenkennzahl einbezogen wird. *Tabelle 18* zeigt die acht multivariaten Regressionsmodelle mit 17 Risikofaktoren. In der Tabelle werden die Regressionskoeffizienten, der t-Wert nach Newey/West[337] sowie der dazugehörige p-Wert angegeben. In der letzten Zeile der Tabelle ist das adjustierte R^2 angegeben. Im Weiteren werden die Signifikanzen der Risikoparameter diskutiert und anschließend eine erste Beurteilung der R^2_{adj} vorgenommen.

Das BM zeigt sich in allen Modellen höchst signifikant mit dem erwarteten positiven Vorzeichen. Demnach werden am Kapitalmarkt von Unternehmen mit höherem BM höhere Kapitalkosten verlangt.

Die Branchen-RPIKK des Vormonats weisen ebenfalls in allen Modellen eine sehr hohe Signifikanz auf. Die Koeffizienten zeigen das erwartete positive Vorzeichen. Die Unternehmens-RPIKK hängen demnach deutlich von denen der gesamten Branche ab. Die Koeffizienten liegen je nach Modell zwischen 0,368 und 0,757. Demnach werden die IKK deutlich von den Branchenrisikoprämien des Vormonats geprägt. Die folgenden mittels Faktorenmodell bestimmten IKK können auch als durch Risikofaktoren adjustierte Branchen-IKK interpretiert werden.[338]

Zwei weitere hoch signifikante Kennzahlen sind AQ und DR. Beide Kennzahlen weisen einen p-Wert nahe null auf. Hier zeigt sich im multivariaten Kontext ein deutlicher Unterschied zur univariaten Analyse. AQ zeigt dabei ein negatives und DR ein positives Vorzeichen. Dies bestätigt die Vermutung, dass eine hohe Ausschüttungsquote die Kapitalkosten senkt, da die Aktionäre direkt am Gewinn beteiligt werden und ihre Rendite nicht durch zukünftige Ausschüttungen oder erhoffte Kurssteigerungen erzielen müssen. Ebenso wird die Vermutung bestätigt, dass Unternehmen mit einer hohen DR höhere Kapitalkosten entrichten müssen, da die Ausschüttung größerer Anteile vom Eigenkapital auf geringere Investitionsmöglichkeiten und daraus folgende schlechtere Zukunftsaussichten schließen lässt. Wie letztlich eine hohe Dividende auf die IKK wirkt, hängt von dem Verhältnis der Nenner der Kennzahlen (EPS und Aktienkurs) ab.

---

[337] Der t-Wert nach Newey-West wird mit einem lag von 4 Perioden berechnet, weitere Erläuterung dazu in *Abschnitt 3.1.2.*
[338] Vgl. Gebhardt/Lee/Swaminathan (2001), S. 165.

Um die in der Literatur diskutierten gegensätzlichen Wirkungsrichtungen der Gewinn-Wachstumsrate getrennt zu analysieren, wurde hier eine kurzfristige (GKF) und eine langfristige (LTG) Wachstumsrate in das Modell einbezogen (letztere wird von I/B/E/S-Analysten prognostiziert). Die kurzfristige Wachstumsrate enthält Parameter, die in den Bewertungsmodellen einbezogen werden, die langfristige wird demgegenüber hier nicht in den Bewertungsmodellen verwendet. LTG zeigt abgesehen vom RIMK1-Modell ein nicht erwartetes positives Vorzeichen, dass zumindest mit einem p-Wert von 0,08 signifikant ist. Nur beim RIMK1-Modell ist der erwartete negative Zusammenhang zu der RPIKK signifikant. LTG hat demzufolge nicht den erwarteten Zusammenhang zu den IKK. Es wirkt eher als Risikoindikator für zu optimistische Prognosen, auch wenn es nicht direkt in den Modellen verwendet wird. GKF zeigt mit einem p-Wert von nahe null bei sämtlichen Modellen eine sehr hohe Signifikanz mit dem erwarteten positiven Vorzeichen. Unternehmen mit hohen kurzfristigen Wachstumsraten müssen demzufolge höhere Kapitalkosten zahlen. Unternehmen mit relativ hohen Prognosen im Vergleich zum aktuellen Gewinn verfügen über ein höheres Risiko, da unsicher ist, ob diese Prognosen erreicht werden. Deshalb sind die hohen Prognosen nicht vollständig vom Markt in den Aktienkursen eingepreist und müssen stärker diskontiert werden.

Die Variable „Anpassung der Gewinnprognosen in den vergangenen 6 Monaten" (AGP) zeigt sich, wie erwartet, hoch signifikant positiv. Tendenziell überbewertete angepasste Gewinnprognosen, die entsprechend im Bewertungsmodell verwendet werden, stellen demnach ein Risiko für den Investor da. Anders formuliert, unter der Annahme, dass der Börsenwert effizient ist, müssen aus einer überhöhten Gewinnprognose überhöhte IKK folgen, um die Zahlungsströme auf den effizienten Börsenwert zu diskontieren.[339]

Die Variable „Streuung der EPS-Prognosen" (SGP) weist einen hoch signifikanten Koeffizienten auf. Das Vorzeichen ist entsprechend den Erwartungen, vergleichbar zur univariaten Analyse, negativ. Dieses kann zum einen damit erklärt werden, dass die Aktienkurse eher die Meinung der optimistischeren Anleger widerspiegeln. Zum anderen wirkt diese Kennzahl auch als Größenkennzahl, da besonders bei großen Unternehmen und vielen Analystenschätzungen große Unterschiede in den EPS-Prognosen entstehen können (Spearman-Korrelation zu LNAA 0,382).

---

[339] Dieses Ergebnis ist konsistent zu Mohanram/Gode (2013), S. 466. Sie verwenden die Anpassung der EPS-Prognose vom Jahresanfang zum Berechnungszeitpunkt der IKK, skaliert mit dem Aktienkurs.

Der Logarithmus naturalis der Anzahl der Analysten (LNAA) zeigt bei den Modellen mit Konvergenzphase den erwarteten negativen Koeffizienten, der hoch signifikant ist. Die EW-Modelle zeigen hingegen ein positives Vorzeichen, mit einem betragsmäßig geringeren aber noch signifikanten t-Wert. Die Hypothese des Größeneffektes kann demnach nur eingeschränkt bestätigt werden.

Die Koeffizienten der Kennzahl „Rendite der Aktie der vergangenen zwölf Monate" (RET) sind hoch signifikant. Die Koeffizienten haben in allen Modellen ein negatives Vorzeichen. Es wurde keine konkrete Vermutung hinsichtlich der Wirkungsrichtung aufgestellt, da verschiedene Theorien hinsichtlich der Wirkung existieren. Wenn die Annahme effizienter Aktienkurse aufgehoben wird, könnten diese negativen Vorzeichen aus überbewerteten Aktienkursen resultieren, da die vergleichsweise geringen EPS-Prognosen nur gering diskontiert werden können, um den hohen Aktienkurs zu rechtfertigen. Dies spräche für den Winner-Loser-Effekt und eine Umkehr der Rendite zum langfristigen Mittel.[340]

Die Standardabweichung der Aktienrendite (SARET) zeigt einen positiven und hoch signifikanten Koeffizienten. Diese Wirkung auf die Kapitalkosten wurde erwartet, da eine höhere Volatilität der Aktie ein höheres Risiko für den Aktionär darstellt.

Die Reaktion auf die nicht durch das CAPM erklärbare Rendite (STCAPM) zeigt ein einheitliches Bild. Die einheitlich negative und in sechs Modellen hoch signifikante Wirkung lässt darauf schließen, dass eine stärker positive (negative) Reaktion auf die Änderungen des Marktes als von CAPM unterstellt eine senkende (steigernde) Wirkung auf die Kapitalkosten hat.

Das CAPM-BETA weist in sechs Modellen einen erwartet positiven Koeffizienten auf und bei den AQ-Modellen einen unerwartet negativen. BETA ist nur bei den K1-Modellen auf dem 1%-Niveau signifikant. Ebenso ist der Koeffizient sehr gering, was auf eine geringe Bedeutung des BETAs im gesamten Modell hindeutet.[341] Diese geringe Bedeutung ist auf die Existenz weiterer relevanter Einflussfaktoren auf die Ausprägung der Renditeerwartungen zurückzuführen.

---

[340] Vgl. *Abschnitt 3.2.2.8.*
[341] Diese geringe Bedeutung des CAPM-BETA im Regressionsmodell zeigt sich auch bei der in *Abschnitt*

Die Verschuldungskennzahl LFKM zeigt bei den AQ- und EW-Modellen einen signifikant positiven Koeffizienten. Ein weiteres ist insignifikant positiv. Die weiteren drei Modelle zeigen einen negativen Zusammenhang. Von diesen ist jedoch nur eines signifikant.
Demnach lässt sich zumindest in einem Teil der Modelle die Erwartung bestätigen, dass
für stärker verschuldete Unternehmen höhere Kapitalkosten gezahlt werden müssen.

Das relative Handelsvolumen (RHV) erzielt bei allen Modellen negative Zusammenhänge. Bei sechs Modellen ist dieser Zusammenhang hoch signifikant. Demnach müssen
häufiger gehandelte Unternehmen geringere IKK zahlen.[342]

Insgesamt zeigen sich bei der multivariaten Analyse gegenüber der univariaten Analyse
deutlichere Zusammenhänge zwischen den Risikoprämien und den Risikofaktoren. Der
Großteil der in *Abschnitt 3.2.2* aufgestellten Hypothesen zu diesen Zusammenhängen
konnte bestätigt werden. Bei der Interpretation der hier aufgeführten Zusammenhänge
zwischen Risikofaktor und Risikoprämie muss berücksichtigt werden, dass der Zusammenhang durch Kollinearität von Risikofaktoren unterschätzt werden kann.[343]

Zur Beurteilung der Güte eines Regressionsmodells zur Erklärung der unabhängigen Variable wird das adjustierte R^2 (R^2_{adj}) verwendet. Vorrangiges Ziel ist es, die beiden Arten
von Bewertungsmodellen RIM und AEG miteinander zu vergleichen. Deshalb werden im
Weiteren die jeweils gleichartigen Ausgestaltungsvarianten der beiden Modellarten anhand des mittleren monatlichen R^2_{adj} verglichen. Die Modelle mit klassischem EW weisen beim RIM (AEG) mit einem R^2_{adj} von 41,2% (47,7%) die geringste Güte auf. Bereits
deutlich höhere R^2_{adj} zeigen die AQ-Modelle mit 64,8% (68,0%). Die höchsten R^2_{adj} weisen die Modelle mit einhundertprozentiger Ausschüttung auf. Jene mit neunjähriger Konvergenzphase zeigen Werte von 66,2% (73,9%) und bei einjähriger Konvergenzphase
82,5% (85,1%). Auffällig ist, dass bei sämtlichen gewählten Ausgestaltungen der Bewertungsmodelle das AEG-Modell ein höheres R^2_{adj}, als das vergleichbare RIM aufweist.
Dies ist ein erster Indikator für eine höhere Bewertungsqualität des AEG-Modells, da
dessen Volatilitäten der IKK besser durch Risikofaktoren erklärt werden können.

6.4.4 folgenden standardisierten Regression.
[342] Vgl. *Abschnitt 3.2.2.8.*
[343] Vgl. Auer (2016), S. 564-565.

Es stellt sich die Frage, ob die Modelle über den Betrachtungszeitraum von 20 Jahren sowie unterjährig eine konstante Güte vorweisen können, denn nur unter dieser Voraussetzung ist eine konstant gute Bestimmung der IKK mittels abgeleitetem Faktorenmodell möglich. Im folgenden Abschnitt wird daher der zeitliche Verlauf des R^2_{adj} betrachtet.

6.4.3 Verlauf des Erklärungsgehaltes im Betrachtungszeitraum

In diesem Abschnitt wird aufbauend auf die zuvor dargestellten mittleren R^2_{adj} der unterjährige Verlauf der R^2_{adj} und anschließend der Verlauf über die 239 betrachteten Monate analysiert.[344]

Abbildung 12 zeigt den unterjährigen Verlauf des R^2_{adj} der acht Modelle. Dabei werden die Mittelwerte der Kalendermonate über die 20 Jahre berechnet. Wie bereits bekannt, erzielt das AEGK1-Modell das höchste R^2_{adj}. Dieses verläuft unterjährig sehr konstant innerhalb einer Spanne von 2,5 Prozentpunkten. Das vergleichbare RIMK1-Modell erzielt in den Monaten April bis Juni annähernd gleich hohe R^2_{adj}. Dieses verläuft unterjährig innerhalb einer Spanne von 4,2 Prozentpunkten. Die mittlere Spanne aller AEG-Modelle (RIM-Modelle) beträgt 3,0 (6,0) Prozentpunkte. Im April werden für den größten Teil der Stichprobe, alle Unternehmen mit Bilanzstichtag am 31.12., die Bilanzdaten aktualisiert. Der wesentliche Unterschied zwischen RIM und AEG ist der Eigenkapitalbuchwert, der im RIM berücksichtigt wird. Das AEG fokussiert die Gewinnprognosen. Wenn der BPS aktuell ist, kann das RIM Kapitalkosten bestimmen, die sehr gut durch Risikofaktoren erklärt werden können. Mit abnehmender Aktualität des BPS sinkt das R^2_{adj} des RIM. Der Anstieg des R^2_{adj} des RIM im April ist über die Jahre recht konstant. Im April sind bei dem AEGK1-, dem AEGK9- und dem AEGEW-Modell geringfügige Rückgänge des R^2_{adj} zu beobachten. Dies ist durch den Rückgang der mittleren RPIKK von März auf April zu erklären.[345] Der Erklärungsgehalt der BRVM nimmt in diesem Monat ab. Besonders bei den RIM-Modellen ist der Nutzen der aktualisierten Daten so hoch, dass dieser Effekt überkompensiert wird. Zudem ist bei diesen Modellen der Rückgang der RPIKK geringer.

---

[344] Für den ersten Monat kann die Regression nicht berechnet werden, da noch keine implizite Branchenrisikoprämie des Vormonats vorliegt.
[345] Vgl. *Abschnitt 5.1.*

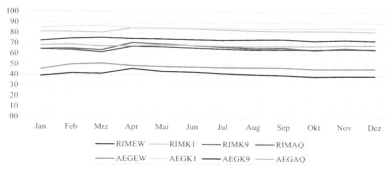

Abbildung 12: Unterjähriger Verlauf des Erklärungsgehalts – USA

Die K9-Modelle zeigen ein vergleichbares Bild. Die Kurven verlaufen annähernd parallel zu den zuvor betrachteten, jedoch auf einem ca. 11 (16) Prozentpunkte niedrigerem Niveau beim AEG (RIM). Demzufolge weist das AEG in allen Monaten ein deutlich höheres R^2_{adj} auf. Ein ähnliches Bild geben auch die AQ-Modelle ab. Beide Modelle zeigen erneut einen gleichförmigen Verlauf zu den vorherigen Varianten. Im April und Mai sinkt auch bei diesen Modellen die Differenz des R^2_{adj} unter einen Prozentpunkt. Das AEG-Modell zeigt stets ein höheres R^2_{adj} als das vergleichbare RIM. Die geringsten R^2_{adj} haben die Modelle ohne Konvergenzphase. Unterjährig verlaufen diese Werte vergleichbar zu den vorherigen Modellen, jedoch auf deutlich geringerem Niveau.

Es kann festgehalten werden, dass das AEG, nicht jedoch das RIM, ganzjährig ein R^2_{adj} auf konstant hohem Niveau aufzeigen kann. Der Erklärungsgehalt liegt jedoch auch bei den RIM-Modellen mit Konvergenzphase ganzjährig auf hohem Niveau.

Die *Abbildungen 13* bis *16* zeigen den zeitlichen Verlauf der R^2_{adj} der acht Modelle über die untersuchten 239 Monate. Dabei werden aus Gründen der Übersichtlichkeit jeweils die vergleichbaren RIM- und AEG-Modelle gemeinsam dargestellt.

Abbildung 13 zeigt den Verlauf des monatlichen R^2_{adj} der Modelle mit klassischem EW. Die Kurven verlaufen weitestgehend synchron mit vergleichbaren Ausschlägen. Das RIM kann nur in 10 der 239 Monaten ein höheres R^2_{adj} erzielen. Über den Betrachtungszeitraum ist ein deutlich sinkendes R^2_{adj} zu beobachten.

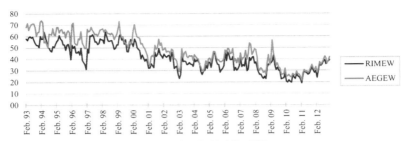

Abbildung 13: Verlauf des Erklärungsgehalts der EW-Modelle – USA

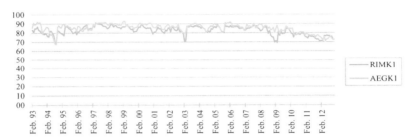

Abbildung 14: Verlauf des Erklärungsgehalts der K1-Modelle – USA

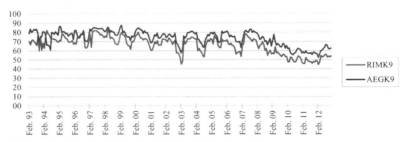

Abbildung 15: Verlauf des Erklärungsgehalts der K9-Modelle – USA

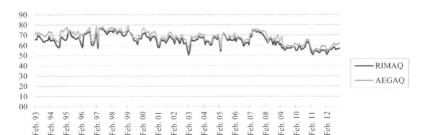

Abbildung 16: Verlauf des Erklärungsgehalts der AQ-Modelle – USA

Abbildung 14 zeigt den Verlauf des monatlichen R^2_{adj} der Modelle mit einjähriger Konvergenzphase und einhundertprozentiger Ausschüttung. Die Kurven verlaufen über den gesamten Zeitraum relativ konstant, bis auf wenige negative Ausschläge aufgrund der Krisen, zwischen 70% und 90%. Nach der Subprime-Krise ist ein Absinken des R^2_{adj} beider Modelle um 10 bis 15 Prozentpunkte zu beobachten. Auch hier zeigt das AEG-Modell in den meisten Monaten das höhere R^2_{adj}, das RIM kann nur in 42 Monaten das AEG übertreffen.

Abbildung 15 zeigt den Verlauf des monatlichen R^2_{adj} der Modelle mit neunjähriger Konvergenzphase und einhundertprozentiger Ausschüttung. Der Verlauf ist vergleichbar zu *Abbildung 14* mit deutlich erhöhter Volatilität. Die Differenz beider Modelle ist deutlich größer. Das AEG-Modell zeigt nur in 9 Monaten ein geringeres R^2_{adj} gegenüber dem RIM.

Abbildung 16 zeigt den Verlauf des monatlichen R^2_{adj} der AQ-Modelle. Dieser ist vergleichbar zu den K9-Modellen, mit geringfügig geringerer Volatilität auf geringerem Niveau. Das AEG-Modell weist auch hier in den meisten Monaten das höhere R^2_{adj} auf. Nur in 5 Monaten zeigt das RIM einen höheren Wert.

Festzuhalten ist, dass das AEG grundsätzlich ein höheres R^2_{adj} und unterjährig konstanteres R^2_{adj} aufweist. Zudem nehmen in den volatilen Märkten nach der Subprime-Krise die R^2_{adj} der Konvergenzmodelle ab, bleiben jedoch noch deutlich über den EW-Modellen. Es ist grundsätzlich zu erwarten, dass sich die hier ermittelten R^2_{adj} im Folgenden auf die Eignung der Modelle zur Bestimmung von Faktorenmodell-Kapitalkosten auswirkt. Besonders die Konvergenzmodelle zeigen unterjährig und über dem gesamten Betrachtungszeitraum einen relativ konstant hohen Erklärungsgehalt, folglich sollte die Eignung der Faktorenmodell-Kapitalkosten ebenso konstant sein.

6.4.4   Standardisierte multivariate Regression

Die Regressionskoeffizienten des nicht-standardisierten Modells können nicht direkt miteinander verglichen werden, deshalb werden in diesem Abschnitt die Variablen der zuvor betrachteten Regression zu jedem Beobachtungszeitpunkt standardisiert, damit jede Variable einen Erwartungswert von null und eine Standardabweichung von eins erhält. Ziel dieser Analyse ist die Beurteilung des Einflusses der Variablen auf das abzuleitende Faktorenmodell.

Tabelle 19 zeigt die Regressionskoeffizienten der Regression mit standardisierten Variablen. Die Variablen sind absteigend nach dem absoluten Wert des Mittelwertes der Regressionskoeffizienten der acht Modelle sortiert. Der Fokus dieser Betrachtung liegt auf den standardisierten Regressionskoeffizienten. Deshalb wird nicht erneut auf die Signifikanzniveaus der Variablen eingegangen (vgl. *Abschnitt 6.4.2*).

	RIMEW	RIMK1	RIMK9	RIMAQ	AEGEW	AEGK1	AEGK9	AEGAQ	Mittel
BM	0,192	0,743	0,540	0,365	0,314	0,795	0,654	0,418	0,503
AQ	-0,214	-0,189	-0,224	-0,405	-0,213	-0,158	-0,189	-0,408	-0,250
DR	0,316	0,121	0,210	0,280	0,296	0,120	0,190	0,273	0,226
BRVM	0,220	0,192	0,200	0,356	0,187	0,130	0,147	0,331	0,220
FGP	-0,204	-0,058	-0,121	-0,117	-0,176	-0,064	-0,113	-0,111	-0,120
SARET	0,097	0,060	0,094	0,090	0,093	0,052	0,075	0,087	0,081
AGP	0,121	0,050	0,086	0,071	0,108	0,045	0,073	0,066	0,078
GKF	0,098	0,027	0,070	0,089	0,088	0,023	0,050	0,083	0,066
RET	-0,067	-0,065	-0,076	-0,070	-0,063	-0,046	-0,059	-0,062	-0,064
URB	-0,047	-0,065	-0,071	-0,072	-0,042	-0,048	-0,055	-0,068	-0,058
SGP	-0,088	-0,040	-0,053	-0,043	-0,091	-0,047	-0,058	-0,046	-0,058
LTG	0,055	-0,009	0,013	0,018	0,052	0,007	0,021	0,024	0,023
STCAPM	0,000	-0,038	-0,033	-0,021	0,003	-0,021	-0,021	-0,014	-0,018
RHV	-0,019	-0,018	-0,014	0,002	-0,029	-0,015	-0,021	0,003	-0,014
LNAA	0,019	-0,029	-0,026	-0,037	0,023	-0,012	-0,010	-0,031	-0,013
LFKM	0,044	-0,026	-0,009	0,011	0,042	-0,011	-0,001	0,018	0,008
BETA	0,000	0,009	0,000	-0,010	-0,001	0,008	0,003	-0,009	0,000
Konstante	0,003	-0,001	0,000	0,000	0,001	0,000	0,000	0,000	0,001
R^2_{adj}	41,2	82,5	66,2	64,8	47,7	85,1	73,9	68,0	

Diese Tabelle zeigt die standardisierten Regressionskoeffizienten der multivariaten Fama/MacBeth Regressionen mit standardisierten Parametern. Die Parameter werden absteigend nach ihren absoluten mittleren Regressionskoeffizienten sortiert. In der Spalte „Mittel" wird der Mittelwert der acht Modelle dargestellt. In der Zeile R^2_{adj} wird der Erklärungsgehalt des Modells angegeben. Auf die Darstellung von * für die verschiedenen Signifikanzniveaus wird aus Gründen der Übersichtlichkeit verzichtet. Für die Definitionen der Kennzahlen siehe die Tabellenbeschreibung von *Tabelle 15* und *Abschnitt 3.2.2*.

Tabelle 19: Standardisierte multivariate Regression– USA

Den deutlich größten Einfluss auf das Regressionsmodell nimmt das Buch-Marktwert-Verhältnis. Der Koeffizient ist bei den verschiedenen Modellen sehr uneinheitlich ausgeprägt. Bei den Konvergenzmodellen mit einhundertprozentiger Ausschüttung fällt dieser am höchsten aus. Den geringsten Einfluss zeigt er bei den Modellen mit klassischem EW. Die Ausprägung beträgt beim RIMEW ca. ein Viertel derjenigen des AEGK1-Modells. Die AEG-Modelle zeigen jeweils höhere Koeffizienten als die vergleichbaren RIM-Modelle.

Einen ebenfalls bedeutenden Einfluss haben die dividendenabhängigen Kennzahlen AQ und DR. Diese zeigen bei den EW- und den AQ-Modellen die deutlich höheren Koeffizienten und diese übersteigen beim RIMEW den Einfluss des BM. Dies ist modellinduziert, da bei diesen die IKK stärker von der Ausschüttungsquote beeinflusst werden. Es sind keine bedeutenden Unterschiede zwischen den RIM- und AEG-Modellen ersichtlich.

Den nächst höchsten Einfluss haben die Branchenkapitalkosten des Vormonats. Die IKK der AQ-Modelle orientieren sich besonders stark an den Branchenkapitalkosten. Dabei zeigen diese bei den RIM-Modellen einen größeren Einfluss als bei den AEG-Modellen.

Einen ebenfalls bedeutenden Einfluss weisen die beiden von EPS-Prognosen abhängigen Kennzahlen FGP und AGP sowie SARET und die kurzfristige Wachstumsrate GKF auf. Diese haben bei den EW-Modellen den stärksten und bei den K1-Modellen den geringsten Einfluss. Dabei bestehen keine bedeutenden Unterschiede zwischen RIM und AEG.

Auch RET, URB und SGP zeigen ebenfalls noch einen deutlichen Einfluss. Diese Kennzahlen zeigen nur geringfügige Unterschiede bei den Regressionskoeffizienten der acht Modelle.

Die zuvor aufgezählten Kennzahlen sind zudem die elf Kennzahlen, die mit den erwarteten Reaktionen bei allen Modellen hoch signifikant sind. Die weiteren Kennzahlen haben nur einen geringen Einfluss auf das Faktorenmodell. Auch LTG zeigt im Vergleich zu GKF einen geringen Einfluss, wenn es, wie hier, nicht direkt im Modell verwendet wird. Deshalb wird in *Abschnitt 6.4.6* zusätzlich ein Regressionsmodell aus den elf einflussreichsten Regressionsparametern gebildet. Die Begrenzung auf die elf einflussreichsten Risikofaktoren würde die Streuung der Schätzer der Faktorpreise der einbezogenen Variablen reduzieren, falls die nicht einbezogenen Variablen irrelevant sind.[346] Zudem ist es

---

[346] Vgl. Auer (2016), S. 312-315.

gängige Praxis, verschiedene Regressionsmodelle zu bilden und hinsichtlich ihrer Eignung zu vergleichen.[347]

6.4.5   Zeitlicher Verlauf der multivariaten Regressionskoeffizienten

In diesem Abschnitt werden die einflussreichsten Regressionsparameter der Regression mit 17 Risikofaktoren über den betrachteten Zeitraum von 239 Monaten analysiert. Es soll herausgefunden werden, ob die Regressionskoeffizienten zeitlich konstant verlaufen. Wenn sie konstant sind, spricht dieses für zeitlich konstante Gewichtungen der Risikofaktoren im Faktorenmodell. In diesem Falle könnte auch eine gepoolte Regression bzw. längerfristige gleitende Mittelwerte der Parameter in den Faktorenmodellen verwendet werden. Es werden die nicht-standardisierten Koeffizienten verglichen, da diese ökonomisch besser zu interpretieren sind. Die standardisierten würden einen Koeffizientenübergreifenden Vergleich ermöglichen, dies ist hier jedoch nicht Ziel der Analyse. Auch die Faktorenmodelle werden mit nicht-standardisierten Faktoren erstellt, da bei Verwendung dieses Faktorenmodells die Kenntnis des Modells sowie die unternehmensindividuellen Parameter ausreichen.[348] Müssten die unternehmensindividuellen Parameter zunächst standardisiert werden, so wäre die Kenntnis des Gesamtmarktes erforderlich.

In *Abbildung 17* bis *24* sind exemplarisch die zeitlichen Verläufe der acht nach standardisierter Regression einflussreichsten Koeffizienten abgebildet. Bei Betrachtung des Gesamtbildes der dargestellten Verläufe, sowie der nicht dargestellten, kann eindeutig kein zeitlich konstanter Verlauf beobachtet werden. Gleichzeitig sind die Wirkungsrichtungen der Risikofaktoren aus den vorherigen Tests eindeutig ersichtlich.

Die geringste Volatilität zeigt die Branchen-RPIKK des Vormonats (BRVM), wobei auch dieser Koeffizient zeitlich nicht konstant ist. Dabei ist auffällig, dass der Einfluss dieser Kennzahl bei den AQ- und EW-Modellen am höchsten ausfällt und seit den neunziger Jahren noch weiter zugenommen hat.

---

[347] Vgl. bspw. Gebhardt/Lee/Swaminathan (2001), S. 162-166, Gode/Mohanram (2003), S. 412-418 oder Botosan/Plumlee (2005), S. 42-44.

[348] Im ursprünglichen Modell verwenden Gebhardt/Lee/Swaminathan (2001) im Faktorenmodell standardisierte Faktoren.

Bei Betrachtung der einflussreichsten Kennzahl BM zeigt sich besonders der deutliche Unterschied in der Ausprägung der Kennzahl zwischen den Modellen mit einhundertprozentiger Ausschüttung und den AQ- bzw. EW-Modellen. Bei den erstgenannten ist der Einfluss deutlich höher. Der Einfluss auf die Modelle ist demzufolge entgegengesetzt zu BRVM. Besonders auffällig ist das kurzfristige extreme Absinken der Koeffizienten aller Modelle in der Subprime-Krise. Der Koeffizient des BM sinkt in der Zeit nach dieser Krise gegenüber der Zeit vor dieser Krise ab. Ansonsten verläuft er relativ konstant.

Bei GKF zeigt sich der Einfluss auf die Modelle ebenfalls konstant in umgekehrter Reihenfolge zum BM. Die K1-Modelle zeigen einen geringen Einfluss. Die EW-Modelle hingegen einen sehr hohen. Dies ist durch die für die Ewigkeit als konstant (unter Berücksichtigung eines konstanten Wachstums) angenommenen EPS3-Prognosen zu begründen. Die Unternehmen mit hohem GKF zeigen in diesen Modellen sehr hohe IKK, da die für die Ewigkeit hohen EPS3 relativ stark diskontiert werden müssen. Dieser Koeffizient unterliegt vereinzelten deutlichen Ausschlägen, besonders in den Krisen.

Einen vergleichbaren Verlauf mit jeweils umgekehrten Vorzeichen zeigen die beiden dividendenabhängigen Kennzahlen AQ und DR. Der Koeffizient dieser Kennzahlen nimmt in der zweiten Hälfte des Betrachtungszeitraums deutlich ab. Die AQ-Modelle zeigen bei AQ bzw. die EW-Modelle bei DR den höchsten Einfluss dieser Kennzahlen. Lediglich in der Subprime-Krise erreichen die Regressionskoeffizienten der Dividendenrendite Werte nahe null. In dieser Marktphase scheinen Anleger von Unternehmen mit hoher Dividendenrendite keine höheren IKK zu erwarten, da sie diese Unternehmen in der Krise als weniger riskant empfinden.

Die beiden EPS-Prognose-Kennzahlen AGP und FGP zeigen eine deutlich höhere Volatilität, die von der Wahl des Modells relativ unabhängig ist. Dies kann möglicherweise zum einen auf schwankende Risikoeinschätzungen des Marktes zurückgeführt werden, zum anderen liegt die Ursache für diese häufigen Schwankungen in unterjährig schwankenden Koeffizienten. Diese Kennzahlen werden abhängig von der Aktualität bzw. des Horizonts der Prognosen unterschiedlich interpretiert.

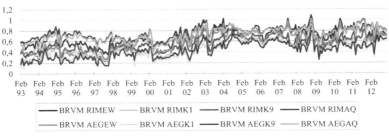

Abbildung 17: Verlauf des Regressionskoeffizienten BRVM – USA

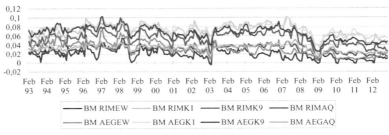

Abbildung 18: Verlauf des Regressionskoeffizienten BM – USA

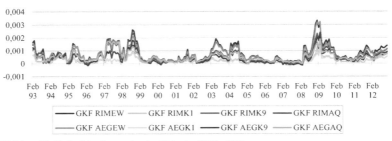

Abbildung 19: Verlauf des Regressionskoeffizienten GKF – USA

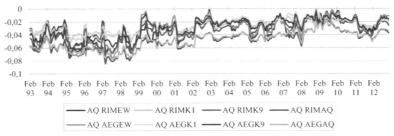

Abbildung 20: Verlauf des Regressionskoeffizienten AQ – USA

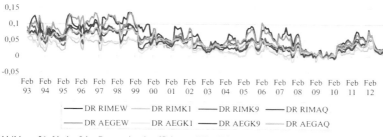

Abbildung 21: Verlauf des Regressionskoeffizienten DR – USA

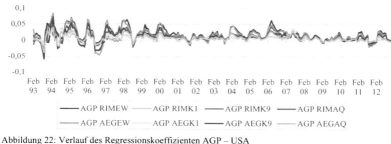

Abbildung 22: Verlauf des Regressionskoeffizienten AGP – USA

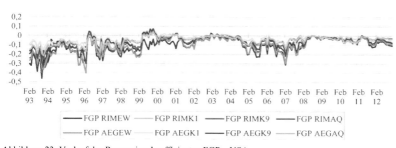

Abbildung 23: Verlauf des Regressionskoeffizienten FGP – USA

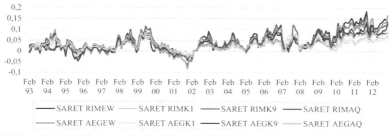

Abbildung 24: Verlauf des Regressionskoeffizienten SARET – USA

Ebenfalls volatil, jedoch bis auf wenige Ausnahmen positiv verläuft SARET. Der Einfluss auf das Regressionsmodell ist deutlich höher als der des CAPM-BETA. Besonders in der zweiten Hälfte des Betrachtungszeitraums verläuft dieser Koeffizient bei allen Modellen konstant positiv. Besonders ab 2010 steigt der Koeffizient deutlich an.

Aufgrund des nicht-konstanten Verlaufs der Regressionskoeffizienten zeigt sich, dass möglichst aktuelle Koeffizienten im Faktorenmodell verwendet werden sollten. Längerfristige gleitende Mittelwerte sollten ungenauere prognostizierte IKK erzeugen als aktuelle Koeffizienten. Dies wird im Folgenden nach der Bildung der Faktorenmodelle getestet.

6.4.6   Multivariate Regression mit reduzierter Parameteranzahl

In diesem Abschnitt werden die Unterschiede des reduzierten multivariaten Regressionsmodells mit elf Faktoren gegenüber dem ursprünglichen Modell mit 17 Risikofaktoren dargestellt. Die Begrenzung auf die elf einflussreichsten Risikofaktoren würde die Streuung der Schätzer der Faktorpreise der einbezogenen Variablen reduzieren, falls die nicht einbezogenen Variablen irrelevant sind.[349] Zudem werden die Anforderungen an einen vollständigen Datensatz reduziert und es können mehr Datensätze einbezogen werden. Durch die Reduktion der Risikofaktoren erhöht sich die Anzahl an Datensätzen auf 299.817 (bei 17 Faktoren stehen 257.690 zur Verfügung). Zum Vergleich mit den vorherigen Ergebnissen wird eine Berechnung mit der Stichprobe, für die sämtliche 17 Faktoren verfügbar sind, und eine mit der maximal möglichen Anzahl an Beobachtungen durchgeführt.

Tabelle 20 zeigt die Ergebnisse der reduzierten Stichprobe und *Tabelle 21* die der erweiterten Stichprobe. Die Ergebnisse der Regressionskoeffizienten sind sehr robust gegenüber der Reduzierung der Parameter. Sämtliche Parameter sind höchst signifikant mit ei-

---

[349] Es wird ein Modell mit reduzierter Anzahl an Parametern verwendet, um den Einfluss möglicher irrelevanter Variablen auf die weiteren Regressionskoeffizienten auszuschließen. Bei Verwendung irrelevanter Variablen kann die Streuung der Schätzer der Regressionskoeffizienten der relevanten Parameter ansteigen, vgl. Auer (2016), S. 310. Die richtige Spezifikation eines multivariaten Regressionsmodells ist grundsätzlich unbekannt und nicht ausschließlich aus ökonomischen Theorien abzuleiten, deshalb ist es gängige Praxis verschiedene Regressionsmodelle zu bilden und zu vergleichen, vgl. Auer (2016), S. 312-315. So bspw. Gebhardt/Lee/Swaminathan (2001), S. 162-166, Gode/Mohanram (2003), S. 412-418 oder Botosan/Plumlee (2005), S. 42-44.

nem p-Wert von nahe null. Die Koeffizienten und die t-Werte ändern sich nur geringfügig. Die Veränderungen der erweiterten Stichprobe fallen deutlicher aus, die daraus abgeleiteten Aussagen ändern sich hingegen nicht.

		RIMEW	RIMK1	RIMK9	RIMAQ	AEGEW	AEGK1	AEGK9	AEGAQ	Mittel
	RK	0,020	0,071	0,055	0,031	0,033	0,081	0,067	0,035	
BM	t	12,6	36,9	28,1	28,9	14,4	43,3	31,4	33,6	28,6
	p	0,00	0,00	0,00	0,00	0,00	0,00	0,00	0,00	0,00
	RK	-0,035	-0,025	-0,033	-0,048	-0,035	-0,024	-0,030	-0,048	
AQ	t	-14,9	-19,5	-15,9	-24,8	-12,9	-13,8	-12,9	-24,7	-17,4
	p	0,00	0,00	0,00	0,00	0,00	0,00	0,00	0,00	0,00
	RK	0,647	0,216	0,420	0,464	0,618	0,244	0,397	0,446	
DR	t	14,2	9,8	11,8	14,8	12,6	8,6	10,3	14,5	12,1
	p	0,00	0,00	0,00	0,00	0,00	0,00	0,00	0,00	0,00
	RK	0,704	0,507	0,565	0,761	0,608	0,374	0,435	0,728	
BRVM	t	36,2	33,8	34,0	58,9	24,1	20,8	23,1	50,6	35,2
	p	0,00	0,00	0,00	0,00	0,00	0,00	0,00	0,00	0,00
	RK	-0,110	-0,033	-0,070	-0,054	-0,099	-0,039	-0,067	-0,050	
FGP	t	-10,8	-5,8	-7,7	-7,7	-9,2	-6,4	-7,7	-8,0	-7,9
	p	0,00	0,00	0,00	0,00	0,00	0,00	0,00	0,00	0,00
	RK	0,444	0,253	0,425	0,352	0,404	0,239	0,337	0,337	
SARET	t	8,3	9,7	8,7	9,6	7,5	7,7	7,7	9,8	8,6
	p	0,00	0,00	0,00	0,00	0,00	0,00	0,00	0,00	0,00
	RK	0,191	0,075	0,135	0,088	0,168	0,076	0,118	0,080	
AGP	t	8,5	9,7	9,3	8,9	7,3	6,3	7,0	8,0	8,1
	p	0,00	0,00	0,00	0,00	0,00	0,00	0,00	0,00	0,00
	RK	0,001	0,000	0,001	0,001	0,001	0,000	0,000	0,001	
GKF	t	9,6	6,8	8,2	9,5	9,6	6,0	8,0	9,3	8,4
	p	0,00	0,00	0,00	0,00	0,00	0,00	0,00	0,00	0,00
	RK	-0,008	-0,009	-0,010	-0,007	-0,007	-0,006	-0,008	-0,006	
RET	t	-4,6	-20,5	-12,6	-17,3	-4,1	-15,1	-10,7	-16,6	-12,7
	p	0,00	0,00	0,00	0,00	0,00	0,00	0,00	0,00	0,00
	RK	-0,010	-0,019	-0,020	-0,016	-0,008	-0,014	-0,014	-0,015	
URB	t	-4,6	-20,5	-12,6	-17,3	-4,1	-15,1	-10,7	-16,6	-12,7
	p	0,00	0,00	0,00	0,00	0,00	0,00	0,00	0,00	0,00
	RK	-0,009	-0,005	-0,006	-0,004	-0,009	-0,006	-0,007	-0,004	
SGP	t	-13,6	-16,4	-13,0	-8,7	-16,4	-15,6	-17,2	-9,7	-13,8
	p	0,00	0,00	0,00	0,00	0,00	0,00	0,00	0,00	0,00
	RK	-0,012	-0,024	-0,023	-0,009	-0,010	-0,029	-0,027	-0,010	
Konstante	t	-9,6	-21,1	-18,8	-8,5	-6,6	-22,1	-19,2	-9,2	-14,4
	p	0,00	0,00	0,00	0,00	0,00	0,00	0,00	0,00	0,00
R^2_{adj}		39,5	81,7	65,0	63,6	46,1	84,6	73,0	67,0	
N		256.420	257.010	257.027	257.146	257.114	256.899	256.943	257.073	

Diese Tabelle zeigt die Ergebnisse der multivariaten Fama/MacBeth Regressionen mit elf Parametern der reduzierten Stichprobe. Für die weitere Tabellenbeschreibung siehe *Tabelle 18.*

Tabelle 20: Multivariate Regression mit elf Faktoren bei reduzierter Stichprobe – USA

Von besonderer Bedeutung für das folgende Faktorenmodell ist das R^2_{adj} der Regressionsmodelle. Das R^2_{adj} reduziert sich bei beiden Stichproben und sämtlichen Modellen. Die ausgeschlossenen Parameter können demnach weiter zum Erklärungsgehalt beitragen. Bei gleichbleibender Stichprobe sinkt das R^2_{adj} am stärksten beim bereits schlechtesten RIMEW-Modell (um 1,7 Prozentpunkte). Die geringste Verschlechterung erfolgt beim bereits besten Modell, dem AEGK1-Modell (um 0,5 Prozentpunkte). Durch die Erweiterung der Stichprobe verringern sich die Werte weiter. Diese weitere Verringerung liegt gegenüber der kleineren Stichprobe zwischen 2,4 Prozentpunkten beim RIMEW-Modell und 0,7 Prozentpunkten bei den K1-Modellen.

		RIMEW	RIMK1	RIMK9	RIMAQ	AEGEW	AEGK1	AEGK9	AEGAQ	Mittel
	RK	0,020	0,071	0,055	0,031	0,032	0,081	0,066	0,034	
BM	t	13,1	35,3	28,6	27,1	14,9	43,6	32,6	32,3	28,4
	p	0,00	0,00	0,00	0,00	0,00	0,00	0,00	0,00	0,00
	RK	-0,031	-0,022	-0,029	-0,046	-0,031	-0,022	-0,026	-0,046	
AQ	t	-13,9	-17,1	-14,7	-24,0	-11,9	-13,2	-12,0	-24,2	-16,4
	p	0,00	0,00	0,00	0,00	0,00	0,00	0,00	0,00	0,00
	RK	0,571	0,176	0,353	0,416	0,538	0,213	0,337	0,408	
DR	t	14,4	8,3	11,4	14,9	12,7	8,1	9,9	14,8	11,8
	p	0,00	0,00	0,00	0,00	0,00	0,00	0,00	0,00	0,00
	RK	0,725	0,514	0,581	0,765	0,636	0,379	0,450	0,731	
BRVM	t	40,9	34,5	36,4	63,3	27,8	21,8	24,7	53,6	37,9
	p	0,00	0,00	0,00	0,00	0,00	0,00	0,00	0,00	0,00
	RK	-0,111	-0,035	-0,073	-0,058	-0,104	-0,040	-0,070	-0,053	
FGP	t	-10,4	-6,6	-8,1	-8,2	-9,5	-6,9	-8,0	-8,3	-8,2
	p	0,00	0,00	0,00	0,00	0,00	0,00	0,00	0,00	0,00
	RK	0,429	0,211	0,390	0,327	0,388	0,214	0,309	0,318	
SARET	t	7,7	7,9	7,6	8,6	7,0	6,7	6,9	8,9	7,7
	p	0,00	0,00	0,00	0,00	0,00	0,00	0,00	0,00	0,00
	RK	0,161	0,063	0,117	0,075	0,140	0,064	0,099	0,069	
AGP	t	8,1	7,4	8,1	7,3	7,0	5,8	6,6	6,7	7,1
	p	0,00	0,00	0,00	0,00	0,00	0,00	0,00	0,00	0,00
	RK	0,001	0,000	0,001	0,001	0,001	0,000	0,000	0,001	
GKF	t	10,1	5,9	8,8	10,2	9,6	5,5	7,8	10,0	8,5
	p	0,00	0,00	0,00	0,00	0,00	0,00	0,00	0,00	0,00
	RK	-0,008	-0,009	-0,010	-0,007	-0,008	-0,007	-0,008	-0,006	
RET	t	-7,2	-19,3	-14,1	-17,1	-6,4	-16,3	-13,9	-16,6	-13,9
	p	0,00	0,00	0,00	0,00	0,00	0,00	0,00	0,00	0,00
	RK	-0,011	-0,019	-0,021	-0,017	-0,009	-0,014	-0,015	-0,015	
URB	t	-7,2	-19,3	-14,1	-17,1	-6,4	-16,3	-13,9	-16,6	-13,9
	p	0,00	0,00	0,00	0,00	0,00	0,00	0,00	0,00	0,00
	RK	-0,009	-0,004	-0,006	-0,004	-0,010	-0,005	-0,007	-0,004	
SGP	t	-14,3	-20,0	-14,0	-10,4	-16,9	-18,4	-18,7	-11,3	-15,5
	p	0,00	0,00	0,00	0,00	0,00	0,00	0,00	0,00	0,00
	RK	-0,013	-0,023	-0,023	-0,009	-0,011	-0,029	-0,027	-0,009	
Konstante	t	-9,6	-21,9	-19,4	-8,3	-6,9	-24,6	-21,5	-9,3	-15,2
	p	0,00	0,00	0,00	0,00	0,00	0,00	0,00	0,00	0,00
R^2_{adj}		37,1	81,0	63,6	61,4	43,8	83,9	71,8	64,8	
N		298.142	299.044	299.038	299.194	299.130	298.902	298.939	299.107	

Diese Tabelle zeigt die Ergebnisse der multivariaten Fama/MacBeth Regressionen mit elf Parametern der erweiterten Stichprobe. Für die weitere Tabellenbeschreibung siehe *Tabelle 18*.

Tabelle 21: Multivariate Regression mit elf Faktoren bei erweiterter Stichprobe – USA

Der Erklärungsgehalt verringert sich bei allen Modellen geringfügig durch die Reduktion der Parameter, er verbleibt jedoch auf einem weiterhin hohen Niveau. In *Abschnitt 7.3* wird betrachtet, wie sich diese Reduktion auf die Bewertungsgenauigkeit auswirkt. Im Folgenden erfolgt zunächst die weitere Analyse anhand des 17-Faktorenmodells.

6.5   Einbettung in die Literatur

In diesem Abschnitt werden die Ergebnisse der Regressionsanalyse mit denen vorheriger Studien zur Erklärung von IKK mittels Risikofaktoren verglichen, die ausschließlich den US-Markt betrachten. Vielbeachtete Studien, die diesen Zusammenhang untersuchen, sind Gebhardt/Lee/Swaminathan (2001), Gode/Mohanram (2003), Chen/Jorgensen/Yoo (2004) sowie die Studien von Botosan/Plumlee (2005) und Botosan/Plumlee/Wen (2011). Besonders in den letzten drei Studien werden noch weitere der in *Abschnitt 2.3* vorge-stellten Bewertungsmodelle in vergleichbaren Regressionsmodellen getestet.[350]

Gebhardt/Lee/Swaminathan (2001) bestätigen für ihr GLS-Modell BM als wichtigste Kennzahl im Regressionsmodell.[351] Auch die Risikoprämie der Vorperiode (Vorjahr) hat einen wesentlichen Einfluss auf das Regressionsmodell. SGP zeigt auch bei Geb-hardt/Lee/Swaminathan (2001) ein negatives Vorzeichen. Wie zuvor beschrieben ist die-ses Ergebnis mit der Meinung optimistischer Anleger oder dem Größeneffekt zu erklären und spricht nicht für die Abbildung von Risiko. Einen stärkeren Einfluss zeigt LTG. Die-ses hat bei Gebhardt/Lee/Swaminathan (2001) einen unerwartet positiven Zusammen-hang zu RPIKK. Diese Kennzahl wirkt bei Gebhardt/Lee/Swaminathan (2001) vergleich-bar zu der hier verwendeten GKF Kennzahl, da LTG für die Berechnung von EPS3 ver-wendet wird. In dieser Arbeit wird ebenfalls ein positiver Zusammenhang von LTG für das vergleichbare Modell, mit geringem Einfluss auf das gesamte Modell, ermittelt. Auch bei Gebhardt/Lee/Swaminathan (2001) spielen BETA, LFKM sowie Kennzahlen zum Größeneffekt keine bedeutende Rolle im Regressionsmodell.

Aus der Studie von Gode/Mohanram (2003) können zwei Varianten des GLS-Modells (vergleichbar zum RIMAQ-Modell) einbezogen werden. Zudem verwenden sie das OJ-Modell, das indirekt verglichen werden kann, da die AEG-Modelle darauf aufbauen.

---

[350] Dies ist keine vollständige Liste aller Studien, die diesen Zusammenhang untersuchen. Lee/Ng/Swami-nathan (2009) beziehen bspw. sämtliche G7 Länder in die Untersuchung ein. Aufgrund der nicht diffe-renzierten Betrachtung der Länder wird diese Studie nicht mit in den Vergleich aufgenommen.

[351] Vgl. in diesem Absatz Gebhardt/Lee/Swaminathan (2001), S. 162-166.

Auch Gode/Mohanram (2003) bestätigen die bedeutende Rolle von BM und der Branchen-Risikoprämie des Vorjahres.[352] Vergleichbar zu Gebhardt/Lee/Swaminathan (2001) ist auch bei Gode/Mohanram (2003) LTG signifikant positiv. Für das unsystematische Risiko so wie LFKM können sie ebenfalls signifikant positive Ergebnisse bestimmen. Auch dieses stimmt mit den in dieser Studie ermittelten Resultaten überein (für die vergleichbaren Modelle). Für die Varianz der Gewinnprognosen[353] erzielen sie, abgesehen vom OJ-Modell, überraschend insignifikant negative Ergebnisse. Nur das OJ-Modell zeigt signifikant positive Resultate. Dies stimmt mit den hier ermittelten negativen Ergebnissen für FGP und SGP überein und kann auch ökonomisch erklärt werden. Zudem ermitteln sie mit signifikant positiven Koeffizienten einen stärkeren Zusammenhang des BETA.

Die Studie von Chen/Jorgensen/Yoo (2004) testet das OJ-Modell, die PEG-Ratio sowie das GLS-Modell und ein RIM vergleichbar zum CT-Modell[354] ohne Wachstum im EW.[355] Sie beziehen weder BM noch BRVM in ihre Regression ein. BETA und die Größenkennzahl Marktkapitalisierung sind bei allen Modellen wie erwartet signifikant. Dies ist nicht konsistent mit den hier ermittelten Ergebnissen und kann möglicherweise auf die bei Chen/Jorgensen/Yoo (2004) nicht berücksichtigten Parameter zurückgeführt werden. LFKM kann, vergleichbar zu den hier ermittelten Ergebnissen als signifikant positiv bestätigt werden. Sie erzielen für die Standardabweichung der EPS1-Prognosen uneinheitliche Ergebnisse. Die in dieser Studie verwendete Streuung der Prognosen wurde als deutlicher signifikant identifiziert. Die Varianz der Störgröße aus der Berechnung des BETA kann keinen eindeutigen Einfluss zeigen.

Zwei weitere Studien, die die Volatilität der IKK verschiedener Modelle in multivariaten Regressionen erklären, sind Botosan/Plumlee (2005) und Botosan/Plumlee/Wen (2011). Direkt vergleichbar sind die Ergebnisse für das GLS-Modell (in den Studien von 2005 und 2011) und das CT-Modell (in der Studie von 2011). Indirekt vergleichbar sind die Ergebnisse für das OJ-Modell, GGM sowie das PEG und das PEGM. Das BM zeigt auch

---

[352] Vgl. in diesem Absatz Gode/Mohanram (2003), S. 416-418.
[353] Sie berechnen diese Kennzahl aus einer Kombination des Prognosefehlers, der Variation der EPS der vergangenen fünf Jahre und der Streuung der EPS-Prognosen, vgl. Gode/Mohanram (2003), S. 404.
[354] Die bei Chen/Jorgensen/Yoo (2004) verwendete Variante des RIM-Modells basiert auf Frankel/Lee (1998), Lee/Myers/Swaminathan (1999), Liu/Nissim/Thomas (2002) und Ali/Hwang/Trombley (2003).
[355] Vgl. in diesem Absatz Chen/Jorgensen/Yoo (2004), S. 336-342.

in diesen Studien sehr hohe t-Werte und ist stets signifikant positiv.[356] Die verwendete langfristige Wachstumsrate (Wachstum von EPS4 auf EPS5)[357] zeigt uneinheitliche Ergebnisse. Beim CT-Modell ergibt sich keine Signifikanz. Beim GLS-Modell ist der Zusammenhang negativ signifikant und beim OJ-Modell, GGM sowie PEG und PEGM ist er positiv signifikant. Den stärksten Zusammenhang zeigt diese Wachstumsrate bei den Modellen, in denen sie direkt verwendet wird. Dies sind das OJ-Modell sowie PEG und PEGM. Nur in diesen ist sie stark positiv signifikant. Diese Wirkung ist folglich vergleichbar mit der in dieser Studie verwendeten GKF. Die verwendete Größenkennzahl Marktkapitalisierung kann nur bei AEG-Modellen signifikant negative Ergebnisse erzielen. Die RIM-Modelle zeigen keine signifikante Reaktion. Dies gilt für beide Studien. In der hier durchgeführten Studie zeigt die Größenkennzahl LNAA ebenfalls uneinheitliche Ergebnisse, jedoch zwischen den EW- und Konvergenzmodellen. Uneinheitliche Ergebnisse zeigen sich in diesen beiden Studien auch hinsichtlich des Einflusses von BETA. Sie verwenden ein unverschuldetes BETA. Dieses zeigt sich teils als erwartet positiv signifikant, aber bei anderen Modellen ist es insignifikant negativ (in der Studie aus 2005 teils auch signifikant negativ). Stärker als in der hier durchgeführten Studie kann die Verschuldung des Unternehmens signifikant positiv als Risikofaktor bestätigt werden. Dies kann an der Verwendung des unverschuldeten BETAs liegen. Für die Streuung der EPS-Prognosen ermitteln sie abweichende, schwach signifikante, positive Zusammenhänge. Den Größeneffekt können sie nur bei wenigen Modellen mit signifikant negativen Ergebnissen bestätigen. Zusammenfassend kann besonders der bedeutende Einfluss des BM herausgestellt werden. Dieser zeigt sich auch bei Botosan/Plumlee (2005) durch die Regressionsmodelle mit und ohne BM und das deutlich ansteigende R^2 bei Verwendung des BM.

Übereinstimmend mit bestehender Literatur zeigen besonders BM und BRVM einen maßgeblichen Einfluss auf die Erklärung der IKK. Besonders uneinheitliche Ergebnisse erzielt das CAPM-BETA. Dies kann weder einheitliche Vorzeichen noch einheitlich signifikante Ergebnisse vorzeigen. Zudem variieren die Ergebnisse häufig zwischen den verschiedenen Bewertungsmodellen. Nicht alle in dieser Studie untersuchten unternehmensspezifischen Kennzahlen wurden zuvor auf den Erklärungsgehalt von IKK untersucht. In *Abschnitt 6.4.4* wird gezeigt, dass weitere Variablen, besonders AQ, DR und FGP aber

---

[356] Vgl. in diesem Absatz Botosan/Plumlee (2005), S. 44-46; Botosan/Plumlee/Wen (2011), S. 1109-1110.
[357] Vgl. Botosan/Plumlee (2005), S. 36; Botosan/Plumlee/Wen (2011), S. 1092.

auch die weiteren im Elf-Faktorenmodell enthaltenen, einen bedeutenden Beitrag zum Erklärungsgehalt leisten können. Deshalb sollten auch diese in die Regressionsmodelle aufgenommen werden. Der Einfluss der Variablen auf das Regressionsmodell ist zeitlich nicht bei allen Variablen konstant,[358] so können unterschiedliche Ergebnisse der Studien vom betrachteten Zeitraum abhängen. Die übereinstimmenden Ergebnisse von hoch einflussreichen Risikofaktoren, die auch in vorherigen Studien auf ihren Zusammenhang zu IKK getestet wurden, zeigen, dass die in dieser Arbeit ermittelten Zusammenhänge unabhängig von der hier gewählten Stichprobe und dem betrachteten Zeitraum sind.

6.6   Prognose der impliziten Risikoprämie mittels Faktorenmodellen

In diesem Abschnitt werden aus den multivariaten Modellen mit 17 Risikofaktoren Faktorenmodelle nach *Formel 36* gebildet.[359] Die Koeffizienten der Regressionsmodelle stellen die Risikoprämie (Faktorpreise) für den jeweiligen Risikofaktor dar. Es werden hier nicht die standardisierten Risikofaktoren verwendet, da ansonsten zur praktischen Anwendung die Kenntnis der Verteilung dieser Faktoren des gesamten Marktes notwendig wäre. Bei nicht-standardisierten sind die Kenntnis des Modells und die unternehmensindividuellen Parameter ausreichend.

Es wird angenommen, dass die Stichprobe den Gesamtmarkt repräsentiert und unabhängig vom Einfluss des einzelnen betrachteten Unternehmens ist, auch wenn dieses selbst Bestandteil des Gesamtmarktes ist (das einzelne Unternehmen stellt maximal $1/469$ der monatlichen Stichprobe (im Mittel $1/1074$) und demnach hat es nur einen geringen Einfluss auf die gesamte Stichprobe).[360] Das Überlappen der Schätzperiode und der Prognoseperiode soll nicht grundsätzlich ausgeschlossen werden. Es besteht kein Anlass, bei der praktischen Bestimmung der prognostizierten RPIKK die aktuellsten Koeffizienten außer Acht zu lassen.[361] Wenn diese vorteilhaft sind, wird der Anwender eines solchen Faktorenmodells stets bestrebt sein, die möglichst aktuellsten Koeffizienten zur Prognose der

---

[358] Vgl. *Abschnitt 6.4.5.*
[359] Vgl. *Abschnitt 3.1.1.*
[360] Bei den monatlichen Regressionen stehen zwischen 469 und 1867 Beobachtungen zur Verfügung. Der Einfluss des einzelnen Unternehmens ist folglich sehr gering.
[361] Zum Test der Prognosefähigkeit des Faktorenmodells zur Prognose der IKK des folgenden Jahres trennen Gebhardt/Lee/Swaminathan (2001) und Gode/Mohanram (2003) die Schätz- und Prognoseperiode, vgl. Gebhardt/Lee/Swaminathan (2001), S. 166 und Gode/Mohanram (2003), S. 420. Dies entspricht

IKK zu verwenden. Bei der praktischen Verwendung eines solchen Faktorenmodells stellt sich die Frage des Aufwand-Nutzen-Verhältnisses. Ob folglich immer die (täglich) aktuellen Modelle verwendet werden müssen oder ob diese zumindest eine gewisse Zeit effizient angewendet werden können. In diesem Szenario würden die Schätz- und Prognoseperioden auseinanderfallen. Die Verwendung der aktuellen Koeffizienten stellt demzufolge einen Extremfall dar, der den Nutzen der Verwendung möglichst aktueller Koeffizienten herausstellen soll.

Insgesamt werden für jedes Bewertungsmodell Faktorenmodelle aus sieben Schätzern gebildet. Neben den aktuellen Koeffizienten (RK_0) werden auch Faktorenmodelle aus den Vormonatskoeffizienten (RK_{-1}) und den Vorjahreskoeffizienten (RK_{-12}) gebildet. Diese sollen zeigen, ob die Nutzung von Faktorenmodellen aus nicht stets aktuellen Koeffizienten effizient ist.[362] Des Weiteren werden Faktorenmodelle aus dem gleitenden Mittelwert der Koeffizienten der aktuellsten 12 ($RK_{-11,0}$), 36 ($RK_{-35,0}$), 60 ($RK_{-59,0}$) und allen vorherigen Monaten ($RK_{-238,0}$) berechnet. In den ersten Monaten werden die gleitenden Mittelwerte aus den vorhanden Monaten gebildet, sofern die Anzahl an benötigten Monaten noch nicht erreicht ist. Sollten die Faktorpreise (Koeffizienten) über eine gewisse Zeit relativ konstant sein, könnten gleitende Mittelwerte verwendet werden, die weniger sensitiv auf die Schwankungen der Koeffizienten reagieren und folglich weniger von ständigen Aktualisierungen abhängig sind. Dies würde den Aufwand der Erstellung effizienter Faktorenmodelle reduzieren.

Im Folgenden werden die mittels Faktorenmodell prognostizierten Risikoprämien dargestellt. *Abbildung 25* zeigt den Verlauf der Mittelwerte der verschiedenen mittels Faktorenmodellen prognostizierten RPIKK exemplarisch für das RIMEW-Modell. Im Weiteren werden die durch das Faktorenmodell prognostizierten IKK als PIKK und die prognostizierten RPIKK als PRPIKK bezeichnet. Der Verlauf wird exemplarisch am RIMEW dargestellt, da bei diesem die Abweichungen zwischen den prognostizierten Risikoprämien der Faktorenmodelle (aus den verschiedenen Varianten der Berechnung der Faktorpreise) am deutlichsten sichtbar werden und sich deshalb grafisch am anschaulichsten

---

dem hier gewählten Vorgehen bei Verwendung der Vormonats- oder Vorjahreskoeffizienten.

[362] Die Vorjahreskoeffizienten entsprechen denen, die Gebhardt/Lee/Swaminathan (2001) und Gode/Mohanram (2003) unter anderen zur Prognose zukünftiger RPIKK verwenden.

darstellen lassen. Der Verlauf der weiteren Modelle ist vergleichbar, die Abweichungen von den RPIKK fallen je nach Modell geringer aus.

Die Prognose der RPIKK aus dem aktuellen Regressionskoeffizienten verläuft sehr eng an den tatsächlichen RPIKK. Die rote Kurve des Mittelwertes aus den Prognosen mittels aktueller Koeffizienten ist nur in sehr selten Fällen nicht von der blauen Kurve der RPIKK verdeckt. Die Abweichungen nehmen zu, je länger der gleitende Mittelwert gewählt wird. Besonders deutliche Abweichungen lassen sich bei der Verwendung der Vorjahreskoeffizienten erkennen. Besonders ein Jahr nach dem Höhepunkt der Subprime-Krise können mit den ein Jahr alten Koeffizienten keine marktkonformen PRPIKK prognostiziert werden. Diese Abweichung ist in den längerfristigen gleitenden Mittelwerten ebenfalls enthalten. Durch die Mittelwertbildung schlagen diese jedoch nicht so deutlich aus. Hier zeigt sich erneut, dass die Koeffizienten zeitlich nicht konstant sind. Deshalb sollten möglichst aktuelle Koeffizienten zur Prognose der PRPIKK verwendet werden.

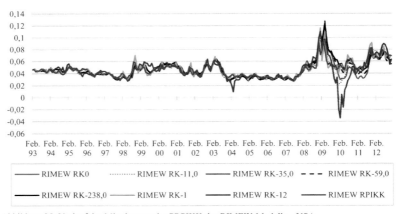

Abbildung 25: Verlauf des Mittelwertes der PRPIKK des RIMEW-Modells – USA

Im Weiteren werden die PRPIKK aus der Prognose mit den aktuellen Koeffizienten betrachtet. *Tabelle 22* zeigt die jährlichen Mittelwerte, Mediane und Standardabweichungen der impliziten Risikoprämien der acht Modelle sowie die Mittel der acht Modelle (der Mittelwerte und der Mediane). Zudem werden die gleichgewichteten Mittelwerte der 239 Monate zu den acht Modellen sowie deren Mittelwerte angegeben.

Jahr	RIMEW			RIMK1			RIMK9			RIMAQ			AEGEW			AEGK1			AEGK9			AEGAQ			Mittel	
	MW	MD	SA	MW	MD	SA	MW	MD	SA	MW	MD	SA	MW	MD	SA	MW	MD	SA	MW	MD	SA	MW	MD	SA	MW	MD
93	4.5	3.7	4.0	2.8	2.1	4.0	3.1	2.3	4.4	4.7	4.2	3.3	5.3	4.3	4.6	2.2	1.3	4.8	2.4	1.4	5.0	4.2	3.8	3.4	3.7	2.9
94	4.3	3.6	3.7	1.7	1.1	4.1	2.1	1.4	4.4	3.7	3.2	3.4	5.6	4.7	4.7	1.1	0.2	5.1	1.4	0.5	5.2	3.2	2.7	3.5	2.9	2.2
95	4.7	4.0	3.7	2.3	1.8	4.2	2.8	2.2	4.3	4.4	4.1	3.1	5.7	4.9	4.5	1.7	0.8	5.0	2.0	1.2	5.1	3.9	3.6	3.3	3.4	2.8
96	4.1	3.6	3.0	2.0	1.5	4.1	2.3	1.8	4.0	4.1	3.9	3.1	5.0	4.4	3.8	1.3	0.6	4.6	1.5	0.9	4.5	3.6	3.4	3.1	3.0	2.5
97	3.7	3.2	3.0	1.6	1.0	3.8	1.9	1.3	3.8	4.0	3.7	3.0	4.5	3.9	3.5	0.9	0.2	4.2	1.1	0.4	4.1	3.6	3.3	3.0	2.7	2.1
98	4.3	3.7	3.6	2.7	2.1	4.1	3.0	2.4	4.2	5.1	4.7	3.3	4.6	4.0	3.8	2.0	1.3	4.3	2.2	1.5	4.4	4.7	4.3	3.2	3.6	3.0
99	4.5	3.9	3.7	3.0	2.2	4.5	3.2	2.6	4.4	5.0	4.6	3.4	5.1	4.6	3.9	2.3	1.4	4.9	2.4	1.6	4.7	4.5	4.2	3.4	3.7	3.1
00	5.1	4.8	3.7	3.6	2.8	5.3	3.8	3.2	4.9	5.4	5.1	3.6	5.9	5.5	4.1	3.0	2.0	5.9	3.1	2.3	5.3	5.0	4.6	3.7	4.4	3.8
01	4.5	4.1	3.2	3.8	3.1	4.3	3.9	3.3	4.0	5.6	5.2	3.0	4.9	4.5	3.2	3.2	2.3	4.7	3.2	2.5	4.3	5.2	4.8	3.0	4.3	3.7
02	4.5	4.2	2.9	3.9	3.2	4.0	4.0	3.4	3.8	5.7	5.3	2.9	4.7	4.3	3.0	3.3	2.5	4.3	3.3	2.7	3.9	5.3	4.9	2.9	4.3	3.8
03	4.7	4.3	2.8	4.3	3.6	3.9	4.4	3.8	3.6	6.0	5.7	2.8	4.7	4.3	2.9	3.7	2.9	4.3	3.7	3.1	3.8	5.7	5.3	2.8	4.6	4.1
04	3.6	3.4	2.0	2.7	2.3	3.0	2.9	2.5	2.7	4.7	4.6	2.3	3.7	3.5	1.9	2.1	1.7	3.0	2.2	1.9	2.7	4.4	4.2	2.2	3.3	3.0
05	3.5	3.4	2.0	2.6	2.2	2.9	2.7	2.4	2.6	4.6	4.5	2.2	3.6	3.5	1.9	2.0	1.6	2.9	2.1	1.8	2.7	4.3	4.2	2.2	3.2	2.9
06	3.3	3.1	2.3	2.0	1.6	3.1	2.2	1.9	2.9	4.1	4.0	2.5	3.6	3.4	2.3	1.4	1.0	3.2	1.5	1.2	3.0	3.7	3.6	2.4	2.7	2.5
07	3.4	3.0	2.0	2.4	1.9	3.4	2.6	2.1	3.1	4.4	4.4	2.6	3.6	3.4	2.2	1.8	1.0	3.6	1.9	1.4	3.2	4.1	4.0	2.7	3.0	2.7
08	5.3	4.9	2.6	5.3	4.5	4.3	5.4	4.7	3.7	6.8	6.7	3.1	5.3	4.8	2.8	4.8	3.7	4.9	4.7	3.8	4.2	6.5	6.2	3.2	5.5	4.9
09	6.3	5.5	3.7	7.0	6.0	5.1	6.9	6.0	4.4	8.0	7.3	3.5	6.1	5.2	3.9	6.6	5.3	6.3	6.3	5.2	5.2	7.6	6.9	3.8	6.8	5.9
10	5.5	5.2	2.4	5.6	5.0	3.8	5.7	5.1	3.3	7.0	6.7	3.1	5.2	4.9	2.3	5.0	4.3	4.1	5.0	4.4	3.4	6.7	6.4	3.0	5.7	5.2
11	6.0	5.5	2.9	5.6	5.0	3.7	5.8	5.3	3.5	7.2	7.0	3.0	5.6	5.2	2.7	5.1	4.3	4.1	5.2	4.5	3.6	6.8	6.6	3.0	5.9	5.4
12	7.1	6.7	3.4	6.6	6.1	3.9	6.9	6.5	3.8	8.1	7.9	3.1	6.7	6.3	3.3	6.2	5.4	4.5	6.3	5.7	4.1	7.8	7.5	3.1	7.0	6.5
Mittel	4.7	4.2	2.9	3.6	3.0	3.9	3.8	3.2	3.7	5.4	5.2	2.9	5.0	4.5	3.2	3.0	2.2	4.3	3.1	2.4	4.0	5.1	4.8	3.0	4.2	3.7

Diese Tabelle zeigt von den PRPIKK sämtlicher Beobachtungen eines Kalenderjahres (bestimmt aus aktuellen Regressionskoeffizienten) den Mittelwert (MW), den Median (MD) und die Standardabweichung (SA). Unter der Bezeichnung „Mittel" in der rechten Spalte wird das Mittel der Mittelwerte und Mediane der acht Modelle angegeben. Die Zeile „Mittel" gibt den Mittelwert der 20 Jahre an.

Tabelle 22: PRPIKK bestimmt aus aktuellen Regressionskoeffizienten – USA

Die in *Tabelle 22* angegebenen Mittelwerte der PRPIKK sind sehr ähnlich zu den RPIKK (die RPIKK für die hier betrachteten Unternehmen mit positiven EPS-Prognosen sind nicht identisch mit denen aus *Abschnitt 5.1*, da zur Bestimmung der PRPIKK mehr Daten verfügbar sein müssen, vgl. *Tabelle 2* und *Tabelle 3*. Bei diesem Vergleich der Kapitalkosten werden die identischen Stichproben verglichen).[363] Die größten Abweichungen des jährlichen (monatlichen) Mittelwertes der acht Modelle, bei Berücksichtigung der Unternehmen mit positiven EPS-Prognosen, liegen im Jahr 2009 bei -0,016 (März 2009 bei 0,044) Prozentpunkten.

Der unterjährige Verlauf der prognostizierten Risikoprämien zeigt nahezu den identischen Verlauf zu den unterjährigen RPIKK, deshalb wird auf eine grafische Darstellung verzichtet. Zumindest im Mittel und Median ändert sich der unterjährige Verlauf der PRPIKK gegenüber den RPIKK nicht.

Die RPIKK können im Mittel oder Median sehr gut durch aktuelle Faktorenmodelle prognostiziert werden. Offen bleibt die Frage, wie gut dieses auf Unternehmensebene für jedes einzelne Unternehmen gelingt. Um einschätzen zu können, wie stark der unternehmensindividuelle Zusammenhang zwischen den PRPIKK und den RPIKK ist, werden in *Tabelle 23* die Korrelationskoeffizienten nach Spearman und Pearson sowie das R^2 der linearen Regression von PRPIKK auf RPIKK angegeben.[364] Der Zusammenhang zwischen PRPIKK und RPIKK wird mit zunehmender Länge des Berechnungszeitraums der gleitenden Mittelwerte der Regressionskoeffizienten schwächer. Dies ist bei allen Modellen zu beobachten. Die Spearman-Rang-Korrelation bleibt bei allen Schätzperioden der Risikoprämien, außer bei Verwendung der Vorjahreskoeffizienten, vergleichsweise konstant. Die PRPIKK der Vormonatskoeffizienten zeigen bei allen Modellen einen geringeren Zusammenhang als die aktuellsten Koeffizienten, jedoch einen höheren als jegliche glei-

---

[363] PIKK werden nur für Beobachtungen bestimmt, für die IKK bestimmt werden können. Bei der Bestimmung der PIKK werden die Lösungen, um ökonomisch irrationale Lösungen auszuschließen (vergleichbar zu den IKK), auf Lösungen zwischen null und eins begrenzt.

[364] Gebhardt/Lee/Swaminathan (2001) und Gode/Mohanram (2003) testen zusätzlich den Bias der Prognose, indem sie die PRPIKK auf die RPIKK regressieren. Die Schätzung weist keinen Bias auf, wenn die Konstante der Regression nahe null und der Regressionskoeffizient nahe eins sind. Besonders die Hypothese, dass der Koeffizient nicht eins ist, kann nur bei sehr wenigen Modellen abgelehnt werden. Dies trifft sowohl bei der hier durchgeführten Studie als auch bei Gebhardt/Lee/Swaminathan (2001), S. 166-169 und Gode/Mohanram (2003), S. 420-426 zu. Auch diese Studien fokussieren primär das R^2 der hier angegebenen Regressionen.

tenden Mittelwerte. Die Prognosen mittels Vorjahreskoeffizient weisen geringere Zusammenhänge auf. Diese Zusammenhänge sind, abgesehen von den AQ-Modellen nach Pearson und dem R^2, geringer als bei sämtlichen langfristigen gleitenden Mittelwerten. Vergleichbar zum R^2_{adj} aus *Abschnitt 6.4.2* zeigen die K1- und K9-Modelle die besten Ergebnisse. Die AEG-Modelle übertreffen das jeweils vergleichbare RIM-Modell.

		RK_0	$RK_{-11,0}$	$RK_{-35,0}$	$RK_{-59,0}$	$RK_{-238,0}$	RK_{-1}	RK_{-12}
RIMEW	Spearman	0,62	0,59	0,58	0,58	0,58	0,60	0,54
	Pearson	0,67	0,61	0,51	0,52	0,50	0,63	0,49
	R^2	0,45	0,37	0,26	0,28	0,25	0,40	0,24
RIMK1	Spearman	0,91	0,90	0,90	0,91	0,92	0,90	0,85
	Pearson	0,88	0,83	0,79	0,78	0,78	0,85	0,76
	R^2	0,78	0,69	0,62	0,61	0,60	0,73	0,58
RIMK9	Spearman	0,87	0,86	0,86	0,86	0,87	0,86	0,81
	Pearson	0,81	0,75	0,70	0,70	0,69	0,78	0,67
	R^2	0,65	0,57	0,49	0,49	0,48	0,61	0,45
RIMAQ	Spearman	0,85	0,83	0,83	0,83	0,84	0,83	0,79
	Pearson	0,76	0,72	0,67	0,66	0,64	0,73	0,65
	R^2	0,58	0,52	0,45	0,44	0,41	0,54	0,42
AEGEW	Spearman	0,63	0,61	0,58	0,60	0,60	0,62	0,55
	Pearson	0,71	0,64	0,55	0,56	0,55	0,67	0,54
	R^2	0,50	0,42	0,31	0,33	0,31	0,45	0,29
AEGK1	Spearman	0,94	0,93	0,93	0,93	0,93	0,93	0,90
	Pearson	0,93	0,91	0,89	0,89	0,88	0,92	0,86
	R^2	0,87	0,83	0,79	0,79	0,78	0,84	0,74
AEGK9	Spearman	0,91	0,90	0,90	0,90	0,90	0,90	0,86
	Pearson	0,88	0,85	0,80	0,81	0,80	0,86	0,78
	R^2	0,78	0,72	0,64	0,65	0,64	0,75	0,61
AEGAQ	Spearman	0,86	0,85	0,84	0,84	0,85	0,85	0,81
	Pearson	0,79	0,75	0,70	0,67	0,68	0,76	0,69
	R^2	0,62	0,57	0,50	0,46	0,46	0,58	0,47

Diese Tabelle zeigt die Spearman- und Pearson-Korrelationskoeffizienten der PRPIKK und der RPIKK sowie das R^2 der Regression der PRPIKK auf die RPIKK. Die PRPIKK werden aus den aktuellen Regressionskoeffizienten (RK_0), den gleitenden Mittelwerten der Koeffizienten der aktuellsten 12 ($RK_{-11,0}$), 36 ($RK_{-35,0}$), 60 ($RK_{-59,0}$) und allen vorherigen Monaten ($RK_{-238,0}$) sowie den Vormonats- (RK_{-1}) und den Vorjahreskoeffizienten (RK_{-12}) bestimmt.

Tabelle 23: Zusammenhang von PRPIKK und RPIKK – USA

Auf die Darstellung der PIKK wird verzichtet, da die Differenzen der Prognosen identisch mit denen der PRPIKK sind und da diese Differenzen, wie oben gezeigt, gering ausfallen. Die Stichprobe aus Verlustunternehmen oder dauerhaft einbezogenen Unternehmen werden ebenfalls nicht betrachtet, dies würde hier keine weiteren Erkenntnisse vermitteln. Auch die Darstellung der Branchen-PRPIKK würde keine neuen Informationen bereitstellen. Diese Differenzierung wird bei der Analyse der Bewertungsgenauigkeit wiederaufgenommen. Da diese Ergebnisse letztlich von der Genauigkeit der PRPIKK abhängen.

Es konnte aufgezeigt werden, dass mit Faktorenmodellen RPIKK prognostiziert werden können, die sowohl im Mittel der Stichprobe als auch auf Unternehmensebene einen sehr deutlichen Zusammenhang zu den tatsächlichen RPIKK aufzeigen und folglich gut für die Unternehmensbewertung geeignet sein sollten. Dabei sind möglichst aktuelle Koeffizienten zu bevorzugen. Zudem sind deutliche Unterschiede zwischen den Modellen, entsprechend den Ergebnissen der Regressionsanalyse (*Abschnitt 6.4.2*) zu beobachten, die sich im Folgenden in der Bewertungsgenauigkeit widerspiegeln sollten.

7 Empirische Ergebnisse zur Bewertungsgenauigkeit

7.1 Vergleichswerte zur Beurteilung der Bewertungsgenauigkeit

7.1.1 Bestimmung relevanter Vergleichswerte zur Beurteilung der Bewertungsgenauigkeit

Zur Beurteilung der Bewertungsgenauigkeit mittels PIKK werden Bewertungen der acht Modelle mit klassisch bestimmten CAPM-Kapitalkosten verglichen. Dabei werden üblicherweise die Marktrisikoprämien aus einer Zeitreihe historischer Renditen geschätzt.[365] Viele Studien verwenden dabei vorwiegend konstante Marktrisikoprämien und orientieren sich dabei an den historischen Aktienrenditen aus dem Jahrbuch von Ibbotson et al. (2017) oder nehmen eine konstante Marktrisikoprämie an.[366] Es werden häufig 5% oder 6% als Marktrisikoprämie angenommen. Aus *Abschnitt 5.1* ist bekannt, dass der gleichgewichtete monatliche Mittelwert der RPIKK mit 4,3% (gleichgewichtet/alle Beobachtungen 4,6%) deutlich geringer ist. Grundsätzlich soll in diesem Abschnitt Jorgensen/Lee/Yoo (2011) gefolgt und eine Marktrisikoprämie von 5% angenommen werden. Es wird zudem in diesem Abschnitt der Einfluss der Wahl der Marktrisikoprämie auf die Bewertungsgenauigkeit anhand einer Sensitivitätsanalyse getestet. Dazu wird die Bewertungsgenauigkeit der acht Modelle mit Marktrisikoprämien von 0,5% bis 7% in 0,5%-Schritten berechnet, um die Unterschiede in der Bewertungsgenauigkeit der Stichprobe des 17-Faktorenmodells zu testen. In *Tabelle 24* wird die Bewertungsgenauigkeit der acht Modelle für Marktrisikoprämien von 3,5% bis 6% sowie der Vormonats-RPIKK des Gesamtmarktes (RPIKK_VM) als zeitlich variable CAPM-Marktrisikoprämie dargestellt.[367]

Dazu werden die Kennzahlen aus Abschnitt 2.5.2 verwendet. Zudem wird der Mittelwert der IKK der Branchen des Vormonats als brancheneinheitlicher (IKK_BR) und demnach

---

[365] Vgl. Studien aus *Tabelle 1*.

[366] Die langfristigen Kapitalmarktrenditen werden häufig aus dem Jahrbuch von Ibbotson et al. entnommen, das über historische Daten seit 1926 verfügt. Die aktuellste Auflage ist Ibbotson et al. (2017).

[367] Die Berechnungen zu den nicht abgebildeten Marktrisikoprämien wurden ebenfalls durchgeführt, führen jedoch zu keiner Verbesserung. Es werden ausschließlich Beobachtungen berücksichtigt, für die IKK bestimmt werden können, damit identische Beobachtungen im Vergleich der Bewertungsgenauigkeit eines Modells enthalten sind.

	KK	RIMEW	RIMK1	RIMK9	RIMAQ	AEGEW	AEGK1	AEGK9	AEGAQ
	3,5	0,158	-0,002	0,029	0,471	0,201	-0,101	-0,077	0,384
	4	0,070	-0,068	-0,039	0,337	0,106	-0,159	-0,136	0,256
	4,5	-0,006	-0,127	-0,098	0,219	0,025	-0,210	-0,189	0,143
RBF	5	-0,073	-0,179	-0,151	0,118	-0,047	-0,257	-0,236	0,046
MD	5,5	-0,133	-0,228	-0,200	0,027	-0,111	-0,299	-0,279	-0,041
	6	-0,187	-0,271	-0,245	-0,053	-0,168	-0,337	-0,317	-0,116
	RPIKK_VM	-0,054	-0,078	-0,073	-0,031	-0,047	-0,096	-0,085	-0,038
	IKK_BR	-0,087	-0,074	-0,072	-0,057	-0,082	-0,087	-0,077	-0,062
	3,5	0,333	0,214	0,233	0,916	0,384	0,095	0,105	0,808
	4	0,240	0,133	0,152	0,744	0,287	0,024	0,034	0,643
	4,5	0,159	0,063	0,081	0,596	0,202	-0,038	-0,028	0,502
RBF	5	0,088	0,000	0,018	0,468	0,128	-0,093	-0,083	0,380
MW	5,5	0,026	-0,056	-0,039	0,357	0,062	-0,141	-0,132	0,274
	6	-0,030	-0,106	-0,089	0,258	0,004	-0,185	-0,176	0,182
	RPIKK_VM	0,110	0,090	0,086	0,262	0,128	0,062	0,063	0,252
	IKK_BR	0,003	0,050	0,039	0,079	0,005	0,036	0,033	0,074
	3,5	0,404	0,415	0,379	0,586	0,418	0,412	0,379	0,544
	4	0,387	0,412	0,375	0,528	0,396	0,414	0,382	0,499
	4,5	0,382	0,414	0,377	0,493	0,388	0,422	0,390	0,474
ARBF	5	0,384	0,421	0,384	0,475	0,388	0,432	0,402	0,464
MD	5,5	0,392	0,431	0,395	0,469	0,395	0,445	0,416	0,464
	6	0,403	0,443	0,408	0,470	0,405	0,459	0,431	0,470
	RPIKK_VM	0,381	0,391	0,359	0,462	0,389	0,384	0,355	0,453
	IKK_BR	0,235	0,298	0,263	0,255	0,229	0,309	0,276	0,260
	3,5	0,602	0,591	0,560	1,100	0,628	0,544	0,512	1,019
	4	0,560	0,559	0,527	0,976	0,581	0,523	0,491	0,906
	4,5	0,531	0,537	0,505	0,880	0,548	0,509	0,479	0,820
ARBF	5	0,513	0,522	0,491	0,807	0,526	0,502	0,473	0,757
MW	5,5	0,502	0,513	0,483	0,752	0,513	0,499	0,472	0,710
	6	0,496	0,509	0,480	0,712	0,505	0,500	0,474	0,677
	RPIKK_VM	0,513	0,512	0,478	0,699	0,523	0,494	0,463	0,682
	IKK_BR	0,342	0,403	0,362	0,378	0,332	0,411	0,373	0,380
	3,5	0,716	0,691	0,673	1,501	0,743	0,595	0,570	1,405
	4	0,653	0,624	0,608	1,346	0,678	0,538	0,515	1,255
	4,5	0,599	0,569	0,554	1,212	0,622	0,493	0,470	1,127
ARBF	5	0,553	0,523	0,508	1,099	0,574	0,453	0,433	1,017
SA	5,5	0,514	0,484	0,469	0,999	0,532	0,422	0,402	0,922
	6	0,479	0,451	0,437	0,913	0,495	0,395	0,376	0,841
	RPIKK_VM	0,557	0,543	0,518	0,875	0,559	0,513	0,488	0,856
	IKK_BR	0,411	0,447	0,417	0,504	0,398	0,439	0,413	0,500
	3,5	0,202	0,189	0,208	0,149	0,198	0,187	0,203	0,157
	4	0,207	0,188	0,206	0,160	0,205	0,184	0,200	0,166
	4,5	0,208	0,184	0,202	0,167	0,206	0,180	0,195	0,170
ARBF	5	0,203	0,181	0,198	0,170	0,200	0,174	0,188	0,170
in15%	5,5	0,195	0,176	0,192	0,168	0,192	0,166	0,178	0,167
	6	0,185	0,169	0,183	0,164	0,182	0,157	0,166	0,162
	RPIKK_VM	0,205	0,199	0,216	0,170	0,199	0,203	0,218	0,173
	IKK_BR	0,340	0,264	0,299	0,310	0,349	0,255	0,286	0,305
	3,5	0,542	0,491	0,472	1,050	0,568	0,458	0,435	0,937
	4	0,503	0,469	0,447	0,870	0,521	0,447	0,424	0,760
	4,5	0,477	0,457	0,433	0,713	0,490	0,441	0,417	0,650
ARBF	5	0,458	0,450	0,424	0,642	0,466	0,437	0,414	0,587
IQR	5,5	0,446	0,446	0,419	0,589	0,450	0,435	0,411	0,547
	6	0,437	0,444	0,418	0,555	0,438	0,432	0,410	0,524
	RPIKK_VM	0,458	0,445	0,417	0,564	0,463	0,434	0,406	0,544
	IKK_BR	0,320	0,367	0,326	0,322	0,311	0,377	0,341	0,326

	KK	RIMEW	RIMK1	RIMK9	RIMAQ	AEGEW	AEGK1	AEGK9	AEGAQ
	3,5	0,856	0,874	0,814	1,365	0,888	0,800	0,748	1,300
	4	0,821	0,825	0,767	1,260	0,855	0,754	0,704	1,198
	4,5	0,790	0,781	0,729	1,176	0,821	0,714	0,668	1,115
BF	5	0,761	0,746	0,695	1,104	0,791	0,680	0,636	1,046
IQR	5,5	0,734	0,714	0,666	1,041	0,762	0,650	0,608	0,985
	6	0,707	0,685	0,640	0,987	0,734	0,623	0,584	0,931
	RPIKK_VM	0,767	0,767	0,706	0,979	0,795	0,740	0,687	0,955
	IKK_BR	0,431	0,576	0,501	0,496	0,421	0,588	0,525	0,503

Diese Tabelle zeigt die in *Abschnitt 2.5.2* erläuterten Kennzahlen. In der Spalte KK werden die verwendeten Kapitalkosten angegeben. 3,5 bis 6 bezeichnen die konstanten Marktrisikoprämien des CAPM-Ansatzes, RPIKK_VM bezeichnet die variable Vormonats-RPIKK als CAPM-Marktrisikoprämie. IKK_BR sind die Vormonats-Branchen-IKK.

Tabelle 24: Bewertungsfehler mit relevanten Vergleichs-Kapitalkosten – USA

vom CAPM-BETA unabhängiger Kapitalkostensatz verwendet. Die Branchen-IKK des Vormonats dienen auch als Anker für die folgenden Faktorenmodelle. Es ist nicht zu erwarten, dass die Kapitalkosten der Faktorenmodelle aus den aktuellen Koeffizienten größere Fehler erzeugen als die Branchen-IKK, da dessen Risikoprämien in den Faktorenmodellen enthalten sind. Die Kapitalkosten der Faktorenmodelle können auch als adjustierte Branchen-IKK verstanden werden.[368] Es bleibt zu klären, wie stark die weiteren Faktoren die Bewertungsgenauigkeit verbessern können und ob diese vergleichsweise einfach zu bestimmenden Branchen-IKK bessere Ergebnisse liefern als langfristige gleitende Mittelwerte der Koeffizienten.

Nach dem Median des RBF zeigt sich bei den K1- und K9-Modellen bei annähernd sämtlichen abgebildeten Marktrisikoprämien ein negativer Bias. Dieser nimmt mit zunehmender Marktrisikoprämie weiter zu. Dies bedeutet, dass diese Modelle mit den abgebildeten CAPM-Kapitalkosten systematisch unterbewerten. Die AQ-Modelle und die EW-Modelle weisen bei 5,5% bzw. 4,5% einen sehr geringen Bias auf. Nach dem Mittelwert liegt, abgesehen von den systematisch überbewertenden AQ-Modellen, modellabhängig bei einer Marktrisikoprämie zwischen 4,5% und 6% kein Bias vor. Bei allen Modellen besteht eine Spanne der CAPM-Marktrisikoprämie von ca. 2 Prozentpunkten, bei denen die Mittelwerte und Mediane des ARBF, abgesehen vom Mittelwert der AQ-Modelle, nur geringe Unterschiede zeigen. Eine Marktrisikoprämie, die eindeutig die geringsten Bewertungsfehler erzeugt, kann nicht identifiziert werden. Gemessen am ARBF-Median liegen die Marktrisikoprämien von 4,5% und 5% bei sämtlichen Modellen in dem Bereich vergleichbar geringer Fehler. Des Weiteren wird im Folgenden als Marktrisikoprämie der

---

[368] Vgl. Gebhardt/Lee/Swaminathan (2001), S. 165.

über den Betrachtungszeitraum variable Mittelwert der Vormonats-RPIKK des Gesamt-marktes verwendet. Diese kann bei Verwendung der K1- und K9-Modelle nach Median-ARBF und nach dem Anteil der Unternehmen mit einem maximalen ARBF von 15% (in15%) genauere Bewertungen um wenige Prozentpunkte erzielen. Die EW- und AQ-Modelle zeigen kaum Verbesserungen. Die Branchen-IKK des Vormonats übertreffen die Bewertungsgenauigkeit aller CAPM-Marktrisikoprämien deutlich.

Den geringsten Median-ARBF mit konstanter CAPM-Marktrisikoprämie zeigt das RIMK9 (RP=4%) mit 37,5%. Bei Verwendung der häufig verwenden 5% Marktrisikoprä-mie sind das RIMEW und RIMK9 mit 38,4% die genauesten Modelle. Mit impliziter Marktrisikoprämie zeigt das AEGK9 den geringsten Fehler mit 35,5%. Den geringsten Fehler aller relevanten Vergleichs-Kapitalkosten zeigt die Vormonats-Branchen-IKK beim AEGEW mit 22,9%.

Als Vergleichswert für die weiteren Berechnungen werden die Bewertungsfehler neben der Marktrisikoprämie von 5% zusätzlich mit 4,5% berechnet. Diese entspricht eher der mittleren RPIKK der Stichprobe.[369] Als weiterer Vergleichswert wird die Berechnung mit den impliziten Vormonats-RPIKK des Gesamtmarktes als variable Marktrisikoprämie verwendet.

Die mit großem Abstand genauesten Bewertungen werden mit der Vormonats-Branchen-IKK erzielt. Deshalb wird auch diese als Vergleichswert einbezogen. Da diese bereits bessere Ergebnisse als sämtliche CAPM-Marktrisikoprämien liefert, ist zu erwarten, dass die Faktorenmodelle ebenfalls bessere Ergebnisse zeigen.

7.1.2   Einbettung in die Literatur

In diesem Abschnitt soll die Bewertungsgenauigkeit der Bewertungen des vorherigen Ab-schnitts mit denen vorheriger Studien verglichen werden. Dabei beschränkt sich der Ver-gleich auf Studien, die Prognosedaten mit RIM- oder AEG-Modellen diskontieren. Es sind bislang drei Studien bekannt, die diese Modelle vergleichen.[370]

---

[369] Hier wird der Vergleichswert mit dem geringsten Fehler gewählt, damit die Beurteilung der Bewer-tungsgenauigkeit mit zukunftsorientierten Kapitalkosten im Weiteren nicht durch die Wahl des Ver-gleichswertes beeinflusst wird.
[370] Vgl. Penman (2015), S. 245. Stand 2015 gab es erst zwei Studien, im Jahr 2016 ist mit Ho et al. (2016)

Jorgensen/Lee/Yoo (2011) haben RIM- und AEG-Modelle mit einer Detailplanungsphase von zwei bis fünf Jahren für die Bewertung verwendet. Dabei verwenden sie eine
CAPM-Marktrisikoprämie von 5%. Es wird die IQR des BF und der Anteil der Unternehmen mit einem ARBF von maximal 15% mit den zuvor bestimmten Ergebnissen verglichen. Bei einem Vergleich der Ergebnisse muss berücksichtigt werden, dass Jorgen-
sen/Lee/Yoo (2011) neben den direkt aus den Bewertungsmodellen ermittelten Ergebnissen weitere Bewertungsfehler angeben. Sie verwenden die mittels Bewertungsmodell ermittelten Werte als Multiplikator, um Ergebnisse ohne Bias (nach RBF-Mittelwert) zu
erhalten.[371] Die Kennzahl ARBF „in15%" wird nur nach diesem Verfahren angegeben,
dabei reduziert sich der Fehler. Der Mittelwert des ARBF wird aus diesem Grund nicht
zum Vergleich verwendet. Für die IQR des BF stehen auch nicht-adjustierte Ergebnisse
zur Verfügung. RIM-Modelle, die im Wesentlichen vergleichbar mit dem hier verwendeten RIMEW-Modell sind, erzielen eine BF-IQR zwischen 60,7% und 68,5%. Sie können
zwischen 26,1% und 28,0% der Unternehmen mit einem ARBF von maximal 15% bewerten.[372] Vergleichbare Modelle zum RIMAQ erzielen eine BF-IQR zwischen 78,0%
und 81,1%. Sie können zwischen 23,4% und 24,7% der Unternehmen mit einem ARBF
von maximal 15% bewerten. Zwei AEG Modelle (auf Basis des OJ-Modell) erzielen eine
BF-IQR zwischen 125,2% und 149,6%. Sie können zwischen 13,0% und 17,3% der Unternehmen mit einem ARBF von maximal 15% bewerten. Zudem verwenden sie zwei
PEG-Modelle, die wie die OJ-Modelle nur indirekt mit den hier verwendeten Modellen
verglichen werden können. Diese erzielen eine BF-IQR zwischen 88,2% und 113,5%. Sie
können zwischen 12,8% und 20,4% der Unternehmen mit einem ARBF von maximal
15% bewerten. Des Weiteren verwenden sie ein RIMEW-Modell mit konstanten Residu-
algewinnen im EW. Dieses erzielt nach der BF-IQR die genauesten Ergebnisse. An diesem Ergebnis verdeutlicht sich ein Nachteil dieser Kennzahl. Das Modell zeigt einen extrem negativen Bias, so dass das 75% Quartil ca. bei eins liegt. Demnach bildet diese
Kennzahl bei diesem Modell nicht die 50% genauesten Bewertungen ab und dessen Interpretation ist folglich nicht mit dem Median-ARBF vergleichbar. Zudem fällt die IQR
bei unterbewertenden Modellen i. d. R. geringer aus, da Fehler nach unten auf null begrenzt sind und nach oben unbegrenzt abweichen können. Auch nach den adjustierten

---

eine dritte Studie hinzugekommen, die RIM und AEG vergleicht. Ohlson/Johannesson (2016) wird
nicht mit in den Vergleich aufgenommen, siehe dazu *Fußnote 27* in *Abschnitt 2.1*.

[371] Vgl. Jorgensen/Lee/Yoo (2011), S. 455. Sie verwenden dazu ein Multiplikator-Verfahren nach Liu/Nis-
sim/Thomas (2002).

[372] Vgl. in diesem Absatz Jorgensen/Lee/Yoo (2011), S. 457-459.

Bewertungsgenauigkeiten erzielt dieses unterbewertende Modell die genauesten Ergebnisse.

Bei einer Marktrisikoprämie von 5% liegen die Fehler der BF-IQR bei Jorgensen/Lee/Yoo (2011) im Vergleich zu den in dieser Arbeit ermittelten Ergebnissen unter dem hier ermittelten Fehler des RIMEW. Ebenso können hier weniger Unternehmen mit einem Fehler von maximal 15% bewertet werden. Auch das RIMAQ-Modell weist höhere Fehler auf. Das AEGEW-Modell zeigt hingegen deutlich geringere Fehler. Zu den abweichenden Ergebnissen tragen verschiedene Aspekte bei. Zum einen werden hier nur drei und keine fünf Jahre Detailplanungsphase betrachtet. Zum anderen unterscheiden sich die untersuchten Zeiträume. Jorgensen/Lee/Yoo (2011) betrachten die Jahre 1984 bis 2005. Besonders die hier betrachteten Jahre 2008 bis 2012 führen zu hohen Fehlern. Zudem betrachten Jorgensen/Lee/Yoo (2011) nur einen Zeitpunkt im Jahr und besonders AQ-Modelle können mit CAPM-Kapitalkosten keine unterjährig konstant genauen Bewertungen durchführen.[373] Zudem treffen Jorgensen/Lee/Yoo (2011) abweichende Annahmen. Sie begrenzen bspw. die AQ nach oben auf 50%,[374] hier wurde die Grenze auf 100% festgelegt. Des Weiteren schließen sie Unternehmen mit einem Aktienkurs unter 2 USD aus.[375] Die hohe Überbewertung des fünfperiodischen OJ-Modells bei Jorgensen/Lee/Yoo (2011) gegenüber dem AEGEW-Modell stammt aus der Wachstumsannahme im EW. Jorgensen/Lee/Yoo (2011) behalten die Steigerung von EPS4 auf EPS5 für die Berechnung des Endwertes bei.[376] Hier wird das EPS-Wachstum im EW mit der Wachstumsrate von Claus/Thomas (2001) berechnet.[377]

Penman (2005) ist die erste bekannte Studie, die anhand einer großen Stichprobe ein RIM- und AEG-Modell im Vergleich testet.[378] Geprüft werden zweiperiodische Modelle analog zum OJ-Modell.[379] Penman (2005) gibt die Verteilung des BF als einzige Kennzahl zur Bewertungsgenauigkeit an, deshalb wird auch hier die BF-IQR verglichen. Beim RIM-Modell kommt die Studie auf eine BF-IQR von 65% und beim OJ-Modell von

---

[373] Der unterjährige Verlauf der Bewertungsgenauigkeit wurde für diese Arbeit exemplarisch für eine Marktrisikoprämie von 5% getestet. In den Monaten April bis Juli bewerten AQ-Modelle ca. 2 Prozentpunkte genauer als im unterjährigen Mittel.
[374] Vgl. Jorgensen/Lee/Yoo (2011), S. 454.
[375] Vgl. Jorgensen/Lee/Yoo (2011), S. 455.
[376] Vgl. Jorgensen/Lee/Yoo (2011), S. 451.
[377] Vgl. *Abschnitt 2.3.2.1* und *Abschnitt 2.4.1.3.*
[378] Vgl. Penman (2005), S. 376-377.
[379] Penman (2005) verwendet als Kapitalkosten einen Satz von 10% und eine langfristige Wachstumsrate von 4% für beide Modelle.

275%. Die Fehler des AEG liegen deutlich über den Fehlern von Jorgensen/Lee/Yoo (2011) mit fünfperiodischen AEG-Modellen. Penman (2005) begründet die hohen Fehler beim AEG mit zu hohen Wachstumsraten aus den EPS-Prognosen der ersten und zweiten Periode, die häufig überschätzt sind. Diese zweiperiodischen Modelle sind nicht mit den hier verwendeten Modellen vergleichbar. Besonders die hier verwendeten komplexeren AEG-Modelle erzielen deutlich bessere Ergebnisse.

Ho et al. (2016) reduzieren den positiven Bias des OJ-Modell im Vergleich zu Jorgen-sen/Lee/Yoo (2011) und Penman (2005) deutlich.[380] Dies gelingt ihnen durch eine An-passung der Wachstumsraten des OJ-Modells.[381] Dieses OJ-Modell ist mit einem mittle-ren ARBF von 62% das genaueste Modell. Das CT-Modell erzielt 82%. Das GLS-Modell bewertet außergewöhnlich schlecht mit einem mittleren ARBF von 183%. Dieser hohe Fehler des GLS-Modells kann weder bei Jorgensen/Lee/Yoo (2011) noch in der hier durchgeführten Studie bestätigt werden. Wobei auch hier das zum GLS-Modell ver-gleichbare Modell (RIMAQ) die höchsten Fehler mit historisch orientierten Kapitalkos-ten aufzeigt.

Den derzeit geringsten bekannten Median-ARBF eines Zahlungsstrom-diskontierenden Modells zeigen Bach/Christensen (2016) mit 25,4% bei Verwendung des CCAPM.[382] Sie optimieren diesen Fehler durch das Suchen der fehlerminimalen langfristigen Wachs-tumsrate auf 23,2%. Sie vergleichen diesen Ansatz mit verschieden spezifizierten histo-risch orientierten CAPM- und Fama-French-Drei-Faktorenmodell-Kapitalkosten. Von diesen ist ein CAPM-Kapitalkostensatz mit einer Marktrisikoprämie aus dem Mittel der monatlichen Renditen der vergangenen 30 Jahre fehlerminimal mit einem Median-ARBF von 35,9%. Es wird nur ein RIM-Modell untersucht. Dieses entspricht keiner hier disku-tierten Spezifikation. Es enthält Elemente des CT-Modells sowie des GLS-Modells, mit weiteren Adjustierungen. Genauere Ergebnisse sind bislang nur von Multiplikator-Be-wertungen bekannt, so bspw. Liu/Nissim/Thomas (2002) mit einem Median-ARBF von 16% für ein EPS2-Multiplikator.[383] Die zuvor ermittelten Vergleichswerte für die RIM-Modelle sind vergleichbar zu den Ergebnissen vorheriger Studien. Die hier angepassten

---

[380] Vgl. Ho et al. (2016), S. 9.
[381] Vgl. Ho et al. (2016), S. 4-5.
[382] Vgl. Bach/Christensen (2016), S. 1171-1180.
[383] Vgl. Liu/Nissim/Thomas (2002), S. 137; Bach/Christensen (2016), S. 1156.

AEG-Modelle zeigen bereits deutlich genauere Bewertungen als AEG-Modelle in vorherigen Studien. Diese Vergleichswerte sind folglich geeignet, um im Folgenden die Bewertungsgenauigkeit der Faktorenmodell-Kapitalkosten zu beurteilen.

7.2 Bewertungsgenauigkeit mit zukunftsorientierten Kapitalkosten

7.2.1 Bewertungsgenauigkeit mit Faktorenmodell-Kapitalkosten

In diesem Abschnitt werden die in *Abschnitt 2.5.2* vorgestellten Kennzahlen zur Beurteilung der Bewertungsgenauigkeit für die Stichprobe des 17-Faktorenmodells diskutiert und mit den Vergleichswerten aus *Abschnitt 7.1.1* verglichen. Anschließend wird ein paarweiser t-Test der Bewertungsgenauigkeit der verschiedenen Kapitalkosten-Modell-Kombinationen durchgeführt.

Tabelle 25 zeigt die Ergebnisse dieser Kennzahlen. Sämtliche Modelle unterliegen, gemessen am Median, einem sehr geringen RBF, der stets um null Prozent schwankt. Dies ist auch bei der Verwendung des gleitenden Mittelwertes der Koeffizienten längerer Perioden der Fall. Beim Mittelwert zeigt sich ein leicht positiver RBF, da die Bewertungsfehler nicht symmetrisch um null verteilt sind. Die RBF weichen beim Mittelwert aller vorherigen Perioden und dem Vorjahreskoeffizienten stärker von null ab.

Eine sehr häufig beachtete Kennzahl zur Beurteilung der Bewertungsgenauigkeit ist der Median des ARBF.[384] Die geringsten Fehler entstehen, wie aufgrund zeitlich variabler Regressionskoeffizienten zu erwarten ist,[385] bei der Verwendung der aktuellen Koeffizienten. Hier weisen die Modelle AEGK1 und RIMK1 (mit 12,2% und 12,9%) die geringsten Fehler auf. Leicht höhere Fehler zeigen die K9-Modelle mit 13,6% (AEG) bzw. 14,7% (RIM). Bei den AQ-Modellen steigt der Fehler des AEG (RIM) auf 16,1% (16,5%). Die EW-Modelle weisen die höchsten Fehler auf. Diese betragen beim AEG (RIM) 19,6% (21,3%). Bei Verwendung längerer gleitender Mittelwerte der Risikoprämien der Faktoren verschlechtert sich die Genauigkeit. Die Unterschiede des Median-

---

[384] Vgl. *Abschnitt 2.5.2*.
[385] Zu den inkonstanten Regressionskoeffizienten siehe *Abschnitt 6.4.5*.

	RP	RIMEW	RIMK1	RIMK9	RIMAQ	AEGEW	AEGK1	AEGK9	AEGAQ
RBF MD	RK_0	-0,029	-0,019	-0,025	-0,017	-0,022	-0,017	-0,021	-0,017
	$RK_{-11,0}$	-0,018	-0,011	-0,016	-0,012	-0,015	-0,006	-0,009	-0,012
	$RK_{-35,0}$	-0,001	0,000	-0,001	0,000	-0,004	0,009	0,008	0,000
	$RK_{-59,0}$	-0,003	-0,001	-0,002	-0,004	-0,011	0,014	0,011	-0,003
	$RK_{-238,0}$	-0,003	0,044	0,032	0,006	-0,026	0,096	0,080	0,017
	RK_{-1}	-0,029	-0,016	-0,023	-0,016	-0,023	-0,014	-0,019	-0,015
	RK_{-12}	-0,020	-0,005	-0,014	-0,012	-0,019	0,006	-0,002	-0,012
RBF MW	RK_0	0,023	-0,004	0,000	0,026	0,024	-0,004	-0,001	0,026
	$RK_{-11,0}$	0,049	0,010	0,020	0,041	0,044	0,014	0,020	0,040
	$RK_{-35,0}$	0,064	0,023	0,034	0,052	0,054	0,033	0,040	0,051
	$RK_{-59,0}$	0,049	0,019	0,025	0,041	0,037	0,036	0,038	0,042
	$RK_{-238,0}$	0,036	0,062	0,053	0,042	0,011	0,130	0,108	0,055
	RK_{-1}	0,029	0,000	0,005	0,032	0,028	0,001	0,003	0,032
	RK_{-12}	0,104	0,048	0,070	0,082	0,092	0,059	0,072	0,078
ARBF MD	RK_0	0,213	0,129	0,147	0,165	0,196	0,122	0,136	0,161
	$RK_{-11,0}$	0,224	0,138	0,157	0,177	0,205	0,132	0,148	0,175
	$RK_{-35,0}$	0,231	0,145	0,165	0,184	0,212	0,143	0,157	0,182
	$RK_{-59,0}$	0,228	0,145	0,163	0,182	0,209	0,145	0,158	0,180
	$RK_{-238,0}$	0,225	0,156	0,169	0,186	0,208	0,176	0,183	0,186
	RK_{-1}	0,222	0,138	0,156	0,178	0,203	0,131	0,146	0,175
	RK_{-12}	0,242	0,157	0,178	0,199	0,222	0,155	0,170	0,197
ARBF MW	RK_0	0,302	0,171	0,198	0,234	0,277	0,160	0,182	0,228
	$RK_{-11,0}$	0,326	0,183	0,216	0,255	0,297	0,175	0,200	0,249
	$RK_{-35,0}$	0,334	0,192	0,226	0,263	0,305	0,186	0,212	0,258
	$RK_{-59,0}$	0,323	0,191	0,219	0,257	0,294	0,188	0,210	0,252
	$RK_{-238,0}$	0,314	0,204	0,226	0,258	0,286	0,238	0,244	0,257
	RK_{-1}	0,314	0,181	0,210	0,250	0,287	0,171	0,194	0,245
	RK_{-12}	0,393	0,229	0,281	0,311	0,358	0,224	0,259	0,303
ARBF SA	RK_0	0,314	0,151	0,187	0,250	0,287	0,141	0,167	0,244
	$RK_{-11,0}$	0,359	0,166	0,216	0,284	0,323	0,157	0,192	0,276
	$RK_{-35,0}$	0,360	0,173	0,218	0,286	0,325	0,166	0,199	0,280
	$RK_{-59,0}$	0,335	0,169	0,205	0,273	0,303	0,167	0,193	0,267
	$RK_{-238,0}$	0,314	0,184	0,210	0,265	0,278	0,229	0,228	0,264
	RK_{-1}	0,329	0,161	0,199	0,267	0,300	0,151	0,178	0,260
	RK_{-12}	0,546	0,272	0,390	0,417	0,492	0,256	0,333	0,394
ARBF in15%	RK_0	0,373	0,561	0,508	0,464	0,402	0,586	0,538	0,474
	$RK_{-11,0}$	0,356	0,534	0,482	0,438	0,385	0,552	0,506	0,442
	$RK_{-35,0}$	0,347	0,512	0,463	0,425	0,375	0,521	0,482	0,429
	$RK_{-59,0}$	0,352	0,513	0,467	0,428	0,380	0,514	0,481	0,431
	$RK_{-238,0}$	0,356	0,485	0,452	0,419	0,382	0,438	0,423	0,419
	RK_{-1}	0,358	0,535	0,484	0,436	0,387	0,557	0,511	0,441
	RK_{-12}	0,334	0,482	0,435	0,395	0,361	0,488	0,451	0,398
ARBF IQR	RK_0	0,297	0,177	0,203	0,232	0,273	0,166	0,188	0,226
	$RK_{-11,0}$	0,315	0,188	0,217	0,249	0,289	0,178	0,202	0,243
	$RK_{-35,0}$	0,328	0,198	0,230	0,259	0,302	0,188	0,215	0,253
	$RK_{-59,0}$	0,320	0,196	0,224	0,254	0,294	0,191	0,214	0,249
	$RK_{-238,0}$	0,318	0,207	0,226	0,255	0,293	0,238	0,245	0,253
	RK_{-1}	0,307	0,186	0,213	0,247	0,282	0,176	0,197	0,241
	RK_{-12}	0,350	0,215	0,248	0,279	0,321	0,210	0,235	0,274
BF IQR	RK_0	0,422	0,255	0,290	0,328	0,388	0,241	0,269	0,320
	$RK_{-11,0}$	0,447	0,275	0,312	0,354	0,409	0,265	0,295	0,349
	$RK_{-35,0}$	0,466	0,293	0,332	0,370	0,428	0,289	0,318	0,366
	$RK_{-59,0}$	0,457	0,292	0,327	0,365	0,418	0,293	0,318	0,361
	$RK_{-238,0}$	0,449	0,309	0,339	0,373	0,411	0,340	0,358	0,373
	RK_{-1}	0,439	0,273	0,308	0,354	0,403	0,260	0,290	0,349
	RK_{-12}	0,487	0,316	0,356	0,401	0,445	0,315	0,345	0,397

Diese Tabelle zeigt die Kennzahlen aus *Abschnitt 2.5.2*. In Spalte RP werden die Symbole der PRPIKK angegeben, die aus den Koeffizienten der aktuellen (RK_0), der aktuellsten 12 ($RK_{-11,0}$), 36 ($RK_{-35,0}$), 60 ($RK_{-59,0}$), allen vorherigen Monaten ($RK_{-238,0}$) sowie den Vormonats- (RK_{-1}) und Vorjahreskoeffizienten (RK_{-12}) bestimmt werden.

Tabelle 25: Bewertungsfehler mit PRPIKK – USA

ARBF der verschiedenen gleitenden Mittelwerte sind äußerst gering, mit unterschiedlichen Rangfolgen, je nachdem welches Modell betrachtet wird. Die Vorjahreskoeffizienten zeigen die schlechtesten Ergebnisse. Diese PRPIKK können, wie *Abbildung 25* zeigt, deutlich von den RPIKK abweichen. Deutlich genauere Ergebnisse erzielen die Vormonatskoeffizienten. Die Rangfolge der Modelle ist auch bei Verwendung dieser Koeffizienten konstant. Die Fehler steigen gegenüber den aktuellen Koeffizienten leicht an und sind mit denen bei Verwendung der mittleren Koeffizienten der vergangenen zwölf Monate vergleichbar. Auch hier ist festzuhalten, dass die AEG-Modelle einen geringeren Fehler gegenüber den vergleichbaren RIM-Modellen aufweisen. Bei den langfristigen Mittelwerten der Regressionskoeffizienten (über alle vorhandenen Perioden) ist diese Rangfolge nur noch bei den EW-Modellen eindeutig gegeben.

Die weiteren Kennzahlen werden im Folgenden bei Verwendung der aktuellen Koeffizienten beurteilt. Die Beurteilungen der weiteren Schätzungen der Faktorpreise sind im Vergleich zu den aktuellen Koeffizienten ähnlich zum ARBF-Median. Die Ergebnisse der ARBF-Mittelwerte sind hinsichtlich der Rangfolge der Modelle identisch zum Median. Der Fehler nimmt bei allen Modellen geringfügig höhere Werte an. Bei den Modellen mit höherem Median-ARBF fällt die Differenz zum Mittelwert stärker aus. Bei den RIM-Modellen ist die Differenz zwischen Median und Mittelwert höher als bei den AEG-Modellen. Auch die SA des ARBF zeigt die identische Rangfolge der Modelle. Hier ist hervorzuheben, dass die Vormonatskoeffizienten stets die zweitbesten Ergebnisse, nur geringfügig hinter den aktuellen Koeffizienten, erzielen. Die zur Beurteilung des unteren Teils der Verteilung des ARBF verwendete Kennzahl, der Anteil der Unternehmen, die maximal einen Fehler von 15% aufzeigen, zeigt ebenfalls sehr gute Ergebnisse. Den besten Wert aller Modelle zeigt das AEGK1 mit 58,6%. Die Rangfolge der Modelle ist identisch zum Median. Um auch höhere Quartile der Verteilung in die Beurteilung einzubeziehen, wird die IQR des ARBF bestimmt. Auch durch diese Kennzahl verändert sich die Beurteilung nicht. Hier schneidet das AEGK1 ebenfalls am besten ab. Das 25%-Quartil und das 75%-Quartil liegen nur 16,6 Prozentpunkte auseinander.

Beim Vergleich der Bewertungsgenauigkeit von Bewertungen mit zukunftsorientierten Kapitalkosten und historisch abgeleiteten Kapitalkosten mit konstanten Marktrisikoprämien ist es nicht notwendig, auf die einzelnen Werte der zuvor dargestellten *Tabelle 24* einzugehen. Unabhängig von der Wahl des Modells oder der Wahl der Schätzperiode der

Koeffizienten erzielen die zukunftsorientierten Kapitalkosten bei allen Kennzahlen bessere Ergebnisse als die konstanten historisch abgeleiteten CAPM-Marktrisikoprämien. Auch die Verwendung der impliziten Vormonats-Risikoprämie des Gesamtmarktes kann nur einen vergleichsweise geringen Teil des Fehlers reduzieren. Der Grund des hohen Fehlers liegt demnach auch an der mangelnden Fähigkeit des (hier verwendeten) CAPM-BETAs, die Unterschiede der Renditeforderungen an die Unternehmen zu erklären.[386]

Der einzige Vergleichswert, der zumindest gegenüber Vorjahreskoeffizienten und nur bei den EW-Modellen gleichwertige Ergebnisse erzielen kann, ist die Verwendung der ebenfalls zukunftsorientierten Branchen-IKK des Vormonats. Das RIMEW-Modell mit Vorjahreskoeffizienten ist das einzige Modell, das nach ARBF-Median einen um 0,7 Prozentpunkte höheren Fehler aufweist (nach ARBF-Mittelwert können beide EW-Modelle mit Branchen-IKK genauere Bewertungen liefern als mit Vorjahreskoeffizienten). Dabei ist auffällig, dass die Rangfolge der Modellspezifikationen nach diesen brancheneinheitlichen Vormonats-IKK entgegengesetzt zu denen des Faktorenmodells ist. Das AEGEW-Modell ist das genaueste Modell, bei den weiteren Spezifikationen ist das jeweilige RIM-Modell genauer als das vergleichbare AEG-Modell. Die Differenz des Bewertungsfehlers zwischen einer Bewertung mit diesen Branchenkapitalkosten und Faktorenmodell-Kapitalkosten ist folglich bei den EW-Modellen am geringsten. Neben den genauesten Bewertungen mit Branchenkapitalkosten zeigen diese die geringsten R^2_{adj} (vgl. *Abschnitt 6.4.2*) und können folglich mit den weiteren Faktoren die Kapitalkosten nur geringfügig verbessern (auch der Erklärungsgehalt des BRVM ist in dem R^2_{adj} bereits enthalten).

Tabelle 26 zeigt die Ergebnisse der paarweisen t-Tests des ARBF der Stichprobe.[387] Zu jedem der acht Modelle werden die verschiedenen Varianten der Bestimmung der Risikoprämien der Faktoren und die vier Vergleichs-Kapitalkosten getestet. Dabei zeigt sich, wie erwartet, dass die aktuellen Koeffizienten bei allen Modellen einen signifikant geringeren Fehler verursachen. Die zweitbeste Variante ist bei sieben Modellen der Vormonatskoeffizient und beim AEGEW der langfristige Mittelwert. Letzteres ist konstant zum Ergebnis des ARBF-Mittelwerts. Die Unterschiede zur Verwendung der Vormonats-Ko-

---

[386] Es existieren zahlreiche Berechnungsvarianten des BETA. Es ist möglich, dass die hier verwendete Berechnungsmethodik des BETA zu diesem Fehler beiträgt.
[387] Für die paarweisen t-Tests werden die winsorisierten Bewertungsfehler verwendet.

effizienten sind bei diesem Modell äußerst gering. Bei den längeren gleitenden Mittelwerten der Koeffizienten ist keine eindeutige Rangfolge ersichtlich. Bei den EW-Modellen ist der langfristige Mittelwert vorteilhaft, bei den Konvergenzmodellen ist der Mittelwert von 60 Monaten zu bevorzugen. Unabhängig von der Bestimmung der Koeffizienten sind die zukunftsorientierten Kapitalkosten signifikant genauer als jeglicher CAPM-basierter, historisch orientierter Kapitalkostensatz. Auch die Verwendung der impliziten Marktrisikoprämie erzeugt einen signifikant höheren Bewertungsfehler als jeglicher zukunftsorientierte unternehmensindividuelle Kapitalkostensatz. Lediglich die Kapitalkostensätze aus konstanten historisch orientierten Marktrisikoprämien können damit übertroffen werden (abgesehen von RIMEW gegenüber einer Marktrisikoprämie von 5%). Die Branchen-IKK übertreffen die Genauigkeit sämtlicher CAPM-basierter Ansätze und können zumindest bei den EW-Modellen gegenüber Vorjahreskoeffizienten genauere Ergebnisse liefern.

Bei sämtlichen Bewertungsmodellen hat sich das Faktorenmodell mit aktuellen Koeffizienten als vorteilhaft herausgestellt. Deshalb werden paarweise t-Tests der ARBF dieser Faktorenmodelle durchgeführt. *Tabelle 27* zeigt die t- und p-Werte der paarweisen t-Tests. Hier bestätigen sich die Ergebnisse der vorherigen Kennzahlen zum ARBF. Die K1-Modelle sind bei beiden Modelltypen die genauesten, gefolgt von den K9-Modellen und den AQ-Modellen. Die höchsten Bewertungsfehler erzielen die EW-Modelle. Die AEG-Modelle sind jeweils genauer als die vergleichbaren RIM-Modelle. Alle Ergebnisse sind hoch signifikant.

Dieser Abschnitt zeigt, dass die Verwendung von Faktorenmodell-Kapitalkosten deutlich geringere Bewertungsfehler als die Verwendung CAPM-basierter Kapitalkosten mit konstanten oder variablen Marktrisikoprämien verursacht. Zwischen diesen beiden Ansätzen rangiert die Verwendung von brancheneinheitlichen Kapitalkosten (Branchen-IKK des Vormonats). Bei der Bestimmung der Faktorpreise der Risikofaktoren des Faktorenmodells sollten möglichst aktuelle Faktorpreise verwendet werden. Alternativ zu diesen sind auch Vormonatswerte oder gleitende Mittelwerte der aktuellsten 12 Monate gut geeignet. Bei der Verwendung längerfristiger gleitender Mittelwerte entstehen geringfügig höhere Fehler. Im Vergleich zu den Vorteilen gegenüber den Vergleichswerten sind diese äußerst gering, folglich sind auch diese zur Anwendung geeignet. Nicht verwendet werden sollten Vorjahreswerte. Bei der Wahl des Bewertungsmodells sind AEG-Modelle zu bevorzugen. Diese erzielen genauere Bewertungen als RIM-Modelle. Konvergenzmodelle sind

		RK_0	$RK_{-11,0}$	$RK_{-35,0}$	$RK_{-59,0}$	$RK_{-238,0}$	RK_{-1}	RK_{-12}	4,5%	5,0%	RPIKK VM	IKK BR
	RK_0		0	0	0	0	0	0	0	0	0	0
	$RK_{-11,0}$	58,4		0	0	0	0	0	0	0	0	0
	$RK_{-35,0}$	73,5	25,6		0	0	0	0	0	0	0	0
	$RK_{-59,0}$	54,0	-6,6	-51,4		0	0	0	0	0	0	0
	$RK_{-238,0}$	32,9	-27,0	-58,3	-40,2		0,094	0	0	0	0	0
RIMEW	RK_{-1}	43,6	-29,8	-46,2	-23,1	-1,3		0	0	0	0	0
	RK_{-12}	101,4	93,0	76,9	83,7	89,4	88,3		0	0	0	0
	4,5%	215,1	187,9	179,2	193,7	203,4	201,3	103,5		0	0	0
	5,0%	212,3	182,4	172,7	188,4	199,2	197,2	93,0	-116,4		0,451	0
	RPIKK_VM	210,7	181,8	172,2	188,1	199,6	196,4	92,9	-45,2	0,1		0
	IKK_BR	65,7	25,8	11,6	30,6	44,1	45,3	-51,1	-203,2	-194,5	-195,8	
	RK_0		0	0	0	0	0	0	0	0	0	0
	$RK_{-11,0}$	59,7		0	0	0	0	0	0	0	0	0
	$RK_{-35,0}$	86,5	47,7		0	0	0	0	0	0	0	0
	$RK_{-59,0}$	80,2	35,4	-13,1		0	0	0	0	0	0	0
	$RK_{-238,0}$	112,9	78,5	55,8	82,9		0	0	0	0	0	0
RIMK1	RK_{-1}	62,7	-10,6	-44,9	-38,7	-77,8		0	0	0	0	0
	RK_{-12}	122,3	115,4	90,1	86,9	52,4	100,4		0	0	0	0
	4,5%	337,5	322,9	313,8	316,3	300,3	326,4	260,5		0	0	0
	5,0%	351,9	335,6	325,1	328,0	310,0	339,4	265,5	-93,0		0	0
	RPIKK_VM	329,0	315,2	305,4	308,4	292,4	317,9	250,4	-44,8	-19,2		0
	IKK_BR	282,5	264,8	251,1	252,9	229,7	268,7	186,7	-143,8	-133,4	-128,5	
	RK_0		0	0	0	0	0	0	0	0	0	0
	$RK_{-11,0}$	63,7		0	0	0	0	0	0	0	0	0
	$RK_{-35,0}$	86,6	36,9		0	0,154	0	0	0	0	0	0
	$RK_{-59,0}$	70,7	10,5	-39,9		0	0	0	0	0	0	0
	$RK_{-238,0}$	85,0	30,7	1,0	37,7		0	0	0	0	0	0
RIMK9	RK_{-1}	58,3	-23,6	-49,9	-31,3	-48,8		0	0	0	0	0
	RK_{-12}	116,7	110,4	89,7	92,5	78,8	100,7		0	0	0	0
	4,5%	295,3	274,0	264,0	272,5	265,0	282,5	183,5		0	0	0
	5,0%	305,7	281,9	270,5	280,0	271,4	291,3	181,3	-91,4		0	0
	RPIKK_VM	288,9	267,5	256,5	266,0	258,2	275,6	170,9	-50,5	-24,6		0
	IKK_BR	220,3	192,8	177,6	187,9	174,7	203,7	83,6	-159,6	-150,6	-144,4	
	RK_0		0	0	0	0	0	0	0	0	0	0
	$RK_{-11,0}$	69,1		0	0	0	0	0	0	0	0	0
	$RK_{-35,0}$	86,1	31,2		0	0	0	0	0	0	0	0
	$RK_{-59,0}$	72,0	6,7	-38,1		0	0	0	0	0	0	0
	$RK_{-238,0}$	74,2	10,6	-18,1	8,6		0	0	0	0	0	0
RIMAQ	RK_{-1}	69,5	-16,5	-37,7	-20,8	-24,1		0	0	0	0	0
	RK_{-12}	117,7	106,9	87,3	90,1	82,7	93,7		0	0	0	0
	4,5%	284,6	275,3	272,1	275,2	275,2	277,6	245,2		0	0	0
	5,0%	279,0	268,4	264,7	268,3	268,4	271,1	234,2	-232,4		0	0
	RPIKK_VM	284,7	271,6	266,8	272,0	272,6	274,6	226,1	-155,0	-115,5		0
	IKK_BR	173,4	147,9	137,7	145,3	141,1	154,0	68,0	-245,3	-230,7	-216,4	
	RK_0		0	0	0	0	0	0	0	0	0	0
	$RK_{-11,0}$	55,5		0	0	0	0	0	0	0	0	0
	$RK_{-35,0}$	70,5	26,9		0	0	0	0	0	0	0	0
	$RK_{-59,0}$	48,6	-6,3	-52,3		0	0	0	0	0	0	0
	$RK_{-238,0}$	26,4	-25,9	-55,5	-35,0		0,038	0	0	0	0	0
AEGEW	RK_{-1}	43,0	-27,6	-44,6	-19,7	2,2		0	0	0	0	0
	RK_{-12}	99,7	92,4	75,3	83,1	88,1	86,9		0	0	0	0
	4,5%	238,7	217,1	207,6	219,7	225,8	227,7	139,6		0	0	0
	5,0%	236,3	212,6	202,3	215,5	222,7	224,3	129,8	-132,3		0	0
	RPIKK_VM	237,8	213,9	203,5	217,4	225,6	226,0	128,9	-65,9	-11,2		0
	IKK_BR	87,3	53,8	39,5	57,5	67,1	70,2	-28,1	-218,3	-209,5	-209,9	

		RK_0	$RK_{-11,0}$	$RK_{-35,0}$	$RK_{-59,0}$	$RK_{-238,0}$	RK_{-1}	RK_{-12}	4,5%	5,0%	RPIKK VM	IKK BR
	RK_0		0	0	0	0	0	0	0	0	0	0
	$RK_{-11,0}$	68,9		0	0	0	0	0	0	0	0	0
	$RK_{-35,0}$	101,0	59,9		0	0	0	0	0	0	0	0
	$RK_{-59,0}$	104,2	60,0	14,7		0	0	0	0	0	0	0
	$RK_{-238,0}$	189,6	165,4	156,1	170,8		0	0	0	0	0	0
AEGK1	RK_{-1}	68,4	-17,1	-58,9	-63,7	-162,8		0	0	0	0	0
	RK_{-12}	137,5	127,2	94,8	82,9	-29,6	113,6		0	0	0	0
	4,5%	364,4	345,5	330,1	327,5	259,7	350,3	268,8		0	0	0
	5,0%	386,3	365,2	347,7	344,7	270,0	370,7	279,4	-53,5		0	0
	RPIKK_VM	334,6	317,5	303,3	301,2	238,7	322,0	247,0	-27,9	-13,8		0
	IKK_BR	296,7	276,6	258,8	255,0	182,9	282,1	196,3	-116,1	-109,5	-107,1	
	RK_0		0	0	0	0	0	0	0	0	0	0
	$RK_{-11,0}$	70,1		0	0	0	0	0	0	0	0	0
	$RK_{-35,0}$	98,0	49,7		0	0	0	0	0	0	0	0
	$RK_{-59,0}$	92,6	37,2	-13,8		0	0	0	0	0	0	0
	$RK_{-238,0}$	156,5	118,3	102,5	133,8		0	0	0	0	0	0
AEGK9	RK_{-1}	65,1	-24,7	-59,1	-52,7	-126,4		0	0	0	0	0
	RK_{-12}	127,4	117,9	90,9	87,5	23,0	108,1		0	0	0	0
	4,5%	328,9	303,9	287,3	290,7	241,4	313,1	205,0		0	0	0
	5,0%	347,9	319,9	301,3	304,8	250,6	330,3	210,0	-43,7		0	0
	RPIKK_VM	301,3	278,7	263,3	266,8	220,7	287,0	187,3	-30,9	-18,8		0
	IKK_BR	248,1	221,4	202,1	204,8	150,7	231,4	120,0	-130,1	-125,7	-120,0	
	RK_0		0	0	0	0	0	0	0	0	0	0
	$RK_{-11,0}$	73,5		0	0	0	0	0	0	0	0	0
	$RK_{-35,0}$	91,7	34,7		0	0,015	0	0	0	0	0	0
	$RK_{-59,0}$	79,2	11,8	-35,3		0	0	0	0	0	0	0
	$RK_{-238,0}$	89,7	25,5	-2,2	28,8		0	0	0	0	0	0
AEGAQ	RK_{-1}	74,9	-15,8	-39,5	-24,1	-36,8		0	0	0	0	0
	RK_{-12}	121,7	108,8	86,3	88,8	75,4	94,5		0	0	0	0
	4,5%	279,5	269,2	265,5	268,5	267,3	271,4	238,4		0	0	0
	5,0%	276,7	264,9	260,7	264,2	262,7	267,5	229,8	-209,5		0	0
	RPIKK_VM	282,6	269,1	263,8	268,7	266,9	271,8	225,7	-132,5	-88,8		0
	IKK_BR	180,3	154,8	143,6	150,2	141,4	160,1	79,7	-230,8	-217,5	-207,8	

Diese Tabelle zeigt links unten die t-Werte der paarweisen t-Tests der verschiedenen Berechnungsvarianten der Kapitalkosten für die acht Modelle. Negative t-Werte werden grau eingefärbt. Dies bedeutet, dass der Kapitalkostensatz in der Zeile vorteilhaft ist. Es werden die PRPIKK aus den aktuellen Regressionskoeffizienten (RK_0), den gleitenden Mittelwert der Koeffizienten der vergangenen 12 ($RK_{-11,0}$), 36 ($RK_{-35,0}$), 60 ($RK_{-59,0}$), und allen vorherigen Monaten ($RK_{-238,0}$), sowie den Vormonats- (RK_{-1}), und den Vorjahreskoeffizienten (RK_{-12}), bestimmt. 4,5% (5,0%) bezeichnen die CAPM-Kapitalkosten mit konstanten Marktrisikoprämien von 4,5% (5,0%). RPIKK_VM bezeichnet die Verwendung der Vormonats-RPIKK als CAPM-Marktrisikoprämie. IKK_BR bezeichnet die Verwendung der Vormonatsbranchen-IKK als Kapitalkosten. Rechts oben in der Tabelle werden die p-Werte der t-Tests angegeben.

Tabelle 26: Paarweise t-Tests der ARBF – USA

	RIMEW	RIMK1	RIMK9	RIMAQ	AEGEW	AEGK1	AEGK9	AEGAQ
RIMEW		0	0	0	0	0	0	0
RIMK1	-236,8		0	0	0	0	0	0
RIMK9	-239,3	132,0		0	0	0	0	0
RIMAQ	-157,9	169,5	123,8		0	0	0	0
AEGEW	-150,4	211,5	201,4	108,8		0	0	0
AEGK1	-251,8	-78,5	-160,5	-182,9	-232,1		0	0
AEGK9	-256,7	60,5	-115,5	-151,4	-234,5	135,3		0
AEGAQ	-168,5	154,9	100,9	-76,5	-124,7	174,5	138,2	

Diese Tabelle zeigt die paarweisen t-Tests der Bewertungsmodelle mit den aktuellen Regressionskoeffizienten. Für weitere Erläuterungen siehe die Beschreibung von *Tabelle 26*.

Tabelle 27: Paarweise t-Tests des ARBF bei Verwendung aktueller Faktorrisikoprämien – USA

dabei geeigneter als klassische Endwertmodelle. Auch eine Begrenzung der Gewinnthesaurierung in der Konvergenzphase führt zu genaueren Bewertungen. Im Weiteren werden diese Ergebnisse weiter analysiert und zunächst im zeitlichen Verlauf betrachtet. Anschließend erfolgt eine Analyse nach Branchenzugehörigkeit sowie eine Analyse des Einflusses der Ausprägung der Risikofaktoren auf die Bewertungsgenauigkeit.

7.2.2 Unterjähriger Verlauf der Bewertungsgenauigkeit

In diesem Abschnitt wird dargestellt, wie sich die Bewertungsgenauigkeit der acht Modelle unterjährig verhält. Exemplarisch wird dieser Verlauf anhand des Median-ARBF
bei Verwendung der aktuellen Regressionskoeffizienten verdeutlicht. Vergleichbar zu
Abbildung 12 zeigt *Abbildung 26* den mittleren unterjährigen Verlauf über die betrachteten 20 Jahre. Die Entwicklung verläuft entgegengesetzt zur Entwicklung des R^2_{adj}. Die
AEG-Modelle können unterjährig konstant gute Bewertungen durchführen. Beim RIM
sinkt der Bewertungsfehler im April mit aktualisierten Bilanz- und Prognosedaten deutlich ab. Bei den K1-Modellen ist das RIM von April bis Juni annähernd gleichwertig zum
AEG. Der niedrigste Bewertungsfehler ist im Mai zu beobachten. Dies liegt an dem Rückgang der RPIKK von März auf April. Deshalb ist die RPIKK des Vormonats im Mai eine
bessere Basis für die PRPIKK als im April. Im weiteren Verlauf des Jahres steigt der
Fehler kontinuierlich an. Die Fehler der K9- und AQ-Modelle verlaufen unterjährig vergleichbar mit einem höheren Fehler. Bei den AQ-Modellen kann das RIM im April geringfügig genauere Bewertungen liefern. Die EW-Modelle zeigen generell deutlich höhere Fehler als die Modelle mit Konvergenzphase. Qualitativ sind die Verläufe der weiteren, nicht dargestellten Kennzahlen MW, SA, in15% und IQR vergleichbar.

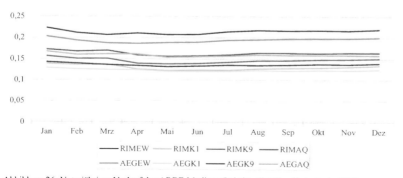

Abbildung 26: Unterjähriger Verlauf des ARBF-Medians (bei aktuellen Koeffizienten) – USA

Folglich können alle Modelle im Vergleich zur Ausprägung der Fehlerkennzahlen der Vergleichs-Kapitalkosten relativ konstant genau bewerten. Die AEG-Modelle zeigen unterjährig eine besonders hohe Eignung der zukunftsorientierten Kapitalkosten.

7.2.3 Bewertungsgenauigkeit im Zeitverlauf

Ziel dieses Abschnitts ist zu beurteilen, ob die Bewertungsmodelle zeitlich konstant genau bewerten können. Dieses erfolgt anhand der Entwicklung des Median-ARBF im Betrachtungszeitraum. *Abbildung 27* zeigt den Verlauf des ARBF-Medians der acht Modelle bei Verwendung der aktuellen Regressionskoeffizienten in den betrachteten 239 Monaten. Dabei zeigen die EW-Modelle konstant die höchsten Fehler. Die K1-Modelle gehören zu jedem Zeitpunkt zu den genauesten Modellen. Die K9- und AQ-Modelle können Mitte der neunziger Jahre eine vergleichbare Bewertungsgenauigkeit zeigen. Ab 1998 bildet sich die bereits bekannte Rangfolge heraus. Die RIM-Modelle können, wie der unterjährige Verlauf bereits gezeigt hat, phasenweise sehr genau bewerten. Sie unterliegen jedoch deutlicheren Schwankungen. Im Zeitverlauf unterliegt die Bewertungsgenauigkeit besonders dem Einfluss der Krisen. In weniger volatilen Marktphasen kann genauer bewertet werden. Des Weiteren ist auffällig, dass der Bewertungsfehler nach der ersten Erholungsphase nach der Subprime-Krise, besonders bei den zuvor besten Modellen, ansteigt und die Differenz zwischen den Modellen abnimmt.

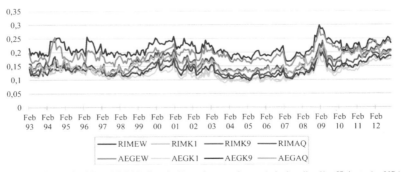

Abbildung 27: Verlauf des ARBF-Medians im Betrachtungszeitraum (mit aktuellen Koeffizienten) – USA

Es zeigt sich folglich, dass die Ausprägung der Fehlerkennzahl, besonders aufgrund der Krisen, zeitlich nicht konstant ist. In diesen Marktphasen ist es jedoch mit sämtlichen

Methoden zur Bestimmung der Kapitalkosten schwierig exakte Kapitalkosten zu bestimmen. Möglicherweise liegen diese Bewertungsfehler auch an nicht effizienten Vergleichswerten (Börsenkurse). Die Rangfolge der Modelle und die Vorteilhaftigkeit des
AEG gegenüber dem RIM und besonders die Vorteilhaftigkeit der zukunftsorientierten
gegenüber den historisch abgeleiteten Kapitalkosten ist zeitlich sehr konstant.

7.2.4   Bewertungsgenauigkeit nach Branchen

In diesem Abschnitt wird untersucht, ob bestimmte Branchen grundsätzlich genauer zu
bewerten sind und ob die verschiedenen Modelle bei der Bewertung von Unternehmen
verschiedener Branchen unterschiedlich geeignet sind. Zuvor hat sich gezeigt, dass die
aktuellen Regressionskoeffizienten die genauesten Faktorenmodelle ergeben. Deshalb
werden in diesem Abschnitt nur diese Faktorenmodelle einbezogen. *Tabelle 28* zeigt die
Ergebnisse der sieben zuvor berechneten Kennzahlen als Branchenmittel. Auf die Angabe
der BF-IQR wird aufgrund der hier vergleichbaren Interpretation zum ARBF-Median verzichtet. Dabei wird zu jeder Branchen-Kennzahlen-Kombination der Wert des genauesten
der acht Modelle sowie die Abkürzung des entsprechenden Modells angegeben. Die Tabelle ist nach dem ARBF-Median absteigend sortiert.

Die deutlich genauesten Bewertungen sind bei Versicherungen und Banken möglich. Der
Median-ARBF liegt mit 7,7% bzw. 7,9% deutlich unter dem Mittel der Stichprobe. Über
76,8% (72,7%) aller Versicherungen (Banken) können mit einem Fehler von maximal
15% bewertet werden. Der Grund für diese besonders guten Ergebnisse kann nicht genau
identifiziert werden. Es ist zu vermuten, dass diese Unternehmen durch die hier betrachteten quantitativen Werttreiber besonders gut bewertet werden können. Bei anderen Branchen sind möglicherweise qualitative Faktoren stärker wertrelevant, die von den hier verwendeten Bewertungsmodellen nicht abgebildet werden können. Die nach Median-
ARBF am ungenauesten zu bewertenden Unternehmen stammen aus den Branchen Tabak
(34,1%), Süßwaren & Getränke (28,0%), Landwirtschaft (24,6%) und Kohle (24,6%).
Auch hier können nur Vermutungen angestellt werden, aus welchen Gründen die Bewertung bei diesen Unternehmen einen besonders hohen ARBF erzeugt. Es ist denkbar, dass
strukturell weit gefasste Branchen und kleine Branchen besonders schwierig zu bewerten
sind. Dabei sind zwei Aspekte besonders auffällig. Die aufgezählten Branchen sind in der

Rang	Nr.	Name	RBF MD Modell	RBF MD Wert	RBF MW Modell	RBF MW Wert	ARBF MD Modell	ARBF MD Wert	ARBF MW Modell	ARBF MW Wert	ARBF SA Modell	ARBF SA Wert	ARBF in 15% Modell	ARBF in 15% Wert	ARBF IQR Wert	N
1	45	Insurance	AEGEW	0,001	RIMAQ	-0,001	AEGK1	0,077	AEGK1	0,105	AEGK1	0,099	AEGK1	0,768	0,107	10.371
2	44	Banking	RIMEW	-0,011	RIMEW	-0,011	AEGK1	0,079	AEGK1	0,108	AEGK1	0,095	AEGK1	0,727	0,124	29.144
3	17	Construction Materials	AEGEW	-0,027	RIMAQ	0,027	AEGK1	0,091	AEGK1	0,117	AEGK1	0,107	AEGK1	0,739	0,109	5.327
4	31	Utilities	RIMK9	-0,023	RIMK9	-0,023	RIMK1	0,091	RIMK1	0,113	AEGK1	0,093	RIMK1	0,752	0,105	14.972
5	41	Wholesale	RIMK1	-0,035	AEGEW	0,035	AEGK1	0,101	AEGK1	0,136	AEGK1	0,125	AEGK1	0,670	0,137	8.717
6	14	Chemicals	RIMEW	0,025	RIMK1	0,025	AEGK1	0,103	AEGK1	0,139	AEGK1	0,125	AEGK1	0,648	0,146	7.120
7	22	Electrical Equipment	AEGAQ	0,003	RIMK9	0,003	RIMK1	0,104	AEGK1	0,135	AEGK1	0,125	AEGK1	0,670	0,130	2.634
8	24	Aircraft	RIMEW	-0,001	RIMAQ	0,001	AEGK1	0,110	AEGK1	0,136	AEGK1	0,111	AEGK1	0,634	0,141	2.166
9	48	Almost Nothing	RIMEW	0,002	AEGEW	0,002	AEGK1	0,111	AEGK1	0,143	AEGK1	0,118	AEGK1	0,620	0,146	1.418
10	4	Beer & Liquor	RIMK1	0,021	RIMK1	0,021	AEGK1	0,112	AEGK1	0,140	AEGK1	0,116	AEGK1	0,652	0,143	944
11	23	Automobiles and Trucks	RIMK9	-0,006	RIMK9	-0,006	AEGK1	0,115	AEGK1	0,152	AEGK1	0,135	AEGK1	0,618	0,148	5.519
12	21	Machinery	AEGEW	0,000	RIMK1	0,000	AEGK1	0,117	AEGK1	0,151	AEGK1	0,133	AEGK1	0,608	0,154	9.662
13	37	Measuring and Control Equipment	AEGEW	-0,025	RIMEW	-0,025	AEGK1	0,117	AEGK1	0,142	AEGK1	0,114	AEGK1	0,616	0,147	6.647
14	19	Steel Works Etc	RIMK9	0,001	AEGAQ	0,001	AEGK1	0,120	AEGK1	0,149	AEGK1	0,124	AEGK1	0,600	0,149	3.866
15	47	Trading	AEGAQ	-0,024	AEGAQ	0,024	AEGK1	0,122	AEGK1	0,160	AEGK1	0,140	AEGK1	0,592	0,167	8.099
16	40	Transportation	AEGK1	-0,060	AEGEW	-0,060	AEGK1	0,124	AEGK1	0,162	AEGK1	0,139	AEGK1	0,578	0,169	8.339
17	2	Food Products	RIMK1	0,023	RIMK1	0,023	AEGK1	0,125	AEGK1	0,166	AEGK1	0,146	AEGK1	0,571	0,174	4.152
18	6	Recreation	AEGK1	-0,068	AEGEW	0,068	AEGK1	0,126	AEGK1	0,157	AEGK1	0,134	AEGK1	0,582	0,160	1.803
19	12	Medical Equipment	RIMEW	0,023	AEGK9	0,023	AEGK1	0,129	AEGK1	0,162	AEGK1	0,135	AEGK1	0,569	0,165	7.430
20	34	Business Services	RIMK1	0,010	RIMEW	-0,010	AEGK1	0,131	AEGK1	0,169	AEGK1	0,144	AEGK1	0,557	0,175	21.149
21	26	Defense	RIMEW	0,006	RIMEW	0,006	RIMK9	0,132	RIMK9	0,186	AEGK1	0,161	RIMK9	0,541	0,167	295
22	35	Computers	AEGK9	-0,017	RIMK9	-0,017	AEGK1	0,132	AEGK1	0,181	AEGK1	0,166	AEGK1	0,552	0,181	7.288
23	43	Restaraunts, Hotels, Motels	AEGK1	0,002	AEGK9	-0,002	AEGK1	0,133	AEGK1	0,175	AEGK1	0,152	AEGK1	0,550	0,185	5.689
24	42	Retail	RIMEW	-0,007	AEGEW	-0,007	AEGK1	0,134	AEGK1	0,160	AEGK1	0,124	AEGK1	0,551	0,159	14.449
25	15	Rubber and Plastic Products	AEGK9	-0,004	RIMK9	-0,004	AEGK1	0,135	AEGK1	0,172	RIMK1	0,139	AEGK9	0,552	0,173	1.506
26	36	Electronic Equipment	AEGEW	-0,060	RIMAQ	0,060	RIMK1	0,137	RIMK1	0,166	AEGK1	0,130	RIMK1	0,544	0,150	14.926
27	7	Entertainment	RIMEW	-0,049	RIMAQ	0,049	AEGK1	0,139	AEGK1	0,176	AEGK1	0,149	AEGK1	0,536	0,183	1.709
28	38	Business Supplies	RIMEW	0,029	RIMEW	0,029	RIMK9	0,139	AEGK1	0,182	AEGK1	0,148	RIMK9	0,529	0,169	3.173
29	10	Apparel	AEGK9	0,000	RIMAQ	0,000	AEGK1	0,142	AEGK1	0,198	AEGK1	0,180	AEGK1	0,522	0,212	2.763
30	39	Shipping Containers	RIMEW	0,065	RIMEW	0,065	AEGEW	0,150	RIMEW	0,198	AEGEW	0,171	AEGEW	0,501	0,187	1.089
31	18	Construction	AEGEW	-0,002	RIMK1	0,002	AEGK1	0,151	AEGK1	0,171	AEGK1	0,124	AEGK1	0,493	0,170	3.871
32	32	Communication	RIMEW	-0,017	RIMEW	-0,017	RIMK1	0,156	AEGK1	0,186	AEGK1	0,143	RIMK1	0,483	0,190	3.950
33	11	Healthcare	RIMK1	0,002	AEGK1	0,002	AEGK1	0,157	AEGK1	0,198	AEGK1	0,157	AEGK1	0,484	0,213	2.795
34	9	Consumer Goods	RIMEW	0,053	RIMK1	0,053	RIMK9	0,159	AEGK9	0,192	AEGK1	0,142	RIMK9	0,476	0,197	4.909
35	30	Petroleum and Natural Gas	AEGK1	0,001	AEGK1	0,001	AEGK1	0,161	AEGK1	0,194	AEGK1	0,150	AEGK1	0,467	0,190	11.851

Rang	Branche Nr.	Branche Name	RBF MD Modell	RBF MD Wert	RBF MW Modell	RBF MW Wert	ARBF MD Modell	ARBF MD Wert	ARBF MW Modell	ARBF MW Wert	ARBF SA Modell	ARBF SA Wert	ARBF in 15% Modell	ARBF in 15% Wert	ARBF IQR Modell	ARBF IQR Wert	N
36	25	Shipbuilding, Railroad Equipment	RIMK9	0,025	RIMK1	0,025	AEGK1	0,163	AEGK1	0,193	AEGK1	0,150	AEGK1	0,464	RIMK1	0,192	503
37	20	Fabricated Products	RIMEW	-0,091	RIMEW	0,091	AEGK9	0,171	AEGK9	0,196	AEGK1	0,142	AEGK9	0,458	AEGK1	0,205	456
38	28	Non-Metallic and Industrial Metal Mining	RIMEW	0,061	RIMEW	0,061	RIMK9	0,173	AEGK9	0,235	AEGK1	0,200	RIMK9	0,438	AEGK9	0,238	1.273
39	16	Textiles	RIMEW	-0,038	RIMEW	0,038	AEGK9	0,174	AEGK9	0,194	AEGK1	0,133	AEGEW	0,434	AEGK9	0,204	1.157
40	33	Personal Services	RIMK9	0,015	AEGEW	0,015	AEGK9	0,189	AEGK1	0,241	AEGK1	0,176	AEGK9	0,411	AEGK1	0,246	2.621
41	8	Printing and Publishing	RIMAQ	-0,192	RIMEW	0,192	AEGK1	0,215	AEGK1	0,222	AEGK1	0,132	AEGK1	0,322	AEGK9	0,170	1.901
42	27	Precious Metals	RIMK9	0,012	AEGK1	-0,012	AEGK9	0,216	AEGK1	0,272	AEGK1	0,200	AEGK9	0,367	AEGK1	0,245	589
43	13	Pharmaceutical Products	RIMAQ	0,029	RIMEW	-0,029	RIMK9	0,230	AEGK9	0,287	AEGK1	0,200	RIMK9	0,334	RIMK9	0,287	5.778
44	46	Real Estate	AEGEW	-0,010	RIMEW	-0,010	RIMK1	0,244	AEGK1	0,266	AEGK1	0,173	AEGK1	0,327	RIMK1	0,288	658
45	29	Coal	RIMEW	-0,090	AEGEW	-0,090	AEGK1	0,246	AEGK1	0,260	AEGK1	0,172	AEGK9	0,344	AEGK9	0,287	602
46	1	Agriculture	RIMEW	0,045	RIMEW	0,045	AEGEW	0,246	AEGK1	0,302	AEGK1	0,200	AEGAQ	0,331	AEGEW	0,308	371
47	3	Candy & Soda	AEGEW	0,209	AEGEW	0,209	AEGEW	0,280	AEGEW	0,330	RIMK1	0,241	AEGEW	0,259	AEGEW	0,307	1.531
48	5	Tobacco Products	AEGEW	0,152	RIMEW	0,152	AEGEW	0,341	AEGK1	0,386	RIMK1	0,255	AEGK1	0,259	RIMEW	0,264	508

Diese Tabelle zeigt die Kennzahlen zur Bewertungsgenauigkeit, differenziert nach Branchen. Die Bezeichnungen der Branchen sind die englischen Bezeichnungen nach Fama/French (1997). Zu jeder Branchen-Kennzahlen-Kombination wird der Wert des genauesten der acht Modelle sowie die Abkürzung des entsprechenden Modells angegeben. Die Tabelle ist nach dem ARBF-Median aufsteigend sortiert.

Tabelle 28: Bewertungsfehler nach Fama/French-Branchenklassifikation – USA

Auflistung der mittleren Branchen-RPIKK (vgl. *Tabelle 14*) unter den extremen Branchen gelistet. Die RPIKK des Vormonats stellt im Faktorenmodell einen wichtigen Risikofaktor dar. Es ist denkbar, dass der Branchen-Mittelwert der RPIKK die unternehmensindividuellen RPIKK in diesen extremen Branchen schlechter erklärt als in Branchen mit moderaten Kapitalkosten. Ein weiterer Aspekt ist die Größe der Branche. Der Branchenbewertungsfehler ist mit einem Korrelationskoeffizienten nach Pearson von -44,6% deutlich negativ mit der Anzahl der Unternehmen in der Branche korreliert. In Branchen mit einer geringen Anzahl Unternehmen entstehen tendenziell höhere Bewertungsfehler. Dies könnte auf strukturell größere Unterschiede der Unternehmen zurückzuführen sein, die zu einer Branche zusammengefasst werden.

Beim RBF kann kein eindeutig dominierendes Bewertungsmodell identifiziert werden. Es kann auch auf Zufall zurückgeführt werden, dass sich die positiven und negativen RBF in den unterschiedlichen Branchen bei unterschiedlichen Modellen am besten ausgleichen. Bei sämtlichen Kennzahlen des ARBF ist bei dem Großteil der Branchen (mindestens 30 von 48) das AEGK1-Modell am genauesten. Mit deutlichem Abstand ist das RIMK1-Modell am zweithäufigsten vertreten. Besonders in den Branchen, die am ungenauesten bewertet werden können, ist das AEGK1 nicht so häufig vertreten. Überraschend ist, dass die Gruppe der Unternehmen, die keiner Branche zugeordnet werden können (Branche Nr. 48), mit einem Median-ARBF von 11,1% auf Rang neun rangiert und im Mittel genauer als die gesamte Stichprobe zu bewerten ist.

Dieser Abschnitt zeigt, dass die Wahl des genauesten Bewertungsmodells nur geringfügig von der Branche des zu bewertenden Unternehmens abhängig ist. Die wesentliche Erkenntnis liegt in der unterschiedlichen Eignung der Faktorenmodell-Kapitalkosten zur Bewertung von Unternehmen unterschiedlicher Branchen. Besonders für die Branchen mit besonders hohen Fehlern ist fraglich, ob Faktorenmodell-Kapitalkosten verwendet werden sollten bzw. ob besonders für diese Branchen weitere Anpassungen des Modells Verbesserungen ermöglichen. Ob die Verwendung von alternativen Ansätzen zur Bestimmung der Kapitalkosten genauere Bewertungen ermöglicht, ist ebenfalls fraglich, da die hier ermittelten Fehler der schlechtesten Branchen noch unter dem Mittel bzw. Median der Fehler mit CAPM-basierten Kapitalkosten der Gesamtstichprobe liegen. Nur die Branchenkapitalkosten zeigen über die gesamte Stichprobe geringfügig genauere Ergebnisse. Jedoch sind diese, wie bereits beschrieben, bei diesen Branchen tendenziell extrem gering oder extrem hoch und tragen vermutlich zu den erhöhten Fehlern bei. Die Frage nach geeigneteren Kapitalkosten für diese Branchen kann hier nicht abschließend beantwortet werden. Eine alternative Branchenklassifizierung, besonders in den ungenau zu bewertenden Branchen, könnte Verbesserungspotential für das Faktorenmodell beinhalten.

7.2.5 Bewertungsgenauigkeit nach Risikofaktoren

In diesem Abschnitt wird analysiert, ob sich Unternehmen mit unterschiedlichen Ausprägungen der Risikofaktoren unterschiedlich genau bewerten lassen. Dazu werden die Unternehmen vergleichbar zu *Tabelle 16* monatlich in Quintile, aufsteigend nach der Ausprägung des Risikofaktors, eingeteilt. In *Tabelle 29* werden die Mediane und Mittelwerte des ARBF der Quintile, bei Verwendung der aktuellen Koeffizienten, zu jeder Modell-Risikofaktor-Kombination angegeben.[388] Zudem werden die Mittelwerte des Risikofaktors zu den Quintilen ermittelt. Im Folgenden werden drei Aspekte diskutiert. Es wird untersucht, ob bestimmte Modelle in einigen Quintilen besonders genaue Bewertungen liefern können, ob es möglich ist, in bestimmten Quintilen generell besonders genau zu bewerten und ob besonders hohe Abweichungen des ARBF vom Mittelwert in einzelnen Quintilen auf Fehler im Modell (nichtlineare Zusammenhänge) hindeuten.

In allen Quintilen sämtlicher Risikofaktoren weist das AEGK1-Modell den geringsten Fehler auf. Grundsätzlich ist die Reihenfolge der Bewertungsgenauigkeit der Modelle nicht von der des Medians der gesamten Stichprobe verschieden. Die Wahl des Bewertungsmodells ist demnach unabhängig vom Quintil, in dem sich ein Unternehmen befindet. Es liegen durchaus deutliche Unterschiede der ARBF zwischen den Quintilen vor. Bspw. ist beim AEGK1-Modell, im Vergleich aller Quintile aller Risikofaktoren, das Q1 des BM das schlechteste Quintil mit einem Median-ARBF von 19,4%. Dieses Quintil ist auch bei den weiteren Modellen besonders ungenau bewertet. Generell gilt, dass Unternehmen mit niedrigen BM geringere Kapitalkosten aufweisen. In diesem Quintil liegt gemäß *Tabelle 16* eine negative mittlere RPIKK vor (die Stichproben sind nicht identisch). Das Faktorenmodell kann diesen Zusammenhang in diesem extremen Bereich nicht exakt abbilden. Einen deutlich höheren Fehler zeigen auch die Risikofaktoren AQ

---

[388] Die Differenzen zwischen Q1 und Q5 werden angegeben, aber nicht weiter diskutiert. Hier steht die qualitative Beschreibung der Bewertungsfehler der Quintile im Vordergrund.

		Faktor	RIMEW		RIMK1		RIMK9		RIMAQ		AEGEW		AEGK1		AEGK9		AEGAQ		Mittel	
		MW	MD	MW	MD	MW	MD	MW	MD	MW	MD	MW	MD	MW	MD	MW	MD	MW	MD	MW
BETA	Q1	0,34	19,3	27,3	11,2	14,8	13,0	17,3	14,0	19,9	17,5	24,6	10,7	14,0	12,1	16,0	13,6	19,4	13,9	19,2
	Q2	0,64	19,8	28,2	12,5	16,2	13,7	18,4	14,9	21,1	17,9	25,7	12,0	15,4	13,0	17,2	14,6	20,7	14,8	20,4
	Q3	0,92	20,8	29,2	13,0	16,8	14,4	19,1	16,0	22,3	19,0	26,5	12,4	15,8	13,4	17,7	15,7	21,8	15,6	21,1
	Q4	1,23	21,9	30,5	13,9	17,6	15,4	20,1	17,4	24,1	19,8	27,5	13,0	16,5	14,3	18,5	16,9	23,4	16,6	22,3
	Q5	1,97	26,4	35,6	15,1	18,8	17,8	22,7	20,6	28,1	23,9	32,3	14,1	17,5	16,3	20,6	20,0	27,1	19,3	25,3
	Q5-Q1		7,1	8,3	3,9	4,0	4,9	5,4	6,7	8,1	6,3	7,8	3,4	3,5	4,2	4,6	6,4	7,7		
	t-Wert		25,1	27,8	18,2	18,4	21,3	23,1	29,3	29,8	24,1	28,9	16,7	17,1	18,5	20,5	26,5	27,0		
BM	Q1	0,16	24,6	31,7	20,9	23,6	20,9	24,4	22,8	29,6	23,7	30,6	19,4	22,5	20,1	23,5	22,7	29,6	21,9	26,9
	Q2	0,32	18,7	26,4	12,3	15,2	13,4	17,5	15,6	21,3	17,5	24,7	11,6	14,7	12,4	16,3	15,4	21,1	14,6	19,6
	Q3	0,46	18,6	27,0	11,1	14,2	12,7	17,0	14,2	20,0	16,9	24,6	10,9	13,9	11,9	15,9	14,1	19,9	13,8	19,1
	Q4	0,63	19,0	27,3	10,7	14,0	12,5	17,0	13,4	19,5	17,0	24,4	10,4	13,2	11,6	15,5	13,1	19,0	13,5	18,7
	Q5	1,18	28,1	38,4	12,9	17,2	15,7	21,7	17,7	25,1	23,6	32,3	11,9	15,1	14,3	18,9	16,2	22,8	17,6	23,9
	Q5-Q1		3,5	6,6	-8,0	-6,4	-5,2	-2,7	-5,0	-4,5	-0,2	1,8	-7,5	-7,4	-5,8	-4,6	-6,4	-6,8		
	t-Wert		12,2	20,0	-35,2	-36,2	-20,9	-12,8	-22,3	-16,3	-0,6	6,3	-29,8	-41,8	-22,2	-25,6	-31,6	-29,5		
SARET	Q1	0,01	18,0	25,4	10,5	14,3	12,1	16,4	13,0	18,4	16,6	23,2	10,4	13,8	11,6	15,5	12,8	18,1	13,1	18,1
	Q2	0,02	18,4	26,4	12,1	15,5	12,8	17,2	13,9	19,6	16,7	24,0	11,3	14,6	12,1	16,1	13,7	19,1	13,9	19,1
	Q3	0,02	20,5	28,3	13,2	16,7	14,4	18,6	16,0	21,6	18,5	25,5	12,4	15,6	13,3	17,3	15,6	21,1	15,5	20,6
	Q4	0,03	23,3	30,8	14,2	17,8	16,1	20,4	18,1	24,3	20,9	27,8	13,4	16,7	14,7	18,7	17,6	23,6	17,3	22,5
	Q5	0,04	29,8	40,0	16,0	20,0	19,7	25,0	23,2	31,6	27,0	36,2	15,1	18,7	18,0	22,5	22,4	30,5	21,4	28,1
	Q5-Q1		11,7	14,6	5,4	5,7	7,6	8,6	10,2	13,2	10,4	13,0	4,7	4,9	6,3	7,0	9,6	12,4		
	t-Wert		38,8	45,6	27,9	30,5	35,6	38,5	46,0	50,0	39,0	41,6	23,2	24,5	29,7	31,1	41,5	44,4		
STCAPM	Q1	-1,09	26,5	36,2	13,8	17,6	16,4	21,5	18,7	26,2	23,4	32,0	13,2	16,6	15,2	19,7	18,0	25,1	18,2	24,4
	Q2	-0,47	20,5	29,0	11,9	15,3	13,4	17,8	14,4	20,5	18,5	26,0	11,6	14,6	12,6	16,5	14,1	19,9	14,6	20,0
	Q3	-0,04	19,0	27,1	11,7	15,1	13,0	17,2	14,2	20,1	17,1	24,6	11,0	14,2	12,2	16,4	13,9	19,6	14,0	19,2
	Q4	0,58	18,7	26,9	12,1	15,8	13,3	17,8	15,2	21,2	17,2	24,6	11,1	14,6	12,2	16,4	14,8	20,8	14,3	19,8
	Q5	3,65	23,9	31,5	16,6	20,4	18,4	23,1	20,6	27,4	22,4	29,4	15,6	19,3	17,3	21,5	20,2	26,9	19,4	25,0
	Q5-Q1		-2,6	-4,7	2,8	2,8	1,9	1,6	1,9	1,3	-1,0	-2,6	2,4	2,7	2,1	1,9	2,2	1,8		
	t-Wert		-11,3	-19,6	13,9	18,6	9,1	9,6	10,0	6,4	-4,6	-11,5	12,1	16,8	9,3	10,8	11,8	10,0		
LFKM	Q1	0,00	24,4	31,9	15,0	18,7	17,4	21,7	19,7	26,1	22,5	29,5	14,0	17,7	14,0	20,1	19,2	25,6	18,5	23,9
	Q2	0,05	20,0	27,2	13,5	17,2	14,5	18,8	15,9	21,8	18,4	25,1	12,8	16,5	13,7	17,9	15,6	21,6	15,6	20,8
	Q3	0,16	19,0	27,6	12,5	16,0	13,4	17,9	14,9	21,2	17,4	25,3	11,8	15,3	12,6	16,8	14,6	20,9	14,5	20,1
	Q4	0,37	20,2	29,3	12,4	15,3	13,4	18,0	15,0	21,4	18,1	26,4	11,3	14,4	12,3	16,5	14,7	20,8	14,7	20,3
	Q5	1,27	24,4	34,8	12,4	17,0	15,1	21,1	17,1	24,9	21,5	30,4	11,9	15,5	14,0	18,8	16,0	23,4	16,6	23,2
	Q5-Q1		0,0	2,9	-2,6	-1,7	-2,3	-0,6	-2,6	-1,1	-0,9	0,9	-2,2	-2,2	-1,8	-1,3	-3,2	-2,1		
	t-Wert		0,0	10,3	-14,0	-12,2	-11,4	-3,7	-14,0	-5,7	-3,6	4,0	-11,0	-15,2	-8,0	-7,5	-17,2	-11,3		

		Faktor MW	RIMEW MD	RIMEW MW	RIMK1 MD	RIMK1 MW	RIMK9 MD	RIMK9 MW	RIMAQ MD	RIMAQ MW	AEGEW MD	AEGEW MW	AEGK1 MD	AEGK1 MW	AEGK9 MD	AEGK9 MW	AEGAQ MD	AEGAQ MW	Mittel MD	Mittel MW
LNAA	Q1	0,50	25,0	35,3	13,1	17,1	15,6	20,8	17,7	25,7	22,4	31,5	12,1	15,8	14,3	18,9	17,1	24,8	17,1	23,7
	Q2	1,51	21,2	29,2	12,5	16,1	14,3	18,6	16,3	22,3	19,0	26,2	11,8	15,0	13,0	16,9	15,8	21,7	15,5	20,8
	Q3	2,05	20,5	29,0	13,0	16,5	14,3	19,0	16,0	22,7	18,6	26,4	12,4	15,5	13,3	17,5	15,7	22,2	15,5	21,1
	Q4	2,54	20,5	28,4	13,4	17,2	14,9	19,6	16,4	22,8	18,7	26,0	12,6	16,2	13,9	18,2	15,9	22,2	15,8	21,3
	Q5	3,10	20,4	27,8	13,3	17,4	14,5	19,3	15,5	21,4	18,8	25,6	13,0	16,9	13,9	18,4	15,2	21,0	15,6	21,0
	Q5-Q1		-4,5	-7,5	0,2	0,3	-1,1	-1,6	-2,2	-4,3	-3,6	-5,9	0,8	1,1	-0,3	-0,5	-1,8	-3,7		
	t-Wert		-16,1	-24,1	1,5	2,0	-5,9	-9,1	-11,1	-25,0	-13,6	-19,6	5,8	7,5	-2,1	-3,2	-9,1	-22,6		
FGP	Q1	-0,13	33,6	44,7	15,5	20,3	19,6	25,9	23,4	33,3	29,8	40,3	14,7	18,9	18,1	23,5	22,6	32,1	22,2	29,9
	Q2	-0,02	20,4	27,4	12,1	15,6	13,4	17,5	15,0	30,6	18,4	24,9	11,6	14,9	12,5	16,4	14,6	20,1	14,8	19,7
	Q3	0,00	17,5	23,1	12,1	15,5	12,9	16,7	14,0	18,6	16,0	21,1	11,4	14,8	12,1	15,7	13,7	18,4	13,7	18,0
	Q4	0,00	17,5	22,7	12,7	15,9	13,5	17,0	14,5	18,8	16,1	20,8	11,9	15,0	12,6	16,0	14,2	18,5	14,1	18,1
	Q5	0,03	23,3	32,9	13,1	17,0	15,4	20,4	17,1	24,1	20,9	29,4	12,6	15,8	14,2	18,5	16,7	23,2	16,7	22,7
	Q5-Q1		-10,4	-11,8	-2,3	-3,3	-4,2	-5,5	-6,3	-9,2	-8,9	-10,9	-2,1	-3,1	-3,8	-5,0	-5,9	-8,8		
	t-Wert		-39,1	-32,5	-17,3	-28,7	-26,8	-32,1	-31,9	-37,6	-36,1	-36,0	-13,9	-26,8	-23,2	-33,1	-29,7	-37,3		
SGP	Q1	0,01	22,0	32,4	12,9	17,1	14,8	20,2	16,4	24,4	19,9	29,2	12,0	15,8	13,7	18,5	15,9	23,7	16,0	22,7
	Q2	0,04	17,7	24,9	12,3	16,1	13,2	17,7	14,3	20,4	16,3	22,9	11,5	15,2	12,3	16,5	14,0	20,0	14,0	19,2
	Q3	0,08	18,8	25,6	12,4	16,1	13,7	17,9	14,9	20,8	17,2	23,4	11,8	15,1	12,7	16,6	14,5	20,3	14,5	19,5
	Q4	0,15	21,6	28,5	14,7	16,5	14,7	18,8	16,4	22,1	19,6	25,9	12,4	15,6	13,8	17,5	16,0	21,5	15,9	20,8
	Q5	0,71	30,1	39,4	14,7	18,5	17,8	22,9	20,7	27,8	26,8	35,2	14,0	17,6	16,5	21,0	20,0	26,8	20,1	26,1
	Q5-Q1		8,1	6,9	1,7	1,4	3,0	2,7	4,3	3,3	6,9	6,0	2,0	1,8	2,7	2,5	4,1	3,1		
	t-Wert		27,0	17,6	10,0	8,9	15,1	12,8	20,5	12,2	24,6	16,6	12,0	11,0	14,5	12,3	20,9	11,7		
AGP	Q1	-0,03	26,2	37,0	12,9	16,8	15,5	21,0	17,7	25,3	22,8	32,3	12,2	15,7	14,2	18,9	17,0	24,2	17,3	23,9
	Q2	0,00	19,8	27,2	12,4	16,1	13,8	18,1	14,9	20,7	18,1	24,8	11,8	15,2	12,9	16,9	14,6	20,2	14,8	19,9
	Q3	0,00	18,8	25,2	12,9	16,4	13,8	17,9	14,7	19,9	17,3	23,2	12,1	15,6	12,9	16,9	14,5	19,6	14,6	19,3
	Q4	0,01	19,0	25,2	12,5	16,0	13,7	17,6	15,2	20,3	17,5	23,4	12,0	15,2	12,9	16,6	14,9	20,0	14,7	19,3
	Q5	0,03	25,5	35,8	14,7	19,1	17,2	23,0	20,4	29,1	23,1	32,7	13,9	17,7	15,9	20,8	19,8	28,2	18,8	25,8
	Q5-Q1		-0,6	-1,2	1,8	2,2	1,8	2,0	2,7	3,9	0,3	0,4	1,7	2,0	1,7	1,9	2,9	4,1		
	t-Wert		-2,3	-3,7	11,9	14,7	10,5	10,8	13,2	15,1	1,1	1,3	12,4	13,5	10,0	10,0	15,8	16,9		
GKF	Q1	-0,03	22,0	29,3	11,4	14,7	13,6	17,5	14,2	19,2	19,7	25,9	11,2	13,9	12,9	16,1	13,8	18,4	14,9	19,4
	Q2	0,35	15,1	20,8	10,8	14,1	11,3	14,9	12,7	17,1	13,7	18,6	10,0	13,1	10,4	13,9	12,3	16,7	12,0	16,2
	Q3	0,62	18,0	24,1	12,5	16,0	13,2	17,2	14,7	19,7	16,0	21,9	11,6	14,8	12,2	15,9	14,4	19,3	14,1	18,6
	Q4	1,20	24,3	32,5	14,7	18,3	16,8	21,2	18,8	25,0	22,5	29,7	13,8	17,3	15,6	19,7	18,4	24,3	18,1	23,5
	Q5	8,09	33,0	44,0	16,8	21,2	21,0	26,7	24,7	34,5	30,1	40,5	16,4	20,3	19,6	24,6	24,1	33,7	23,2	30,7
	Q5-Q1		11,1	14,7	5,4	6,5	7,3	9,2	10,5	15,4	10,4	14,6	5,1	6,4	6,7	8,5	10,3	15,3		
	t-Wert		39,0	48,6	37,5	50,0	39,1	52,5	40,2	70,8	39,9	54,1	30,2	41,4	36,5	46,0	39,3	71,4		

		Faktor	RIMEW		RIMK1		RIMK9		RIMAQ		AEGEW		AEGK1		AEGK9		AEGAQ		Mittel	
		MW	MD	MW	MD	MW	MD	MW	MD	MW	MD	MW	MD	MW	MD	MW	MD	MW	MD	MW
LTG	Q1	0,06	20,1	28,3	11,1	14,6	12,9	17,2	13,8	19,6	18,1	25,4	10,8	14,0	12,3	16,1	13,4	19,0	14,0	19,3
	Q2	0,10	19,2	28,1	11,9	15,7	13,0	17,9	14,6	20,7	17,5	25,5	11,2	14,8	12,1	16,6	14,3	20,1	14,2	19,9
	Q3	0,13	19,5	28,2	12,7	16,3	13,7	18,3	15,4	21,6	17,6	25,4	11,8	15,2	12,6	16,9	15,0	21,0	14,8	20,3
	Q4	0,17	21,8	30,3	14,0	17,5	15,7	20,0	17,8	24,1	19,7	27,3	13,0	16,2	14,2	18,2	17,3	23,5	16,7	22,1
	Q5	0,27	28,8	36,7	17,3	21,0	20,8	25,2	23,5	30,8	26,9	34,0	16,4	19,9	19,3	23,2	23,0	30,0	22,0	27,6
	Q5-Q1		8,7	8,3	6,3	6,4	8,0	8,0	9,8	11,2	8,8	8,6	5,6	5,9	7,0	7,1	9,6	11,1		
	t-Wert		27,3	27,2	32,0	35,9	36,5	37,4	39,3	42,8	30,6	31,7	28,6	33,5	30,9	34,0	37,9	42,2		
AQ	Q1	0,00	27,1	36,4	15,3	19,2	18,3	23,2	21,8	29,7	24,7	33,1	14,6	18,0	16,8	21,1	21,3	28,9	20,0	26,2
	Q2	0,07	22,9	32,0	15,6	19,5	17,2	22,2	19,6	26,1	19,7	27,4	14,6	18,1	15,6	20,2	19,1	25,3	18,1	23,8
	Q3	0,16	18,9	26,3	12,7	16,2	13,8	18,0	15,3	21,0	17,2	23,7	11,8	15,0	12,7	16,5	14,9	20,5	14,7	19,7
	Q4	0,36	16,4	23,3	11,3	14,6	11,8	15,9	12,6	17,5	14,9	21,1	10,5	13,7	10,9	14,7	12,5	17,1	12,6	17,2
	Q5	0,76	20,9	28,9	11,4	15,1	13,1	17,3	13,8	18,3	19,0	26,5	11,2	14,8	12,7	16,9	13,4	17,8	14,4	19,5
	Q5-Q1		-6,3	-7,6	-3,9	-4,1	-5,1	-6,0	-8,0	-11,4	-5,7	-6,6	-3,4	-3,2	-4,0	-4,2	-7,9	-11,1		
	t-Wert		-23,5	-25,7	-28,3	-33,0	-30,2	-32,6	-30,6	-44,0	-22,7	-21,9	-22,4	-20,9	-21,5	-20,6	-29,4	-43,5		
DR	Q1	0,00	27,1	36,4	15,3	19,2	18,3	23,2	21,8	29,7	24,7	33,1	14,5	18,0	16,8	21,1	21,3	28,9	20,0	26,2
	Q2	0,00	23,8	29,5	18,5	21,7	19,5	22,9	21,2	25,8	22,1	27,6	18,5	20,6	18,5	21,8	21,0	25,6	20,3	24,4
	Q3	0,01	18,9	25,7	13,4	16,6	14,3	18,2	15,8	20,7	17,3	23,4	12,6	15,9	13,4	17,1	15,5	20,4	15,2	19,8
	Q4	0,02	16,9	24,7	11,1	14,4	11,7	15,8	12,4	17,3	15,3	22,3	10,4	13,8	10,9	15,1	12,1	17,0	12,6	17,5
	Q5	0,05	20,4	28,8	11,0	14,9	12,9	17,5	13,7	19,2	18,4	25,6	10,5	13,7	12,2	16,0	13,2	18,1	14,1	19,2
	Q5-Q1		-6,7	-7,6	-4,3	-4,3	-5,4	-5,7	-8,1	-10,5	-6,3	-7,4	-4,0	-4,3	-4,6	-5,1	-8,0	-10,8		
	t-Wert		-25,7	-29,5	-27,0	-32,4	-28,5	-31,3	-28,5	-38,7	-28,3	-30,3	-25,4	-32,7	-24,7	-29,5	-28,7	-38,6		
URB	Q1	-0,18	24,3	33,3	14,1	17,8	16,1	20,7	18,1	24,6	21,7	29,9	13,5	16,7	15,0	19,1	17,5	23,8	17,5	23,2
	Q2	-0,03	20,0	29,1	12,1	15,9	13,6	18,5	15,1	21,8	18,2	26,3	11,5	14,9	12,7	17,0	14,7	21,2	14,7	20,6
	Q3	0,01	20,5	28,6	12,2	15,9	13,9	18,5	15,5	21,9	18,7	25,9	11,5	15,0	13,4	17,1	15,1	21,3	15,1	20,5
	Q4	0,07	20,7	28,9	13,0	16,7	14,6	19,3	16,4	22,8	18,9	26,3	12,5	16,0	13,7	17,9	16,0	22,4	15,7	21,3
	Q5	0,25	23,9	32,0	15,5	19,3	17,2	21,8	19,2	26,0	21,9	29,3	14,4	18,1	15,9	20,2	18,8	25,4	18,4	24,0
	Q5-Q1		-0,3	-1,3	1,4	1,5	1,1	1,1	1,2	1,3	0,2	-0,6	0,9	1,5	0,8	1,1	1,4	1,6		
	t-Wert		-1,6	-5,1	8,2	11,6	6,3	6,8	6,0	6,6	1,3	-3,0	5,9	10,9	5,2	7,6	7,4	8,2		
BRVM	Q1	0,03	24,9	33,7	14,3	18,2	16,4	21,1	15,7	21,6	22,6	30,7	14,5	18,1	15,7	20,1	15,4	23,8	17,5	23,1
	Q2	0,04	21,1	29,0	13,0	16,6	14,8	19,1	16,4	22,5	19,6	27,1	12,1	15,6	13,9	18,0	16,1	22,1	15,9	21,2
	Q3	0,05	19,5	27,7	12,5	16,1	13,9	18,3	15,4	22,0	17,8	24,8	11,9	15,1	13,2	17,0	15,0	21,3	14,9	20,3
	Q4	0,05	19,4	28,2	12,4	15,9	12,8	17,4	16,8	23,3	17,4	25,0	10,9	14,2	11,7	15,8	16,1	22,5	14,7	20,3
	Q5	0,07	24,0	32,6	13,7	17,8	16,9	22,0	19,4	27,1	21,6	29,3	12,9	16,4	14,9	19,4	18,9	26,4	17,8	23,9
	Q5-Q1		-0,9	-1,1	-0,6	-0,4	0,5	0,9	3,7	5,5	-0,9	-1,4	-1,7	-1,8	-0,8	-0,6	3,5	5,3		
	t-Wert		-2,6	-2,9	-2,7	-1,8	2,4	3,9	13,6	19,7	-3,4	-4,8	-7,3	-7,6	-3,5	-2,9	11,9	18,5		

		Faktor	RIMEW		RIMK1		RIMK9		RIMAQ		AEGEW		AEGK1		AEGK9		AEGAQ		Mittel	
		MW	MD	MW	MD	MW	MD	MW	MD	MW	MD	MW	MD	MW	MD	MW	MD	MW	MD	MW
RET	Q1	-0,28	25,4	35,6	13,5	17,4	16,1	21,3	18,2	25,9	22,5	31,5	12,8	16,2	14,8	19,3	17,5	24,9	17,6	24,0
	Q2	-0,05	19,9	27,8	11,8	15,4	13,3	17,6	14,4	20,5	17,9	25,0	11,3	14,5	12,4	16,3	14,1	19,9	14,4	19,6
	Q3	0,09	19,3	27,1	11,8	15,4	13,1	17,5	14,6	20,5	17,6	24,6	11,2	14,4	12,3	16,1	14,2	20,0	14,3	19,5
	Q4	0,25	20,0	27,8	12,8	16,5	14,1	18,6	15,7	21,7	18,2	25,4	12,1	15,6	13,1	17,4	15,3	21,2	15,1	20,5
	Q5	0,81	24,2	32,4	15,6	19,6	17,6	22,6	19,9	26,9	22,2	30,1	14,9	18,7	16,5	21,0	19,5	26,4	18,8	24,7
	Q5-Q1		-1,2	-3,3	2,1	2,2	1,5	1,3	1,6	1,0	-0,3	-1,3	2,1	2,4	1,7	1,7	2,0	1,5		
	t-Wert		-3,4	-8,4	11,5	13,5	6,5	6,1	6,3	3,4	-1,0	-3,9	12,0	15,8	8,1	9,4	8,0	5,5		
RHV	Q1	0,00	19,9	29,9	12,1	15,9	13,4	18,4	14,8	22,1	17,9	26,8	11,0	14,6	12,2	16,9	14,4	21,5	14,5	20,8
	Q2	0,00	20,5	28,7	12,4	16,3	13,8	18,5	15,4	22,2	18,5	26,0	11,9	15,4	12,9	17,1	15,1	21,7	15,1	20,7
	Q3	0,00	19,9	27,0	12,4	15,8	14,0	17,9	15,3	20,4	18,2	24,4	11,7	15,1	13,0	16,8	14,9	20,0	14,9	19,7
	Q4	0,01	21,4	28,8	13,1	16,7	14,8	19,2	16,1	21,9	19,5	26,1	12,7	15,9	14,1	17,9	15,6	21,3	15,9	21,0
	Q5	0,03	26,8	36,5	15,6	19,6	18,3	23,5	21,3	28,8	24,5	33,3	14,8	18,3	16,9	21,4	20,6	27,8	19,9	26,2
	Q5-Q1		6,8	6,6	3,5	3,8	4,9	5,1	6,5	6,8	6,6	6,5	3,8	3,7	4,7	4,6	6,2	6,3		
	t-Wert		20,3	14,7	19,5	22,1	23,2	19,3	29,3	19,5	20,6	15,5	20,8	21,7	23,5	19,9	28,0	19,1		

Diese Tabelle zeigt die ARBF in Abhängigkeit der Risikofaktoren. Die Unternehmen werden in Quintile, aufsteigend nach der Ausprägung des Risikofaktors, eingeteilt. Dazu werden die Mediane (MD) und die Mittelwerte (MW) des ARBF der Quintile, bei Verwendung der aktuellen Koeffizienten, zu jeder Modell-Risikofaktor-Kombination angegeben. Zudem werden die Mittelwerte des Risikofaktors zu den Quintilen ermittelt und in der Spalte „Faktor" angegeben. Des Weiteren werden die t-Werte (t) zu den Q1-Q5 Differenzen der Mittelwerte und Mediane der Quintile angegeben. Für die Definitionen der Kennzahlen siehe die Tabellenbeschreibung von Tabelle 15 und Abschnitt 3.2.2.

Tabelle 29: Bewertungsfehler nach Risikofaktoren – USA

und DR in den ersten beiden Quintilen, in denen keine bzw. kaum Dividenden gezahlt werden. Der geringste Fehler wird beim AEGK1-Modell bei GKF in Q2 mit einem Median-ARBF von 10,0% erzielt. Generell ist zu beobachten, dass bei den meisten Risikofaktoren in den mittleren Quintilen genauere Bewertungen möglich sind oder in einigen der äußeren Quintilen besonders ungenau bewertet wird.

Wenn der im Regressionsmodell unterstellte lineare Zusammenhang zwischen Risikofaktor und RPIKK den realen Zusammenhang ungenau abbildet, entstehen für die betroffenen Unternehmen durch das Faktorenmodell ungenaue PRPIKK und somit überdurchschnittlich hohe Bewertungsfehler. Bei vielen Risikofaktoren ist der Bewertungsfehler in den mittleren Quintilen relativ gering und besonders in einigen äußeren Quintilen steigt der Fehler deutlich an. In den mittleren Quintilen bildet der unterstellte lineare Zusammenhang zwischen RPIKK und Risikofaktor den realen Zusammenhang besser ab. Anders formuliert weisen besonders hohe Fehler in einzelnen Quintilen auf ungenau abgebildete Zusammenhänge hin. Bei den Quintilen der Kennzahlen AQ und DR fällt der ARBF in Q1 ebenfalls besonders hoch aus. In Q1 sind ausschließlich Unternehmen, die keine Dividende zahlen. Demnach können diese Kennzahlen bei diesen Unternehmen keinen Beitrag zur Erklärung der unternehmensindividuellen IKK leisten. Der Fehler fällt bei diesem Quintil bei den AQ- und EW-Modellen besonders hoch aus, da diese stärker dividendenfokussiert sind. Die Risikofaktoren FGP, AGP, GKF, URB und RET zeigen höhere Fehler in Q1 und geringe Fehler in Q2 und Q3, die in den weiteren Quintilen wieder ansteigen. Diese Risikofaktoren weisen in Q1 negative Mittelwerte auf. Es ist zu vermuten, dass bei diesen Kennzahlen der lineare Zusammenhang vor allem zwischen negativen und positiven Ausprägungen nicht gegeben ist. Ein möglicher Zusammenhang innerhalb der Unternehmen mit positiven Ausprägungen kann durch die Berücksichtigung der negativen verfälscht werden. Ein genaueres Abbilden dieser vermutlich nichtlinearen Zusammenhänge könnte zu einem noch genaueren Faktorenmodell führen.

Dieser Abschnitt zeigt, dass die Ausprägungen der Risikofaktoren des zu bewertenden Unternehmens keinen Einfluss auf die Wahl des am besten geeigneten Bewertungsmodells haben. Die Ausprägung des jeweiligen Risikofaktors hat jedoch einen Einfluss auf die Prognosegenauigkeit der Faktorenmodell-Kapitalkosten, da der unterstellte lineare Zusammenhang zwischen den Risikofaktoren und den RPIKK die Realität nicht immer exakt abbildet. Ein genaueres Abbilden der realen Zusammenhänge beinhaltet weiteres Verbesserungspotential des Faktorenmodells.

7.2.6 Bewertungsgenauigkeit durchgängig einbezogener Unternehmen

In diesem Abschnitt wird untersucht, ob die Ergebnisse von den im Zeitverlauf neu notierten und beobachteten Unternehmen beeinflusst werden. Dazu werden die Bewertungsfehler für bereits im Januar 1993 notierte Unternehmen berechnet. Dabei werden ausschließlich Beobachtungen mit positiven EPS-Prognosen berücksichtigt.

Tabelle 30 zeigt die Ergebnisse der Bewertungsfehler zu dieser eingeschränkten Stichprobe. Vergleichbar zu *Abschnitt 5.4*, in dem die RPIKK dieser Stichprobe betrachtet werden, sind auch die Bewertungsfehler zu denen der gesamten Stichprobe vergleichbar. Die Fehler für die durchgängig einbezogenen Unternehmen, bei denen unterstellt werden kann, dass am Markt mehr Informationen verfügbar sind, nehmen geringfügig ab. Das genaueste Modell AEGK1 verbessert sich beim Median-ARBF von 12,2% auf 11,7%. Dabei verbessern sich die Modelle, die zuvor die schlechteren Ergebnisse aufwiesen, am deutlichsten. Die Reihenfolge der Modelle sowie die Vorteilhaftigkeit des AEG gegenüber dem RIM bleiben bestehen.

Die Fehler der im Zeitverlauf neu in die Stichprobe aufgenommenen Unternehmen erhöhen den Bewertungsfehler geringfügig. Dennoch sind die Ergebnisse hinsichtlich dieser weiteren Eingrenzung der Stichprobe sehr robust. Dies ist ein weiteres Indiz für die Robustheit der Ergebnisse hinsichtlich der bereits bestehenden Eingrenzung der Stichprobe, dem Survivorship-Bias. Die Frage, wie die hier gewählte Eingrenzung der Stichprobe die Ergebnisse gegenüber dem Gesamtmarkt beeinflusst, ist nicht abschließend zu beantworten, es ist jedoch anzunehmen, dass die hier betrachtete Stichprobe den gesamten Markt gut abbildet.[389]

---

[389] Vgl. zum Umfang und der mittleren Größe der einbezogenen Unternehmen *Abschnitt 4.2* und *Abschnitt 4.3*.

	RP	RIMEW	RIMK1	RIMK9	RIMAQ	AEGEW	AEGK1	AEGK9	AEGAQ
RBF MD	RK_0	-0,029	-0,020	-0,024	-0,017	-0,023	-0,018	-0,021	-0,015
	$RK_{-11,0}$	-0,022	-0,013	-0,017	-0,012	-0,020	-0,010	-0,013	-0,012
	$RK_{-35,0}$	-0,010	-0,002	-0,002	0,001	-0,012	0,004	0,005	0,001
	$RK_{-59,0}$	-0,008	0,003	0,001	0,001	-0,014	0,014	0,013	0,001
	$RK_{-238,0}$	0,005	0,046	0,038	0,015	-0,014	0,093	0,081	0,025
	RK_{-1}	-0,030	-0,017	-0,023	-0,015	-0,024	-0,015	-0,019	-0,014
	RK_{-12}	-0,023	-0,005	-0,012	-0,009	-0,022	0,001	-0,004	-0,008
RBF MW	RK_0	0,022	-0,003	0,000	0,022	0,023	-0,002	0,000	0,022
	$RK_{-11,0}$	0,033	0,005	0,009	0,029	0,029	0,009	0,012	0,028
	$RK_{-35,0}$	0,041	0,016	0,022	0,039	0,033	0,024	0,028	0,038
	$RK_{-59,0}$	0,038	0,020	0,023	0,036	0,027	0,035	0,036	0,036
	$RK_{-238,0}$	0,043	0,064	0,057	0,045	0,023	0,125	0,108	0,056
	RK_{-1}	0,025	0,000	0,003	0,026	0,024	0,002	0,003	0,026
	RK_{-12}	0,065	0,031	0,039	0,056	0,054	0,040	0,044	0,053
ARBF MD	RK_0	0,193	0,122	0,133	0,148	0,176	0,117	0,125	0,145
	$RK_{-11,0}$	0,200	0,130	0,140	0,158	0,182	0,126	0,135	0,157
	$RK_{-35,0}$	0,202	0,135	0,144	0,164	0,185	0,133	0,141	0,162
	$RK_{-59,0}$	0,203	0,137	0,146	0,165	0,186	0,137	0,144	0,163
	$RK_{-238,0}$	0,209	0,149	0,157	0,173	0,193	0,169	0,174	0,173
	RK_{-1}	0,201	0,130	0,141	0,161	0,183	0,125	0,134	0,159
	RK_{-12}	0,216	0,148	0,159	0,179	0,196	0,147	0,156	0,176
ARBF MW	RK_0	0,278	0,161	0,179	0,212	0,252	0,152	0,168	0,206
	$RK_{-11,0}$	0,289	0,170	0,189	0,225	0,261	0,164	0,180	0,220
	$RK_{-35,0}$	0,292	0,177	0,195	0,230	0,264	0,173	0,187	0,226
	$RK_{-59,0}$	0,290	0,180	0,196	0,231	0,262	0,179	0,192	0,227
	$RK_{-238,0}$	0,294	0,196	0,210	0,238	0,266	0,227	0,231	0,237
	RK_{-1}	0,289	0,171	0,190	0,226	0,260	0,163	0,179	0,222
	RK_{-12}	0,332	0,204	0,229	0,264	0,297	0,202	0,220	0,256
ARBF SA	RK_0	0,293	0,142	0,170	0,225	0,262	0,134	0,155	0,219
	$RK_{-11,0}$	0,309	0,150	0,180	0,239	0,276	0,145	0,166	0,233
	$RK_{-35,0}$	0,309	0,157	0,182	0,240	0,275	0,152	0,171	0,234
	$RK_{-59,0}$	0,303	0,159	0,182	0,238	0,268	0,159	0,176	0,231
	$RK_{-238,0}$	0,295	0,176	0,195	0,239	0,260	0,215	0,216	0,236
	RK_{-1}	0,306	0,151	0,180	0,238	0,273	0,143	0,164	0,231
	RK_{-12}	0,411	0,208	0,256	0,311	0,360	0,204	0,235	0,292
ARBF in15%	RK_0	0,405	0,584	0,550	0,505	0,439	0,606	0,573	0,514
	$RK_{-11,0}$	0,393	0,560	0,528	0,480	0,426	0,574	0,544	0,483
	$RK_{-35,0}$	0,390	0,543	0,516	0,467	0,422	0,551	0,526	0,471
	$RK_{-59,0}$	0,391	0,537	0,512	0,464	0,421	0,539	0,515	0,467
	$RK_{-238,0}$	0,381	0,502	0,481	0,447	0,407	0,454	0,442	0,445
	RK_{-1}	0,392	0,559	0,525	0,474	0,425	0,577	0,546	0,478
	RK_{-12}	0,371	0,506	0,477	0,435	0,402	0,507	0,485	0,438
ARBF IQR	RK_0	0,272	0,168	0,182	0,210	0,247	0,156	0,172	0,206
	$RK_{-11,0}$	0,282	0,177	0,191	0,222	0,255	0,167	0,182	0,218
	$RK_{-35,0}$	0,287	0,184	0,198	0,229	0,260	0,176	0,189	0,225
	$RK_{-59,0}$	0,288	0,186	0,199	0,231	0,262	0,181	0,194	0,226
	$RK_{-238,0}$	0,295	0,200	0,211	0,238	0,269	0,228	0,232	0,236
	RK_{-1}	0,282	0,177	0,192	0,223	0,255	0,167	0,182	0,220
	RK_{-12}	0,307	0,201	0,218	0,248	0,277	0,198	0,213	0,243
BF IQR	RK_0	0,382	0,242	0,260	0,294	0,349	0,230	0,247	0,288
	$RK_{-11,0}$	0,398	0,258	0,278	0,316	0,362	0,252	0,269	0,313
	$RK_{-35,0}$	0,405	0,270	0,289	0,329	0,369	0,268	0,284	0,325
	$RK_{-59,0}$	0,406	0,275	0,292	0,331	0,370	0,277	0,292	0,327
	$RK_{-238,0}$	0,419	0,296	0,312	0,346	0,385	0,324	0,336	0,347
	RK_{-1}	0,397	0,257	0,278	0,320	0,361	0,248	0,266	0,316
	RK_{-12}	0,429	0,297	0,319	0,358	0,389	0,298	0,315	0,355

Diese Tabelle zeigt die Kennzahlen aus *Abschnitt 2.5.2.* Für weitere Erläuterungen siehe *Tabelle 25*.

Tabelle 30: Bewertungsfehler durchgängig einbezogener Unternehmen – USA

7.2.7 Bewertungsgenauigkeit von Unternehmen mit negativen Prognosen

In diesem Abschnitt wird analysiert, inwiefern Unternehmen, für die Verluste prognostiziert werden, effizient bewertet werden können. Dazu werden die Faktorpreise der Risikofaktoren aus Regressionsmodellen mit sämtlichen Unternehmen bestimmt, für die IKK
berechnet werden können. Das Schätzen der Risikoprämien ausschließlich aus Unternehmen mit Verlustprognosen führt zu keinen verwertbaren Resultaten.[390] Die aus den
PRPIKK resultierenden Bewertungsfehler der Unternehmen werden in die in *Tabelle 12*
definierten acht Gruppen einsortiert. *Tabelle 31* zeigt die Bewertungsfehler der acht
Gruppen. „Gruppe 0" zeigt die Fehler der Unternehmen ohne negative Prognosen, die
zuvor ausführlich diskutiert wurden, wenn die Koeffizienten aus der Gesamtstichprobe
(und nicht nur aus Unternehmen der „Gruppe 0" geschätzt werden). Es werden nur die
vier Kennzahlen angegeben, die robust gegenüber Ausreißern sind, da der Mittelwert und
die SA bei einigen Gruppen nicht interpretierbar sind. Die Fehler der Modelle aus den
aktuellen Koeffizienten und dem gleitenden Mittelwert der Koeffizienten der vergangenen zwölf Monate werden berechnet. Zudem werden die Fehler für einen CAPM-Kapitalkostensatz mit einer Marktrisikoprämie von 5% und der Fehler bei Verwendung der
Vormonats-Branchen-IKK angegeben.

Die Reihenfolge der Modelle hinsichtlich der Bewertungsgenauigkeit bleibt im Wesentlichen identisch mit den vorherigen Ergebnissen. Deshalb wird im Folgenden hauptsächlich auf das genaueste Modell in allen Gruppen, das AEGK1-Modell eingegangen. Dieses
bewertet stets geringfügig genauer als das RIMK1. Der Median-ARBF in „Gruppe 0"
liegt bei Verwendung aktueller Koeffizienten 1,3 Prozentpunkte über dem der vorherigen
Ergebnisse (vgl. *Abschnitt 7.2.1*). Dies liegt an dem schlechter abgebildeten Zusammenhang der Koeffizienten der Gesamtstichprobe und den RPIKK der Unternehmen ohne
negative Prognosen. Die „Gruppe 1 und 2" (mit einer negativen Prognose) können mit
einem Median-ARBF von 19% bzw. 20% mit einem vertretbaren Fehler bewertet werden.
Bei „Gruppe 3", mit einer negativen Prognose in der dritten Periode, sind noch genauere
Bewertungen mit einem Median-ARBF von 17% möglich. Dies gelingt durch die direkt
an die Verlustprognose anschließenden Konvergenz zum Branchen-ROE. Hier zeigen
sich aber bereits sehr deutliche Unterschiede zwischen den Modellen. Die K1-Modelle

---

[390] Auf Verlustunternehmen limitierte multivariate Regressionen wurden berechnet und aufgrund nicht ver-
wertbarer Resultate verworfen.

Die Tabelle ist um 90° gedreht. Jede Metrik besitzt zwei Teilspalten; die Zellen sind als „$RK_{-11,0}$ / IKK_BR" angegeben. Je Gruppe werden zwei Szenarien (RK_0 und 5%) ausgewiesen.

Block	Gruppe	Szenario	RIMEW	RIMK1	RIMK9	RIMAQ	AEGEW	AEGK1	AEGK9	AEGAQ
RBF MD	0	RK_0	-0,01 / 0,00	-0,01 / 0,00	-0,01 / -0,01	0,00 / 0,00	-0,01 / 0,00	0,00 / 0,00	-0,01 / 0,00	0,00 / 0,00
	0	5%	-0,07 / -0,10	-0,18 / -0,09	-0,15 / -0,08	0,12 / -0,07	-0,05 / -0,09	-0,26 / -0,10	-0,24 / -0,09	0,05 / -0,08
	1	RK_0	-0,24 / -0,22	-0,06 / -0,07	-0,12 / -0,12	-0,11 / -0,11	-0,22 / -0,20	-0,08 / -0,08	-0,10 / -0,09	-0,11 / -0,11
	1	5%	-0,36 / -0,09	-0,23 / 0,13	-0,20 / 0,12	0,03 / 0,21	-0,34 / -0,07	-0,28 / 0,10	-0,28 / 0,11	-0,02 / 0,21
	2	RK_0	-0,61 / -0,61	-0,12 / -0,16	-0,26 / -0,29	-0,22 / -0,25	-0,56 / -0,56	-0,12 / -0,13	-0,21 / -0,27	-0,21 / -0,23
	2	5%	-0,66 / -0,52	-0,40 / 0,05	-0,45 / -0,09	-0,40 / -0,10	-0,65 / -0,51	-0,43 / 0,01	-0,48 / -0,07	-0,31 / -0,10
	3	RK_0		-0,16 / -0,16	-0,42 / -0,44	-0,49 / -0,51		-0,12 / -0,13	-0,36 / -0,38	-0,47 / -0,49
	3	5%		-0,31 / -0,09	-0,58 / -0,40	-0,55 / -0,49		-0,34 / -0,06	-0,59 / -0,35	-0,56 / -0,47
	4	RK_0	-0,67 / -0,68	-0,30 / -0,33	-0,42 / -0,45	-0,43 / -0,46	-0,66 / -0,66	-0,27 / -0,29	-0,35 / -0,36	-0,39 / -0,41
	4	5%	-0,74 / -0,57	-0,47 / -0,10	-0,51 / -0,19	-0,37 / -0,15	-0,73 / -0,57	-0,45 / -0,08	-0,50 / -0,13	-0,36 / -0,12
	5	RK_0		-0,19 / -0,18	-0,53 / -0,55	-0,63 / -0,63		-0,19 / -0,18	-0,47 / -0,46	-0,60 / -0,59
	5	5%		-0,34 / 0,03	-0,81 / -0,31	-0,79 / -0,45		-0,35 / 0,08	-0,79 / -0,30	-0,78 / -0,44
	6	RK_0		-0,27 / -0,28	-0,64 / -0,70	-0,66 / -0,69		-0,24 / -0,25	-0,60 / -0,61	-0,61 / -0,60
	6	5%		-0,26 / 0,05	-0,67 / -0,36	-0,66 / -0,50		-0,30 / 0,06	-0,68 / -0,38	-0,65 / -0,48
	7	RK_0	0,98 / 0,99	-0,44 / -0,47	-0,78 / -0,79	-0,77 / -0,80		-0,45 / -0,47	-0,76 / -0,78	-0,72 / -0,74
	7	5%	-0,98 / -0,99	-0,56 / -0,12	-0,85 / -0,52	-0,80 / -0,59		-0,66 / -0,23	-0,90 / -0,59	-0,77 / -0,56
ARBF MD	0	RK_0	0,22 / 0,24	0,14 / 0,15	0,16 / 0,17	0,18 / 0,19	0,21 / 0,22	0,13 / 0,14	0,15 / 0,16	0,18 / 0,19
	0	5%	0,38 / 0,24	0,42 / 0,30	0,38 / 0,27	0,48 / 0,26	0,39 / 0,23	0,43 / 0,31	0,40 / 0,28	0,46 / 0,26
	1	RK_0	0,53 / 0,54	0,21 / 0,22	0,30 / 0,30	0,37 / 0,38	0,48 / 0,49	0,19 / 0,19	0,25 / 0,26	0,35 / 0,35
	1	5%	0,68 / 0,56	0,62 / 0,48	0,61 / 0,44	0,72 / 0,48	0,65 / 0,52	0,60 / 0,47	0,59 / 0,45	0,69 / 0,48
	2	RK_0	0,71 / 0,77	0,26 / 0,25	0,37 / 0,38	0,40 / 0,40	0,67 / 0,71	0,20 / 0,21	0,34 / 0,36	0,35 / 0,39
	2	5%	0,73 / 0,72	0,58 / 0,45	0,60 / 0,47	0,60 / 0,44	0,71	0,59 / 0,44	0,61 / 0,47	0,59 / 0,45
	3	RK_0		0,20 / 0,21	0,43 / 0,45	0,51 / 0,52		0,17 / 0,17	0,36 / 0,40	0,49 / 0,49
	3	5%	0,77 / 0,79	0,55 / 0,39	0,64 / 0,49	0,65 / 0,55	0,72 / 0,71	0,55 / 0,39	0,65 / 0,48	0,66 / 0,54
	4	RK_0	0,84 / 0,76	0,34 / 0,37	0,48 / 0,51	0,52 / 0,55	0,74 / 0,75	0,30 / 0,32	0,39 / 0,41	0,47 / 0,51
	4	5%		0,74 / 0,61	0,74 / 0,56	0,78 / 0,55	0,81 / 0,73	0,71 / 0,58	0,69 / 0,53	0,75 / 0,56
	5	RK_0		0,32 / 0,31	0,57 / 0,59	0,65 / 0,65		0,32 / 0,32	0,48 / 0,52	0,61 / 0,61
	5	5%		0,52 / 0,44	0,82 / 0,53	0,80 / 0,53		0,58 / 0,46	0,79 / 0,54	0,79 / 0,53
	6	RK_0	0,99 / 1,00	0,33 / 0,36	0,64 / 0,72	0,68 / 0,74		0,30 / 0,31	0,60 / 0,63	0,62 / 0,64
	6	5%	0,98 / 0,99	0,52 / 0,63	0,80 / 0,71	0,77 / 0,75		0,55 / 0,67	0,85 / 0,77	0,77 / 0,74
	7	RK_0		0,46 / 0,49	0,78 / 0,80	0,78 / 0,82		0,46 / 0,48	0,76 / 0,79	0,73 / 0,75
	7	5%		0,77 / 0,64	0,90 / 0,72	0,89 / 0,75		0,81 / 0,70	0,94 / 0,80	0,85 / 0,73
ARBF in15%	0	RK_0	0,36 / 0,34	0,52 / 0,50	0,47 / 0,46	0,43 / 0,41	0,38 / 0,37	0,54 / 0,52	0,50 / 0,48	0,43 / 0,41
	0	5%	0,20 / 0,33	0,18 / 0,26	0,20 / 0,29	0,17 / 0,30	0,20 / 0,34	0,17 / 0,25	0,19 / 0,28	0,17 / 0,30
	1	RK_0	0,13 / 0,13	0,37 / 0,36	0,27 / 0,26	0,21 / 0,20	0,15 / 0,14	0,41 / 0,41	0,31 / 0,30	0,22 / 0,21
	1	5%	0,09 / 0,14	0,11 / 0,17	0,11 / 0,18	0,09 / 0,17	0,09 / 0,15	0,12 / 0,17	0,12 / 0,18	0,10 / 0,17

Gruppe	RK	RIMEW		RIMK1		RIMK9		RIMAQ		AEGEW		AEGK1		AEGK9		AEGAQ	
		$RK_{-11,0}$	IKK_BR	$RK_{-11,0}$	IKK_BR	$RK_{-11,0}$	IKK_BR	$RK_{-11,0}$	IKK_BR	$RK_{-11,0}$	IKK_BR	$RK_{-11,0}$	IKK_BR	$RK_{-11,0}$	IKK_BR	$RK_{-11,0}$	IKK_BR
ARBF in15%																	
2	RK_0	0,05	0,05	0,32	0,31	0,20	0,16	0,18	0,16	0,06	0,04	0,39	0,39	0,22	0,19	0,22	0,18
2	5%	0,09	0,05	0,09	0,18	0,13	0,21	0,08	0,20	0,07	0,06	0,07	0,20	0,11	0,21	0,13	0,19
3	RK_0			0,35	0,38	0,08	0,06	0,07	0,07			0,45	0,43	0,11	0,09	0,08	0,07
3	5%			0,13	0,17	0,09	0,13	0,08	0,09			0,14	0,15	0,08	0,15	0,08	0,09
4	RK_0	0,06	0,06	0,23	0,21	0,13	0,12	0,12	0,10	0,06	0,06	0,26	0,24	0,16	0,14	0,13	0,11
4	5%	0,05	0,07	0,08	0,14	0,08	0,13	0,08	0,13	0,05	0,08	0,08	0,14	0,09	0,14	0,08	0,13
5	RK_0			0,27	0,29	0,11	0,13	0,05	0,07			0,29	0,27	0,18	0,12	0,04	0,08
5	5%			0,14	0,17	0,07	0,18	0,07	0,14			0,11	0,19	0,08	0,16	0,08	0,15
6	RK_0			0,25	0,19	0,06	0,06	0,08	0,08			0,27	0,21	0,09	0,07	0,07	0,09
6	5%			0,17	0,13	0,05	0,12	0,04	0,10			0,16	0,13	0,06	0,11	0,04	0,11
7	RK_0			0,14	0,12	0,04	0,03	0,04	0,04			0,14	0,12	0,03	0,03	0,04	0,04
7	5%			0,08	0,13	0,06	0,10	0,06	0,09			0,07	0,12	0,05	0,09	0,05	0,09
ARBF IQR																	
0	RK_0	0,31	0,33	0,20	0,21	0,22	0,23	0,26	0,27	0,29	0,31	0,19	0,20	0,21	0,22	0,25	0,26
0	5%	0,46	0,32	0,45	0,37	0,42	0,33	0,64	0,32	0,47	0,31	0,44	0,38	0,41	0,34	0,59	0,33
1	RK_0	0,55	0,58	0,29	0,31	0,38	0,40	0,47	0,48	0,51	0,54	0,25	0,26	0,32	0,33	0,44	0,45
1	5%	0,57	0,65	0,55	0,62	0,57	0,65	1,14	0,89	0,54	0,63	0,53	0,61	0,52	0,58	1,00	0,88
2	RK_0	0,53	0,52	0,32	0,34	0,34	0,39	0,42	0,47	0,53	0,51	0,29	0,28	0,30	0,29	0,42	0,44
2	5%	0,54	0,56	0,42	0,58	0,42	0,56	0,43	0,59	0,50	0,49	0,42	0,62	0,43	0,56	0,49	0,59
3	RK_0			0,21	0,24	0,28	0,29	0,31	0,33			0,20	0,19	0,25	0,27	0,31	0,31
3	5%			0,51	0,44	0,46	0,43	0,51	0,35			0,48	0,46	0,44	0,45	0,47	0,35
4	RK_0	0,44	0,44	0,44	0,46	0,45	0,46	0,46	0,46	0,42	0,42	0,36	0,36	0,36	0,36	0,43	0,43
4	5%	0,40	0,49	0,51	0,62	0,52	0,62	0,53	0,61	0,39	0,48	0,51	0,63	0,51	0,57	0,53	0,61
5	RK_0			0,42	0,43	0,58	0,66	0,44	0,44			0,36	0,39	0,63	0,67	0,39	0,44
5	5%			0,59	0,58	0,52	0,64	0,53	0,49			0,60	0,77	0,52	0,76	0,51	0,48
6	RK_0	0,01	0,03	0,42	0,43	0,50	0,47	0,53	0,49			0,37	0,37	0,56	0,55	0,52	0,51
6	5%	0,01	0,01	0,63	0,57	0,43	0,66	0,43	0,60			0,66	0,67	0,47	0,85	0,40	0,61
7	RK_0			0,49	0,51	0,45	0,44	0,41	0,39			0,48	0,49	0,54	0,54	0,40	0,39
7	5%			0,50	0,63	0,41	0,61	0,39	0,56			0,49	0,64	0,46	0,76	0,55	0,55

Diese Tabelle zeigt die Bewertungsfehler der nach Verlustprognosen in *Tabelle 12* definierten Gruppen. Es werden die Bewertungsfehler der acht Bewertungsmodelle mit Verwendung von vier verschieden Kapitalkosten angegeben. Diese werden bestimmt aus den aktuellen Regressionskoeffizienten (RK_0), dem gleitenden Mittelwert der Koeffizienten der aktuellsten zwölf Monate ($RK_{-11,0}$) sowie ein CAPM-Kapitalkostensatz mit konstanter Marktrisikoprämie von 5% (5%) und der Vormonats-Branchen-IKK (IKK_BR).

Tabelle 31: Bewertungsfehler von Unternehmen mit Verlustprognosen – USA

können diesen Verlust relativ gut kompensieren, da sie direkt im Anschluss den Branchen-ROE unterstellen. Die K9- und die AQ-Modelle erzeugen in dieser Gruppe bereits deutlich höhere Fehler, da sie aufgrund der langsameren Konvergenz eine längere Phase mit Verlusten einbeziehen, die einen positiven Unternehmenswert rechtfertigen sollen. Für das AEGEW-Modell ist es mathematisch unmöglich in den Gruppen mit negativer EPS3 Bewertungen durchzuführen, da der Verlust in die Ewigkeit fortgeschrieben wird. In wenigen Fällen ist es mathematisch beim RIMEW-Modell möglich, in diesen Gruppen Bewertungen durchzuführen, bspw. wenn der Eigenkapitalbuchwert den Aktienkurs übersteigt. Dieser Fall liegt nur bei sehr wenigen Beobachtungen und nur in „Gruppe 7" vor. Ökonomisch sinnvolle Bewertungen werden dabei nicht erzielt.

In den Gruppen mit zwei negativen Prognosen verstärkt sich die Entwicklung weiter. Der Median-ARBF liegt zwischen 30% und 32%. Beim Vergleich der Fehler mit den Fehlern klassischer CAPM-Bewertungen erscheinen diese durchaus akzeptabel. Es zeigt sich jedoch ebenso, dass Unternehmen ohne negative Prognosen stets isoliert betrachtet werden sollten, da eine Vermischung mit Verlustunternehmen zum einen die Genauigkeit der Schätzer der Koeffizienten der Unternehmen ohne negative Prognosen verschlechtert und zum anderen eine gemeinsam berechnete Fehlerkennzahl den Fehler der Unternehmen ohne negative Prognosen beeinflusst. Die Unternehmen der „Gruppe 7" sind kaum noch mit einem vertretbaren Fehler zu bewerten. Der Median-ARBF beim besten Modell liegt bei 46%. Der positive Unternehmenswert resultiert dabei im Wesentlichen aus dem Branchen-ROE der Konvergenzphase und basiert nur noch auf wenigen unternehmensspezifischen Parametern. Deshalb ist die Bewertung nur noch in Ansätzen unternehmensspezifisch.

Die weiteren Fehlerkennzahlen spiegeln ein vergleichbares Bild zum Median-ARBF wider und werden deshalb nicht weiter diskutiert. Im Vergleich der Bewertungsfehler der Faktorenmodell-Kapitalkosten mit denen der CAPM-Kapitalkosten sowie der Branchen-IKK zeigen die Faktorenmodell-Kapitalkosten eindeutig die geringeren Fehler. Dieser Vorteil vergrößert sich weiter, je mehr Verlustprognosen eine Gruppe aufweist. Die Branchen-IKK können besonders bei den EW- und AQ-Modellen deutlich genauere Bewertungen gegenüber den CAPM-Kapitalkosten vorweisen. Diese sind bei diesen Modellen bei manchen Gruppen auf vergleichbarem Niveau mit den Fehlern der Faktorenmodell-Kapitalkosten.

Dieser Abschnitt hat gezeigt, dass die Unterteilung der Stichprobe nach Verlustprognosen keinen bedeutenden Einfluss auf die Wahl des am genauesten bewertenden Modells hat. Konvergenzmodelle sind zu bevorzugen, da Endwertmodelle besonders bei negativen Prognosen in der letzten einbezogenen Periode ungeeignet sind. In den weiteren Gruppen erzielen sie ebenfalls ungenauere Bewertungen. Die AEG-Modelle sind ebenfalls gering-fügig genauer als RIM-Modelle. Die Unterschiede sind aufgrund absolut höherer Fehler relativ gering. Die Vorteilhaftigkeit von zukunftsorientierten Kapitalkosten liegt auch bei Unternehmen mit Verlustprognosen vor. Folglich sind Faktorenmodell-Kapitalkosten trotz absolut höherer Fehler auch gegenüber den Vergleichskapitalkosten zu bevorzugen, da auch bei diesen höhere Fehler als bei ausschließlicher Betrachtung der Unternehmen mit Gewinnprognosen vorliegen. Da Unternehmen ohne negative Prognosen deutlich ge-nauere Bewertungen ermöglichen, abweichende Regressionskoeffizienten[391] aufzeigen und den wesentlichen Teil der Stichprobe darstellen, sollten diese (Gruppe 0) stets isoliert analysiert werden.

7.3 Bewertungsgenauigkeit des Elf-Faktorenmodells

In diesem Abschnitt werden die Bewertungsfehler des reduzierten Faktorenmodells dar-gestellt und mit denen des vorherigen Modells verglichen. Dabei soll geklärt werden, ob das reduzierte Modell eine vergleichbare Bewertungsgenauigkeit liefern kann. Es werden zwei Stichproben betrachtet. Zum einen die mit sämtlichen Datensätzen des 17-Faktoren-modells und zum anderen die Stichprobe, für die nur die elf Faktoren vorhanden sein müssen. Es ist zu erwarten, dass sich die Bewertungsgenauigkeit durch die geringere An-zahl an Informationen über die zusätzlich berücksichtigten Unternehmen und das daraus folgende geringere Informationsniveau am Kapitalmarkt verringert.

Tabelle 32 zeigt die Kennzahlen zur Bewertungsgenauigkeit des Elf-Faktorenmodells der reduzierten Stichprobe. *Tabelle 33* zeigt die Kennzahlen zur Bewertungsgenauigkeit der erweiterten Stichprobe. Es werden zunächst die Ergebnisse der kleineren Stichprobe mit den Ergebnissen des 17-Faktorenmodells und anschließend die verschiedenen Stichpro-ben des Elf-Faktorenmodells verglichen.

---

[391] Die Regressionskoeffizienten der gemeinsamen Stichprobe von Unternehmen mit und ohne Verlust-prognosen und besonders einer isolierten Regression mit Verlustunternehmen weichen von denen der Unternehmen mit Gewinnprognosen ab.

Der RBF verändert sich durch die Reduzierung der Faktoren nur minimal und verbleibt bei Werten nahe null. Der ARBF-Median verschlechtert sich für die aktuellen Koeffizienten mit einer Differenz zwischen 0,0 Prozentpunkten beim RIMEW, RIMAQ und AE-GEW und 0,3 Prozentpunkten beim RIMK1 geringfügig. Der Mittelwert verschlechtert sich vergleichbar zwischen 0,0 Prozentpunkten beim AEGK9 und 0,3 Prozentpunkten beim RIMK1. Ähnliche Veränderungen ergeben sich für die Vormonatskoeffizienten. Ein anderes Bild zeigt sich für die längeren gleitenden Mittelwerte der Koeffizienten. Hier sinkt der ARBF beim Median um bis zu 0,9 Prozentpunkte und beim Mittelwert um bis zu 1,2 Prozentpunkte. Diese Verbesserung ist auf konstantere Koeffizienten der einbezogenen Variablen im Zeitverlauf zurückzuführen. Besonders das Nichtberücksichtigen von stark schwankenden Koeffizienten mit geringem Erklärungsgehalt trägt bei den längerfristigen Mittelwerten zur Verbesserung bei. Die deutliche Verbesserung bei den Vorjahreskoeffizienten ist vergleichbar zu erklären. Diese verbessern sich beim Median-ARBF geringfügig um bis zu 0,6 Prozentpunkte und beim Mittelwert deutlich um bis zu 2,4 Prozentpunkte. Trotz dieser Entwicklung bleibt die Rangfolge der Schätzer der Risikoprämien der Faktoren im Wesentlichen konstant. Die ARBF-Mediane und Mittelwerte gleichen sich demzufolge an. Die aktuellen Koeffizienten weisen nach wie vor den deutlich geringsten Fehler aus. Die Reihenfolge der gleitenden Mittelwerte ist nach diesem Modell nicht eindeutig. Die weiteren Kennzahlen zeigen eine vergleichbare Entwicklung. Der Mittelwert des ARBF steigt bei den aktuellen Koeffizienten, abgesehen von den K9-Modellen, an. Bei längeren gleitenden Mittelwerten wird der Fehler reduziert. Die deutlichste Reduzierung des SA erfolgt bei den Vorjahreskoeffizienten. Für die aktuellen Koeffizienten zeigt sich auch eine Verschlechterung bei dem Anteil der Unternehmen, die maximal einen ARBF von 15% aufzeigen. Dieser sinkt um bis zu 1,0 Prozentpunkte. Auch hier verbessern sich die Ergebnisse für die gleitenden Mittelwerte länger als zwölf Monate. Eine vergleichbare Entwicklung zeigt auch die ARBF-IQR. Bei all diesen Entwicklungen bleibt das AEG-Modell genauer als das vergleichbare RIM-Modell (abgesehen von den langfristigsten Mittelwerten der Koeffizienten).

Zusammenfassend lässt sich festhalten, dass durch die Reduzierung der Faktoren die Bewertungsgenauigkeit bei Verwendung der aktuellen Koeffizienten und der Vormonatskoeffizienten geringfügig abnimmt. Bei Verwendung längerfristiger gleitender Mittelwerte nimmt die Genauigkeit zu. Die Wahl der Anzahl der Faktoren hat keinen Einfluss auf die Rangfolge der Bewertungsmodelle.

	RP	RIMEW	RIMK1	RIMK9	RIMAQ	AEGEW	AEGK1	AEGK9	AEGAQ
	RK_0	-0,031	-0,018	-0,025	-0,017	-0,024	-0,018	-0,022	-0,017
	$RK_{-11,0}$	-0,023	-0,011	-0,019	-0,014	-0,020	-0,008	-0,013	-0,015
RBF	$RK_{-35,0}$	-0,012	-0,004	-0,008	-0,007	-0,014	0,004	0,001	-0,008
MD	$RK_{-59,0}$	-0,012	-0,003	-0,007	-0,009	-0,018	0,010	0,006	-0,010
	$RK_{-238,0}$	-0,007	0,045	0,033	0,007	-0,032	0,094	0,076	0,015
	RK_{-1}	-0,031	-0,016	-0,023	-0,016	-0,025	-0,015	-0,020	-0,016
	RK_{-12}	-0,026	-0,005	-0,017	-0,017	-0,024	0,004	-0,005	-0,017
	RK_0	0,022	-0,006	-0,002	0,026	0,023	-0,006	-0,004	0,026
	$RK_{-11,0}$	0,038	0,006	0,011	0,034	0,035	0,009	0,012	0,033
RBF	$RK_{-35,0}$	0,047	0,017	0,020	0,040	0,039	0,025	0,027	0,039
MW	$RK_{-59,0}$	0,040	0,012	0,016	0,032	0,029	0,029	0,029	0,033
	$RK_{-238,0}$	0,037	0,057	0,051	0,042	0,010	0,124	0,103	0,054
	RK_{-1}	0,026	-0,002	0,002	0,031	0,025	-0,002	0,000	0,031
	RK_{-12}	0,078	0,038	0,045	0,061	0,067	0,048	0,051	0,056
	RK_0	0,213	0,132	0,148	0,165	0,196	0,124	0,137	0,161
	$RK_{-11,0}$	0,222	0,140	0,156	0,176	0,203	0,133	0,147	0,174
ARBF	$RK_{-35,0}$	0,226	0,146	0,160	0,180	0,207	0,141	0,152	0,178
MD	$RK_{-59,0}$	0,223	0,145	0,158	0,179	0,204	0,142	0,152	0,177
	$RK_{-238,0}$	0,221	0,154	0,165	0,183	0,204	0,170	0,174	0,183
	RK_{-1}	0,221	0,140	0,156	0,178	0,203	0,132	0,146	0,176
	RK_{-12}	0,237	0,156	0,174	0,195	0,217	0,152	0,166	0,193
	RK_0	0,303	0,174	0,199	0,236	0,277	0,162	0,182	0,230
	$RK_{-11,0}$	0,318	0,184	0,211	0,252	0,291	0,174	0,195	0,246
ARBF	$RK_{-35,0}$	0,323	0,191	0,216	0,257	0,294	0,182	0,203	0,251
MW	$RK_{-59,0}$	0,317	0,188	0,212	0,253	0,288	0,183	0,201	0,248
	$RK_{-238,0}$	0,314	0,200	0,221	0,257	0,285	0,229	0,235	0,255
	RK_{-1}	0,313	0,183	0,209	0,251	0,287	0,172	0,193	0,246
	RK_{-12}	0,369	0,222	0,257	0,293	0,335	0,214	0,240	0,284
	RK_0	0,317	0,152	0,186	0,254	0,288	0,141	0,166	0,248
	$RK_{-11,0}$	0,342	0,164	0,202	0,276	0,312	0,153	0,181	0,268
ARBF	$RK_{-35,0}$	0,343	0,169	0,204	0,277	0,309	0,159	0,187	0,269
SA	$RK_{-59,0}$	0,332	0,163	0,196	0,269	0,298	0,159	0,183	0,262
	$RK_{-238,0}$	0,321	0,175	0,204	0,268	0,283	0,215	0,221	0,267
	RK_{-1}	0,330	0,161	0,196	0,269	0,299	0,150	0,175	0,262
	RK_{-12}	0,482	0,249	0,311	0,363	0,427	0,231	0,279	0,340
	RK_0	0,371	0,551	0,506	0,464	0,401	0,579	0,538	0,473
	$RK_{-11,0}$	0,359	0,529	0,485	0,440	0,388	0,550	0,510	0,444
ARBF	$RK_{-35,0}$	0,354	0,512	0,475	0,431	0,382	0,527	0,495	0,435
in15%	$RK_{-59,0}$	0,358	0,514	0,479	0,433	0,387	0,522	0,495	0,436
	$RK_{-238,0}$	0,361	0,489	0,462	0,423	0,387	0,451	0,441	0,424
	RK_{-1}	0,359	0,528	0,485	0,437	0,389	0,552	0,512	0,440
	RK_{-12}	0,340	0,484	0,441	0,400	0,368	0,494	0,460	0,403
	RK_0	-0,031	-0,018	-0,025	-0,017	-0,024	-0,018	-0,022	-0,017
	$RK_{-11,0}$	-0,023	-0,011	-0,019	-0,014	-0,020	-0,008	-0,013	-0,015
ARBF	$RK_{-35,0}$	-0,012	-0,004	-0,008	-0,007	-0,014	0,004	0,001	-0,008
IQR	$RK_{-59,0}$	-0,012	-0,003	-0,007	-0,009	-0,018	0,010	0,006	-0,010
	$RK_{-238,0}$	-0,007	0,045	0,033	0,007	-0,032	0,094	0,076	0,015
	RK_{-1}	-0,031	-0,016	-0,023	-0,016	-0,025	-0,015	-0,020	-0,016
	RK_{-12}	-0,026	-0,005	-0,017	-0,017	-0,024	0,004	-0,005	-0,017
	RK_0	0,421	0,261	0,290	0,328	0,387	0,245	0,269	0,320
	$RK_{-11,0}$	0,440	0,278	0,309	0,352	0,404	0,266	0,292	0,346
BF	$RK_{-35,0}$	0,452	0,292	0,320	0,361	0,413	0,283	0,306	0,356
IQR	$RK_{-59,0}$	0,446	0,291	0,317	0,357	0,406	0,286	0,306	0,354
	$RK_{-238,0}$	0,443	0,304	0,330	0,368	0,402	0,328	0,341	0,368
	RK_{-1}	0,436	0,278	0,307	0,354	0,401	0,263	0,289	0,349
	RK_{-12}	0,472	0,313	0,347	0,390	0,431	0,309	0,335	0,386

Diese Tabelle zeigt die Kennzahlen aus *Abschnitt 2.5.2*. Für weitere Erläuterungen siehe *Tabelle 25*.

Tabelle 32: Bewertungsfehler des Elf-Faktorenmodells bei reduzierter Stichprobe – USA

	RP	RIMEW	RIMK1	RIMK9	RIMAQ	AEGEW	AEGK1	AEGK9	AEGAQ
RBF MD	RK_0	-0,034	-0,018	-0,026	-0,017	-0,027	-0,018	-0,023	-0,017
	$RK_{-11,0}$	-0,027	-0,011	-0,020	-0,014	-0,023	-0,009	-0,015	-0,015
	$RK_{-35,0}$	-0,016	-0,003	-0,009	-0,007	-0,015	0,004	-0,001	-0,008
	$RK_{-59,0}$	-0,016	-0,003	-0,008	-0,010	-0,019	0,011	0,004	-0,011
	$RK_{-238,0}$	-0,012	0,046	0,032	0,007	-0,032	0,093	0,073	0,014
	RK_{-1}	-0,035	-0,015	-0,025	-0,015	-0,028	-0,015	-0,022	-0,016
	RK_{-12}	-0,029	-0,006	-0,019	-0,015	-0,026	0,004	-0,007	-0,016
RBF MW	RK_0	0,021	-0,007	-0,003	0,029	0,022	-0,008	-0,006	0,029
	$RK_{-11,0}$	0,035	0,003	0,007	0,037	0,033	0,006	0,007	0,036
	$RK_{-35,0}$	0,045	0,015	0,018	0,043	0,039	0,023	0,023	0,042
	$RK_{-59,0}$	0,038	0,011	0,014	0,035	0,029	0,028	0,025	0,035
	$RK_{-238,0}$	0,036	0,058	0,050	0,046	0,010	0,120	0,096	0,057
	RK_{-1}	0,024	-0,003	0,000	0,035	0,024	-0,004	-0,003	0,034
	RK_{-12}	0,075	0,035	0,042	0,064	0,066	0,045	0,045	0,061
ARBF MD	RK_0	0,220	0,137	0,153	0,173	0,202	0,127	0,141	0,169
	$RK_{-11,0}$	0,229	0,144	0,160	0,184	0,210	0,136	0,150	0,181
	$RK_{-35,0}$	0,233	0,149	0,165	0,188	0,214	0,144	0,156	0,185
	$RK_{-59,0}$	0,230	0,149	0,163	0,186	0,211	0,144	0,155	0,183
	$RK_{-238,0}$	0,229	0,157	0,168	0,188	0,209	0,171	0,175	0,187
	RK_{-1}	0,228	0,144	0,160	0,185	0,209	0,135	0,149	0,183
	RK_{-12}	0,244	0,160	0,180	0,205	0,223	0,156	0,170	0,202
ARBF MW	RK_0	0,312	0,181	0,206	0,248	0,286	0,166	0,187	0,241
	$RK_{-11,0}$	0,327	0,190	0,217	0,263	0,299	0,178	0,200	0,257
	$RK_{-35,0}$	0,332	0,197	0,223	0,269	0,304	0,187	0,208	0,263
	$RK_{-59,0}$	0,326	0,193	0,218	0,264	0,296	0,187	0,206	0,259
	$RK_{-238,0}$	0,322	0,205	0,226	0,267	0,291	0,229	0,233	0,264
	RK_{-1}	0,322	0,190	0,216	0,263	0,295	0,177	0,198	0,257
	RK_{-12}	0,376	0,227	0,263	0,306	0,342	0,218	0,243	0,297
ARBF SA	RK_0	0,327	0,159	0,193	0,269	0,296	0,146	0,171	0,262
	$RK_{-11,0}$	0,350	0,169	0,206	0,287	0,317	0,157	0,184	0,280
	$RK_{-35,0}$	0,352	0,175	0,210	0,292	0,318	0,164	0,191	0,284
	$RK_{-59,0}$	0,340	0,169	0,203	0,283	0,306	0,162	0,186	0,277
	$RK_{-238,0}$	0,329	0,180	0,210	0,283	0,289	0,213	0,216	0,282
	RK_{-1}	0,338	0,167	0,203	0,284	0,306	0,154	0,180	0,276
	RK_{-12}	0,482	0,251	0,311	0,373	0,428	0,229	0,271	0,354
ARBF in15%	RK_0	0,362	0,537	0,493	0,446	0,390	0,568	0,526	0,455
	$RK_{-11,0}$	0,349	0,517	0,474	0,424	0,378	0,540	0,499	0,430
	$RK_{-35,0}$	0,344	0,502	0,464	0,416	0,372	0,518	0,485	0,421
	$RK_{-59,0}$	0,348	0,504	0,468	0,419	0,377	0,516	0,487	0,425
	$RK_{-238,0}$	0,351	0,482	0,455	0,414	0,379	0,450	0,440	0,416
	RK_{-1}	0,350	0,516	0,474	0,421	0,378	0,542	0,502	0,426
	RK_{-12}	0,331	0,475	0,430	0,385	0,358	0,485	0,452	0,389
ARBF IQR	RK_0	-0,034	-0,018	-0,026	-0,017	-0,027	-0,018	-0,023	-0,017
	$RK_{-11,0}$	-0,027	-0,011	-0,020	-0,014	-0,023	-0,009	-0,015	-0,015
	$RK_{-35,0}$	-0,016	-0,003	-0,009	-0,007	-0,015	0,004	-0,001	-0,008
	$RK_{-59,0}$	-0,016	-0,003	-0,008	-0,010	-0,019	0,011	0,004	-0,011
	$RK_{-238,0}$	-0,012	0,046	0,032	0,007	-0,032	0,093	0,073	0,014
	RK_{-1}	-0,035	-0,015	-0,025	-0,015	-0,028	-0,015	-0,022	-0,016
	RK_{-12}	-0,029	-0,006	-0,019	-0,015	-0,026	0,004	-0,007	-0,016
BF IQR	RK_0	0,435	0,271	0,300	0,344	0,400	0,251	0,277	0,336
	$RK_{-11,0}$	0,453	0,287	0,318	0,367	0,416	0,272	0,299	0,361
	$RK_{-35,0}$	0,465	0,299	0,329	0,377	0,427	0,289	0,313	0,370
	$RK_{-59,0}$	0,459	0,297	0,325	0,371	0,419	0,290	0,312	0,366
	$RK_{-238,0}$	0,457	0,308	0,335	0,378	0,412	0,328	0,342	0,376
	RK_{-1}	0,436	0,278	0,307	0,354	0,401	0,263	0,289	0,349
	RK_{-12}	0,472	0,313	0,347	0,390	0,431	0,309	0,335	0,386

Diese Tabelle zeigt die Kennzahlen aus *Abschnitt 2.5.2*. Für weitere Erläuterungen siehe *Tabelle 25*.

Tabelle 33: Bewertungsfehler des Elf-Faktorenmodells bei erweiterter Stichprobe – USA

Beim Vergleich der beiden Stichproben des Elf-Faktorenmodells unterliegt der Bias keiner bedeutenden Entwicklung. Er bleibt immer noch nahe null. Die Bewertungsgenauigkeit zeigt eine eindeutige Veränderung. Die Kennzahlen des ARBF verschlechtern sich bei nahezu allen Modellen und allen Schätzern der Risikoprämien der Faktoren. Die Veränderungen fallen jedoch moderat aus. Der Median-ARBF erhöht sich maximal um 1,0 Prozentpunkte bei den Vorjahreskoeffizienten des RIMAQ-Modell. Die Fehler längerfristiger Mittelwerte bleiben bei manchen Modellen aber unter den Fehlern des 17-Faktorenmodells. Auch die weiteren Kennzahlen verschlechtern sich sehr moderat. Die maximale Veränderung liegt bei 1,8 Prozentpunkten der ARBF-IQR der aktuellen Koeffizienten beim RIMAQ-Modell. Auch bei dieser Stichprobe gleichen sich die Fehler der unterschiedlichen Berechnungsvarianten der Koeffizienten geringfügig an. Die aktuellen Koeffizienten bleiben aber diejenigen mit dem geringsten Fehler. Die genauere Bewertung mit dem vergleichbaren AEG-Modell wird ebenfalls bestätigt.

Auf den Vergleich mit der Bewertungsgenauigkeit bei Verwendung eines CAPM-Kapitalkostensatz mit konstanten historischen abgeleiteten Marktrisikoprämien wird verzichtet. Die Differenz der Bewertungsgenauigkeit zwischen diesen und denen mit zukunftsorientierten Kapitalkosten sind so groß, dass die hier diskutierten, vergleichsweise geringen Veränderungen der Bewertungsgenauigkeit keinen Einfluss auf die Vorteilhaftigkeit zukunftsorientierter Kapitalkosten haben.[392]

Dieser Abschnitt zeigt, dass die Reduzierung des Faktorenmodells keinen Einfluss auf die Vorteilhaftigkeit zukunftsorientierten Kapitalkosten gegenüber den Vergleichskapitalkosten und die Wahl des Bewertungsmodells hat. Wenn ausreichend Daten über das zu bewertende Unternehmen vorliegen, ist bei der Verwendung aktueller Koeffizienten und Vormonats-Koeffizienten die Verwendung des 17-Faktorenmodells zu bevorzugen. Beim Einsatz von längerfristigen gleitenden Mittelwerten der Koeffizienten sollte auf die Verwendung von Variablen mit geringem Erklärungsbeitrag (die bei manchen Modellen insignifikante Zusammenhänge aufzeigen) und volatilen Koeffizienten verzichtet werden.

---

[392] Vgl. *Abschnitt 7.1.1* und *Abschnitt 7.2.1.*

8 Faktorenmodell ohne Marktdaten

8.1 Vorüberlegungen

Auch für Unternehmen, die nicht-börsennotiert sind, ist der Bedarf nach einem geeigneten Kapitalkostensatz zur Unternehmensbewertung vorhanden.[393] Für nicht-börsennotierte Unternehmen ist ein Großteil der verwendeten Risikofaktoren nicht verfügbar. Vorhandene unternehmensbasierte Faktoren sind Kennzahlen, die primär auf Daten des aktuellen Geschäftsberichts beruhen. Deshalb wird in diesem Abschnitt aus dem Faktorenmodell[394] ein reduziertes Modell entwickelt, das Daten verwendet, die auch für nicht-börsennotierte Unternehmen verfügbar sind. Aus dem 17-Faktorenmodell werden alle Risikofaktoren einbezogen, die auch für nicht-börsennotierte Unternehmen verfügbar sind bzw. werden diese leicht angepasst, wenn Buchwerte anstatt Marktwerte verwendet werden können (so bei LFKM und der Größenkennzahl).

Es werden keine weiteren Kennzahlen auf ihre Relevanz getestet.[395] Zu den unternehmensindividuellen Daten werden die vier nach standardisierter Regression einflussreichsten Kennzahlen,[396] die jedoch für nicht-börsennotierte Unternehmen nicht verfügbar sind, als zum Bewertungsstichtag aktuellen Branchen-Mittelwert einbezogen.

Zum Branchenmittel werden BRVM, BM, AQ und DR einbezogen (und mit der Endung _BR für Branche versehen). Das Branchen-BETA kann hier keinen Erklärungsbeitrag im Regressionsmodell leisten und wird deshalb nicht berücksichtigt. Als unternehmensindividuelle Kennzahlen werden LFKB, der Quotient aus langfristigem Fremdkapital und Eigenkapital-Buchwert, die Anzahl der Mitarbeiter (LNAM)[397], URB und GKF einbezogen. Die Regressionen mit der Anzahl der Mitarbeit erzielt ein geringfügig höheres R^2_{adj} als die Berücksichtigung des Umsatzes. Es wird angenommen, dass aufgrund des hier betrachteten Kontextes der Unternehmensbewertung, zur Bestimmung des Kapitalkostensatzes zu den I/B/E/S-Prognosen vergleichbare Prognosen der EPS der kommenden drei

---

[393] Vgl. Jorgensen/Lee/Yoo (2011), S. 448.
[394] Vgl. *Kapitel 6* und *7*.
[395] Dieser Aspekt ermöglicht weiteres Verbesserungspotential für weitere Studien.
[396] Vgl. *Abschnitt 6.4.4*.
[397] Diese Kennzahl wird als Logarithmus naturalis der Mittarbeiteranzahl verwendet, vgl. *Abschnitt 3.2.2.3*.

Perioden vorhanden sind und demnach die kurzfristige Wachstumsrate berechnet werden kann. Bei der Verwendung dieses Kapitalkostensatzes zur Unternehmensbewertung ist eine Gewinnprognose als zu diskontierender Zahlungsstrom notwendig.

8.2   Ergebnisse des multivariaten Regressionsmodells

In diesem Abschnitt werden die Ergebnisse des multivariaten Regressionsmodells ohne Marktdaten vorgestellt und diskutiert. Es werden auch bei dieser Betrachtung zwei Stichproben untersucht. Um einen Vergleich zu den vorherigen Berechnungen ziehen zu können, wird zum einen die Stichprobe, für die sämtlichen Daten des 17-Faktorenmodells vorhanden sind, gebildet. Zum anderen wird die gesamte Stichprobe, für die die im Rahmen des Regressionsmodells ohne Marktdaten notwendigen Daten verfügbar sind, verwendet. Während die erste Stichprobe 257.690 Beobachtungen enthält, entfallen auf die zweite Stichprobe 314.861. Die reduzierte Stichprobe dient zum Vergleich mit dem 17-Faktorenmodell bei geringerem Informationsniveau. Der Vergleich der beiden Stichproben soll zeigen, inwiefern die Unternehmen, für die weniger Informationen verfügbar sind, die Ergebnisse beeinflussen.

Tabelle 34 zeigt die Ergebnisse der Stichprobe des 17-Faktorenmodells und *Tabelle 35* zeigt die Ergebnisse der erweiterten Stichprobe. Wie zu erwarten ist, ist die Branchenrisikoprämie die einflussreichste Kennzahl im Modell. Sowohl der Koeffizient als auch der t-Wert steigen im Vergleich deutlich an. Bei der größeren Stichprobe wird dieser Effekt noch weiter verstärkt. Wie ebenfalls zu erwarten ist, nehmen die Bedeutungen der hier als Branchenmittel einbezogenen Kennzahlen gegenüber den zuvor betrachteten unternehmensindividuellen Daten ab. Bei BM_BR ist im Vergleich zur Branchenrisikoprämie eine gegensätzliche Entwicklung zu beobachten. Die Kennzahl ist bei beiden Stichproben weiterhin hoch signifikant, die Koeffizienten und t-Werte nehmen jedoch deutlich ab. Dieser Trend fällt bei der größeren Stichprobe noch stärker aus.

Bei der reduzierten Stichprobe gleichen sich die Koeffizienten von AQ_BR zwischen den Modellen an, das Niveau bleibt vergleichbar zu den unternehmensindividuellen Daten im 17-Faktorenmodell. Bei der erweiterten Stichprobe nehmen die Koeffizienten deutlich ab. Auch AQ_BR bleibt signifikant mit dem erwarteten Vorzeichen. DR_BR bleibt bei der reduzierten Stichprobe ebenfalls hoch signifikant mit dem erwarteten Vorzeichen. Bei

der größeren Stichprobe verliert diese Kennzahl bei den EW- und AQ-Modellen ihre Signifikanz und zeigt bei diesen nicht das erwartete Vorzeichen. Von den unternehmensspezifischen Kennzahlen ist URB die signifikanteste Kennzahl mit dem erwarteten Vorzeichen. Ebenso in beiden Stichproben hoch signifikant, mit dem erwarteten Vorzeichen, ist
die neu einbezogene Größenkennzahl LNAM. Zudem ist GKF mit erwartetem Vorzeichen hoch signifikant. Die einzige unternehmensindividuelle Kennzahl, die nicht in allen
Modellen signifikant ist, ist LFKB. Sie zeigt bei der reduzierten Stichprobe bei allen, und
bei der erweiterten bei sechs, Modellen das erwartete positives Vorzeichen. Dieses ist bei
der reduzierten Stichprobe bei sechs Modellen und bei der erweiterten bei fünf Modellen
zumindest mit einem p-Wert von 0,07 signifikant.

		RIMEW	RIMK1	RIMK9	RIMAQ	AEGEW	AEGK1	AEGK9	AEGAQ	Mittel
	RK	0.905	0.824	0.854	0.933	0.876	0.756	0.799	0.921	
BRVM	t	65.2	65.4	65.8	106.9	57.4	45.8	53.4	105.3	70.7
	p	0.00	0.00	0.00	0.00	0.00	0.00	0.00	0.00	0.00
	RK	0.005	0.017	0.011	0.004	0.009	0.024	0.018	0.005	
BM_BR	t	4.7	15.9	10.3	5.3	7.9	16.4	13.8	7.4	10.2
	p	0.00	0.00	0.00	0.00	0.00	0.00	0.00	0.00	0.00
	RK	-0.038	-0.035	-0.041	-0.037	-0.036	-0.037	-0.040	-0.036	
AQ_BR	t	-12.2	-19.2	-17.8	-16.2	-15.7	-18.7	-18.3	-17.2	-16.9
	p	0.00	0.00	0.00	0.00	0.00	0.00	0.00	0.00	0.00
	RK	0.409	0.331	0.431	0.365	0.365	0.353	0.407	0.346	
DR_BR	t	8.8	13.2	14.0	10.7	10.5	13.7	14.3	11.0	12.0
	p	0.00	0.00	0.00	0.00	0.00	0.00	0.00	0.00	0.00
	RK	0.003	0.000	0.001	0.002	0.003	0.000	0.001	0.002	
LFKB	t	6.8	0.4	2.6	5.1	5.7	0.4	1.8	5.2	3.5
	p	0.00	0.71	0.01	0.00	0.00	0.66	0.07	0.00	0.18
	RK	0.000	-0.002	-0.002	-0.002	0.000	-0.002	-0.002	-0.002	
LNAM	t	-2.0	-7.5	-7.2	-9.6	-2.4	-7.3	-6.6	-10.1	-6.6
	p	0.05	0.00	0.00	0.00	0.02	0.00	0.00	0.00	0.01
	RK	-0.025	-0.052	-0.049	-0.035	-0.028	-0.052	-0.048	-0.034	
UBR	t	-11.5	-29.6	-24.8	-26.2	-15.7	-27.8	-27.5	-26.7	-23.7
	p	0.00	0.00	0.00	0.00	0.00	0.00	0.00	0.00	0.00
	RK	0.001	0.000	0.001	0.001	0.001	0.000	0.001	0.001	
GKF	t	9.9	5.7	8.5	10.3	9.6	5.0	7.3	10.0	8.3
	p	0.00	0.00	0.00	0.00	0.00	0.00	0.00	0.00	0.00
	RK	0.005	0.015	0.016	0.017	0.006	0.012	0.012	0.018	
Konstante	t	2.3	7.5	7.0	9.5	3.2	5.5	5.4	10.0	6.3
	p	0.02	0.00	0.00	0.00	0.00	0.00	0.00	0.00	0.00
R^2_{adj}		15.3	20.3	19.3	29.2	14.6	17.4	17.1	27.7	
N		253.688	254.303	254.302	254.409	254.374	254.194	254.218	254.336	

Diese Tabelle zeigt die Ergebnisse der multivariaten Fama/MacBeth Regressionen. Für Erläuterungen
siehe *Tabelle 18*.

Tabelle 34: Multivariate Regression ohne Marktdaten (reduzierte Stichprobe) – USA

Es ist aufgrund des geringeren Informationsniveaus nicht zu erwarten, dass das R^2_{adj} ohne
Marktdaten vergleichbare Werte zu denen der Modelle mit Marktdaten erreicht. Die

gleichgewichteten Mittelwerte des monatlichen R^2_{adj} der acht Modelle verringern sich deutlich auf Werte zwischen 14,6% und 29,2% bei der reduzierten Stichprobe und 13,6% und 26,5% bei der erweiterten Stichprobe. Zudem verändert sich auch die Reihenfolge der Modelle. Die AQ-Modelle erzielen das deutlich höchste R^2_{adj}, die Reihenfolge der Modellarten ändert sich ebenfalls. Das RIM erzielt im Vergleich zum entsprechenden AEG-Modell das jeweils geringfügig höhere R^2_{adj}. Dies deutet darauf hin, dass der beim RIM berücksichtigte Eigenkapital-Buchwert ohne Marktdaten einen zusätzlichen Informationswert darstellt. Die EW-Modelle bleiben deutlich diejenigen Modelle mit dem geringsten R^2_{adj}.

		RIMEW	RIMK1	RIMK9	RIMAQ	AEGEW	AEGK1	AEGK9	AEGAQ	Mittel
	RK	0.946	0.936	0.941	0.982	0.933	0.895	0.912	0.977	
BRVM	t	102.0	99.5	112.1	153.1	81.7	69.5	82.9	136.0	104.6
	p	0.00	0.00	0.00	0.00	0.00	0.00	0.00	0.00	0.00
	RK	0.006	0.008	0.007	0.004	0.008	0.013	0.010	0.004	
BM_BR	t	7.4	9.5	7.9	4.6	10.6	11.6	10.5	5.2	8.4
	p	0.00	0.00	0.00	0.00	0.00	0.00	0.00	0.00	0.00
	RK	-0.008	-0.010	-0.011	-0.008	-0.008	-0.012	-0.012	-0.008	
AQ_BR	t	-4.6	-7.1	-7.4	-5.1	-4.6	-7.9	-7.8	-5.4	-6.2
	p	0.00	0.00	0.00	0.00	0.00	0.00	0.00	0.00	0.00
	RK	-0.032	0.049	0.055	-0.016	-0.032	0.067	0.066	-0.014	
DR_BR	t	-1.1	2.1	2.3	-0.6	-1.1	2.8	2.8	-0.5	0.8
	p	0.29	0.03	0.03	0.57	0.28	0.01	0.01	0.61	0.23
	RK	0.002	0.000	0.001	0.002	0.002	0.000	0.000	0.002	
LFKB	t	8.6	-1.8	2.2	6.1	7.1	-1.9	0.5	6.1	3.4
	p	0.00	0.08	0.03	0.00	0.00	0.06	0.63	0.00	0.10
	RK	-0.001	-0.001	-0.002	-0.002	0.000	-0.001	-0.001	-0.002	
LNAM	t	-2.9	-6.0	-6.1	-10.4	-2.5	-5.6	-5.2	-11.0	-6.2
	p	0.01	0.00	0.00	0.00	0.01	0.00	0.00	0.00	0.00
	RK	-0.028	-0.051	-0.049	-0.035	-0.029	-0.051	-0.048	-0.035	
UBR	t	-13.6	-23.6	-21.8	-20.2	-17.1	-23.1	-23.7	-20.6	-20.5
	p	0.00	0.00	0.00	0.00	0.00	0.00	0.00	0.00	0.00
	RK	0.001	0.000	0.001	0.001	0.001	0.000	0.001	0.001	
GKF	t	11.2	5.7	9.8	11.6	10.4	5.3	7.9	11.4	9.2
	p	0.00	0.00	0.00	0.00	0.00	0.00	0.00	0.00	0.00
	RK	0.003	0.010	0.012	0.013	0.002	0.009	0.009	0.014	
Konstante	t	1.6	5.4	5.3	8.2	1.4	4.2	3.9	8.8	4.8
	p	0.12	0.00	0.00	0.00	0.17	0.00	0.00	0.00	0.04
R^2_{adj}		13.9	19.0	17.6	26.5	13.6	16.2	15.9	25.3	
N		312.951	314.081	314.043	314.206	314.105	313.894	313.909	314.094	

Diese Tabelle zeigt die Ergebnisse der multivariaten Fama/MacBeth Regressionen. Für Erläuterungen siehe *Tabelle 18*.

Tabelle 35: Multivariate Regression ohne Marktdaten (erweiterte Stichprobe) – USA

Abbildung 28 und *29* zeigen exemplarisch den Verlauf des monatlichen R^2_{adj} des RIMAQ- und des AEGAQ-Modells der reduzierten bzw. erweiterten Stichprobe über die betrachteten 20 Jahre. Die Kurven der verschiedenen Bewertungsmodelle verlaufen gleichförmig. Größere Unterschiede zwischen den Modellen liegen auch hier nur in wenigen Monaten vor. Das RIM-Modell kann sein leicht höheres R^2_{adj} in den meisten Monaten der Betrachtung vorweisen. Über den betrachteten Zeitraum schwankt das R^2_{adj} mit vergleichbarer Intensität zu den Modellen mit Marktdaten. Die Rückgänge der R^2_{adj} aufgrund der Krisen in den 2000er Jahren sind nur schwach ausgeprägt. Der langfristige Trend des R^2_{adj} ist gegenüber den Modellen mit Marktdaten nicht leicht abfallend, sondern sogar leicht ansteigend.

Abbildung 28: Erklärungsgehalt ohne Marktdaten (AQ-Modelle bei reduzierter Stichprobe) – USA

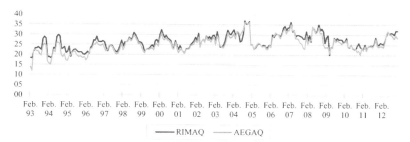

Abbildung 29: Erklärungsgehalt ohne Marktdaten (AQ-Modelle bei erweiterter Stichprobe) – USA

Abbildung 30 und 31 zeigen den unterjährigen Verlauf des R^2_{adj}. Hier zeigt sich bei beiden Stichproben, dass ein geringfügiger unterjähriger Rückgang im April besonders bei den RIM-Modellen vorliegt. Dies ist dadurch zu erklären, dass ohne Marktdaten die Branchenrisikoprämie des Vormonats eine noch bedeutendere Rolle einnimmt. Diese zeigt bei den RIM-Modellen einen noch höheren Regressionskoeffizienten. Der Rückgang ist mit dem Sprung der RPIKK von März auf April zu erklären. Erst im Folgemonat stellt diese wieder eine geeignetere Basis für die Erklärung der RPIKK. Bei den AEG-Modellen kann

der vergleichbare unterjährige Rückgang des Erklärungsbeitrags des BRVM besser durch
andere Risikofaktoren kompensiert werden.

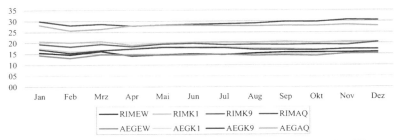

Abbildung 30: Unterjähriger Erklärungsgehalt ohne Marktdaten bei reduzierter Stichprobe – USA

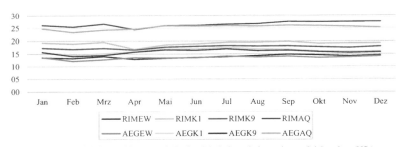

Abbildung 31: Unterjähriger Erklärungsgehalt ohne Marktdaten bei erweiterter Stichprobe – USA

Dieser Abschnitt zeigt, dass auch ohne Kapitalmarktdaten Regressionsmodelle mit im
Zeitverlauf und unterjährig relativ konstantem Erklärungsgehalt erstellt werden können.
Dieser liegt, wie erwartet, deutlich unter dem der Modelle mit Kapitalmarktdaten. Besonders für die AQ-Modelle kann ein für dieses Informationsniveau hohes adjustiertes Bestimmtheitsmaß, das bei reduzierter- (erweiterter-) Stichprobe stets um 30% (25%)
schwankt, ermittelt werden. Diese Ergebnisse deuten darauf hin, dass die folgenden Faktorenmodelle Prognosen von marktkonformen Kapitalkosten ermöglichen, die sich aufgrund des geringeren Informationsniveaus noch stärker an den Branchenkapitalkosten
orientieren. Es ist folglich zu erwarten, dass die folgenden Bewertungen höhere Bewertungsfehler als die der Modelle mit Kapitalmarktdaten verursachen. Die Fehler sollten
sich deutlich den Bewertungsfehlern bei Verwendung der Branchenkapitalkosten annä-
hern.

8.3   Bewertungsgenauigkeit des Modells ohne Marktdaten

In diesem Abschnitt werden die Bewertungsfehler des Modells ohne Marktdaten dargestellt und mit denen der vorherigen Berechnungen verglichen. Es soll geklärt werden, wie
stark die Bewertungsgenauigkeit, aufgrund der geringeren Anzahl an Informationen und
das daraus folgende niedrigere Informationsniveau ohne Kapitalmarktinformationen, abnimmt. Dabei ist die Frage zu klären, ob das Modell weiterhin im Vergleich zu Branchen-
IKK des Vormonats oder zu aus historischen Renditen abgeleiteten Marktrisikoprämien
und einem CAPM-BETA genauere Bewertungen ermöglicht. Dabei wird unterstellt, dass
ein CAPM-BETA verfügbar wäre. Dieses müsste in der hier angenommenen Situation
ohne Marktdaten alternativ geschätzt werden, was die Qualität weiter reduzieren sollte.[398]
Es werden auch hier die beiden Stichproben, die im vorherigen Abschnitt dargestellt wurden, betrachtet.

Tabelle 36 zeigt die Kennzahlen zur Bewertungsgenauigkeit des Faktorenmodells ohne
Marktdaten der reduzierten Stichprobe. *Tabelle 37* zeigt die Kennzahlen zur Bewertungsgenauigkeit der erweiterten Stichprobe. Beide Stichproben zeigen einen im Median geringfügig negativen RBF und nach Mittelwert einen geringfügig positiven RBF. Der Bias
hat im Vergleich zu den Modellen mit Marktdaten geringfügig zugenommen. Auffällig
ist, dass sich die Bewertungsfehler (ARBF) der verschiedenen Schätzer der Risikoprämien der Faktoren deutlich angleichen. Es sind kaum noch Unterschiede der Bewertungsfehler zu beobachten. Lediglich die aktuellen Koeffizienten können genauere Bewertungen liefern. Die Vorjahreskoeffizienten sind die einzigen, die höhere Fehler aufweisen.
Auch die Vormonatskoeffizienten sind nicht mehr gegenüber gleitenden Mittelwerten zu
bevorzugen. Beim Vergleich der Modelle zeigen die zuvor besten (K1-Modelle) den deutlich höchsten Fehler. Auch die K9-Modelle verfügen über einen höheren Fehler als die
vier weiteren Modelle. Die AQ- und EW-Modelle zeigen die geringsten Fehler. Dabei
zeigen überraschenderweise die EW-Modelle die geringfügig besseren Ergebnisse. Die
genauesten Ergebnisse beim ARBF-Median betragen 22,1% (23,4%) beim AEG in der
reduzierten (erweiterten) Stichprobe. Dies ist zunächst überraschend, da diese Modelle
mit Marktdaten die eindeutig höchsten Fehler aufweisen und auch bei den multivariaten
Regressionen ohne Marktdaten das geringste R^2_{adj} zeigen. Diese veränderte Rangfolge

---

[398] Für einen Überblick zur Schätzung von Betafaktoren von nicht-börsennotierten Unternehmen siehe
bspw. Loßagk (2014).

	RP	RIMEW	RIMK1	RIMK9	RIMAQ	AEGEW	AEGK1	AEGK9	AEGAQ
RBF MD	RK_0	-0,065	-0,068	-0,060	-0,031	-0,066	-0,082	-0,071	-0,038
	$RK_{-11,0}$	-0,071	-0,072	-0,064	-0,035	-0,072	-0,087	-0,076	-0,043
	$RK_{-35,0}$	-0,074	-0,075	-0,067	-0,038	-0,077	-0,091	-0,078	-0,045
	$RK_{-59,0}$	-0,077	-0,074	-0,067	-0,039	-0,081	-0,089	-0,077	-0,046
	$RK_{-238,0}$	-0,079	-0,060	-0,058	-0,036	-0,092	-0,066	-0,062	-0,043
	RK_{-1}	-0,066	-0,067	-0,060	-0,030	-0,066	-0,081	-0,070	-0,037
	RK_{-12}	-0,074	-0,074	-0,067	-0,038	-0,074	-0,088	-0,077	-0,044
RBF MW	RK_0	0,015	0,044	0,042	0,078	0,015	0,033	0,033	0,073
	$RK_{-11,0}$	0,008	0,042	0,038	0,074	0,008	0,030	0,030	0,069
	$RK_{-35,0}$	0,004	0,039	0,034	0,070	0,002	0,027	0,026	0,066
	$RK_{-59,0}$	0,001	0,039	0,034	0,069	-0,003	0,029	0,027	0,064
	$RK_{-238,0}$	-0,004	0,054	0,042	0,069	-0,016	0,055	0,043	0,066
	RK_{-1}	0,018	0,049	0,046	0,083	0,017	0,038	0,037	0,079
	RK_{-12}	0,009	0,045	0,040	0,075	0,009	0,035	0,033	0,071
ARBF MD	RK_0	0,226	0,280	0,247	0,226	0,221	0,294	0,264	0,231
	$RK_{-11,0}$	0,230	0,284	0,251	0,233	0,226	0,298	0,268	0,238
	$RK_{-35,0}$	0,231	0,286	0,253	0,234	0,227	0,300	0,270	0,239
	$RK_{-59,0}$	0,232	0,287	0,254	0,235	0,228	0,300	0,270	0,240
	$RK_{-238,0}$	0,230	0,288	0,253	0,236	0,228	0,302	0,271	0,241
	RK_{-1}	0,234	0,286	0,254	0,237	0,230	0,301	0,271	0,242
	RK_{-12}	0,239	0,291	0,260	0,243	0,233	0,306	0,276	0,247
ARBF MW	RK_0	0,330	0,377	0,342	0,339	0,321	0,391	0,356	0,342
	$RK_{-11,0}$	0,333	0,381	0,345	0,344	0,324	0,394	0,360	0,347
	$RK_{-35,0}$	0,333	0,382	0,345	0,344	0,324	0,395	0,360	0,348
	$RK_{-59,0}$	0,334	0,383	0,346	0,344	0,323	0,396	0,361	0,348
	$RK_{-238,0}$	0,331	0,388	0,348	0,344	0,321	0,405	0,366	0,348
	RK_{-1}	0,339	0,385	0,351	0,351	0,329	0,399	0,365	0,355
	RK_{-12}	0,343	0,391	0,355	0,355	0,331	0,404	0,370	0,358
ARBF SA	RK_0	0,387	0,413	0,392	0,443	0,373	0,415	0,390	0,440
	$RK_{-11,0}$	0,385	0,415	0,391	0,439	0,373	0,416	0,392	0,437
	$RK_{-35,0}$	0,385	0,412	0,387	0,437	0,369	0,415	0,389	0,435
	$RK_{-59,0}$	0,383	0,413	0,386	0,436	0,366	0,417	0,389	0,434
	$RK_{-238,0}$	0,379	0,421	0,388	0,432	0,358	0,432	0,397	0,430
	RK_{-1}	0,394	0,421	0,400	0,452	0,380	0,424	0,400	0,449
	RK_{-12}	0,394	0,424	0,399	0,446	0,379	0,429	0,401	0,443
ARBF in15%	RK_0	0,354	0,279	0,315	0,347	0,358	0,264	0,295	0,340
	$RK_{-11,0}$	0,347	0,276	0,311	0,338	0,351	0,261	0,291	0,331
	$RK_{-35,0}$	0,345	0,274	0,310	0,337	0,350	0,259	0,290	0,329
	$RK_{-59,0}$	0,344	0,274	0,308	0,336	0,348	0,259	0,289	0,328
	$RK_{-238,0}$	0,347	0,273	0,309	0,336	0,348	0,259	0,290	0,328
	RK_{-1}	0,342	0,274	0,308	0,334	0,346	0,260	0,289	0,325
	RK_{-12}	0,334	0,269	0,300	0,324	0,341	0,255	0,282	0,315
ARBF IQR	RK_0	0,313	0,343	0,308	0,299	0,303	0,356	0,324	0,301
	$RK_{-11,0}$	0,317	0,348	0,313	0,304	0,306	0,360	0,330	0,308
	$RK_{-35,0}$	0,317	0,349	0,314	0,306	0,307	0,361	0,330	0,308
	$RK_{-59,0}$	0,318	0,349	0,315	0,306	0,307	0,362	0,330	0,309
	$RK_{-238,0}$	0,318	0,355	0,318	0,308	0,307	0,371	0,337	0,311
	RK_{-1}	0,321	0,351	0,317	0,310	0,310	0,364	0,332	0,313
	RK_{-12}	0,325	0,354	0,321	0,315	0,313	0,368	0,336	0,317
BF IQR	RK_0	0,429	0,543	0,477	0,451	0,420	0,561	0,505	0,458
	$RK_{-11,0}$	0,434	0,549	0,484	0,462	0,425	0,568	0,511	0,470
	$RK_{-35,0}$	0,434	0,549	0,483	0,463	0,425	0,567	0,511	0,470
	$RK_{-59,0}$	0,435	0,551	0,486	0,465	0,423	0,570	0,514	0,472
	$RK_{-238,0}$	0,429	0,563	0,492	0,467	0,414	0,590	0,526	0,475
	RK_{-1}	0,446	0,556	0,493	0,473	0,436	0,575	0,522	0,482
	RK_{-12}	0,451	0,561	0,500	0,482	0,439	0,581	0,526	0,488

Diese Tabelle zeigt die Kennzahlen aus *Abschnitt 2.5.2*. Für weitere Erläuterungen siehe *Tabelle 25*.

Tabelle 36: Bewertungsfehler ohne Marktdaten (reduzierte Stichprobe) – USA

	RP	RIMEW	RIMK1	RIMK9	RIMAQ	AEGEW	AEGK1	AEGK9	AEGAQ
RBF MD	RK_0	-0,071	-0,072	-0,064	-0,031	-0,071	-0,089	-0,076	-0,039
	$RK_{-11,0}$	-0,076	-0,074	-0,067	-0,034	-0,076	-0,092	-0,080	-0,042
	$RK_{-35,0}$	-0,079	-0,077	-0,069	-0,038	-0,079	-0,095	-0,081	-0,046
	$RK_{-59,0}$	-0,081	-0,077	-0,069	-0,041	-0,082	-0,094	-0,081	-0,049
	$RK_{-238,0}$	-0,080	-0,065	-0,059	-0,037	-0,086	-0,078	-0,068	-0,044
	RK_{-1}	-0,072	-0,070	-0,063	-0,030	-0,072	-0,088	-0,075	-0,037
	RK_{-12}	-0,076	-0,075	-0,067	-0,036	-0,076	-0,092	-0,079	-0,043
RBF MW	RK_0	0,016	0,049	0,045	0,088	0,017	0,036	0,035	0,083
	$RK_{-11,0}$	0,011	0,049	0,044	0,087	0,011	0,035	0,034	0,081
	$RK_{-35,0}$	0,009	0,047	0,041	0,082	0,008	0,032	0,032	0,077
	$RK_{-59,0}$	0,007	0,046	0,041	0,079	0,005	0,033	0,032	0,073
	$RK_{-238,0}$	0,007	0,060	0,052	0,084	0,001	0,052	0,047	0,079
	RK_{-1}	0,018	0,055	0,050	0,094	0,019	0,041	0,041	0,089
	RK_{-12}	0,017	0,055	0,049	0,090	0,017	0,042	0,041	0,086
ARBF MD	RK_0	0,238	0,292	0,257	0,238	0,234	0,306	0,275	0,242
	$RK_{-11,0}$	0,243	0,297	0,263	0,245	0,239	0,311	0,280	0,250
	$RK_{-35,0}$	0,244	0,297	0,263	0,246	0,240	0,311	0,281	0,251
	$RK_{-59,0}$	0,245	0,298	0,264	0,246	0,240	0,312	0,281	0,251
	$RK_{-238,0}$	0,242	0,298	0,264	0,246	0,239	0,313	0,281	0,251
	RK_{-1}	0,247	0,299	0,265	0,249	0,242	0,314	0,283	0,254
	RK_{-12}	0,252	0,303	0,271	0,255	0,245	0,318	0,288	0,259
ARBF MW	RK_0	0,348	0,397	0,360	0,362	0,339	0,410	0,374	0,364
	$RK_{-11,0}$	0,352	0,402	0,364	0,368	0,342	0,415	0,379	0,371
	$RK_{-35,0}$	0,353	0,402	0,365	0,368	0,343	0,415	0,379	0,371
	$RK_{-59,0}$	0,353	0,403	0,365	0,367	0,343	0,416	0,380	0,370
	$RK_{-238,0}$	0,351	0,408	0,368	0,369	0,341	0,422	0,385	0,372
	RK_{-1}	0,357	0,406	0,370	0,375	0,348	0,419	0,384	0,378
	RK_{-12}	0,363	0,412	0,375	0,381	0,351	0,425	0,390	0,383
ARBF SA	RK_0	0,409	0,450	0,423	0,488	0,396	0,449	0,421	0,484
	$RK_{-11,0}$	0,409	0,452	0,426	0,491	0,395	0,452	0,424	0,487
	$RK_{-35,0}$	0,409	0,452	0,425	0,486	0,395	0,451	0,423	0,484
	$RK_{-59,0}$	0,409	0,452	0,425	0,485	0,394	0,452	0,424	0,483
	$RK_{-238,0}$	0,408	0,462	0,432	0,488	0,391	0,466	0,435	0,486
	RK_{-1}	0,415	0,458	0,432	0,499	0,401	0,459	0,431	0,496
	RK_{-12}	0,423	0,466	0,437	0,500	0,406	0,468	0,438	0,497
ARBF in15%	RK_0	0,337	0,268	0,304	0,334	0,340	0,254	0,284	0,327
	$RK_{-11,0}$	0,330	0,265	0,299	0,325	0,334	0,251	0,280	0,317
	$RK_{-35,0}$	0,328	0,264	0,299	0,323	0,332	0,250	0,280	0,315
	$RK_{-59,0}$	0,327	0,264	0,298	0,322	0,331	0,250	0,279	0,315
	$RK_{-238,0}$	0,331	0,264	0,299	0,323	0,334	0,251	0,280	0,315
	RK_{-1}	0,324	0,263	0,296	0,320	0,329	0,249	0,277	0,312
	RK_{-12}	0,318	0,260	0,289	0,310	0,325	0,246	0,272	0,305
ARBF IQR	RK_0	0,330	0,358	0,323	0,316	0,319	0,371	0,338	0,318
	$RK_{-11,0}$	0,333	0,363	0,328	0,323	0,323	0,376	0,344	0,325
	$RK_{-35,0}$	0,334	0,364	0,329	0,323	0,324	0,376	0,345	0,325
	$RK_{-59,0}$	0,334	0,364	0,329	0,322	0,323	0,377	0,345	0,324
	$RK_{-238,0}$	0,335	0,369	0,333	0,324	0,324	0,383	0,350	0,326
	RK_{-1}	0,337	0,366	0,332	0,329	0,327	0,378	0,347	0,331
	RK_{-12}	0,341	0,370	0,336	0,333	0,330	0,382	0,351	0,334
BF IQR	RK_0	0,451	0,563	0,496	0,473	0,442	0,582	0,524	0,479
	$RK_{-11,0}$	0,457	0,571	0,505	0,487	0,448	0,590	0,533	0,493
	$RK_{-35,0}$	0,458	0,571	0,505	0,487	0,447	0,589	0,533	0,494
	$RK_{-59,0}$	0,457	0,572	0,505	0,486	0,446	0,590	0,533	0,493
	$RK_{-238,0}$	0,454	0,581	0,511	0,488	0,441	0,604	0,543	0,495
	RK_{-1}	0,469	0,578	0,514	0,498	0,459	0,598	0,543	0,505
	RK_{-12}	0,475	0,586	0,522	0,509	0,462	0,605	0,550	0,514

Diese Tabelle zeigt die Kennzahlen aus *Abschnitt 2.5.2*. Für weitere Erläuterungen siehe *Tabelle 25*.

Tabelle 37: Bewertungsfehler ohne Marktdaten (erweiterte Stichprobe) – USA

der Bewertungsmodelle ist erklärbar. Die Branchen-IKK des Vormonats dienen als Basis für die Kapitalkosten und werden ohne Marktdaten noch stärker gewichtet. Die weiteren Risikofaktoren dienen dazu, die Kapitalkosten weiter zu adjustieren und auf das unternehmensindividuelle Risiko anzupassen. Hinsichtlich der Bewertungsgenauigkeit dient die Bewertungsgenauigkeit der Branchen-IKK als Basis. Durch weitere Adjustierung der Kapitalkosten ist von dem Bewertungsfehler der Branchen-IKK eine weitere Verbesserung möglich. Der Ausganswert (Bewertungsfehler nach Branchen-IKK) ist bei den EW-Modellen deutlich niedriger als bei allen anderen Modellen. Deshalb gelingt es mit den AQ-Modellen nicht trotz höherem R_{adj}^2 (in diesem ist auch der Erklärungsgehalt von BRVM enthalten) genauere Bewertungen durchzuführen. Beim RIM-Modell zeigen EW- und AQ-Modelle den gleichen Median-ARBF (mit aktuellen Koeffizienten) bei der reduzierten (erweiterten) Stichprobe von 22,6% (23,8%).

Eine eindeutige Rangfolge zwischen RIM und AEG ist hier nicht zu beobachten. Das AEGEW ist das Modell mit dem geringsten Fehler. Bei den weiteren Modellpaaren zeigt das RIM-Modell einen geringeren Fehler. Hier scheint der berücksichtigte Eigenkapitalbuchwert einen positiven Beitrag leisten zu können.

Die hier ermittelten Bewertungsfehler sind deutlich geringer als bei Verwendung eines CAPM-Kapitalkostensatzes mit konstanten Marktrisikoprämien. Unter den Vergleichs-Kapitalkosten zeigen die Branchen-IKK des Vormonats den deutlich geringsten Fehler und diese Werte werden auch hier unterschritten. Auch bei der erweiterten Stichprobe bleibt diese Vorteilhaftigkeit der Faktorenmodell-Kapitalkosten bestehen. Die hier nicht angegebenen Bewertungsfehler der Vergleichs-Kapitalkosten der erweiterten Stichprobe liegen über denen der in *Abschnitt 7.1.1* angegebenen Fehler. Der Unterschied des Bewertungsfehlers zwischen der Verwendung der Branchen-IKK des Vormonats und des Faktorenmodells ohne Marktdaten ist bei den EW- und AQ-Modellen gering. Die *Abbildungen 32* und *33* zeigen den Verlauf der Bewertungsgenauigkeit der EW- bzw. AQ-Modelle anhand des Median-ARBF der Faktorenmodell-Kapitalkosten aus aktuellen Koeffizienten im Vergleich zur Verwendung der Branchen-IKK des Vormonats (IKK_BR) für die erweiterte Stichprobe. Diese Abbildungen verdeutlichen, dass in einigen Phasen die Branchen-IKK genauere Bewertungen liefern. Besonders seit dem Beginn der 2000er Jahre ist der Vorteil des Faktorenmodells kaum noch ersichtlich (abgesehen von der Subprime-Krise). Auch im unterjährigen Vergleich liegen die Modelle sehr eng beieinander

(vgl. *Abbildung 34*). Besonders bei der Verwendung der AEG- aber auch der RIM-Bran-
chen-IKK zeigt sich im April einen Sprung des ARBF nach oben. Dies liegt an dem
deutlichen Sprung der IKK von März auf April aufgrund der Aktualisierung der verwendeten Daten. Die Branchen-IKK ist in diesem Monat kein guter Schätzer für die Kapitalkosten. In den darauffolgenden Monaten ist sie hingegen gut geeignet.

Abbildung 32: Verlauf des Medians des ARBF der EW-Modelle ohne Marktdaten – USA

Abbildung 33: Verlauf des Medians des ARBF der AQ-Modelle ohne Marktdaten – USA

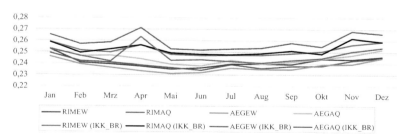

Abbildung 34: Unterjähriger Median-ARBF der EW- und AQ-Modelle ohne Marktdaten – USA

Dieser Abschnitt zeigt, dass auch ohne Verwendung von unternehmensindividuellen Kapitalmarktdaten Faktorenmodell-Kapitalkosten die genauesten Bewertungen ermöglichen. Dieses Informationsniveau hat jedoch einen maßgeblichen Einfluss auf die Wahl des am besten geeigneten Bewertungsmodells. Es sollten EW- oder AQ-Modelle verwendet werden. Die Vorteilhaftigkeit des AEG gegenüber dem RIM ist nicht mehr eindeutig. Beim EW-Modell verfügt das AEG über Vorteile, beim AQ-Modell hingegen das RIM. Die aktuellen Koeffizienten sind weiterhin vorteilhaft, alternativ sind auch längerfristige gleitende Mittelwerte nur geringfügig ungenauer. Der Unterschied zur Verwendung von Branchenkapitalkosten ist gering. Deshalb sind auch diese zur Bewertung bei dem hier unterstellten Informationsniveau gut geeignet (abgesehen von AEG-Modellen im Monat nach der jährlichen Datenaktualisierung). Ein Kapitalkostensatz, bestimmt aus dem in dieser Arbeit verwendeten CAPM-BETA und konstanten Marktrisikoprämien, der bei diesem Informationsniveau ohnehin nicht zur Verfügung stehen würde bzw. alternativ geschätzt werden müsste, ist weiterhin zur Verwendung in der Unternehmensbewertung ungeeignet.

9   Empirische Ergebnisse zum europäischen Datensatz

9.1   Implizite Risikoprämie für Europa

In diesem Abschnitt wird ein kompakter Überblick der empirischen Ergebnisse zum europäischen Datensatz vorgestellt und auf Gemeinsamkeiten und Unterschiede zum amerikanischen Datensatz hingewiesen. Dies dient zur Überprüfung der Robustheit der in *Kapitel 5-7* ermittelten Ergebnisse gegenüber der Wahl des regionalen Kapitalmarktes. *Tabelle 38* zeigt die jährlichen Mittelwerte, Mediane und Standardabweichungen der impliziten Risikoprämien der acht Modelle sowie die Mittel aus den acht Modellen (zum Mittelwert und zum Median). Zudem werden die gleichgewichteten Mittelwerte der 144 Monate zu den acht Modellen sowie deren Mittel angegeben. *Abbildung 35* zeigt den Verlauf des Mittelwertes der Risikoprämien im Betrachtungszeitraum.[399]

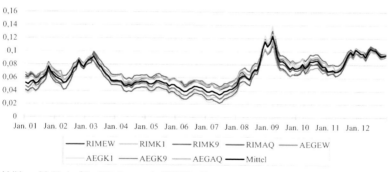

Abbildung 35: Verlauf des Mittelwertes der RPIKK – Europa

Die Schwankungen der Kurven verlaufen sehr ähnlich zu denen des US-Marktes. Das mittlere Niveau der RPIKK liegt in Europa in diesen 12 Jahren je nach Modell 1,4 bis 2,2 Prozentpunkte über dem der USA. Davon können im Mittel 0,24 Prozentpunkte durch den für diesen Zeitraum in Europa (Deutschland) geringeren sicheren Zinssatz erklärt werden. Im Zeitverlauf zeigen sich deutliche Schwankungen der Risikoprämien. Diese

---

[399] Zur Bestimmung der Risikoprämien wird der Zinssatz der 9- bis 10-jährigen Umlaufrendite der öffentlichen Hand Deutschlands verwendet.

Jahr	RIMEW MW	MD	SA	RIMKI MW	MD	SA	RIMK9 MW	MD	SA	RIMAQ MW	MD	SA	AEGEW MW	MD	SA	AEGKI MW	MD	SA	AEGK9 MW	MD	SA	AEGAQ MW	MD	SA	Mittel MW	MD
01	6,5	5,2	6,6	5,2	4,1	6,3	5,6	4,6	6,6	6,8	6,1	5,8	6,9	5,6	7,0	4,8	3,4	7,7	5,0	3,7	7,3	6,5	5,7	7,3	5,9	4,8
02	6,8	5,2	7,6	6,3	5,1	7,0	6,5	5,3	7,3	7,4	6,5	5,8	7,0	5,5	7,4	5,8	4,3	7,6	5,9	4,5	7,8	7,0	6,0	7,9	6,6	5,3
03	7,3	5,7	7,6	7,5	6,2	6,7	7,5	6,2	7,1	8,2	7,3	5,9	7,3	5,8	7,4	7,0	5,5	7,2	6,9	5,5	7,5	7,8	6,8	7,5	7,4	6,1
04	5,4	4,6	5,0	4,9	3,9	5,7	5,0	4,1	5,1	6,2	5,5	5,5	5,5	5,2	4,7	4,3	3,1	5,7	4,4	3,4	5,4	5,8	5,1	5,4	5,2	4,3
05	5,9	5,1	5,2	4,6	3,7	5,8	4,8	4,0	5,2	6,2	5,6	4,8	5,9	5,2	4,8	3,9	3,1	5,5	4,2	3,4	5,2	5,8	5,2	5,0	5,2	4,4
06	5,2	4,6	4,4	3,6	2,8	5,5	3,8	3,1	4,6	5,4	4,8	4,4	5,4	4,9	4,5	3,0	2,2	5,6	3,3	2,5	5,1	5,1	4,5	4,6	4,3	3,7
07	4,6	4,0	4,4	3,2	2,4	5,4	3,5	2,8	4,8	5,1	4,7	4,3	4,8	4,2	4,1	2,6	1,8	5,5	2,8	2,0	5,0	4,8	4,3	4,7	3,9	3,3
08	7,2	6,1	6,5	7,2	6,1	5,4	7,3	6,2	6,4	8,2	7,6	5,0	7,0	5,9	6,6	6,6	5,3	7,2	6,6	5,0	7,2	7,9	7,1	5,8	7,2	6,2
09	8,2	6,7	6,8	9,9	8,9	6,8	9,4	8,4	6,3	9,9	9,3	5,0	8,1	6,5	7,4	9,6	8,0	7,9	9,1	7,6	7,6	9,7	8,8	5,9	9,2	8,0
10	7,5	6,6	5,4	8,4	7,6	5,8	8,2	7,4	5,6	9,0	8,6	4,5	7,1	6,3	5,2	7,8	6,6	6,1	7,6	6,7	5,7	8,7	8,2	4,9	8,0	7,3
11	8,0	7,1	6,5	8,3	7,3	6,2	8,4	7,4	6,4	8,9	8,5	5,0	7,7	6,7	6,6	7,9	6,7	6,9	7,8	6,7	6,8	8,6	8,0	5,0	8,2	7,3
12	9,8	8,7	7,1	9,9	8,9	6,2	10,0	9,0	6,7	10,1	9,7	4,6	9,4	8,2	6,8	9,6	8,2	7,3	9,6	8,4	7,3	9,8	9,3	5,1	9,8	8,8
Mittel	6,9	5,8	6,0	6,6	5,6	6,0	6,7	5,8	5,9	7,6	7,1	4,9	6,8	5,8	5,9	6,1	4,9	6,5	6,1	5,0	6,4	7,3	6,6	5,2	6,7	5,8

Diese Tabelle zeigt den Mittelwert (MW), den Median (MD) und die Standardabweichung (SA) der RPIKK sämtlicher Beobachtungen eines Kalenderjahres. Für weitere Erläuterungen siehe *Tabelle 8.*

Tabelle 38: RPIKK – Europa

Jahr	RIMEW MW	MD	SA	RIMKI MW	MD	SA	RIMK9 MW	MD	SA	RIMAQ MW	MD	SA	AEGEW MW	MD	SA	AEGKI MW	MD	SA	AEGK9 MW	MD	SA	AEGAQ MW	MD	SA	Mittel MW	MD
01	11,4	10,0	6,6	10,0	8,9	6,3	10,5	9,4	6,6	11,6	11,0	5,4	11,8	10,5	7,0	9,6	8,2	7,7	9,8	8,6	7,3	11,3	10,5	5,8	10,8	9,7
02	11,6	10,0	7,6	11,1	9,8	6,9	11,3	10,1	7,3	12,1	11,3	5,8	11,8	10,3	7,4	10,6	9,1	7,6	10,7	9,2	7,7	11,8	10,8	5,8	11,4	10,1
03	11,3	9,8	6,4	11,6	10,3	6,7	11,6	10,3	7,1	12,3	11,4	5,5	11,3	9,9	7,4	11,0	9,6	7,2	11,0	9,6	7,4	11,9	10,9	5,8	11,5	10,2
04	9,4	8,7	5,0	9,0	7,9	5,7	9,0	8,1	5,1	10,2	9,6	4,8	9,5	8,8	4,7	8,3	7,3	5,7	8,4	7,5	5,4	9,9	9,2	5,3	9,2	8,4
05	9,2	8,4	5,2	7,9	7,0	5,8	8,2	7,3	5,2	9,5	8,9	4,4	9,2	8,5	4,8	7,3	6,4	5,5	7,5	6,7	5,2	9,2	8,6	5,0	8,5	7,7
06	9,0	8,4	4,4	7,5	6,6	5,5	7,7	6,9	4,6	9,4	9,0	4,2	9,2	8,7	4,5	6,9	6,1	5,6	7,1	6,3	5,1	8,9	8,3	4,6	8,2	7,5
07	8,9	8,3	4,4	7,5	6,7	5,4	7,7	7,0	4,8	9,4	9,0	4,9	9,0	8,2	4,1	6,9	6,0	5,1	7,1	6,3	5,0	9,1	8,6	4,7	8,2	7,6
08	11,2	10,2	6,4	11,2	10,2	6,4	11,3	10,3	6,3	12,2	11,7	4,9	11,1	10,0	6,5	10,6	9,4	7,1	10,7	9,5	7,1	11,9	11,2	5,7	11,3	10,3
09	11,4	10,0	6,8	13,2	12,1	6,8	12,7	11,7	6,3	13,2	12,6	5,0	11,3	9,7	7,4	12,8	11,3	7,9	12,3	10,9	7,6	12,9	12,1	5,9	12,5	11,3
10	10,2	9,3	5,4	11,1	10,3	5,8	10,9	10,2	5,6	11,7	11,4	5,6	9,9	9,0	5,2	10,5	9,5	6,1	10,3	9,4	5,7	11,4	10,7	4,9	10,7	10,0
11	10,7	9,8	6,4	11,0	10,0	6,1	11,0	10,1	6,3	11,6	11,2	4,9	10,3	9,3	6,5	10,5	9,2	6,8	10,5	9,4	6,7	11,2	10,7	5,0	10,9	10,0
12	11,4	10,2	7,1	11,4	10,4	6,2	11,5	10,6	6,7	11,6	11,2	4,6	10,9	9,7	6,8	11,1	9,8	7,3	11,1	9,9	7,3	11,4	10,8	5,1	11,3	10,3
Mittel	10,5	9,5	6,0	10,2	9,2	6,0	10,3	9,4	5,9	11,2	10,7	4,9	10,4	9,5	5,9	9,7	8,6	6,5	9,7	8,7	6,4	10,9	10,3	5,2	10,4	9,5

Diese Tabelle zeigt den Mittelwert (MW), den Median (MD) und die Standardabweichung (SA) der IKK sämtlicher Beobachtungen eines Kalenderjahres. Für weitere Erläuterungen siehe *Tabelle 8.*

Tabelle 39: IKK – Europa

werden anhand des Mittelwertes der acht Modelle beschrieben. Die im Mittel geringsten Risikoprämien im Betrachtungszeitraum liegen in Europa im Juni 2007 bei 3,4%. Das Minimum wird in den USA bereits im Mai 2006 mit 2,2% erreicht. Die höchste RPIKK wird in beiden Märkten im März 2009, in der Subprime-Krise, mit 11,5% in den USA und 12,4% in Europa erzielt. Das erhöhte Niveau der RPIKK im Anschluss der Subprime-Krise ist in beiden Märkten vorhanden. Die Spanne, in der sich die RPIKK bewegt, liegt in Europa zwischen 7% und 10% und in den USA ca. 2 Prozentpunkte niedriger. Der gleichgewichtete monatliche Mittelwert über diese 12 Jahre liegt in Europa bei 6,7% und in den USA bei 4,9%.

Auch in Europa können alle Modelle die zeitlichen Schwankungen der Risikoprämien abbilden und auch hier zeigen die EW-Modelle konstantere Risikoprämien. Auffällig ist, dass die Unterschiede der Risikoprämien geringer sind als in den USA. Im Mittel unterscheiden sich die Modelle in den USA um 2,3 Prozentpunkte, in Europa nur um 1,6 Prozentpunkte. Die beiden AQ-Modelle weisen auch in Europa die höchsten RPIKK aus sowie das AEGK1- und das AEGK9-Modell die niedrigsten. Bei den Modellen ist die Reihenfolge nicht einheitlich. In Europa liegen diese sehr nahe beieinander. Bei der europäischen Stichprobe ist noch auffälliger als bei der US-amerikanischen, dass seit der Subprime-Krise die EW-Modelle aufgrund einer Wachstumsrate[400] von 0% (sicherer Zinssatz unter 3%) häufig die geringsten RPIKK zeigen. Die RIM-Modelle zeigen in beiden Regionen im Mittel geringfügig höhere RPIKK als die AEG-Modelle.

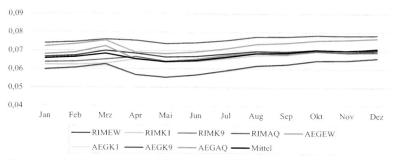

Abbildung 36: Unterjähriger Verlauf des Mittelwertes der RPIKK – Europa

---

[400] Die Wachstumsrate wird aus dem sicheren Zins minus 3% bestimmt (beträgt aber mindesten 0%).

Abbildung 36 illustriert den unterjährigen Verlauf der Risikoprämien. Der Rückgang der
RPIKK im April ist in Europa vergleichbar mit dem in den USA, auch hier zeigt sich die
geringere Differenz zwischen den Modellen.

9.2 Implizite Kapitalkosten für Europa

Tabelle 39 zeigt die jährlichen Mittelwerte, Mediane und Standardabweichungen der IKK
der acht Modelle sowie die Mittel aus den acht Modellen (zum Mittelwert und zum Median) für Europa. Zudem werden die gleichgewichteten Mittelwerte der 144 Monate zu
den acht Modellen sowie deren Mittel angegeben. *Abbildung 37* zeigt den Verlauf des
Mittelwertes der IKK in den 144 betrachteten Monaten.

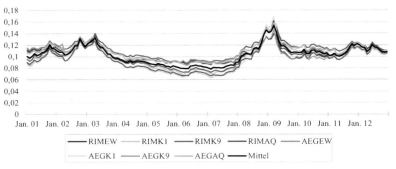

Abbildung 37: Verlauf des Mittelwertes der IKK – Europa

Der zeitliche Verlauf der IKK ist auch in Europa konstanter als der der Risikoprämien.[401]
Die Schwankungen fallen dabei deutlicher aus als im US-Markt. Besonders im Anschluss
an den 11. September 2001 steigen die IKK bis Mitte 2003 deutlicher an. Anschließend
fallen die IKK auf ein vergleichbar konstantes Niveau um 8,5% in Europa und um 7,5%
in den USA. Auch der Anstieg in der Subprime-Krise ist vergleichbar. Ein deutlicher
Unterschied entsteht in den letzten zwei Jahren der Betrachtung. In dieser Phase liegen
die IKK in Europa ca. 2 Prozentpunkte über denen der USA. Über die in Europa betrachteten 12 Jahre liegt der Mittelwert der gleichgewichteten monatlichen IKK bei 10,4% und
in den USA bei 8,7%.

---

[401] Die Standartabweichung des Mittels aller Modelle beträgt bei den RPIKK 0,021 und bei den IKK 0,016.

Im Vergleich zu vorherigen Studien, die europäische Märkte untersuchen, zeigen sich leichte Unterschiede. Die bei Claus/Thomas (2001) im Mittel ca. 1,5 Prozentpunkte geringeren RPIKK der europäischen Märkte Frankreich und Deutschland gegenüber dem US-Markt, Mitte bis Ende der neunziger Jahre, können hier nicht bestätigt werden.[402] Dies kann auch auf die hier zusätzlich einbezogenen Länder zurückzuführen sein. Besonders der sichere Zins (öffentliche Hand Deutschland mit Restlaufzeiten von neun bis zehn Jahren) ist geringer als vergleichbare Zinssätze in anderen europäischen Ländern. Dies führt zu höheren RPIKK. Daske/Gebhardt/Klein (2006) zeigen in den zwei Überschneidungsjahren (2001 und 2002) für den deutschen Kapitalmarkt deutlich höhere Risikoprämien mit einem zum RIMAQ vergleichbaren GLS-Modell mit fünf Jahren Detailplanungsphase.[403] Ein erhöhtes IKK-Niveau in diesen Jahren ist auch hier zu erkennen. Dieses liegt hier jedoch 5 bis 6 Prozentpunkte niedriger. Es ist nicht anzunehmen, dass auf dem rein deutschen Markt ein so deutlich höheres Risiko gegenüber dem europäischen Markt vorliegt. In dieser extremen Marktphase kann dies mit der Kombination von zwei weiteren Jahren Detailplanungsphase mit möglicherweise überhöhten Prognosen und der später einsetzenden Konvergenz sowie sinkenden Aktienkursen zusammenhängen. Gsell (2011) zeigt für den deutschen Markt einen vergleichbaren Anstieg der RPIKK bis 2003 und anschließend einen Rückgang bis 2006.[404] Die RPIKK des GLS-Modells sowie des CT-Modells verlaufen bei den in dieser Arbeit durchgeführten Berechnungen auf einem um wenige Prozentpunkte höheren Niveau gegenüber Gsell (2011).[405] Reese (2007) zeigt ebenfalls einen vergleichbaren Anstieg für den deutschen Markt bis 2002 und anschließend, bis 2004, einen Abschwung.[406]

Die Volatilität und die Höhe der IKK aus dieser Arbeit sind mit denen vorheriger Studien vergleichbar. Die Werte unterscheiden sich für identische Zeitpunkte geringfügig aufgrund unterschiedlicher Stichproben und der unterschiedlichen Ausgestaltung der Bewertungsmodelle.

---

[402] Vgl. Claus/Thomas (2001), 1649.
[403] Vgl. Daske/Gebhardt/Klein (2006), S. 15.
[404] Vgl. Gsell (2011), S. 244.
[405] Des Weiteren wird das OJ-Modell, die PEG und die PE verwendet.
[406] Vgl. Reese (2007), S. 102. Neben dem GLS-Modell und dem CT-Modell verwenden sie das OJ-Modell und die PEG.

9.3   Multivariate Regression für Europa

In diesem Abschnitt wird auf die multivariate Regression der Risikofaktoren auf die
RPIKK der europäischen Stichprobe eingegangen. Dabei werden nicht sämtliche in *Tabelle 41* abgebildeten Parameter erneut diskutiert, sondern nur auffällige Unterschiede
und Gemeinsamkeiten zur amerikanischen Stichprobe herausgestellt. Hier werden nur 16
Risikofaktoren einbezogen, da STCAPM aus den zuvor genannten Gründen nicht verwendet wird.[407] Die Korrelationen der Risikofaktoren sind in *Tabelle 40* abgebildet. Hier
sind keine bedeutenden Unterschiede zum amerikanischen Datensatz erkennbar.

Der Risikofaktor mit dem höchsten t-Wert ist auch in Europa BRVM, die als Basis für
die Faktorenmodell-RPIKK dienen. Die Koeffizienten fallen dabei in Europa höher aus
als in den USA. Die hoch signifikanten Risikofaktoren BM, AQ, DR, FGP, AGP, GKF,
URB und RET bleiben mit dem identischen Vorzeichen bei allen Modellen mit einem p-
Wert von nahe null hoch signifikant. SARET und SGP zeigen bei sechs bzw. sieben Modellen signifikante, erwartete Ergebnisse. LFKM zeigt einen vergleichbar geringeren Zusammenhang zu den Risikoprämien. Nur beim RIMEW und AEGAQ kann der erwartete
Zusammenhang signifikant bestätig werden. Bei allen Modellen zeigt LNAA erwartete
signifikant negative Koeffizienten. In der amerikanischen Stichprobe konnte dieser Zusammenhang nicht einheitlich bestätigt werden. RHV zeigt in allen Modellen das erwartete Vorzeichen und sechs von diesen sind hoch signifikant. LTG zeigt auch bei dieser
Stichprobe vorwiegend signifikant positive Ergebnisse. BETA kann auch in der europäischen Stichprobe nur einen schwachen aber meist signifikant positiven Zusammenhang
zu den RPIKK zeigen. Das R^2_{adj} liegt bei der europäischen Stichprobe, je nach Modell,
zwischen 13,4 und 4,9 Prozentpunkte unter dem der US-Stichprobe.

Einige vorherige Studien untersuchen europäische Daten in vergleichbaren Regressionsmodellen.[408] Andere betrachten einzelne europäische Märkte, besonders Frankreich und
Deutschland, die auch in dieser Stichprobe die meisten Beobachtungen einbringen.[409]

---

[407] Für diese Kennzahlen werden Daten von fünf vorherigen Jahren benötigt, die aufgrund der Euro-Ein-
       führung nicht in einheitlicher Währung zur Verfügung stehen, vgl. *Abschnitt 4.1.*
[408] Schröder (2007) verwendet Unternehmen aus dem Euro Stoxx.
[409] Chen/Jorgensen/Yoo (2004) betrachten sieben Länder, darunter sind auch Frankreich und Deutschland.
       Sie verwenden das OJ-Modell, die PEG-Ratio sowie das GLS-Modell und ein RIM vergleichbar zum
       CT-Modell. Den deutschen Markt betrachten bspw.: Daske/Gebhardt/Klein (2006) mit dem GLS-Mo-
       dell und Reese (2007) mit dem GLS-Modell, dem CT-Modell, dem OJ-Modell und der PEG.

	BETA	BM	SARET	LFKM	LFKB	LNAA	LNAM	FGP	SGP	AGP	LTG	GKF	AQ	DR	URB	RET	RHV
BETA	1	0.044	0.393	0.074	0.066	0.216	0.147	-0.109	0.157	-0.038	0.047	0.123	-0.255	-0.227	-0.021	-0.123	0.323
BM	0.087	1	0.215	0.451	0.084	-0.181	-0.052	-0.170	-0.019	-0.210	-0.124	-0.078	-0.112	0.137	-0.192	-0.364	-0.006
SARET	0.403	0.272	1	-0.013	-0.107	-0.124	-0.191	-0.241	-0.039	-0.143	0.062	0.153	-0.367	-0.271	-0.061	-0.322	0.102
LFKM	0.078	0.618	0.135	1	0.892	0.151	0.291	-0.112	0.169	-0.086	-0.087	-0.031	-0.025	0.118	-0.156	-0.159	0.124
LFKB	0.076	0.080	0.027	0.483	1	0.246	0.350	-0.051	0.200	-0.004	-0.048	-0.001	0.017	0.064	-0.094	-0.020	0.143
LNAA	0.182	-0.114	-0.134	0.020	0.104	1	0.665	0.078	0.591	-0.002	-0.070	-0.105	0.199	0.180	0.180	0.017	0.274
LNAM	0.114	-0.051	-0.196	0.061	0.167	0.657	1	0.035	0.382	0.010	-0.081	-0.091	0.177	0.193	0.003	0.048	0.147
FGP	-0.078	-0.260	-0.292	-0.221	-0.093	0.097	0.068	1	0.019	0.106	-0.038	-0.566	0.123	0.213	0.112	0.218	-0.007
SGP	0.025	-0.018	-0.032	0.009	0.029	0.132	0.091	0.055	1	-0.018	0.016	-0.015	0.135	0.141	0.074	-0.032	0.161
AGP	-0.064	-0.204	-0.160	-0.077	0.011	0.014	0.011	0.116	0.028	1	0.069	0.214	-0.003	-0.115	0.005	0.363	-0.028
LTG	0.074	0.007	0.132	-0.025	-0.031	-0.152	-0.146	-0.040	0.035	-0.007	1	0.274	-0.083	-0.192	0.006	0.053	-0.049
GKF	0.029	0.015	0.071	0.018	0.016	-0.071	-0.043	-0.163	0.013	0.024	0.129	1	-0.166	-0.424	-0.098	0.096	-0.014
AQ	-0.260	-0.098	-0.328	-0.053	-0.046	0.157	0.119	0.131	0.038	0.025	-0.115	-0.017	1	0.800	0.130	0.083	-0.041
DR	-0.120	0.319	-0.077	0.189	0.016	0.065	0.055	0.073	0.030	-0.115	-0.130	-0.057	0.495	1	0.085	-0.076	-0.010
URB	-0.030	-0.137	-0.097	-0.063	-0.053	0.158	0.004	0.119	0.025	0.008	-0.037	-0.047	0.119	0.036	1	0.051	0.054
RET	-0.056	-0.249	-0.204	-0.113	-0.039	-0.013	0.016	0.113	-0.015	0.189	0.018	0.015	0.020	-0.143	0.038	1	-0.057
RHV	0.131	0.192	0.102	0.209	0.092	0.053	0.038	-0.066	-0.012	0.003	0.003	0.031	-0.065	0.028	-0.014	-0.038	1

Diese Tabelle zeigt die Korrelationskoeffizienten der Risikofaktoren, links unten nach Pearson und rechts oben nach Spearman für Europa. Für weitere Erläuterungen siehe *Tabelle 15*.

Tabelle 40: Korrelation der Risikofaktoren – Europa

		RIMEW	RIMK1	RIMK9	RIMAQ	AEGEW	AEGK1	AEGK9	AEGAQ	Mittel
	RK	0,003	0,002	0,002	0,003	0,002	0,002	0,002	0,003	
BETA	t	1,7	2,1	1,7	2,7	1,3	2,2	1,3	2,2	1,9
	p	0,10	0,04	0,10	0,01	0,21	0,03	0,20	0,03	0,09
	RK	0,005	0,047	0,033	0,022	0,010	0,058	0,044	0,028	
BM	t	4,0	14,8	11,6	11,4	11,9	20,5	15,4	12,3	12,7
	p	0,00	0,00	0,00	0,00	0,00	0,00	0,00	0,00	0,00
	RK	0,324	0,030	0,210	0,023	0,317	0,144	0,241	0,101	
SARET	t	4,2	0,5	2,9	0,4	3,5	2,2	3,4	2,0	2,4
	p	0,00	0,61	0,00	0,67	0,00	0,03	0,00	0,05	0,17
	RK	0,003	-0,001	0,000	0,000	0,001	0,000	0,001	0,001	
LFKM	t	5,9	-3,4	0,7	0,3	1,3	0,7	1,5	2,9	1,2
	p	0,00	0,00	0,49	0,79	0,22	0,50	0,13	0,00	0,27
	RK	-0,002	-0,003	-0,003	-0,002	-0,002	-0,002	-0,003	-0,002	
LNAA	t	-2,4	-5,3	-4,7	-3,9	-2,5	-4,1	-3,9	-3,0	-3,7
	p	0,02	0,00	0,00	0,00	0,01	0,00	0,00	0,00	0,00
	RK	-0,101	-0,077	-0,088	-0,068	-0,108	-0,078	-0,091	-0,070	
FGP	t	-10,2	-7,9	-9,6	-8,7	-10,0	-7,8	-9,3	-9,3	-9,1
	p	0,00	0,00	0,00	0,00	0,00	0,00	0,00	0,00	0,00
	RK	-0,008	0,000	-0,003	-0,003	-0,007	-0,002	-0,004	-0,004	
SGP	t	-7,5	-1,1	-3,6	-5,0	-7,2	-3,8	-4,6	-5,5	-4,8
	p	0,00	0,29	0,00	0,00	0,00	0,00	0,00	0,00	0,04
	RK	0,146	0,058	0,112	0,071	0,118	0,061	0,091	0,053	
AGP	t	6,8	3,2	6,1	5,3	5,4	3,8	4,5	4,4	5,0
	p	0,00	0,00	0,00	0,00	0,00	0,00	0,00	0,00	0,00
	RK	0,001	0,001	0,001	0,001	0,001	0,001	0,001	0,001	
GKF	t	10,4	11,9	9,9	11,2	12,2	11,4	10,7	12,2	11,2
	p	0,00	0,00	0,00	0,00	0,00	0,00	0,00	0,00	0,00
	RK	0,023	-0,003	0,009	0,009	0,018	-0,001	0,005	0,008	
LTG	t	7,2	-1,6	3,2	4,7	5,9	-0,7	2,2	4,5	3,2
	p	0,00	0,11	0,00	0,00	0,00	0,50	0,03	0,00	0,08
	RK	-0,020	-0,023	-0,024	-0,036	-0,018	-0,020	-0,017	-0,033	
AQ	t	-8,4	-11,3	-9,9	-18,9	-7,7	-10,2	-7,0	-17,4	-11,4
	p	0,00	0,00	0,00	0,00	0,00	0,00	0,00	0,00	0,00
	RK	0,449	0,257	0,305	0,314	0,394	0,241	0,235	0,271	
DR	t	15,8	10,0	10,1	16,2	15,1	10,6	7,4	12,0	12,1
	p	0,00	0,00	0,00	0,00	0,00	0,00	0,00	0,00	0,00
	RK	-0,023	-0,014	-0,021	-0,016	-0,023	-0,013	-0,018	-0,015	
URB	t	-7,8	-6,6	-7,9	-8,6	-8,2	-6,1	-7,3	-7,6	-7,5
	p	0,00	0,00	0,00	0,00	0,00	0,00	0,00	0,00	0,00
	RK	0,739	0,570	0,641	0,772	0,691	0,414	0,512	0,709	
BRVM	t	44,1	33,1	32,0	61,3	36,9	18,7	24,1	51,9	37,7
	p	0,00	0,00	0,00	0,00	0,00	0,00	0,00	0,00	0,00
	RK	-0,011	-0,013	-0,015	-0,008	-0,009	-0,010	-0,011	-0,004	
RET	t	-5,4	-4,8	-6,3	-4,6	-5,0	-4,0	-4,9	-2,4	-4,7
	p	0,00	0,00	0,00	0,00	0,00	0,00	0,00	0,02	0,00
	RK	-0,542	-0,312	-0,425	-0,266	-0,669	-0,222	-0,166	-0,067	
RHV	t	-4,6	-5,1	-4,5	-4,4	-5,4	-2,5	-1,7	-0,8	-3,6
	p	0,00	0,00	0,00	0,00	0,00	0,01	0,09	0,43	0,07
	RK	-0,005	-0,006	-0,005	0,001	-0,003	-0,012	-0,011	-0,001	
Konstante	t	-2,8	-2,7	-2,8	0,9	-1,3	-4,3	-4,9	-0,9	-2,4
	p	0,01	0,01	0,01	0,38	0,19	0,00	0,00	0,36	0,12
R^2_{adj}		36,3	69,1	54,8	57,1	41,9	75,6	64,4	61,5	
N		119.559	120.692	120.472	120.722	120.466	120.367	120.391	120.664	

Diese Tabelle zeigt die Ergebnisse der multivariaten Fama/MacBeth Regressionen für Europa. Für weitere Erläuterungen siehe *Tabelle 18*.

Tabelle 41: Multivariate Regression – Europa

Auch in diesen Studien können einheitlich das BM und die Branchen-RPIKK als besonders einflussreich und hoch signifikant identifiziert werden. LTG zeigt weitestgehend signifikant positive Zusammenhänge.[410] Diese sind in den verwendeten Modellen vergleichbar zu der hier verwendeten GKF zu interpretieren. Schröder (2007) verwendet unter anderem eine Dividendenrendite und bestätigt den signifikant positiven Zusammenhang.[411] Die weiteren Kennzahlen zeigen bei Betrachtung der verschiedenen Studien und Modelle uneinheitliche Ergebnisse.

Dieser Abschnitt zeigt, dass die Risikofaktoren in Europa einen zur US-Stichprobe vergleichbaren Einfluss auf das Regressionsmodell haben. Besonders die in der US-Stichprobe hoch signifikanten Faktoren können auch in Europa als hoch signifikant bestätigt werden. Die Regressionskoeffizienten zeigen Ausprägungen in vergleichbarer Höhe, jedoch mit im Detail unterschiedlichen Werten. International aggregierte Faktorenmodelle sollten folglich zu ungenaueren Prognosen führen. Der Erklärungsgehalt fällt in Europa leicht geringer aus, jedoch immer noch auf hohem Niveau. Dies könnte auf eine geringere Datenqualität und regional größere Unterschiede der einbezogenen Märkte zurückzuführen sein. Folglich ist zu erwarten, dass die folgenden Bewertungen höhere Bewertungsfehler zeigen. Dennoch kann gezeigt werden, dass die Erklärung der Volatilität der RPIKK nicht maßgeblich von der Wahl des Kapitalmarktes abhängig ist.

9.4 Bewertungsgenauigkeit für Europa

9.4.1 Bestimmung relevanter Vergleichswerte zur Beurteilung der Bewertungsgenauigkeit

Zur Beurteilung der Bewertungsgenauigkeit bei Verwendung der PIKK in Europa werden, analog zum bei der US-Stichprobe angewandten Verfahren, Bewertungen der acht Modelle mittels klassisch bestimmter CAPM-Kapitalkosten mit konstanter, historisch abgeleiteter, Marktrisikoprämie verglichen. Auch hier wird eine Sensitivitätsanalyse der Vergleichs-Kapitalkosten durchgeführt. Da die vorherigen Abschnitte gezeigt haben, dass die RPIKK in Europa höher sind als in den USA und zudem die RPIKK im europäischen Betrachtungszeitraum gegenüber den nicht einbezogenen Jahren angestiegen sind, wird

---

[410] Vgl. Daske/Gebhardt/Klein (2006), S. 27; Reese (2007), S. 118.
[411] Vgl. Schröder (2007), S. 610.

	KK	RIMEW	RIMK1	RIMK9	RIMAQ	AEGEW	AEGK1	AEGK9	AEGAQ
RBF MD	5	0,405	0,325	0,349	0,807	0,404	0,204	0,226	0,708
	5,5	0,323	0,251	0,277	0,681	0,320	0,138	0,160	0,587
	6	0,249	0,185	0,210	0,567	0,244	0,079	0,100	0,477
	6,5	0,182	0,125	0,150	0,464	0,176	0,026	0,045	0,376
	7	0,121	0,070	0,094	0,370	0,113	-0,024	-0,005	0,288
	7,5	0,065	0,020	0,044	0,284	0,057	-0,069	-0,050	0,206
	RPIKK_VM	0,116	0,080	0,089	0,205	0,122	0,046	0,057	0,183
	IKK_BR	-0,080	-0,086	-0,077	-0,058	-0,078	-0,103	-0,092	-0,071
RBF MW	5	0,720	0,745	0,733	1,600	0,721	0,570	0,572	1,471
	5,5	0,623	0,648	0,638	1,414	0,623	0,484	0,486	1,291
	6	0,537	0,561	0,552	1,248	0,536	0,407	0,410	1,132
	6,5	0,459	0,483	0,474	1,102	0,457	0,338	0,341	0,990
	7	0,389	0,411	0,404	0,969	0,386	0,276	0,278	0,865
	7,5	0,324	0,346	0,340	0,851	0,321	0,218	0,220	0,751
	RPIKK_VM	0,365	0,367	0,355	0,690	0,380	0,301	0,305	0,665
	IKK_BR	0,034	0,083	0,072	0,158	0,034	0,048	0,051	0,145
ARBF MD	5	0,534	0,529	0,501	0,807	0,529	0,489	0,460	0,747
	5,5	0,495	0,503	0,474	0,729	0,489	0,474	0,444	0,666
	6	0,467	0,486	0,455	0,658	0,460	0,465	0,432	0,608
	6,5	0,445	0,475	0,440	0,606	0,440	0,459	0,426	0,568
	7	0,432	0,467	0,431	0,570	0,425	0,455	0,422	0,541
	7,5	0,422	0,463	0,426	0,543	0,419	0,454	0,422	0,523
	RPIKK_VM	0,404	0,419	0,386	0,490	0,406	0,408	0,378	0,478
	IKK_BR	0,260	0,322	0,280	0,276	0,255	0,331	0,294	0,285
ARBF MW	5	0,909	0,983	0,930	1,726	0,904	0,855	0,819	1,616
	5,5	0,842	0,914	0,862	1,566	0,835	0,800	0,764	1,465
	6	0,786	0,856	0,805	1,429	0,778	0,754	0,719	1,338
	6,5	0,739	0,808	0,757	1,314	0,731	0,716	0,681	1,230
	7	0,700	0,766	0,717	1,215	0,693	0,685	0,650	1,140
	7,5	0,668	0,731	0,683	1,131	0,661	0,658	0,624	1,063
	RPIKK_VM	0,662	0,680	0,634	0,975	0,669	0,630	0,600	0,952
	IKK_BR	0,389	0,456	0,405	0,471	0,379	0,442	0,408	0,475
ARBF SA	5	1,196	1,368	1,251	2,708	1,194	1,133	1,097	2,597
	5,5	1,118	1,269	1,163	2,500	1,115	1,049	1,017	2,395
	6	1,049	1,182	1,083	2,313	1,044	0,974	0,948	2,212
	6,5	0,984	1,105	1,012	2,154	0,979	0,907	0,882	2,051
	7	0,925	1,031	0,950	2,006	0,920	0,847	0,824	1,911
	7,5	0,872	0,966	0,892	1,876	0,867	0,792	0,771	1,784
	RPIKK_VM	0,882	0,897	0,837	1,589	0,889	0,774	0,773	1,567
	IKK_BR	0,497	0,588	0,538	0,874	0,487	0,493	0,503	0,868
ARBF in15%	5	0,162	0,160	0,169	0,114	0,164	0,168	0,178	0,123
	5,5	0,174	0,165	0,176	0,126	0,176	0,170	0,183	0,134
	6	0,183	0,168	0,181	0,135	0,184	0,169	0,186	0,142
	6,5	0,188	0,169	0,184	0,143	0,191	0,169	0,185	0,148
	7	0,191	0,169	0,185	0,147	0,193	0,166	0,183	0,150
	7,5	0,191	0,167	0,184	0,150	0,192	0,163	0,180	0,153
	RPIKK_VM	0,202	0,187	0,211	0,167	0,200	0,189	0,211	0,170
	IKK_BR	0,306	0,241	0,278	0,284	0,311	0,233	0,265	0,274
ARBF IQR	5	0,831	0,891	0,877	1,649	0,834	0,713	0,708	1,523
	5,5	0,741	0,785	0,775	1,473	0,742	0,624	0,613	1,348
	6	0,699	0,690	0,680	1,315	0,687	0,596	0,582	1,191
	6,5	0,644	0,637	0,622	1,166	0,633	0,558	0,540	1,045
	7	0,598	0,595	0,578	1,032	0,587	0,532	0,513	0,914
	7,5	0,563	0,563	0,542	0,906	0,551	0,511	0,492	0,791
	RPIKK_VM	0,578	0,553	0,535	0,757	0,582	0,520	0,501	0,724
	IKK_BR	0,343	0,376	0,336	0,342	0,333	0,382	0,345	0,345
BF IQR	5	1,120	1,302	1,215	1,854	1,116	1,190	1,121	1,771
	5,5	1,076	1,235	1,153	1,733	1,072	1,132	1,065	1,654
	6	1,033	1,177	1,098	1,631	1,032	1,079	1,015	1,553
	6,5	0,995	1,126	1,049	1,537	0,994	1,032	0,969	1,465
	7	0,962	1,078	1,005	1,459	0,960	0,988	0,927	1,387
	7,5	0,931	1,036	0,965	1,384	0,928	0,948	0,890	1,317
	RPIKK_VM	0,908	0,967	0,893	1,228	0,926	0,920	0,857	1,200
	IKK_BR	0,493	0,617	0,537	0,544	0,483	0,622	0,554	0,553

Diese Tabelle zeigt die Kennzahlen aus *Abschnitt 2.5.2*. Für weitere Erläuterungen siehe *Tabelle 24*.

Tabelle 42: Bewertungsfehler mit relevanten Vergleichs-Kapitalkosten – Europa

die Bewertungsgenauigkeit der acht Modelle mit Marktrisikoprämien von 1,5% bis 8% in 0,5%-Schritten berechnet. In *Tabelle 42* wird die Bewertungsgenauigkeit der acht Modelle für Marktrisikoprämien von 5% bis 7,5% dargestellt. Zudem wird der Mittelwert der Vormonats-RPIKK des Gesamtmarktes als Marktrisikoprämie einbezogen. Als alternativer Vergleichswert wird auch hier die Vormonats-Branchen-IKK verwendet.

Tabelle 42 zeigt die Bewertungsfehler der Vergleichs-Kapitalkosten. Grundsätzlich sind die Bewertungsfehler im Vergleich zu den US-Daten um wenige Prozentpunkte höher. Der Median des RBF ist hier ebenso wie der Mittelwert positiv. Dieser nimmt mit steigender Marktrisikoprämie ab. Bei einer Marktrisikoprämie von 7% liegt der Median-RBF der meisten Modelle nahe null. Die Fehler des ARBF sinken stetig bis zu einer Marktrisikoprämie von 7,5% (genaueste Bewertung beim AEGEW mit einem Median-ARBF von 41,9%). Diese liegt über den mittleren RPIKK von 6,7%. Die RPIKK des Vormonats zeigen geringere Fehler als alle konstanten Marktrisikoprämien. Auch hier werden die deutlich genauesten Bewertungen mit den Branchen-IKK des Vormonats erzielt (genaueste Bewertung beim AEGEW mit einem Median-ARBF von 25,5%). Demzufolge ist ebenfalls zu erwarten, dass die Faktorenmodelle beim europäischen Datensatz eine weitere Verbesserung der Bewertungsgenauigkeit erzielen. Die Fehler sollten wenige Prozentpunkte über den Fehlern der US-Studie liegen.

9.4.2 Bewertungsgenauigkeit mit Faktorenmodell-Kapitalkosten

In diesem Abschnitt werden die Kennzahlen zur Beurteilung der Bewertungsgenauigkeit für den europäischen Datensatz diskutiert.

Tabelle 43 zeigt die Ergebnisse der Kennzahlen. Sämtliche Modelle unterliegen, gemessen am Median, einem sehr geringen RBF, der stets um null Prozent schwankt. Dies ist auch bei der Verwendung des gleitenden Mittelwertes der Koeffizienten für längeren Perioden der Fall. Beim Mittelwert zeigt sich ein geringfügig positiver RBF, da die Bewertungsfehler nicht symmetrisch um null verteilt sind. Die Bewertungsfehler weichen im positiven Bereich stärker von null ab.

Wie zu erwarten ist, weist auch bei der europäischen Stichprobe die Verwendung der aktuellen Koeffizienten die geringsten Fehler auf. Die genauesten Modelle sind hier die

	RP	RIMEW	RIMK1	RIMK9	RIMAQ	AEGEW	AEGK1	AEGK9	AEGAQ
	RK_0	-0,033	-0,009	-0,025	-0,013	-0,024	-0,010	-0,021	-0,007
	$RK_{-11,0}$	-0,021	0,013	-0,009	0,002	-0,017	0,012	-0,004	0,002
RBF	$RK_{-35,0}$	0,012	0,041	0,025	0,023	0,016	0,039	0,031	0,013
MD	$RK_{-59,0}$	0,016	0,039	0,020	0,021	0,023	0,039	0,032	0,015
	$RK_{-142,0}$	0,008	0,049	0,019	0,025	0,017	0,056	0,037	0,021
	RK_{-1}	-0,030	-0,005	-0,021	-0,008	-0,021	-0,007	-0,017	-0,004
	RK_{-12}	0,019	0,040	0,028	0,035	0,019	0,040	0,032	0,029
	RK_0	0,024	0,005	0,007	0,038	0,028	-0,002	0,003	0,039
	$RK_{-11,0}$	0,044	0,027	0,028	0,053	0,044	0,019	0,024	0,049
RBF	$RK_{-35,0}$	0,075	0,050	0,058	0,070	0,077	0,043	0,053	0,057
MW	$RK_{-59,0}$	0,070	0,050	0,048	0,063	0,078	0,043	0,052	0,054
	$RK_{-142,0}$	0,056	0,060	0,046	0,063	0,069	0,058	0,055	0,060
	RK_{-1}	0,036	0,013	0,016	0,050	0,043	0,006	0,012	0,052
	RK_{-12}	0,248	0,168	0,184	0,274	0,254	0,136	0,152	0,237
	RK_0	0,230	0,184	0,182	0,197	0,221	0,164	0,170	0,194
	$RK_{-11,0}$	0,239	0,190	0,190	0,204	0,230	0,169	0,178	0,201
ARBF	$RK_{-35,0}$	0,250	0,199	0,203	0,213	0,241	0,177	0,190	0,210
MD	$RK_{-59,0}$	0,251	0,201	0,204	0,215	0,244	0,180	0,194	0,212
	$RK_{-142,0}$	0,252	0,210	0,209	0,219	0,244	0,190	0,198	0,217
	RK_{-1}	0,237	0,189	0,188	0,205	0,231	0,171	0,177	0,204
	RK_{-12}	0,275	0,217	0,223	0,240	0,266	0,198	0,209	0,235
	RK_0	0,331	0,238	0,250	0,283	0,313	0,209	0,227	0,275
	$RK_{-11,0}$	0,346	0,247	0,264	0,296	0,329	0,215	0,240	0,286
ARBF	$RK_{-35,0}$	0,360	0,256	0,278	0,306	0,343	0,224	0,251	0,296
MW	$RK_{-59,0}$	0,356	0,260	0,278	0,307	0,344	0,227	0,254	0,298
	$RK_{-142,0}$	0,352	0,268	0,280	0,309	0,341	0,235	0,257	0,301
	RK_{-1}	0,345	0,247	0,260	0,299	0,331	0,218	0,238	0,292
	RK_{-12}	0,534	0,380	0,408	0,511	0,527	0,326	0,357	0,473
	RK_0	0,353	0,208	0,250	0,315	0,327	0,178	0,214	0,299
	$RK_{-11,0}$	0,377	0,219	0,268	0,328	0,351	0,183	0,229	0,312
ARBF	$RK_{-35,0}$	0,389	0,224	0,279	0,340	0,366	0,188	0,234	0,319
SA	$RK_{-59,0}$	0,376	0,227	0,270	0,334	0,360	0,191	0,233	0,317
	$RK_{-142,0}$	0,361	0,230	0,268	0,327	0,350	0,193	0,231	0,314
	RK_{-1}	0,384	0,220	0,267	0,346	0,362	0,189	0,230	0,329
	RK_{-12}	0,873	0,617	0,654	0,991	0,891	0,486	0,538	0,885
	RK_0	0,348	0,420	0,425	0,396	0,361	0,463	0,452	0,402
	$RK_{-11,0}$	0,336	0,407	0,410	0,385	0,348	0,450	0,433	0,392
ARBF	$RK_{-35,0}$	0,322	0,390	0,386	0,371	0,334	0,432	0,410	0,376
in15%	$RK_{-59,0}$	0,319	0,386	0,382	0,366	0,329	0,429	0,402	0,372
	$RK_{-142,0}$	0,320	0,371	0,375	0,360	0,328	0,409	0,392	0,365
	RK_{-1}	0,338	0,407	0,414	0,384	0,346	0,448	0,435	0,385
	RK_{-12}	0,299	0,365	0,359	0,336	0,309	0,396	0,379	0,343
	RK_0	0,324	0,241	0,248	0,268	0,311	0,213	0,229	0,264
	$RK_{-11,0}$	0,336	0,249	0,258	0,281	0,323	0,219	0,238	0,276
ARBF	$RK_{-35,0}$	0,350	0,258	0,271	0,290	0,336	0,229	0,250	0,285
IQR	$RK_{-59,0}$	0,349	0,264	0,271	0,290	0,337	0,234	0,253	0,290
	$RK_{-142,0}$	0,346	0,271	0,274	0,295	0,335	0,242	0,258	0,293
	RK_{-1}	0,331	0,247	0,254	0,279	0,321	0,220	0,237	0,277
	RK_{-12}	0,423	0,300	0,323	0,358	0,408	0,272	0,296	0,343
	RK_0	0,454	0,366	0,359	0,393	0,439	0,327	0,337	0,388
	$RK_{-11,0}$	0,476	0,381	0,380	0,411	0,460	0,339	0,356	0,403
BF	$RK_{-35,0}$	0,504	0,396	0,407	0,429	0,486	0,352	0,378	0,421
IQR	$RK_{-59,0}$	0,506	0,401	0,410	0,433	0,492	0,355	0,385	0,426
	$RK_{-142,0}$	0,507	0,418	0,418	0,440	0,491	0,368	0,395	0,436
	RK_{-1}	0,468	0,379	0,372	0,410	0,461	0,341	0,352	0,410
	RK_{-12}	0,577	0,442	0,464	0,501	0,560	0,400	0,429	0,487

Diese Tabelle zeigt die Kennzahlen aus *Abschnitt 2.5.2.* Der langfristige gleitende Mittelwert der Regressions-koeffizienten über alle vorherigen Perioden wird hier als $RK_{-142,0}$ bezeichnet, da in Europa maximal 142 vorherige Perioden einbezogen werden. Für weitere Erläuterungen siehe *Tabelle 25.*

Tabelle 43: Bewertungsfehler mit PRPIKK – Europa

Modelle AEGK1 und AEGK9 mit einem Median-ARBF von 16,4% und 17,0%. Geringfügig höhere Fehler und eine umgekehrte Rangfolge zeigen RIMK9 mit 18,2% und RIMK1 mit 18,4% (Das RIMK9 ist nach ARBF-Median nur bei den aktuellen Koeffizienten und den Vormonats-Koeffizienten genauer als das RIMK1). Bei den AQ-Modellen steigt der Fehler des AEG (RIM) auf 19,4% (19,7%). Die höchsten Fehler weisen die EW-Modelle auf. Diese betragen 22,1% (23,0%). Damit liegen die Fehler über denen der US-Studie. Die Beobachtungszeiträume sind nicht identisch. In den 2000er Jahren sind die Bewertungsfehler in einigen Phasen besonders hoch. Die nicht abgebildeten gleichgewichteten monatlichen Bewertungsfehler für die zwölf gemeinsam betrachteten Jahre liegen bei der US-Studie um maximal 0,4 Prozentpunkte (RIMK9) über denen in *Abschnitt 7.2.1* angegebenen. Auch bei der europäischen Studie liegen die gleichgewichteten Fehler wenige zehntel Prozentpunkte über den zuvor angegebenen gewichteten Bewertungsfehlern. Demzufolge bleiben die Bewertungen der US-Studie auch im gemeinsam betrachteten Zeitraum deutlich genauer. Bei Verwendung längerer gleitender Mittelwerte der Faktorpreise verschlechtert sich die Genauigkeit vergleichbar zum US-Datensatz. Die Rangfolge der Modelle ist im Wesentlichen auch bei Verwendung der Vormonats- oder mittleren Zwölf-Monats-Koeffizienten konstant. Die Vorjahreskoeffizienten zeigen die höchsten Bewertungsfehler. Die AEG-Modelle zeigen auch in Europa einen geringeren Fehler gegenüber den vergleichbaren RIM-Modellen.

Auch in Europa fällt der ARBF-Mittelwert deutlich höher aus als der Median. Dabei nehmen auch hier die ARBF-Mittelwerte der Modelle mit höherem ARBF-Median höhere Werte an. Bei den RIM-Modellen ist die Differenz zwischen Median und Mittelwert höher als bei den AEG-Modellen. Die weiteren Kennzahlen zeigen eine vergleichbare Entwicklung. Die Kennzahlen verschlechtern sich gegenüber den US-Daten vergleichbar zum ARBF-Median. Die Rangfolge der Modelle ist davon jedoch nicht betroffen (das RIMK1 ist nach ARBF-Mittelwert stets genauer als das RIMK9).

Beim Vergleich der Bewertungsgenauigkeit bei Verwendung zukunftsorientierter Kapitalkosten und historisch abgeleiteter Kapitalkosten ist es auch beim europäischen Datensatz nicht notwendig, auf die einzelnen Werte der zuvor dargestellten Tabellen einzugehen. Unabhängig von der Wahl des Modells oder der Wahl des Schätzers der Faktorpreise erzielen die zukunftsorientierten Kapitalkosten bei allen Kennzahlen bessere Ergebnisse als die historisch abgeleiteten. Die Branchen-IKK des Vormonats können in Europa bei den EW-Modellen geringere Median-ARBF als die PRPIKK aus Vorjahreskoeffizienten zeigen. Aufgrund der zur US-Studie vergleichbaren Eindeutigkeit der Ergebnisse wird auf die Darstellung der paarweisen Signifikanztests verzichtet.

	RIMEW	RIMK1	RIMK9	RIMAQ	AEGEW	AEGK1	AEGK9	AEGAQ	N
Finnland	0,196	0,163	0,160	0,173	0,185	0,152	0,149	0,167	9.110
Portugal	0,260	0,194	0,189	0,217	0,255	0,156	0,182	0,212	2.993
Italien	0,227	0,182	0,177	0,193	0,223	0,158	0,166	0,196	12.610
Spanien	0,236	0,173	0,183	0,191	0,226	0,160	0,179	0,197	8.811
Österreich	0,219	0,171	0,172	0,181	0,207	0,162	0,166	0,183	4.262
Belgien	0,215	0,175	0,167	0,173	0,199	0,163	0,152	0,172	7.597
Frankreich	0,232	0,184	0,186	0,199	0,225	0,164	0,170	0,193	31.709
Niederlande	0,221	0,182	0,181	0,200	0,214	0,166	0,171	0,199	9.274
Deutschland	0,238	0,191	0,187	0,204	0,226	0,168	0,173	0,201	31.195
Irland	0,282	0,238	0,206	0,248	0,274	0,197	0,190	0,235	2.763
Luxemburg	0,519	0,354	0,323	0,368	0,471	0,340	0,315	0,379	1.030

Diese Tabelle zeigt den ARBF-Median, differenziert nach den elf einbezogenen europäischen Ländern. Die Spalte N gibt die Anzahl an Beobachtungen des jeweiligen Landes an.

Tabelle 44: Median-ARBF nach Ländern (aktuelle Koeffizienten) – Europa

Tabelle 44 zeigt den Median-ARBF für die elf einbezogenen europäischen Länder bei Verwendung der aktuellen Koeffizienten. Die Tabelle ist aufsteigend, nach dem in der gesamten europäischen Stichprobe genauesten Modell (AEGK1), sortiert. Die Rangfolge der Modelle ist nicht in allen Ländern einheitlich. In vier Ländern zeigt das AEGK9 Modell den geringsten Fehler. Unternehmen in Finnland sind genauer zu bewerten als in allen weiteren europäischen Ländern (AEGK1 15,2%). Der Fehler liegt immer noch um 3 Prozentpunkte über dem der USA. Bis einschließlich Deutschland auf Rang neun sind Unternehmen aller Länder auf einem vergleichbar guten Niveau zu bewerten. Die relativ schlechte Platzierung Deutschlands könnte mit abweichenden Faktorpreisen bei isolierter Betrachtung des nationalen Marktes begründet werden. Deutsche Unternehmen würden durch die gesamt-europäische Betrachtung ungenau bewertet. Andere Länder könnten sich durch eine isolierte Betrachtung ebenfalls verbessern. Zudem ist aus der US-Studie bekannt, dass die Gewichtung der Branchen innerhalb einer Stichprobe einen deutlichen Einfluss auf die Bewertungsgenauigkeit hat. Die verschiedenen Branchengewichtungen könnten ein Erklärungsansatz für die unterschiedliche Bewertungsgenauigkeit der europäischen Länder sein. Als ein weiterer Grund für unterschiedlichen Ergebnisse in den verschiedenen Ländern werden in der Literatur die unterschiedlichen Rechnungslegungsstandards diskutiert, die sich auf die Ausprägungen einbezogener Parameter auswirken könnten. Dieser Aspekt könnte auch einen Grund darstellen, warum RIM-Modelle in Europa deutlicher vom AEG dominiert werden, da europäische Buchwerte, aufgrund abweichender Rechnungslegungsstandards tendenziell weniger Informationen enthalten.[412] Für Irland ist bereits ein deutlicher Anstieg des Fehlers zu beobachten. Dies kann mit der Staatsschuldenkrise im Anschluss der Subprime-Krise zusammenhängen. Unklar ist, warum Unternehmen in Luxemburg nur mit deutlich erhöhten Bewertungsfehlern zu bewerten sind. Datenfehler können hier nicht ausgeschlossen werden. Diese Frage kann hier nicht abschließend geklärt werden. Ob isolierte Betrachtungen der nationalen Märkte genauere Bewertungen ermöglichen könnte in weiteren Studien analysiert werden.

Dieser Abschnitt zeigt, dass im Großteil der europäischen Märkte Faktorenmodell-Kapitalkosten annähernd so gut zur Unternehmensbewertung geeignet sind, wie in den USA. Der Vorteil gegenüber den Vergleichskapitalkosten ist ähnlich.[413] Im Mittel der gesamten Stichprobe hat die betrachtete Region keinen Einfluss auf die Wahl des am besten geeigneten Modells. Bei der Betrachtung einzelner Länder entstehen geringfügige Abweichungen in der Rangfolge der Modelle. Es sind jedoch stets Konvergenzmodelle ohne Gewinnthesaurierung in der Konvergenzphase zu bevorzugen. Das AEG ist zudem geeigneter als das RIM. Die Vorteilhaftigkeit der Faktorenmodell-Kapitalkosten ist folglich nicht abhängig von der betrachteten Region. In den beiden folgenden Abschnitten wird überprüft, ob diese Ergebnisse zeitlich konstant sind.

9.4.3 Unterjähriger Verlauf der Bewertungsgenauigkeit

In diesem Abschnitt wird der unterjährige Verlauf der Bewertungsgenauigkeit der acht Modelle dargestellt. Exemplarisch wird dieser Verlauf anhand des Median-ARBF bei Verwendung der aktuellen Regressionskoeffizienten illustriert. *Abbildung 38* zeigt den mittleren unterjährigen Verlauf über die betrachteten 12 Jahre. Der Verlauf ist grundsätzlich vergleichbar zu dem der US-Studie. Besonders der Rückgang des Bewertungsfehlers

---

[412] Vgl. Chen/Jorgensen/Yoo (2004), S. 331-332, 343; Henschke (2009), S. 38. Seit der Umstellung der Bilanzierungsstandards kapitalmarktorientierter Unternehmen auf IFRS im Laufe des Beobachtungszeitraums sollte dieser Effekt abnehmen (gemäß EU-Verordnung Nr. 1606/2002 wurde das Jahr 2005 als Frist für die Umsetzung des Aktionsplans der Kommission gesetzt, dass kapitalmarktorientierte Unternehmen ihre Konzernabschlüsse nach IFRS aufstellen). Bei der Vorteilhaftigkeit des AEG gegenüber dem RIM ist kein Trend zu beobachten, die Bewertungsgenauigkeit der europäischen und der amerikanischen Stichproben nähern sich im Mittel gegen Ende des Beobachtungszeitraums an, siehe *Abschnitt 9.4.4.*

[413] Vgl. Abschnitt 9.4.1.

im April ist bei den RIM-Modellen mit Konvergenzphase deutlich ausgeprägt. Hohe Bewertungsfehler entstehen im Februar und März, wenn die verwendeten Bilanzdaten alt und die Prognosen noch nicht angepasst sind. Die AEG-Modelle können auch bei europäischen Unternehmen unterjährig konstant gute Bewertungen durchführen. Die EW-Modelle zeigen generell deutlich höhere Fehler als die Modelle mit Konvergenzphase, die Wellenbewegung ist bei diesen kaum ausgeprägt. Qualitativ sind die Verläufe der weiteren Kennzahlen, Mittelwert, SA, in15% und IQR vergleichbar.

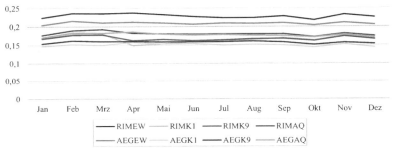

Abbildung 38: Unterjähriger Verlauf des ARBF-Medians (aktuelle Koeffizienten) – Europa

9.4.4 Bewertungsgenauigkeit im Zeitverlauf

In diesem Abschnitt wird anhand des Median-ARBF dargestellt, wie sich der Bewertungsfehler im Betrachtungszeitraum in Europa entwickelt. *Abbildung 39* zeigt den Verlauf des ARBF-Medians der acht Modelle in den betrachteten 143 Monaten bei Verwendung der aktuellen Koeffizienten. Auffällig sind die geringfügig stärkeren Schwankungen des Bewertungsfehlers im Vergleich zur USA. Die AEGK1- und AEGK9-Modelle sind auch in Europa zu jedem Zeitpunkt im Bereich der genauesten Modelle. Die vergleichbaren RIM-Modelle können in einzelnen Phasen vergleichbar genaue Bewertungen erzielen. Die EW-Modelle zeigen auch in Europa stets die höchsten Fehler. Der in den USA zu beobachtende Anstieg der Bewertungsfehler im Anschluss der Subprime-Krise ist in Europa nicht zu erkennen. Daraus resultiert ein Angleichen der Bewertungsfehler zwischen den USA und Europa. In den letzten Monaten des Betrachtungszeitraums zeigen die Modelle in beiden Regionen nahezu identische Fehler.

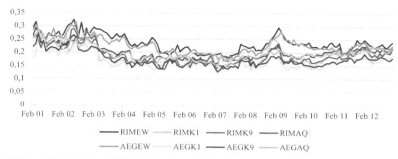

Abbildung 39: Verlauf des ARBF-Medians im Betrachtungszeitraum (aktuelle Koeffizienten) – Europa

Auch im Zeitverlauf kann mit vergleichbar konstanten Verläufen, vergleichbaren Schwankungen der Bewertungsgenauigkeit und zunehmend vergleichbaren Bewertungsfehlern gezeigt werden, dass die Eignung der zukunftsorientierten Faktorenmodell-Kapitalkosten nicht von der Wahl des regionalen Kapitalmarktes abhängig ist.

10 Kritische Würdigung

10.1 Differenzierung der Forschungsergebnisse

In diesem Kapitel erfolgt zunächst eine Zusammenfassung der zentralen Ergebnisse anhand der in *Abschnitt 1.2* aufgestellten Forschungsfragen. Im zweiten Abschnitt dieses Kapitels erfolgt eine kritische Auseinandersetzung mit Limitationen der in dieser Arbeit angewandten Forschungsmethodik.

Das primäre Ziel dieser Arbeit ist die Klärung der Frage, ob durch die Verwendung zukunftsorientierter Kapitalkosten die Bewertungsgenauigkeit von Unternehmensbewertungsmodellen gegenüber der Verwendung von konstanten Marktrisikoprämien, abgeleitet aus historischen Renditen in Verbindung mit einem CAPM-Ansatz, verbessert werden kann. Dies wurde zunächst anhand einer US-amerikanischen Stichprobe untersucht. Diese Forschungsfrage konnte eindeutig beantwortet werden. Bewertungen mit zukunftsorientierten Kapitalkosten können genauere Ergebnisse als Bewertungen mit historisch orientierten Kapitalkosten erzielen (*Abschnitt 7.1.1* und *7.2.1*).

Die grundlegenden Studien zur Bewertungsgenauigkeit von Bewertungsmodellen sowie zur Bestimmung von IKK betrachten jeweils nur einen Zeitpunkt im Jahr. Die Anlässe, zu denen eine Unternehmensbewertung benötigt wird, können jedoch zu beliebigen Zeitpunkten im Jahr auftreten. Die Eignung der Kapitalkosten sollte deshalb auch zu verschiedenen Zeitpunkten im Jahr getestet werden. Die Eignung wurde zu jedem Monatsende überprüft. Zukunftsorientierte Kapitalkosten sind zu jedem Zeitpunkt im Jahr, mit vergleichbarer Qualität, bestimmbar und zur Unternehmensbewertung geeignet (besonders bei AEG-Modellen). Beim RIM resultieren mit nicht aktuellen Daten geringfügig ungenauere Bewertungen, dies beeinflusst jedoch nicht die Vorteilhaftigkeit von zukunftsorientierten gegenüber historisch abgeleiteten Kapitalkosten (*Abschnitt 7.2.2*).

Besonders im ersten Jahrzehnt der 2000er Jahre lagen längere Phasen mit sehr volatilen Kapitalmärkten vor. Deshalb wurde untersucht, ob die Bewertungsgenauigkeit im Zeitverlauf von der Volatilität der Kapitalmärkte beeinträchtigt wird oder ob konstant gute Bewertungsergebnisse möglich sind. Die Volatilität der Kapitalmärkte beeinflusst die Bewertungsgenauigkeit der in dieser Arbeit untersuchten Methodik. Besonders in den Krisen und allen voran in der Subprime-Krise resultieren Bewertungen mit im Mittel und Median höheren Bewertungsfehlern. Diese höheren Bewertungsfehler liegen stets nur für kurze Phasen vor und liegen weiterhin deutlich unter denen mit historisch orientierten Ansätzen. Folglich sind mit zukunftsorientierten Kapitalkosten zeitlich konstant genauere Bewertungen möglich (*Abschnitt 7.2.3*).

In der Literatur zur Unternehmensbewertung wird das AEG-Modell vom RIM-Modell häufig dominiert und das RIM wird häufiger verwendet.[414] Dazu wurde die These aufgestellt, dass dies auf eine deutlich komplexere Konstruktion des Endwertes mit mehr Informationen bei der Verwendung des RIM zurückzuführen sein könnte. Deshalb wurde in dieser Arbeit ein AEG-Modell mit vergleichbarer Komplexität zu gängigen RIM-Modelle entwickelt und dessen Bewertungsgenauigkeit mit der des RIM verglichen. Das RIM kann bei vergleichbarer Komplexität der Modellkonstruktion das AEG nicht dominieren. Bei Verfügbarkeit von Kapitalmarktdaten dominiert das AEG- das RIM-Modell. Nur wenn der beim RIM verwendete Buchwert aktuell ist, kann dieses bei Konvergenzmodellen annähernd gleich genaue Bewertungen durchführen (*Abschnitt 7.2.1* bis *7.2.3*).

Bevor die Bewertungsgenauigkeit beurteilt werden konnte, mussten zunächst die IKK bestimmt (*Kapitel 5*) und das Faktorenmodell hergeleitet werden (*Kapitel 6*). Die meisten Studien zur Unternehmensbewertung nehmen eine konstante Marktrisikoprämie zur Bestimmung der Kapitalkosten an.[415] Deshalb wurde untersucht, ob diese Annahme zeitlich konstanter Marktrisikoprämien mit dem Verlauf der RPIKK übereinstimmt. Zeitlich konstante Mittelwerte der RPIKK des Gesamtmarktes konnten nicht festgestellt werden. Zum einen werden diese deutlich von den Marktphasen an den Kapitalmärkten beeinflusst. Besonders die Einflüsse der Krisen im Betrachtungszeitraum lassen sich sehr deutlich an den RPIKK erkennen. Zudem ist die RPIKK deutlich negativ mit dem sicheren Zinssatz korreliert. Auch darüberhinausgehende längerfristige Veränderungen der Beurteilung des Risikos durch den Kapitalmarkt lassen sich nicht ausschließen. Folglich konnten zeitlich konstante Marktrisikoprämien nicht bestätigt werden (*Abschnitt 5.1* bis *5.3*). Diese Eigenschaft der mittleren RPIKK führt in Verbindung mit der Annahme einer konstanten

---

[414] Die Studien von Penman (2005) und Jorgensen/Lee/Yoo (2011) zeigen eine deutliche Dominanz des RIM, Ho et al. (2016) zeigt genauere Ergebnisse für das AEG. Für einen Überblick der verwendeten Modelle in Studien zur Genauigkeit von Unternehmensbewertungsmodellen siehe *Tabelle 1*.

[415] Vgl. *Abschnitt 2.1* und *Tabelle 1*.

CAPM-Marktrisikoprämie beim klassischen Ansatz zu erhöhten Bewertungsfehlern. Dieser kann durch die Verwendung variabler Marktrisikoprämien in Höhe der mittleren RPIKK des Marktes reduziert werden. Aufgrund der mangelnden Fähigkeit des hier verwendeten CAPM-BETA, die unternehmensindividuellen Renditeerwartungen des Kapitalmarktes zu erklären, fällt diese Verbesserung der Bewertungsgenauigkeit im Vergleich zu der mit zukunftsorientierten Kapitalkosten gering aus.

Zur Erstellung dieser Faktorenmodelle mussten Risikofaktoren identifiziert werden. Deshalb wurden, aufbauend auf unternehmensspezifischen Risikofaktoren, die theoretisch oder empirisch in vorherigen Studien einen Bezug zu Aktienrenditen oder erwarteten Kapitalkosten gezeigt haben, zahlreiche Risikofaktoren auf ihren Erklärungsbeitrag zur Volatilität der impliziten Risikoprämien getestet. Elf Risikofaktoren können identifiziert werden, die den wesentlich Teil der Volatilität der RPIKK (bei allen Modellen signifikant) erklären (*Abschnitt 6.4.2* und *6.4.4*). Weitere sechs Risikofaktoren können identifiziert werden, die zumindest bei einigen Modellen einen signifikanten Beitrag leisten und in der Summe bei allen Modellen geringfügig zur Erklärung der RPIKK beitragen (*Abschnitt 6.4.2* und *6.4.6*).

Damit eine unterjährige Bestimmung zukunftsorientierter Kapitalkosten, die aus den RPIKK abgeleitet werden, möglich ist, wurde überprüft, ob die Modelle dazu geeignet sind, unterjährig konstante RPIKK mit vergleichbarem Zusammenhang zu Risikofaktoren zu bestimmen. Die RPIKK verlaufen, abgesehen von einem geringfügigen Rückgang nach der jährlichen Aktualisierung der verwendeten Daten, relativ konstant (*Abschnitt 5.1*). Das Bestimmtheitsmaß des multivariaten Regressionsmodells verläuft besonders bei den AEG-Modellen unterjährig auf konstant hohem Niveau. Das der RIM-Modelle verläuft ebenfalls auf hohem Niveau, ist jedoch von der Aktualität der verwendeten Bilanzdaten abhängig. Folglich können besonders für die AEG-Modelle unterjährig konstant geeignete Faktorenmodelle erstellt werden (*Abschnitt 6.4.3*).

Sofern die Faktorpreise der Risikofaktoren zeitlich konstant sind, könnte ein zeitlich konstantes Faktorenmodell verwendet werden. Deshalb wurde untersucht, ob die Regressionskoeffizienten der Risikofaktoren über den Betrachtungszeitraum (mit sehr volatilen Marktphasen) konstant verlaufen. Es konnte gezeigt werden, dass besonders die einflussreichsten Risikofaktoren Faktorpreise mit konstanten Vorzeichen aufweisen, aber zeitlich nicht konstant sind (*Abschnitt 6.4.5*). Besonders in den extrem volatilen Marktphasen zeigen auch die Regressionskoeffizienten höhere Volatilität. Folglich führen längerfristige Mittelwerte von Regressionskoeffizienten zu ungenaueren Faktorenmodellprognosen als aktuelle Koeffizienten (*Abschnitt 6.6*) und somit auch zu ungenaueren Bewertungen (*Abschnitt 7.2.1*). Dieser Anstieg der Bewertungsfehler ist im Vergleich zum Vorteil gegenüber historisch abgeleiteten Kapitalkosten äußerst gering. Folglich ist auch die Verwendung von gleitenden Mittelwerten der Koeffizienten und somit zeitlich relativ konstanten Faktorpreisen der Risikofaktoren gut geeignet.

Ein Faktorenmodell, das aus einem linearen Regressionsmodell erstellt wird, unterstellt lineare Zusammenhänge der Risikofaktoren und der IKK. Nichtlineare Zusammenhänge würden zu ungenau prognostizierten IKK und somit zu höheren Bewertungsfehlern, in Abhängigkeit der Ausprägung des Risikofaktors, führen. Deshalb wurde untersucht, ob in Abhängigkeit der Ausprägung der Risikofaktoren unterschiedliche Bewertungsfehler entstehen und demzufolge Schwächen im Modell hinsichtlich der Annahme der linearen Zusammenhänge vorliegen. Es wurde gezeigt, dass in Abhängigkeit der Ausprägung der Risikofaktoren teilweise deutliche Unterschiede bei der Bewertungsgenauigkeit entstehen. Die verschiedenen Verteilungen der Bewertungsfehler, die anhand der Quintil-Mediane und -Mittelwerte dargestellt werden, deuten auf unterschiedliche Zusammenhänge zwischen Risikofaktor und RPIKK hin. Eine exaktere Abbildung dieser Zusammenhänge beinhaltet weiteres Verbesserungspotential der hier angewandten Methodik (*Abschnitt 7.2.5*).

Ein wesentlicher Teil der in der Literatur diskutierten und in dieser Arbeit verwendeten Risikofaktoren verarbeitet Daten, die ausschließlich für börsennotierte Unternehmen vorhanden sind. Deshalb wurde im Weiteren getestet, ob eine höhere Bewertungsgenauigkeit gegenüber historisch orientierten Kapitalkosten mittels eines zukunftsorientierten Faktorenmodells aus nicht-kapitalmarktbezogenen Daten und Branchen-Risikofaktoren erzielt werden kann. Auch ohne unternehmensspezifische Kapitalmarktdaten können Faktorenmodelle zur Bestimmung von zukunftsorientierten Kapitalkosten entwickelt werden, die genauere Bewertungen ermöglichen als historisch abgeleitete Kapitalkosten (ein benötigtes CAPM-BETA müsste zudem alternativ geschätzt werden). Lediglich die Verwendung von Branchen-IKK als brancheneinheitlicher Kapitalkostensatz kann annähernd vergleichbar genaue Bewertungen erzielen. Die Faktorenmodelle wurden aus dem 17-Faktorenmodell entwickelt, indem dieses soweit reduziert wurde, dass keine Kapitalmarktdaten mehr enthalten sind bzw. die vier einflussreichsten Risikofaktoren (alle Kapitalmarktdaten) wurden als aktueller Branchenmittelwert einbezogen. Es konnte bestätigt werden, dass auch ohne unternehmensindividuelle Kapitalmarktdaten Faktorenmodell-Kapitalkosten bestimmt werden können, die zur Unternehmensbewertung geeignet sind und zu genaueren Unternehmensbewertungen führen als historisch abgeleitete Kapitalkosten (*Kapitel 8*).

Abschließend wurde im Rahmen dieser Arbeit getestet, ob die zuvor ermittelten Ergebnisse auch auf andere Kapitalmärkte übertragbar sind. Deshalb wurde zum Vergleich eine komprimierte Form der Berechnung für eine europäische Stichprobe durchgeführt. Die Ergebnisse können auch für die europäische Stichprobe bestätigt werden. Die gleichen Faktoren zeigen einheitlich signifikante Zusammenhänge zu den RPIKK. Die Faktorpreise der Faktorenmodelle nehmen im Mittel vergleichbare Ausprägungen zur US-Stichprobe an. Es können vergleichbare Verbesserungen der Bewertungsgenauigkeit im Vergleich zur US-Stichprobe bestätigt werden. Die absoluten Bewertungsfehler fallen in Europa geringfügig höher aus. Der Unterschied nimmt im Zeitverlauf ab. Die Ergebnisse können folglich als robust gegenüber der Wahl des regionalen Kapitalmarktes angesehen werden (*Kapitel 9*).

10.2 Limitationen und Robustheitstests

10.2.1 Stichprobenauswahl

In den folgenden Abschnitten werden die wesentlichen Limitationen der in dieser Arbeit verwendeten Forschungsmethodik sowie deren Auswirkungen auf die ermittelten Forschungsergebnisse diskutiert. Aus einigen Limitationen folgen Anregungen für den Forschungsausblick. Zudem werden Berechnungen zum Testen der Robustheit der Ergebnisse durchgeführt.

Die Betrachtung einer beschränkten Stichprobe aufgrund von mangelnder Datenverfügbarkeit oder Eingrenzungen zum Ausschluss möglicher Ausreißer hat zur Folge, dass die Ergebnisse nur auf vergleichbare Unternehmen übertragbar sind. Die Ergebnisse sollten

220 10 Kritische Würdigung

bei der Verwendung nicht einbezogener Unternehmensgruppen mit Vorsicht verwendet werden. Die Eingrenzung auf aktive Unternehmen kann die Übertragbarkeit der Ergebnisse ebenso einschränken. Wie bereits in *Abschnitt 4.1* erläutert, hat diese Eingrenzung bei effizienten Märkten und EPS-Prognosen auf die Bestimmung der unternehmensindividuellen IKK keinen Einfluss.[416] Es ist jedoch nicht gänzlich auszuschließen, dass die ausgeschlossenen Unternehmen nicht exakt dem Querschnitt aller Unternehmen entsprechen, es also zu einem systematischen Ausschluss kommt und diese Eingrenzung einen Einfluss auf das Faktorenmodell hat. Der Ausschluss bietet hingegen auch den Vorteil, dass Unternehmen in der Zeit vor dem Ausscheiden vom Markt Ausreißer darstellen können.[417] Zum Testen des Einflusses der hier nicht berücksichtigten Unternehmen müssten die Berechnungen mit sämtlichen durch Analysten beobachteten Unternehmen durchgeführt werden. Auch eine solche Stichprobe bildet jedoch nicht den Gesamtmarkt ab.

Zum Testen des Einflusses, der im Zeitverlauf neu notierten und durch Analysten beobachteten Unternehmen, wurde eine Kontrollstichprobe erstellt, die alle Unternehmen der Stichprobe, die bereits im Januar 1993 notierten sind, isoliert über die 20 Jahre betrachtet. Die Qualität der Ergebnisse steigt gegenüber der gesamten Stichprobe geringfügig an. Dies kann jedoch auf ein höheres Informationsniveau der in dieser Teilstichprobe befindlichen Unternehmen zurückzuführen sein. Die IKK sind im Mittel nahezu identisch. Die Haupterkenntnisse dieser Studie sind von dieser Eingrenzung der Stichprobe nicht betroffen. Die Gesamtstichprobe sowie diese Teilstichprobe zeigt in den letzten Jahren des Betrachtungszeitraums, in dem der Anteil nicht berücksichtigter Unternehmen am geringsten und der Unterschied dieser beiden Stichproben maximal ist, eine vergleichbare Entwicklung der Kennzahlen. Dieser geringe Unterschied der Stichproben ist ein Indiz für die Robustheit der Ergebnisse gegenüber der Eingrenzung der Stichprobe.

Die Analyse der Bewertungsgenauigkeit beinhaltet nur die Unternehmen die Faktorenmodell-IKK zwischen null und eins aufweisen. Die ausgeschlossenen Fälle können als Ausreißer betrachtet werden. Bei CAPM-Kapitalkosten werden solche Fälle häufig durch eine Begrenzung des Betas, bspw. auf Werte zwischen 0,2 und 4, ausgeschlossen.[418] Hier

---

[416] Vgl. Claus/Thomas (2001), S. 1646.
[417] Am Tag der Bekanntgabe einer Übernahme zeigt das übernommene Unternehmen eine extrem hohe abnormale Rendite, vgl. bspw. King et al. (2004), S. 192-195. Bereits in den Wochen vor der Bekanntgabe sind deutliche abnormale Renditen zu beobachten, vgl. bspw. Laamanen (2007), S. 1363.
[418] Vgl. Gode/Mohanram (2003), S. 404.

können diese sehr wenigen Ausreißer durch das Modell identifiziert werden (die Anzahl an Beobachtungen ist mit je nach Modell bis zu 52 Beobachtungen über 100% und bis zu 488 unter null im Vergleich zur Stichprobe von über 250.000 Beobachtungen sehr gering). Aufgrund des geringen Anteils ist deren Einfluss auf die Stichprobe gering. Wenn mit dem Faktorenmodell für ein Unternehmen ein negativer oder extrem hoher Kapitalkostensatz über 100% ermittelt wird, sollte angezweifelt werden, ob dieses Modell geeignet ist.

10.2.2 Annahmen der Bewertungsmodelle

Die Ergebnisse eines Bewertungsmodells werden durch das Aufstellen verschiedener Annahmen beeinflusst. Besonders einflussreich auf die Bewertungsmodelle sind die Annahmen hinsichtlich der Berechnung des Endwertes, der Bestimmung der EPS-Prognosen sowie der Festlegung der Ausschüttungsquoten.[419]

Zum Testen des Einflusses des EW wurden Modelle mit EW, mit unendlichem Wachstum sowie Modelle mit ein- und neunjähriger Konvergenzphase verwendet. Die Ergebnisse haben gezeigt, dass diese Annahmen einen wesentlichen Einfluss auf die Qualität der Ergebnisse haben. Die Vorteilhaftigkeit der Verwendung von zukunftsorientierten gegenüber historisch orientierten Kapitalkosten ist davon nicht beeinflusst. Der Branchenvergleich der Bewertungsgenauigkeit hat leichte Unterschiede hinsichtlich des genauesten Modells gezeigt. Dies lässt darauf schließen, dass die fehlerminimierenden Annahmen hinsichtlich des EW branchenabhängig sind. In manchen Branchen werden möglicherweise länge Zyklen abnormaler Eigenkapitalrentabilität erwartet als in anderen. Gebhardt/Lee/Swaminathan (2001) haben die Berechnung der IKK über Zeiträume von 6 bis 21 Jahren getestet und keine Sensitivität der IKK auf die Wahl des Zeitraums feststellen können.[420] Die Wahl einer Konvergenzphase hat bei der Verfügbarkeit von Marktdaten deutliche Vorteile erzielt. Ohne Marktdaten verschwindet dieser Vorteil.

Ein Aspekt, der in dieser Arbeit nicht differenziert betrachtet wurde, ist die Wachstumsrate im klassischen EW. Diese wurde hier auf die von Claus/Thomas (2001) vorgeschlagene Wachstumsrate von sicherem Zins minus 3% (aber mindesten 0%) gesetzt. Beim

---

[419] Vgl. Gebhardt/Lee/Swaminathan (2001), S. 158.
[420] Vgl. Gebhardt/Lee/Swaminathan (2001), S. 142-143.

AEG wurde im Zähler des Endwerts ein Wachstum von EPS und nicht der abnormalen Renditen unterstellt und mit diesem geringeren Wachstum die Überbewertung des AEG, bspw. im Vergleich zum OJ-Modell reduziert.[421] Eine differenziertere Betrachtung der Wachstumsraten könnte zu einer abweichenden Beurteilung der EW-Modelle im Vergleich zu den Konvergenzmodellen führen.

In den Konvergenzmodellen ist der Branchen-ROE als Zielgröße in der Konvergenzphase und als anschließend ewiger ROE für alle Unternehmen ein wesentlicher Einflussfaktor. Dazu werden im Folgenden drei Einflussfaktoren diskutiert. Der Ziel-ROE wurde in dieser Arbeit auf Werte zwischen dem sicheren Zinssatz und 20% eingegrenzt. Es ist ökonomisch nicht zu erwarten, dass eine Branche dauerhaft einen ROE unterhalb des sicheren Zinssatzes erzielt. Beide Grenzen wurden in Anlehnung an Liu/Nissim/Thomas (2002) gewählt.[422] Insbesondere, wenn negative ROE bei der Berechnung des gleitenden Median der Branche ausgeschlossen werden, ist eine Begrenzung dieses Wertes nach oben sinnvoll. Alternativ wurden Werte von 15% bis 25% getestet sowie eine Berechnung ohne Begrenzung durchgeführt. Die zentralen Ergebnisse der Studie sind gegenüber diesen Annahmen robust. Die Qualität der Ergebnisse verringert sich geringfügig, vor allem ohne Begrenzung. Der zweite Aspekt, der kritisch hinterfragt werden sollte, ist, dass für alle Unternehmen einer Branche einheitliche Konvergenz-ROE angenommen werden. Es ist durchaus vorstellbar, dass an Kapitalmärkten, bspw. von einem Marktführer, dauerhafte ROE über dem Branchen-Median erwartet werden.[423] Demnach ist es denkbar, dass ein unternehmensindividuell angepasster Branchen-ROE genauere Ergebnisse liefert. Die Frage, wie die unternehmensindividuelle Marktposition mittels einer Kennzahl bei der Bestimmung des Ziel-ROE abgebildet werden kann, ist noch offen.[424] Es könnte ein Modell entwickelt werden, bei dem die Konvergenz nicht vollständig auf den einheitlichen ROE erfolgt, sondern nur ein Teil der Überrentabilität in der Konvergenzphase abgebaut wird. Daran schließt der dritte Kritikpunkt an. Der Ziel-ROE wird aus historischen ROE ermittelt. Historische ROE müssen nicht immer mit den Erwartungen übereinstimmen. Besonders wenn sich eine Branche im strukturellen Wandel befindet, können die historischen und die erwarteten ROE divergieren. Alternativ könnten hier ROE-Prognosen ver-

---

[421] Vgl. zur Überbewertung des OJ-Modell bspw. Penman (2005) oder Jorgensen/Lee/Yoo (2011).
[422] Vgl. Liu/Nissim/Thomas (2002), S. 146.
[423] Vgl. Gebhardt/Lee/Swaminathan (2001), S. 162.
[424] Vgl. Gebhardt/Lee/Swaminathan (2001), S. 162.

wendet werden oder die Branchen-ROE werden anhand von Einschätzungen über die Zukunftsaussichten der Branche adjustiert. Die Branchen-ROE werden zudem durch die Brancheneinteilung beeinflusst. Hier wurden die Unternehmen anhand ihres SIC-Codes in die 48 Fama/French-Branchenklassifizierungen eingeteilt.[425] Es ist denkbar, dass eine abweichende Einteilung der Branchen zu Abweichungen der Ergebnisse führt.

Ein weiterer Aspekt, der die Ergebnisse beeinflussen kann, ist die Bestimmung der EPS-Prognosen. Die Wahl der I/B/E/S-Prognosen hat sich in der Finanzliteratur etabliert.[426] Zwei Aspekte bei der Verwendung der EPS-Prognosen können die Ergebnisse beeinflussen. Zum einen die Anzahl an verwendeten EPS-Prognosen. In dieser Studie wurden drei der maximal fünf von I/B/E/S bereitgestellten Prognosen verwendet. Die am häufigsten verfügbaren Prognosen sind die Prognosen der Perioden eins und zwei. Bei längerfristigen Prognosen nimmt die Verfügbarkeit ab. Besonders die Prognosen ab Periode vier sind deutlich seltener verfügbar. Alternativ wurden drei Berechnungen durchgeführt. Eine mit Verwendung von vier Prognosen in der Detailplanungsphase. Zudem wurden zwei Berechnungen mit Verwendung von drei bzw. vier Prognosen in der Detailplanungsphase erstellt, bei denen jeweils die letzte Prognose für die Detailplanungsphase aus der Vorjahresprognose und LTG berechnet wird. Die Qualität der Ergebnisse verbessert sich dadurch nicht. Die Abweichungen zu den in dieser Arbeit diskutierten Ergebnissen sind gering und die Kernaussagen dieser Studie sind demzufolge gegenüber der EPS-Auswahl robust.

Der zweite Aspekt hinsichtlich der EPS-Prognosen ist der Umgang mit fehlenden Daten. Die Stichprobe wurde so eingegrenzt, dass mindesten zwei der ersten drei Prognosen verfügbar sind. Eine fehlende wurde durch lineare Interpolation der beiden vorhandenen geschätzt. Ein alternativer Ansatz, der sich in der Literatur finden lässt, ist die Approximation mittels einer kurzfristigen Wachstumsrate, die aus zwei EPS-Prognosen berechnet wird.[427] Bei extremen Veränderungen von zwei aufeinanderfolgenden Prognosen können extrem hohe Wachstumsraten entstehen.[428] Dies kann zu ökonomisch irrationalen EPS-Prognosen führen, wenn diese Wachstumsrate für die folgenden Perioden verwendet

---

[425] Vgl. Fama/French (1997).
[426] I/B/E/S-Prognosen werden bspw. von Gode/Mohanram (2003), Daske/Gebhardt/Klein (2006), Ho et al. (2016) und Bach/Christensen (2016) verwendet. Alternativ werden Value Line-Prognosen verwendet, so bspw. Botosan/Plumlee (2005), Botosan/Plumlee/Wen (2011).
[427] Vgl. bspw. Gebhardt/Lee/Swaminathan (2001), S. 143.
[428] Vgl. Daske/Gebhardt/Klein (2006), S. 7.

wird. Alternativ könnten die fehlenden EPS-Prognosen mittels LTG und einer vorhandenen Prognose bestimmt werden. Zum einen ist hier der Zeitbezug kritisch zu hinterfragen, da kurzfristige Prognosen mit der langfristigen Wachstumsrate bestimmt werden, zum anderen sollte in den hier verwendeten Modellen LTG nicht verwendet werden, um keinen modellinduzierten Zusammenhang der IKK zu LTG in den Regressionsmodellen zu erzeugen.

Des Weiteren hat die Festlegung der Ausschüttungsquote einen bedeutenden Einfluss auf die Bewertungsmodelle. Hier wurde die Ausschüttungsquote des aktuellsten bekannten Jahresabschlusses als konstant angenommen. Dieses Vorgehen ist konsistent mit weiteren Studien.[429] Alternativ könnte ein gleitender Mittelwert vergangener Jahre verwendet werden. Für eine konstante Ausschüttungsquote spricht, dass Unternehmen bestrebt sind, ihre Ausschüttungsmethodik konstant zu halten.[430] Problematisch ist dieses Vorgehen vor allem bei Unternehmen, die keine Dividenden auszahlen.[431] Häufig sind dies Unternehmen mit hohem Wachstumspotential, die aufgrund von hohem Bedarf an Innenfinanzierung das Eigenkapital nicht durch Ausschüttungen mindern wollen. Eine zukünftige Anpassung der Dividende bei geringerem Bedarf an Gewinnthesaurierung ist schwierig zu prognostizieren und in den Modellen zu berücksichtigen. Bei den hier verwendeten Modellen wird angenommen, dass thesaurierte Gewinne immer den ROE als Rendite erwirtschaften. Wenn die ROE über den IKK liegen (im Mittel ist ROE > IKK), steigen die IKK folglich mit steigender Thesaurierungsquote. Um diese Gegebenheiten zu berücksichtigen, wurden Modelle berechnet, die zwar in der Detailplanungsphase die Ausschüttungsquote annehmen, jedoch in der Konvergenzphase eine Ausschüttung von einhundert Prozent unterstellen. Es ist nicht realistisch anzunehmen, dass tatsächlich der gesamte Gewinn ausgeschüttet wird. Diese Annahme kann auch so interpretiert werden, dass die thesaurierten Gewinne nur mit den Kapitalkosten verzinst werden und nicht mit ROE und folglich wertneutral sind. Neben der Ausschüttungsquote beeinflussen auch erwartete Aktienrückkäufe und Neuemissionen von Aktien den Wert der Beteiligung des Aktionärs.

---

[429] Vgl. bspw. Frankel/Lee (1998); Lee/Myers/Swaminathan (1999); Gebhardt/Lee/Swaminathan (2001); Gode/Mohanram (2003).
[430] Empirisch wird gezeigt, dass verschiedene Strategien verfolgt werden und folglich die Annahme einer konstanten Ausschüttungsquote eine vereinfachende Annahme darstellt. Die am häufigsten verfolgte Dividendenpolitik ist eine konstante Dividende bzw. weniger Unternehmen verfolgen eine konstante Ausschüttungsquote oder konstante Wachstumsraten der Dividende, vgl. Brav et al. (2005), S. 520-523.
[431] Vgl. Dechow/Hutton/Sloan (1999), S. 7-8. Die Anzahl der Unternehmen, die keine Dividenden zahlen ist in den vergangenen Jahrzehnten gestiegen, vgl. Fama/French (2001). Unternehmen tendieren immer stärker zum Rückkauf von Aktien anstatt Dividenden auszuzahlen oder zu erhöhen, vgl. Grullon/Michaely (2002).

Da diese für eine große Stichprobe nicht für die Zukunft prognostizierbar sind, werden sie in dieser Studie nicht berücksichtigt.[432]

Für die unterjährige Berechnung der IKK wurden weitere Annahmen getroffen. Auch diese könnten die Ergebnisse beeinflussen. Besonders hervorzuheben sind die vereinfachenden Annahmen des Jahreswechsels der Bilanz- und Prognosedaten und des Diskontierungszeitpunktes. Es wurde angenommen, dass die neuen Informationen ab dem vierten Monat nach dem Bilanzstichtag bekannt sind. In der Realität werden die Informationen zu unterschiedlichen Zeitpunkten bekannt gegeben. Bei manchen Unternehmen könnten auch Informationen vor dem vierten Monat bekannt sein. Dies hätte zur Folge, dass aus alten Daten der Aktienkurs nachgebildet wird, der bereits die neuen Informationen enthält. Dies kann zu Verzerrungen in den Monaten vor der Anpassung führen. Möglicherweise hat dieser Effekt einen Einfluss auf den Sprung der IKK von März auf April und auf das relativ geringe R^2_{adj} des RIM im Monat März. Besonders für die europäische Stichprobe kann der Zeitpunkt auch zu früh gewählt sein. In diesem Fall wird im April mit Daten gerechnet, die noch nicht bekannt sind, oder es werden die Prognosen-Bezeichnungen angepasst, obwohl diese noch nicht aktualisiert sind. Dies könnte ein Grund für die geringfügige Steigerung der Bewertungsgenauigkeit von April auf Mai darstellen. Hier könnte eine noch genauere Abbildung der Informationslage genauere Ergebnisse liefern. Für diese Arbeit wurden alle Zahlungsströme auf den vierten Monat nach dem Bilanzstichtag diskontiert. Begründet wurde dies mit dem Zeitpunkt der offiziellen Bekanntgabe des Jahresabschlusses und dem Zufluss der Gewinnbeteiligung an den Aktionär.[433] Dieses Vorgehen entspricht dem Vorgehen der Studien, die nur zu einem Zeitpunkt im Jahr Berechnungen durchführen.[434] Alternativ könnte der Bilanzstichtag verwendet werden.[435] An diesem Tag sind die Bilanzdaten jedoch nicht öffentlich bekannt.

---

[432] Vgl. Lee/Myers/Swaminathan (1999), S. 1705; Gebhardt/Lee/Swaminathan (2001), S. 162.

[433] Vgl. bspw. Gebhardt/Lee/Swaminathan (2001); Claus/Thomas (2001); Gode/Mohanram (2003); Botosan/Plumlee (2005).

[434] Vgl. bspw. Claus/Thomas (2001); Gebhardt/Lee/Swaminathan (2001); Gode/Mohanram (2003); Botosan/Plumlee (2005); Botosan/Plumlee/Wen (2011).

[435] Vgl. Daske/Gebhardt/Klein (2006).

10.2.3 Datenqualität

In dieser Studie stellen die EPS-Prognosen die wohl einflussreichsten Daten. Datenfehler in diesen und in den weiteren verwendeten Daten können aufgrund der Größe der Stichprobe nicht ausgeschlossen werden. Ein manuelles Überprüfen der Daten ist nicht möglich. Bspw. durch Winsorisieren wurde versucht, Ausreißer oder extreme Werte aufgrund von Datenfehlern zu begrenzen. Zudem können Fehler durch die Berechnung auf Aktienbasis entstehen, wenn Daten, die auf Unternehmensebene vorhanden sind, mit einer zeitlich variierenden Anzahl ausstehender Aktien umgerechnet werden müssen.

Wie bereits angesprochen stellt die Qualität des Informationsgehaltes der Prognosedaten die für diese Studie wichtigste Datengrundlage. Neben den in dieser Arbeit betrachteten Sell-Side-Analysten existieren weitere Analysen von Kapitalmarktteilnehmern. Analysen von Buy-Side-Analysten für die interne Verwendung bei Investmentbanken oder Analysen vollständig unabhängiger Agenturen werden nicht in Datenbanken veröffentlicht.[436] Diese Analysen können die Preisbildung an den Kapitalmärten beeinflussen, können jedoch in dieser Arbeit nicht berücksichtigt werden. Die Sell-Side-Analysen werden nicht direkt nach der Erstellung in Datenbanken veröffentlicht, sondern erst nachdem sie Kunden der erstellenden Investmentbank zugänglich gemacht wurden.[437] Demnach ist es fraglich, ob die verwendeten Sell-Side-Analysen die gesamten aktuellen Kapitalmarkterwartungen abbilden.

In dieser Arbeit wurde der Mittelwert aller verfügbaren Prognosen als „Konsensusschätzung" verwendet. Alternativ könnte auch der Median verwendet werden. Die Konsensusschätzung gilt allgemein als Indikator für die Markterwartung.[438] Ob dies jedoch die Markterwartungen vollständig abbildet, ist fraglich. Deshalb wurde in der Analyse auch die Streuung der Prognosen berücksichtigt. Hohe Schätzfehler können zu Adjustierungen durch die Kapitalmarktteilnehmer führen, die von den Prognosen selbst nicht abgebildet

---

[436] Vgl. Kothari (2001), S. 152; Stanzel (2007), S. 21-22; Nölte (2008), S. 99-100.
[437] Vgl. Pietzsch (2004), S. 70-71; Nölte (2008), S. 100.
[438] Vgl. Kothari (2001), S. 152.

werden.[439] Dazu wurden entsprechend die historischen Prognosefehler in das Regressionsmodell aufgenommen.[440]

Unterstellt wird, dass die Analystenprognosen die Einschätzungen des gesamten Kapitalmarktes darstellen. Sie verfügen aber über andere Informationen und teils auch andere Interessen als andere Marktteilnehmer.[441] Es wird vermutet, dass Analysten nicht immer objektive Prognosen abgeben, sondern von verschiedenen Faktoren beeinflusst werden.[442] So könnten Analysten bei Kunden der Bank zu übermäßig positiven Analysen neigen, da sie durch eine positive Analyse in Verbindung mit der Kundenbeziehung positive Effekte für weitere Geschäfte erhoffen.[443] Abhängige Analysten geben häufiger positive Analysen als unabhängige Analysten ab.[444] Zudem ist der Zugang zum Management eine wichtige Informationsquelle für den Analyst, die bei nicht positiven Analysen entfallen könnte.[445] Analysen von Unternehmen, die nicht Kunde der Bank sind, dienen in erster Linie als Handlungsempfehlung für Wertpapiertransaktionen von Kunden.[446] Dies kann zu überoptimistischen Prognosen führen, da besonders diese die Handelsumsätze steigern können.[447] Besonders institutionelle Investoren, die Kunden der Bank sind, haben demgegenüber ein Interesse an möglichst exakten Prognosen.[448] Zudem hat der Analyst selbst ein Interesse an möglichst genauen Prognosen, um seine persönliche Reputation zu steigern.[449] Demzufolge gibt es auch Faktoren, die gegen eine Beeinflussung der Analysen sprechen. Eine Beeinflussung der Analysen und besonders eine Überschätzung kann jedoch nicht ausgeschlossen werden.[450] Problematisch für die hier verwendete

---

[439] Häufig werden überoptimistische Prognosen unterstellt, vgl. bspw. Claus/Thomas (2001), S. 1657. Neben dem Prognosefehler wurde bspw. auch die Anpassung der Prognosefehler in den vergangenen sechs Monaten als Kennzahl einbezogen. Eine vergleichbare Kennzahl verwenden Mohanram/Gode (2013) als Indikator für überbewertete Prognosen. Diese Studie versucht den Prognosefehler der EPS-Prognosen zu korrigieren. Ein vergleichbares Ziel verfolgen bspw. Easton/Sommers (2007) und Larocque (2013).

[440] Die Verwendung von Kontrollvariablen, um einen vom Markt antizipierten Bias in den Regressionsmodellen zu berücksichtigen, wurde bereits in vorherigen Studien gefordert, vgl. bspw. Botosan/Plumlee (2005), S. 49.

[441] Vgl. Ridder (2006) S. 241-243; Nölte (2008), S. 107-111.

[442] Vgl. Easterwood/Nutt (1999), S. 1777; Nölte (2008), S. 107.

[443] Vgl. Jackson (2005), S. 673; Nölte (2008), S. 108.

[444] Vgl. Dechow/Hutton/Sloan (2000), S. 1; O'Brien/McNichols/Lin (2005), S. 623-625.

[445] Vgl. Darrough/Russell (2002), S. 128.

[446] Vgl. Nölte (2008), S. 110.

[447] Vgl. Jackson (2005), S. 673.

[448] Vgl. Hodgkinson (2001), S. 943; Jackson (2005), S. 673.

[449] Vgl. Jackson (2005), S. 673-674; Nölte (2008), S. 116-117.

[450] *Tabelle 6* und *Tabelle 7* zeigen im Mittel eine Überschätzung der Prognosen im Vergleich zu den realisierten EPS in allen Jahren, der Median hingegen liegt stets nahe null (sehr gering negativ). Entscheidend für die Bestimmung der IKK ist die Abweichung zu den tatsächlichen Erwartungen des Marktes, diese kann jedoch nicht bestimmt werden.

Methodik wäre besonders ein systematischer Bias in den Prognosen, der nicht in den Aktienkursen enthalten ist.[451] Dieser beeinflusst die Regressionskoeffizienten der gesamten Stichprobe und verschlechtert folglich die Ergebnisse. Dieser mögliche Effekt wäre jedoch in den hier ermittelten, im Vergleich zur bestehenden Literatur,[452] sehr genauen Bewertungen bereits enthalten.

10.2.4 Einfluss verletzter Annahmen der Regressionsmodelle

Das verwendete Regressionsmodell unterstellt lineare Zusammenhänge zwischen den Risikoprämien und den Risikofaktoren. *Tabelle 29* zeigt, dass diese Zusammenhänge nicht immer linear sind. Diese nichtlinearen Zusammenhänge belasten den Erklärungsgehalt der Regressionsmodelle. Das abgeleitete Faktorenmodell kann demnach nur unpräzisere PRPIKK bestimmen, als bei genauerer Abbildung der Zusammenhänge möglich wären. Demzufolge belastet dies die Ergebnisse der Bewertungsgenauigkeit in der Hinsicht, dass bei einer besseren Abbildung der Zusammenhänge zwischen Risikofaktoren und Prämie noch genauere Bewertungen möglich wären. Die Ergebnisse der *Tabelle 29* können als Ansatzpunkt verwendet werden, um nichtlineare Zusammenhänge zu identifizieren.

Einige der einbezogenen Risikofaktoren weisen untereinander erhöhte Korrelationen auf. Die Kollinearität der Risikofaktoren belastet die Schätzungen der Regressionskoeffizienten und folglich die Signifikanztests der Risikofaktoren. Die Ablehnung des Einflusses eines Faktors kann demnach fälschlicherweise erfolgen. Die Signifikanz der einzelnen Risikofaktoren zu bestimmen ist nicht das primäre Ziel dieser Studie.[453] Eine Kombination von Risikofaktoren, die zusammen einen höheren Beitrag zum Bestimmtheitsmaß im Regressionsmodel leisten können, werden demnach trotz möglicher Kollinearität verwendet.[454] Auch der gemeinsame Einfluss von Risikofaktoren, der nicht direkt einem der Faktoren zugerechnet werden kann, erhöht das Bestimmtheitsmaß der Regression und die Genauigkeit der Prognosen des abgeleiteten Faktorenmodells.[455]

---

[451] Vgl. Botosan/Plumlee (2005), S. 48-49.
[452] Vgl. *Abschnitt 7.1.2.*
[453] Die Elimination relevanter Faktoren mit Kollinearität würde die Schätzer der Koeffizienten der einbezogenen relevanten Faktoren und deren t-Werte verzerren, vgl. Auer (2016), S. 574-575.
[454] Vgl. Auer (2016), S. 565.
[455] Vgl. Auer (2016), S. 565.

Die Verwendung von Risikoparametern, die nicht theoretisch fundiert sind, wird von manchen Autoren kritisch beurteilt.[456] Allen voran ist die einflussreichste Kennzahl BM aus der Sicht einiger Autoren eine Marktanomalie und kein Risikofaktor.[457] Von Fama/French (1992) wurde diese Kennzahl empirisch hergeleitet und mit einem höheren Unternehmensrisiko begründet.[458] Auch wenn einige der Risikofaktoren empirisch beobachtbare Kennzahlen für Fehlbewertungen darstellen, können diese Kennzahlen bei der Bestimmung von Kapitalkosten relevant sein, wenn die Fehlbewertung innerhalb der betrachteten Zeit nicht korrigiert wird.[459]

Fehler bei der Bestimmung der indirekten IKK können aus Zusammenhängen zwischen den Risikofaktoren und den RPIKK resultieren, die durch die Modelle hervorgerufen werden.[460] Bspw. zeigen die Modelle, die mehr Gewicht auf die Ausschüttungsquote legen, einen stärkeren Zusammenhang zu den dividendenabhängigen Kennzahlen. Ein weiteres Beispiel ist LTG. In dieser Studie zeigt LTG einen geringeren Einfluss als in vorherigen Studien.[461] Dies hängt damit zusammen, dass diese Kennzahl nicht in den Bewertungsmodellen berücksichtigt wurde. Unter der Annahme, dass diese Zusammenhänge zeitlich konstant sind, beeinflussen diese die Aussagekraft der IKK erst, wenn die mittels Faktorenmodellen prognostizierten IKK außerhalb der Modelle verwendet werden. Wenn für weitere Bewertungen das gleiche Modell verwendet wird, ist es sinnvoll, diesen Ansatz zu nutzen.[462]

Nachgewiesene Zusammenhänge zwischen den Risikoprämien und den Risikofaktoren können falsch bewertet werden, wenn weitere relevante Risikofaktoren nicht im Modell berücksichtigt werden.[463] Ein Totalmodell, das sämtliche Einflussfaktoren berücksichtigt, ist nicht abzubilden. Deshalb ist die isolierte Betrachtung ausgewählter Faktoren gängige Praxis in der Wissenschaft.[464] Hier ist das Ziel, möglichst viele relevante Risikofaktoren

---

[456] Vgl. bspw. Hamada (1972), S. 437; Hachmeister (2000), S. 224. Für eine umfangreiche Diskussion von Marktanomalien siehe auch Schneider (2001), S. 517-545.

[457] Für eine umfassende Diskussion des BM siehe Schneider (2001), S. 525-529.

[458] Vgl. Fama/French (1992/1993).

[459] Vgl. Stein (1996); Gebhardt/Lee/Swaminathan (2001), S. 171.

[460] Vgl. Gebhardt/Lee/Swaminathan (2001), S. 170.

[461] Vgl. bspw. Gode/Mohanram (2003), S. 416-418; Botosan/Plumlee (2005), S. 44-46; Daske/Gebhardt/ Klein (2006), S. 27; Botosan/Plumlee/Wen (2011), S. 1109-1110.

[462] Vgl. Gebhardt/Lee/Swaminathan (2001), S. 170.

[463] Die Schätzer der Koeffizienten werden nur dann beeinträchtigt (verzerrte Schätzer), wenn die fehlenden Variablen mit den verwendeten Variablen korreliert sind, vgl. Auer (2016), S. 306.

[464] Vgl. die Diskussion vergleichbarer Regressionsmodelle in *Abschnitt 6.5*.

zu identifizieren. Deshalb umfasst das Faktorenmodell mehr Faktoren als vergleichbare Studien. Es ist dennoch möglich, dass relevante Faktoren nicht einbezogen werden, die die Ergebnisse beeinflussen.

Vor der Bestimmung der Regressionsmodelle werden die Risikofaktoren winsorisiert und die Lösungen bei der Bestimmung der abhängigen Variable werden auf ökonomisch sinnvolle Ausprägungen begrenzt. Diese Eingrenzungen könnten aus ökonomischen Aspekten auch anders gesetzt werden. Die Ergebnisse sind demnach nur auf Unternehmen, deren Ausprägungen innerhalb dieser Grenzen liegen, übertragbar.

10.2.5 Test der Regressionsmodellannahmen

Die in dieser Arbeit verwendeten Kleinste-Quadrate-Regressionen setzen neben den bereits angesprochenen, noch weitere wichtige Annahmen voraus. Die Einhaltung von sechs Annahmen wird in diesem Abschnitt überprüft. Es wird angenommen, dass das Modell richtig spezifiziert ist (keine relevanten Variablen fehlen und die Variablen einen linearen Zusammenhang aufzeigen), die Residuen nicht heteroskedastisch sind, keine Autokorrelation der Variablen vorliegt, zwischen den erklärenden Variablen keine perfekte lineare Abhängigkeit besteht (Multikollinearität), der Erwartungswert der Residuen gleich null ist und diese normalverteilt sind.[465] Um die Einhaltung dieser Annahmen zu testen, werden einige Testverfahren durchgeführt. Aufgrund der hohen Anzahl an Regressionen in dieser Arbeit wird hier nur ein kompakter Überblick über die Testergebnisse gegeben.

Zum Testen der richtigen Spezifikation wird der Regression Equation Specification Error-Test (RESET) durchgeführt.[466] Die Nullhypothese, dass das Modell richtig spezifiziert ist, wird bei nahezu sämtlichen Regressionen abgelehnt. Dieses Ergebnis ist aufgrund der Vielzahl möglicher Variablen zu erwarten.[467] Auf den Aspekt, dass die Berücksichtigung möglicher nichtlineare Zusammenhänge sowie die Berücksichtigung zusätzlicher relevanter Variablen Verbesserungspotential der Faktorenmodelle beinhalten, wurde bereits hingewiesen. Nichtberücksichtigte Variablen haben nur einen Einfluss auf die

---

[465] Vgl. Backhaus et al. (2016), S. 98; Auer (2016), S. 166-167.
[466] Vgl. Ramsey (1969).
[467] Vgl. Nölte (2008), S. 167.

Schätzung der Regressionskoeffizienten, wenn sie mit den einbezogenen Variablen korreliert sind.[468]

Das Vorliegen von Heteroskedastie wird mit den Tests nach Breusch/Pagan (1979) und Cook/Weisberg (1983) sowie dem White (1980) Test untersucht.[469] Die Annahme der konstanten Varianz muss bei nahezu sämtlichen Modellen abgelehnt werden.[470] Da bei Paneldaten häufig Autokorrelation und Heteroskedastie vorliegt, wird in dieser Arbeit der Newey/West (1987)-Standardfehler zur Bestimmung der t-Werte verwendet. Dieser korrigiert den Einfluss dieser Eigenschaften.

Zum Testen der Multikollinearität wird zusätzlich zur Korrelationsanalyse in *Abschnitt 6.2* der Variance Inflation Factor berechnet.[471] Ein exakter Grenzwert zur Beurteilung dieser Kennzahl ist jedoch nicht bestimmbar, es werden Werte von 5 oder 10 vorgeschlagen.[472] In dieser Stichprobe sind nur wenige Werte über 3 und keine Werte über 5 zu beobachten. Über 3 liegen ausschließlich DR und AQ, deren Zusammenhang wurde bereits in *Abschnitt 6.2* diskutiert. Deshalb ist hier die Aussage, vergleichbar zur Korrelationsanalyse, dass keine erhöhte Multikollinearität vorliegt.

Die Erwartungswerte der Störgrößen sind für den gepoolten Datensatz nicht signifikant von null verschieden. In einigen monatlichen Regressionen weicht der Mittelwert signifikant von null ab, die Vorzeichen sind dabei im Zeitverlauf verschieden. Die Folge ist jedoch nur eine Verzerrung der Konstante, die Schätzer der Koeffizienten sind davon nicht betroffen.[473] Die Annahme normalverteilter Residuen wird anhand des Shapiro/Wilk (1965)-Tests überprüft.[474] Die Hypothese muss jedoch stets verworfen werden. Nicht-normalverteilte Residuen sind bei großen Stichproben zu erwarten aber i. d. R. auch unproblematisch.[475]

---

[468] Vgl. Kennedy (2008), S. 93; Auer (2016), S. 305-306.
[469] Vgl. Breusch/Pagan (1979); White (1980); Cook/Weisberg (1983).
[470] Besonders bei Zeitreihendaten liegt häufig Autokorrelation vor, vgl. Kennedy (2008), S. 157; Auer (2016), S. 455.
[471] Vgl. Belsley/Kuh/Welsch (1980); Backhaus et al. (2016), S. 108.
[472] Vgl. Backhaus et al. (2016), S. 108.
[473] Vgl. Backhaus et al. (2016), S. 101.
[474] Vgl. Shapiro/Wilk (1965).
[475] Vgl. Urban/Mayerl (2011), S. 198; Auer (2016), S. 492-493; Backhaus et al. (2016), S. 110-111. Für Punktschätzer ist die Einhaltung normalverteilter Störgrößen nicht erforderlich, vgl. Auer (2016), S. 492.

Die Regressionsanalyse ist gegenüber kleineren Verletzungen ihrer zahlreichen Annahmen unempfindlich.[476] Zudem werden bei Paneldaten bekannte Fehler in den Annahmen
mit der Verwendung des Newey/West (1987) Standardfehlers berücksichtigt.

Insgesamt zeigt sich, dass diese Arbeit nicht mehr Limitationen als die bestehende Literatur aufweist. Zudem wird gezeigt, dass die Ergebnisse gegenüber einigen zentralen Annahmen robust sind. Darüber hinaus werden Ansatzpunkte aufgezeigt, die Verbesserungspotential für die hier verwendete Methodik beinhalten. Einige dieser Punkte werden
im Ausblick erneut aufgegriffen.

---

[476] Vgl. Backhaus et al. (2016), S. 111.

11 Schlussbetrachtung

11.1 Zusammenfassung und Fazit

In dieser Arbeit wird die Bewertungsgenauigkeit des Residual Income Model (RIM) und des Abnormal Earnings Growth Model (AEG) analysiert. Diese Modelle sind die in der Literatur am häufigsten verwendeten Modelle zur Diskontierung von Gewinnprognosen. Die Entwicklung bei der Ausgestaltung der Modelle in empirischen Studien wird in *Abschnitt 2.1* aufgezeigt. Die Verwendung von prognostizierten Gewinnen in Diskontierungsmodellen hat sich bereits seit ca. zwei Jahrzehnten etabliert. Erst seit wenigen Jahren werden in der Literatur zum klassischen CAPM-Ansatz mit konstanten Marktrisikoprämien oder zu konstanten Kapitalkosten alternative, jedoch keine zukunftsorientierten Kapitalkostensätze auf ihren Einfluss auf die Bewertungsgenauigkeit getestet. An diesem Punkt wird mit der vorliegenden Arbeit eine Ergänzung der bestehenden Literatur geschaffen. Hier werden Kapitalkosten aus zukunftsorientierten Informationen abgeleitet, um diese zur Diskontierung der Gewinnprognosen zu verwenden.

Der gewählte Ansatz basiert auf der indirekten Bestimmung von impliziten Kapitalkosten nach Gebhardt/Lee/Swaminathan (2001). Die Kapitalkosten werden mittels eines Faktorenmodells bestimmt, das aus der Regression verschiedener Risikofaktoren auf die impliziten Kapitalkosten abgeleitet wird.[477] Des Weiteren wird der in der Literatur weit verbreitete Ansatz des AEG-Modells nach Ohlson/Jüttner-Nauroth (2005) um Endwerte bzw. Konvergenzphasen adjustiert, die bei bestehenden RIM-Modellen zu finden sind. Der Kern dieser Arbeit ist der Vergleich der Bewertungsgenauigkeit der RIM- und AEG-Modelle mit zukunftsorientierten Kapitalkosten und dem klassischen Ansatz mit konstanten Marktrisikoprämien und dem CAPM-BETA als Risikomaß, bei vergleichbarer Komplexität der Modellkonstruktion.[478]

In *Kapitel 5* werden zunächst die IKK und die RPIKK im Zeitverlauf dargestellt. Die Analyse zeigt, dass das Mittel der RPIKK zeitlich sehr volatil verläuft und folglich die

---

[477] Zur Auswahl der Risikofaktoren siehe *Abschnitt 3.2*.
[478] Zur Herleitung der verwendeten Modelle siehe *Kapitel 2*.

Annahme zeitlich konstanter Marktrisikoprämien bei der Unternehmensbewertung zu erhöhten Bewertungsfehlern führen sollte. Diese Volatilität kann auch nicht durch die Wahl
des sicheren Zinssatzes erklärt werden. Vielmehr besteht ein deutlicher negativer Zusammenhang zwischen dem sicheren Zinssatz und den RPIKK. Folglich verlaufen die IKK
im Zeitverlauf konstanter als deren Risikoprämien. Auch unterjährig ist es sehr gut möglich, IKK zu bestimmen. Die größte Herausforderung dabei ist die Gestaltung der Aktualisierung der Bilanz- und Prognosedaten. Aus den Annahmen, die zu diesem Zweck aufgestellt werden und für eine umfangreiche Stichprobe erforderlich sind, entstehen in den
Monaten um den Aktualisierungszeitpunkt Ungenauigkeiten. Nach der Aktualisierung
der Daten sinken die RPIKK geringfügig ab. Die Betrachtung der Branchen-RPIKK der
48 Fama/French (1997)-Branchenklassifikationen hat deutliche Unterschiede zwischen
den Branchen ergeben. Diese Branchenrisikoprämien dienen im Weiteren als einflussreicher Risikofaktor.

In *Kapitel 6* werden die Zusammenhänge zwischen zahlreichen Risikofaktoren und den
unternehmensindividuellen Ausprägungen der RPIKK untersucht. Dabei können mehrere
Risikofaktoren bei sämtlichen verwendeten Modellen signifikante Zusammenhänge aufzeigen. Die einflussreichsten Faktoren sind, wie auch vorherige Studien gezeigt haben,
das Buch-Marktwertverhältnis sowie die Branchen-RPIKK der Vorperiode. Aber auch
die Ausschüttungsquote, die Dividendenrendite und der Prognosefehler der EPS-Prognosen sowie die Anpassung der EPS-Prognosen in den vergangenen sechs Monaten zeigen
einen deutlichen Zusammenhang auf. Zudem zeigen auch die Standardabweichung der
täglichen Aktienrenditen, die relative Umsatzrentabilität zur Branche, die kurzfristige
Wachstumsrate, die Streuung der EPS-Prognosen sowie die Aktienrendite der vergangenen zwölf Monate bei allen Modellen einen signifikanten Zusammenhang.[479] Der Erklärungsgehalt der multivariaten Regressionsmodelle ist im Zeitverlauf nicht bei allen Modellen konstant. Er verläuft jedoch auf vergleichbar hohem Niveau. Bei AEG-Modellen
ist er unterjährig konstanter und im Zeitverlauf größer als bei RIM-Modellen. Bei Modellen mit Konvergenzphase ist er größer als bei Modellen mit klassischem Endwert. Des
Weiteren steigt er bei Modellen ohne Gewinnthesaurierung in der Konvergenzphase weiter an. Unterjährig weisen nur AEG-Modelle einen konstant guten Erklärungsgehalt auf.
Bei den RIM-Modellen nimmt er mit sinkender Aktualität des Buchwertes ab. Einige

---

[479] Die Definition sowie die theoretische oder empirische Herleitung der Risikofaktoren erfolgt in *Abschnitt
3.2*.

Risikofaktoren zeigen im Zeitverlauf zwar konstant signifikante Zusammenhänge, deren Regressionskoeffizienten schwanken jedoch im Zeitverlauf deutlich. Dies hat im Folgenden einen Einfluss auf die Varianten der Bestimmung der Faktorpreise der Risikofaktoren im Faktorenmodell. Die Verwendung möglichst aktueller Faktorpreise in den Faktorenmodellen führt zu genaueren Prognosen der IKK. Vorjahreswerte sind besonders ungeeignet. Bei Reduzierung des Regressionsmodells auf die elf einflussreichsten Faktoren reduziert sich der Erklärungsgehalt nur geringfügig und verbleibt auf sehr hohem Niveau.

In *Kapitel 7* werden die Bewertungsfehler der Bewertungsmodelle bei Verwendung von zukunftsorientierten Faktorenmodell-Kapitalkosten bestimmt und mit denen der klassischen CAPM-Kapitalkosten mit konstanter Marktrisikoprämie verglichen. Zudem werden in dem Vergleich die implizite Marktrisikoprämie des Vormonats als CAPM-Marktrisikoprämie sowie die brancheneinheitlichen Kapitalkosten in der Höhe der Branchen-IKK des Vormonats verwendet. Im Vergleich zum klassischen Ansatz führt die Verwendung der impliziten Marktrisikoprämie nach ARBF-Median zu einer Verbesserung der Bewertungsgenauigkeit. Die ARBF-Mittelwerte erhöhen sich hingegen bei einigen Modellen geringfügig im Vergleich zu häufig verwendeten konstanten Sätzen für die Marktrisikoprämie. Demzufolge ist keine eindeutige Verbesserung der Bewertungsgenauigkeit mit der impliziten Marktrisikoprämie zu beobachten. Eine sehr deutliche Verbesserung erfolgt durch die Verwendung der brancheneinheitlichen IKK des Vormonats. Der Median-ARBF reduziert sich bei sämtlichen Modellen im Vergleich zum klassischen Ansatz, bei manchen Modellen sogar über 20 Prozentpunkte. Eine vergleichbare Entwicklung ist bei sämtlichen Kennzahlen zu beobachten.

Die mit deutlichem Abstand genauesten Bewertungen sind bei Verwendung der Faktorenmodell-Kapitalkosten zu beobachten. Bei diesen reduziert sich der ARBF-Median beim Vergleich der jeweils genauesten Bewertung über alle Modelle um zusätzliche 10 Prozentpunkte. Dabei sind deutliche Unterschiede hinsichtlich der Bestimmungsmethode der Faktorpreise zu beobachten. Die Verwendung der aktuellen Koeffizienten erzielt die genauesten Ergebnisse, der gleitende Mittelwert der aktuellsten zwölf Monate und die Vormonatskoeffizienten sind ebenfalls sehr gut zur Bestimmung der Faktorpreise geeignet.

Hervorzuheben sind besonders die genauen Bewertungen mittels Vormonatskoeffizienten, die in der Praxis mit reduziertem Aufwand gegenüber täglich aktuellen Koeffizienten zu verwenden sind. Das genaueste Modell mit diesen Kapitalkosten ist das AEGK1-Modell mit einem Median-ARBF von 13,1%. Eher ungeeignet sind Vorjahreskoeffizienten. Diese zeigen häufig höhere Fehler als längerfristige gleitende Mittelwerte. Dieses Ergebnis zeigt, dass eine effiziente Anwendung dieses Ansatzes eine deutlich häufigere Bestimmung des Faktorenmodells als im jährlichen Rhythmus erfordert. Die weiteren Kennzahlen zur Bestimmung der Bewertungsgenauigkeit zeigen ein vergleichbares Bild.

Beim Vergleich der unterschiedlichen Modelle sind bei Verwendung von Faktorenmodell-Kapitalkosten unter Berücksichtigung von Kapitalmarktdaten AEG-Modelle genauer als RIM-Modelle. Konvergenzmodelle sind genauer als Modelle mit klassischem Endwert. Eine weitere Verbesserung zeigen Modelle ohne Gewinnthesaurierung in der Konvergenzphase. Auch unterjährig zeigen AEG-Modelle eine konstantere Genauigkeit als RIM-Modelle. Der beim RIM berücksichtigte Eigenkapital-Buchwert scheint besonders zu einer Verringerung der Bewertungsgenauigkeit zu führen, sofern er nicht aktuell ist.

Die Reduzierung des Faktorenmodells auf die elf einflussreichsten Faktoren führt zu einem geringfügigen Anstieg der Bewertungsfehler bei Verwendung der aktuellen Regressionskoeffizienten als Faktorpreise. Der Unterschied der Bewertungsfehler zwischen den Berechnungsvarianten der Faktorpreise wird reduziert. Der Nachteil bei Verwendung von gleitenden Mittelwerten der aktuellsten 36 oder 60 Monate nimmt ab. Sämtliche Rangfolgen der Modelle bleiben jedoch konstant. Für die Verwendung längerfristiger gleitender Mittelwerte der Regressionskoeffizienten ist diese Reduzierung der Anzahl der Faktoren bewertungsfehlerreduzierend und somit zu bevorzugen.

Deutliche Unterschiede zeigen sich bei der Bewertungsgenauigkeit im Branchenvergleich. Besonders genau können Versicherungsunternehmen und Banken bewertet werden. Diese scheinen durch die hier berücksichtigten quantitativen Faktoren besonders gut bewertet werden zu können. Besonders ungenaue Ergebnisse zeigen sich bei Branchen, die extrem hohe oder extrem niedrige Branchenkapitalkosten aufzeigen. Diese sind durch die Faktorenmodelle nur mit deutlich größeren Fehlern zu bestimmen. Ebenso deutliche

Unterschiede zeigen sich bei der Betrachtung der Quintil-Mittelwerte der Bewertungsfehler, wenn die Unternehmen in Abhängigkeit der Ausprägung der Risikofaktoren in
Quintile eingeteilt werden. In den mittleren Quintilen sind vorwiegend genauere Bewertungen möglich. Dieses Ergebnis deutet auf nichtlineare Zusammenhänge zwischen den
Risikofaktoren und den RPIKK und folglich auf Verbesserungspotential bei der Konstruktion der Faktorenmodelle hin.

Unternehmen mit negativen Prognosen können nur mit deutlich höheren Fehlern bewertet
werden. Je mehr Verlustprognosen vorliegen, desto schwieriger ist es ökonomisch, nach-
vollziehbare RPIKK zu bestimmen. In Abhängigkeit der Anzahl der Verlustprognosen
steigen die Bewertungsfehler. Zudem sind nicht alle Modelle für diese Unternehmen geeignet. Modelle mit klassischem Endwert sind besonders ungeeignet. Die genauesten Bewertungen zeigen die K1-Modelle. Deren Bewertungsfehler liegen sogar bei drei Verlust-
progosen nur wenige Prozentpunkte über dem ARBF-Median von Unternehmen mit positiven EPS-Prognosen bei einer klassischen Bewertung mit CAPM und konstanter
Marktrisikoprämie.

In *Kapitel 8* werden die Ergebnisse ohne Verwendung von Kapitalmarktdaten diskutiert.
Auch ohne die Verfügbarkeit von Kapitalmarktdaten sind Unternehmensbewertungen erforderlich. Durch das geringe Informationsniveau verlieren die Regressionsmodelle deutlich an Erklärungsgehalt. Folglich erzielen die Faktorenmodelle ungenauere Prognosen
der Kapitalkosten. Bei diesen Modellen stellt die Branchen-RPIKK des Vormonats eine
noch einflussreichere Basis für die Prognosen der Kapitalkosten dar. Die Vorteilhaftigkeit
der Faktorenmodell-Kapitalkosten bleibt im Mittel und Median über den Betrachtungszeitraum bestehen. Der Unterschied zur Verwendung der brancheneinheitlichen IKK ist
jedoch gering. In einigen Phasen zeigen diese im Median sogar genauere Bewertungen.
Ohne Kapitalmarktdaten sind somit auch die brancheneinheitlichen Kapitalkosten geeignet. Die Rangfolge der Modelle kehrt sich unter diesen Gegebenheiten nahezu um. Die
EW-Modelle zeigen die genauesten Bewertungen. Nur geringfügig höhere Fehler zeigen
die AQ-Modelle. Beim EW-Modell ist das AEG weiterhin das geeignetere Modell, bei
den Konvergenzmodellen erzielt das RIM geringfügig genauere Bewertungen. Die Verwendung der aktuellen Koeffizienten erzielt auch hier die geringsten Fehler. Abgesehen
von den Vorjahreskoeffizienten zeigen die weiteren Berechnungsvarianten nur minimale
Unterschiede in der Bewertungsgenauigkeit.

In *Kapitel 9* werden die zuvor ermittelten Ergebnisse für den US-Markt mit denen der europäischen Studie verglichen. Die IKK zeigen im Mittel vergleichbare Schwankungen (mit geringfügig stärkeren Ausschlägen aufgrund der Krisen) zur US-Stichprobe. Das Niveau liegt im Mittel 1,7 Prozentpunkte über dem der USA. Auch die Zusammenhänge der Risikofaktoren zu den RPIKK sind vergleichbar. Die Vorteilhaftigkeit der verschiedenen Kapitalkosten hinsichtlich der Bewertungsgenauigkeit ist identisch zur USA. Auch die Rangfolge der Modelle ist nahezu identisch. Die Vorteilhaftigkeit des genausten AEG-Modelles (AEGK1) gegenüber den vergleichbaren RIM fällt größer aus. Der Unterschied zwischen den Ausgestaltungsvarianten der Modelle fällt hier geringer aus. Die Bewertungsfehler übersteigen bei sämtlichen Modellen und sämtlichen Kapitalkosten die Fehler der US-Studie um wenige Prozentpunkte. Der Vorteil zukunftsorientierter Kapitalkosten gegenüber klassischen CAPM-Kapitalkosten mit konstanter Marktrisikoprämie ist vergleichbar zur US-Studie, folglich sind die ermittelten Ergebnisse robust gegenüber der Wahl des betrachteten regionalen Kapitalmarktes.

Abschließend ist festzuhalten, dass die Verwendung möglichst umfangreicher zukunftsorientierter Informationen in den Kapitalkosten zu einer genaueren Unternehmensbewertung führt. Zur Bestimmung zukunftsorientierter Kapitalkosten sollten möglichst aktuelle Informationen (Faktorpreise) verwendet werden. Bei Verwendung längerfristiger Mittelwerte der Faktorpreise sollte eine Konzentration auf die einflussreichsten und einheitlich signifikanten Faktoren erfolgen. Bei einem hohen Informationsniveau zeigen AEG-Modelle Vorteile bei der Bewertungsgenauigkeit. Je weniger Informationen dem Bewertenden vorliegen, desto eher kann die Verwendung des RIM-Modells zu gleichwertigen Bewertungsfehlern führen, vorausgesetzt der Eigenkapital-Buchwert enthält aktuelle Informationen. Je weniger Informationen dem Bewertenden vorliegen, desto stärker orientiert sich zudem der Kapitalkostensatz an demjenigen vergleichbarer Branchenunternehmen. Auch die Gestaltung des Endwertes ist abhängig vom Informationsniveau. Je weniger Informationen verfügbar sind, desto vorteilhafter ist es, von Konvergenzmodellen mit begrenzter Gewinnthesaurierung auf klassische Endwertmodelle zu wechseln.

11.2 Ausblick

Die vorliegende Arbeit liefert einen Beitrag zur Integration zukunftsorientierter Kapitalkosten in wissenschaftliche und praktische Fragestellungen. Es wird gezeigt, dass die

Verwendung zukunftsorientierter Kapitalkosten in der Unternehmensbewertung deutli-
ches Verbesserungspotential beinhaltet. Auf die hier ermittelten Forschungsergebnisse
kann weiter aufgebaut werden, um die hier verwendete Methodik weiterzuentwickeln
oder für weitere Fragestellungen zu nutzen.

Die hier verwendete Methodik der indirekten Bestimmung der impliziten Kapitalkosten
wird in der Literatur bislang wenig betrachtet. Zahlreiche Studien analysieren lineare Zusammenhänge von Risikofaktoren und Risikoprämien. Um weiteres Potential hier verwendeter Faktorenmodelle auszuschöpfen, sollten komplexere Zusammenhänge zwischen diesen Variablen analysiert werden. Mögliche Ansatzpunkte werden in dieser Arbeit bereits angesprochen (*Abschnitt 7.2.5*). Beispielsweise könnten durch eine bessere
Abbildung der unterschiedlichen Einflüsse von negativen und positiven Ausprägungen
mancher Kennzahlen oder durch die Linearisierung nichtlinearer Zusammenhänge Ver-
besserungspotentiale ausgeschöpft werden.[480]

Je geringer das Informationsniveau ist (durch das Fehlen von Marktdaten), desto stärker
wirkt sich ein Vorteil der EW-Modelle aus (*Abschnitt 8.3*). Diese bewerten mit brancheneinheitlichen Kapitalkosten (Branchen-IKK) besonders genau (*Abschnitt 7.1.1*). Für Unternehmen mit wenigen öffentlichen Informationen (keine Kapitalmarktdaten) ist besonders eine Bewertung mit IKK von Vergleichsunternehmen von Interesse. Dieser Aspekt
könnte durch eine differenziertere Branchenklassifizierung oder durch differenziertere
Methoden zur Identifikation von Vergleichsunternehmen erfolgen. Auf diesem Informationsniveau wäre auch eine differenzierte Betrachtung der Unternehmen nach Branchen
oder nach Risikofaktoren von Interesse, um festzustellen, ob in Abhängigkeit dieser Klassifizierungen Unterschiede hinsichtlich der Eignung von Faktorenmodellen oder Branchen-IKK bestehen. Die hier verwendeten Faktorenmodelle werden aus Modellen mit
Marktdaten abgeleitet. Weitere Faktoren, besonders Bilanzkennzahlen, sollten auf ihren
Einfluss getestet werden.[481]

In dieser Arbeit werden vereinfachende Annahmen hinsichtlich der jährlichen Aktualisierung der Bilanz- und Prognosedaten aufgestellt (*Abschnitt 2.4.2*). Für die Bestimmung

---

[480] Zur Linearisierung nichtlinearer Zusammenhänge siehe Auer (2016), S. 334-344.
[481] Siehe für weitere mögliche Kennzahlen bspw. Lev/Thiagarajan (1993) und Loßagk (2014).

unterjähriger IKK oder zur Ermittlung von Faktorpreisen sind diese Annahmen erforderlich, da in dieser Arbeit gezeigt wird, dass besonders die Verwendung von zwölf Monate alten Daten zu deutlich höheren Fehlern führen kann (*Abschnitt 7.2.1*). Eine häufigere Bestimmung ist folglich notwendig. Es hat sich zudem gezeigt, dass sich diese Annahmen sowohl auf die IKK als auch auf die Faktorpreise, besonders im Monat der Anpassung, auswirken (*Abbildung 5* in *Abschnitt 5.1* und *Abbildung 26* in *Abschnitt 7.2.2*). Deshalb besteht ein hoher Bedarf an einer exakteren aber auch praktikablen Implementierung der aktualisierten Daten.

Der hier verwendete Ansatz zur Bestimmung der Faktorenmodell-Kapitalkosten sollte anhand einer Stichprobe, für die keine Prognosedaten, jedoch ausreichend Risikofaktoren vorhanden sind, überprüft werden. Gewinnprognosen müssten zum Testen der Bewertungsgenauigkeit alternativ prognostiziert werden.[482] Interessant zu beobachten wäre der Einfluss des geringeren Informationsniveaus (ohne Beobachtung durch Analysten), wenn für weitere Risikofaktoren kontrolliert wird.

Verschiedene Studien haben bereits die Prognosefähigkeit von IKK für zukünftige Aktienrenditen untersucht.[483] Auch in diesem Kontext könnten die in dieser Arbeit adjustierten AEG- und RIM-Modelle verwendet werden, um deren Prognosefähigkeit für zukünftige Aktienrenditen zu testen. Diese könnten mit der Prognosefähigkeit zukünftiger Aktienrenditen der Faktorenmodell-Kapitalkosten verglichen werden. Dabei könnten Modelle zur Korrektur der EPS-Prognosefehler implementiert werden, da sich diese bei Prognosen von Aktienrenditen bereits als vorteilhaft erwiesen haben.[484]

Aufbauend auf dieser Arbeit könnte die Verwendung des erstellten Faktorenmodells für die wertorientierte Unternehmenssteuerung untersucht werden. Für einen Manager wäre dieses Modell von Nutzen, wenn er durch die Beeinflussung von Risikofaktoren die vom Kapitalmarkt erwarteten Kapitalkosten verändern könnte. Dabei könnte der Einfluss des Managements auf die IKK durch beinflussbare Risikofaktoren untersucht werden. Beein-

---

[482] Vgl. bspw. Hou/Van Dijk/Zhang (2012); Li/Mohanram (2014).
[483] Vgl. bspw. Frankel/Lee (1998), Lee/Myers/Swaminathan (1999); Dechow/Hutton/Sloan (1999); Easton/Monahan (2005); Botosan/Plumlee (2005); Guay/Kothari/Shu (2011); Higgins (2011); Botosan/Plumlee/Wen (2011); Mohanram/Gode (2013); Esterer/Schröder (2014).
[484] Vgl. bspw. Mohanram/Gode (2013).

flussbare Risikofaktoren könnten bspw. die relative Umsatzrentabilität oder die Ausschüttungspolitik darstellen. So könnte der Einfluss der Veränderungen der Ausprägung der Risikofaktoren auf die IKK des Unternehmens im Zeitverlauf im Vergleich zum Gesamtmarkt analysiert werden. Bei dieser Analyse sollten die weiteren relevanten Risikofaktoren als Kontrollvariablen mit einbezogen werden.

Insgesamt können die Erkenntnisse aus dieser Arbeit zur Implementierung zukunftsorientierter Kapitalkosten in den genannten Forschungsfeldern beitragen.

Literaturverzeichnis

Abarbanell, Jeffery; Bernard, Victor (2000): Is the U.S. Stock Market Myopic? In: Journal of Accounting Research 38 (2), S. 221–242.

Abdelghany, Khaled E. (2005): Disclosure of Market Risk or Accounting Measures of Risk: An Empirical Study. In: Managerial Auditing Journal 20 (8), S. 867–875.

Ali, Ashiq; Hwang, Lee-Seok; Trombley, Mark A. (2003): Residual-Income-Based Valuation Predicts Future Stock Returns: Evidence on Mispricing vs. Risk Explanations. In: The Accounting Review 78 (2), S. 377–396.

Amihud, Yakov (2002): Illiquidity and Stock Returns: Cross-Section and Time-Series Effects. In: Journal of Financial Markets 5 (1), S. 31–56.

Amihud, Yakov; Mendelson, Haim (1986): Asset Pricing and the Bid-Ask Spread. In: Journal of Financial Economics 17 (2), S. 223–249.

Ang, Andrew; Liu, Jun (2004): How to Discount Cashflows with Time-Varying Expected Returns. In: The Journal of Finance 59 (6), S. 2745–2783.

Ang, James; Peterson, Pamela; Peterson, David (1985): Investigations into the Determinants of Risk: A New Look. In: Quarterly Journal of Business and Economics 24 (1), S. 3–20.

Ashton, David; Wang, Pengguo (2013): Terminal Valuations, Growth Rates and the Implied Cost of Capital. In: Review of Accounting Studies 18 (1), S. 261–290.

Auer, Ludwig von (2016): Ökonometrie: eine Einführung, 7. Auflage. Berlin, Heidelberg: Springer Gabler.

Bach, Christian; Christensen, Peter O. (2016): Consumption-Based Equity Valuation. In: Review of Accounting Studies 21 (4), S. 1149–1202.

Backhaus, Klaus; Erichson, Bernd; Plinke, Wulff; Weiber, Rolf (2016): Multivariate Analysemethoden: eine anwendungsorientierte Einführung, 14. Auflage. Berlin, Heidelberg: Springer Gabler.

Baginski, Stephen P.; Wahlen, James M. (2003): Residual Income Risk, Intrinsic Values, and Share Prices. In: The Accounting Review 78 (1), S. 327–351.

Banz, Rolf W. (1981): The Relationship between Return and Market Value of Common Stocks. In: Journal of Financial Economics 9 (1), S. 3–18.

Barry, Christopher B.; Brown, Stephen J. (1986): Limited Information as a Source of Risk. In: The Journal of Portfolio Management 12 (2), S. 66–72.

Barth, Mary E.; Elliott, John A.; Finn, Mark W. (1999): Market Rewards Associated with Patterns of Increasing Earnings. In: Journal of Accounting Research 37 (2), S. 387-413.

Basu, Sanjoy (1983): The Relationship between Earnings' Yield, Market Value and Return for NYSE Common Stocks. In: Journal of Financial Economics 12 (1), S. 129–156.

Bauer, Christoph (1992): Das Risiko von Aktienanlagen: die fundamentale Analyse und Schätzung von Aktienrisiken. Köln: Müller Botermann.

Beaver, William; Kettler, Paul; Scholes, Myron (1970): The Association between Market Determined and Accounting Determined Risk Measures. In: The Accounting Review 45 (4), S. 654-582.

Belsley, David A.; Kuh, Edwin; Welsch, Roy E. (1980): Regression Diagnostics: Identifying Influential Data and Sources of Collinearity. In: Wiley Series in Probability and Mathematical Statistics. New York: Wiley, S. 293-300.

Berk, Jonathan B. (1995): A Critique of Size-Related Anomalies. In: The Review of Financial Studies 8 (2), S. 275–286.

Berk, Jonathan B.; Green, Richard C.; Naik, Vasant (1999): Optimal Investment, Growth Options, and Security Returns. In: The Journal of Finance 54 (5), S. 1553–1607.

Bernard, Victor L. (1995): The Feltham-Ohlson Framework: Implications for Empiricists. In: Contemporary Accounting Research 11 (2), S. 733–747.

Black, Fischer (1993): Estimating Expected Return. In: Financial Analysts Journal 49 (5), S. 36–38.

Black, Fischer; Jensen, Michael C.; Scholes, Myron (1972): The Capital Asset Pricing Model: Some Empirical Tests. In: Jensen, Michael C. (Hrsg.): Studies in the Theory of Capital Markets. New York: Praeger, S. 79-121.

Botosan, Christine A. (1997): Disclosure Level and the Cost of Equity Capital. In: The Accounting Review 72 (3), S. 323–349.

Botosan, Christine A.; Plumlee, Marlene A. (2002): A Re-examination of Disclosure Level and the Expected Cost of Equity Capital. In: Journal of Accounting Research 40 (1), S. 21–40.

Botosan, Christine A.; Plumlee, Marlene A. (2005): Assessing Alternative Proxies for the Expected Risk Premium. In: The Accounting Review 80 (1), S. 21–53.

Botosan, Christine A.; Plumlee, Marlene A. (2013): Are Information Attributes Priced? In: Journal of Business Finance & Accounting 40 (9-10), S. 1045–1067.

Botosan, Christine A.; Plumlee, Marlene A.; Wen, He (2011): The Relation between Expected Returns, Realized Returns, and Firm Risk Characteristics. In: Contemporary Accounting Research 28 (4), S. 1085–1122.

Bowman, Robert G.; Bush, Susan R. (2006): Using Comparable Companies to Estimate the Betas of Private Companies. In: Journal of Applied Finance 16 (2), S. 71–81.

Bradshaw, Mark T. (2002): The Use of Target Prices to Justify Sell-Side Analysts' Stock Recommendations. In: Accounting Horizons 16 (1), S. 27-41.

Bradshaw, Mark T.; Brown, Lawrence D.; Huang, Kelly (2013): Do Sell-Side Analysts Exhibit Differential Target Price Forecasting Ability? In: Review of Accounting Studies 18 (4), S. 930–955.

Brav, Alon; Lehavy, Reuven; Michaely, Roni (2005): Using Expectations to Test Asset Pricing Models. In: Financial Management 34 (3), S. 31–64.

Brav, Alon; Graham, John. R.; Harvey, Campbell R.; Michaely, Roni (2005): Payout Policy in the 21st Century. In: Journal of Financial Economics 77 (3), 483-527.

Brennan, Michael J.; Subrahmanyam, Avanidhar (1996): Market Microstructure and Asset Pricing: On the Compensation for Illiquidity in Stock Returns. In: Journal of Financial Economics 41 (3), S. 441–464.

Brennan, Michael J.; Chordia, Tarun; Subrahmanyam, Avanidhar (1998): Alternative Factor Specifications, Security Characteristics and the Cross-Section of Expected Stock Returns. In: Journal of Financial Economics 49 (3), S. 345–373.

Brennan, Michael J.; Jegadeesh, Narasimhan; Swaminathan, Bhaskaran (1993): Investment Analysis and the Adjustment of Stock Prices to Common Information. In: The Review of Financial Studies 6 (4), S. 799–824.

Breusch, Trevor S.; Pagan, Adrian R. (1979): A Simple Test for Heteroscedasticity and Random Coefficient Variation. In: Econometrica 47 (5), S. 1287–1294.

Brigham, Eugene F.; Shome, Dilip K.; Vinson, Steve R. (1985): The Risk Premium Approach to Measuring a Utility's Cost of Equity. In: Financial Management 14 (1), S. 33–45.

Brown, Lawrence D.; Caylor, Marcus L. (2005): A Temporal Analysis of Quarterly Earnings Thresholds: Propensities and Valuation Consequences. In: The Accounting Review 80 (2), S. 423–440.

Brown, Lawrence D.; Rozeff, Michael S. (1978): The Superiority of Analyst Forecasts as Measures of Expectations: Evidence from Earnings. In: The Journal of Finance 33 (1), S. 1-16.

Brown, Lawrence D.; Hagerman, Robert L.; Griffin, Paul A.; Zmijewski, Mark E. (1987): Security Analyst Superiority Relative to Univariate Time-Series Models in Forecasting Quarterly Earnings. In: Journal of Accounting and Economics 9 (1), S. 61–87.

Carhart, Mark M. (1997): On Persistence in Mutual Fund Performance. In: The Journal of Finance 52 (1), S. 57–82.

Chan, Louis K.C.; Karceski, Jason; Lakonishok, Josef (2000): New Paradigm or Same Old Hype in Equity Investing? In: Financial Analysts Journal 56 (4), S. 23–36.

Chen, Feng; Jorgensen, Bjorn N.; Yoo, Yong K. (2004): Implied Cost of Equity Capital in Earnings-Based Valuation: International Evidence. In: Accounting and Business Research 34 (4), S. 323–344.

Chen, Nai-Fu; Roll, Richard; Ross, Stephen A. (1986): Economic Forces and the Stock Market. In: The Journal of Business 59 (3), S. 383–403.

Chen, Su-Jane; Jordan, Bradford D. (1993): Some Empirical Test in the Arbitrage Pricing Theory: Macrovariables vs. Derived Factors. In: Journal of Banking and Finance 17 (1), S. 65–89.

Claus, James; Thomas, Jacob (2001): Equity Premia as Low as Three Percent? Evidence from Analysts' Earnings Forecasts for Domestic and International Stock Markets. In: The Journal of Finance 56 (5), S. 1629–1666.

Cook, Dennis R.; Weisberg, Sanford (1983): Diagnostics for Heteroscedasticity in Regression. In: Biometrika 70 (1), S. 1–10.

Courteau, Lucie; Kao, Jennifer L.; Richardson, Gordon D. (2001): Equity Valuation Employing the Ideal versus Ad Hoc Terminal Value Expressions. In: Contemporary Accounting Research 18 (4), S. 625–661.

Courteau, Lucie; Kao, Jennifer L.; O'Keefe, Terry; Richardson, Gordon D. (2006): Relative Accuracy and Predictive Ability of Direct Valuation Methods, Price to Aggregate Earnings Method and a Hybrid Approach. In: Accounting and Finance 46 (4), S. 553–575.

Darrough, Masako N.; Russell, Thomas (2002): A Positive Model of Earnings Forecasts: Top Down versus Bottom Up. In: The Journal of Business 75 (1), S. 127–152.

Daske, Holger; Gebhardt, Günther (2006): Zukunftsorientierte Bestimmung von Risikoprämien und Eigenkapitalkosten für die Unternehmensbewertung. In: Schmalenbachs Zeitschrift für betriebswirtschaftliche Forschung 58 (4), S. 530–551.

Daske, Holger; Gebhardt, Günther; Klein, Stefan (2006): Estimating the Expected Cost of Equity Capital Using Analysts' Consensus Forecasts. In: Schmalenbach Business Review 58 (1), S. 2-36.

Daske, Stefan (2002): Winner-Loser-Effekte am deutschen Aktienmarkt. Working Paper: Humboldt-Universität zu Berlin.

De Bondt, Werner F. M.; Thaler, Richard H. (1985): Does the Stock Market Overreact? In: The Journal of Finance 40 (3), S. 793–805.

De Bondt, Werner F. M.; Thaler, Richard H. (1987): Further Evidence on Investor Overreaction and Stock Market Seasonality. In: The Journal of Finance 42 (3), S. 557–581.

Dechow, Patricia M.; Hutton, Amy P.; Sloan, Richard G. (1999): An Empirical Assessment of the Residual Income Valuation Model. In: Journal of Accounting and Economics 26 (1), S. 1–34.

Dechow, Patricia M.; Hutton, Amy P.; Sloan, Richard G. (2000): The Relation between Analysts' Forecasts of Long-Term Earnings Growth and Stock Price Performance Following Equity Offerings. In: Contemporary Accounting Research 17 (1), S. 1–32.

Dhaliwal, Dan; Krull, Linda; Li, Oliver Z.; Moser, William (2005): Dividend Taxes and Implied Cost of Equity Capital. In: Journal of Accounting Research 43 (5), S. 675–708.

Diamond, Douglas W.; Verrecchia, Robert E. (1991): Disclosure, Liquidity, and the Cost of Capital. In: The Journal of Finance 46 (4), S. 1325–1359.

Dichev, Ilia D. (1998): Is the Risk of Bankruptcy a Systematic Risk? In: The Journal of Finance 53 (3), S. 1131–1147.

Diether, Karl B.; Malloy, Christopher J.; Scherbina, Anna (2002): Differences of Opinion and the Cross Section of Stock Returns. In: The Journal of Finance 57 (5), S. 2113-2141.

Dittmann, Ingolf; Maug, Ernst G. (2008): Biases and Error Measures: How to Compare Valuation Methods. Working Paper: Online verfügbar unter SSRN-ID: 884337.

Easley, David; O'Hara, Maureen (2004): Information and the Cost of Capital. In: The Journal of Finance 59 (4), S. 1553–1583.

Easley, David; Hvidkjaer, Soeren; O'Hara, Maureen (2002): Is Information Risk a Determinant of Asset Returns? In: The Journal of Finance 57 (5), S. 2185–2221.

Easterwood, John C.; Nutt, Stacey R. (1999): Inefficiency in Analysts' Earnings Forecasts: Systematic Misreaction or Systematic Optimism? In: The Journal of Finance 54 (5), S. 1777–1797.

Easton, Peter D. (2004): PE Ratios, PEG Ratios, and Estimating the Implied Expected Rate of Return on Equity Capital. In: The Accounting Review 79 (1), S. 73-95.

Easton, Peter D. (2006): Use of Forecasts of Earnings to Estimate and Compare Cost of Capital Across Regimes. In: Journal of Business Finance & Accounting 33 (3-4), S. 374–394.

Easton, Peter D. (2009): Estimating the Cost of Capital Implied by Market Prices and Accounting Data. In: Foundations and Trends in Accounting 2 (4), S. 241–364.

Easton, Peter D.; Monahan, Steven J. (2005): An Evaluation of Accounting-Based Measures of Expected Returns. In: The Accounting Review 80 (2), S. 501–538.

Easton, Peter D.; Sommers, Gregory A. (2007): Effect of Analysts' Optimism on Estimates of the Expected Rate of Return Implied by Earnings Forecasts. In: Journal of Accounting Research 45 (5), S. 983–1015.

Easton, Peter D.; Taylor, Gary; Shroff, Pervin; Sougiannis, Theodore (2002): Using Forecasts of Earnings to Simultaneously Estimate Growth and the Rate of Return on Equity Investment. In: Journal of Accounting Research 40 (3), S. 657–676.

Echterling, Fabian; Eierle, Brigitte; Ketterer, Simeon (2015): A Review of the Literature on Methods of Computing the Implied Cost of Capital. In: International Review of Financial Analysis 42, S. 235–252.

Edwards, Edgar O.; Bell, Philip W. (1961): The Theory and Measurement of Business Income. Berkeley: University of California Press.

Elton, Edwin J. (1999): Expected Return, Realized Return, and Asset Pricing Tests. In: The Journal of Finance 54 (4), S. 1199–1220.

Esterer, Florian; Schröder, David (2014): Implied Cost of Capital Investment Strategies: Evidence from International Stock Markets. In: Annals of Finance 10 (2), S. 171–195.

Fama, Eugene F. (1970): Efficient Capital Markets: A Review of Theory and Empirical Work. In: The Journal of Finance 25 (2), S. 383–417.

Fama, Eugene F. (1976): Foundations of Finance: Portfolio Decisions and Securities Prices. New York: Basic Books.

Fama, Eugene F. (1991): Efficient Capital Markets: II. In: The Journal of Finance 46 (5), S. 1575–1617.

Fama, Eugene F. (1998): Market Efficiency, Long-Term Returns, and Behavioral Finance. In: Journal of Financial Economics 49 (3), S. 283–306.

Fama, Eugene F.; French, Kenneth R. (1988): Dividend Yields and Expected Stock Returns. In: Journal of Financial Economics 22 (1), S. 3–25.

Fama, Eugene F.; French, Kenneth R. (1992): The Cross-Section of Expected Stock Returns. In: The Journal of Finance 47 (2), S. 427–465.

Fama, Eugene F.; French, Kenneth R. (1993): Common Risk Factors in the Returns on Stocks and Bonds. In: Journal of Financial Economics 33 (1), S. 3–56.

Fama, Eugene F.; French, Kenneth R. (1996): Multifactor Explanations of Asset Pricing Anomalies. In: The Journal of Finance 51 (1), S. 55–84.

Fama, Eugene F.; French, Kenneth R. (1997): Industry Costs of Equity. In: Journal of Financial Economics 43 (2), S. 153–193.

Fama, Eugene F.; French, Kenneth R. (2001): Disappearing Dividends: Changing Firm Characteristics or Lower Propensity to Pay? In: Journal of Financial Economics 60 (1), S. 3-43.

Fama, Eugene F.; French, Kenneth R. (2002): The Equity Premium. In: The Journal of Finance 57 (2), S. 637–659.

Fama, Eugene F.; French, Kenneth R. (2004): The Capital Asset Pricing Model: Theory and Evidence. In: Journal of Economic Perspectives 18 (3), S. 25–46.

Fama, Eugene F.; French, Kenneth R. (2006): Profitability, Investment and Average Returns. In: Journal of Financial Economics 82 (3), S. 491–518.

Fama, Eugene F.; French, Kenneth R. (2008): Average Returns, B/M, and Share Issues. In: The Journal of Finance 63 (6), S. 2971–2995.

Fama, Eugene F.; MacBeth, James D. (1973): Risk, Return, and Equilibrium: Empirical Tests. In: The Journal of Political Economy 81 (3), S. 607–636.

Feltham, Gerald A.; Ohlson, James A. (1995): Valuation and Clean Surplus Accounting for Operating and Financial Activities. In: Contemporary Accounting Research 11 (2), S. 689–731.

Francis, Jennifer; Olsson, Per; Oswald, Dennis R. (2000): Comparing the Accuracy and Explainability of Dividend, Free Cash Flow, and Abnormal Earnings Equity Value Estimates. In: Journal of Accounting Research 38 (1), S. 45–70.

Frankel, Richard; Lee, Charles M. C. (1998): Accounting Valuation, Market Expectation, and Cross-Sectional Stock Returns. In: Journal of Accounting and Economics 25 (3), S. 283–319.

Gebhardt, William R.; Lee, Charles M. C.; Swaminathan, Bhaskaran (2001): Toward an Implied Cost of Capital. In: Journal of Accounting Research 39 (1), S. 135–176.

Gode, Dan; Mohanram, Partha (2003): Inferring the Cost of Capital Using the Ohlson-Juettner Model. In: Review of Accounting Studies 8 (4), S. 399–431.

Gode, Dan; Ohlson, James (2004): Accounting-Based Valuation with Changing Interest Rates. In: Review of Accounting Studies 9 (4), S. 419–441.

Gordon, Joseph R.; Gordon, Myron J. (1997): The Finite Horizon Expected Return Model. In: Financial Analysts Journal 53 (3), S. 52–61.

Gordon, Myron J. (1959): Dividends, Earnings, and Stock Prices. In: The Review of Economics and Statistics 41 (2), S. 99–105.

Gordon, Myron J. (1963): Optimal Investment and Financing Policy. In: The Journal of Finance 18 (2), S. 264–272.

Gordon, Myron J. (1993): The Pricing of Risk in Common Shares. In: International Review of Financial Analysis 2 (3), S. 147–153.

Gordon, Myron J.; Shapiro, Eli (1956): Capital Equipment Analysis: The Required Rate of Profit. In: Management Science 3 (1), S. 102–110.

Grullon, Gustavo; Michaely, Roni (2002): Dividends, Share Repurchases, and the Substitution Hypothesis. In: The Journal of Finance 57 (4), S. 1649-1684.

Gsell, Hannes (2011): Estimation of the Expected Market Risk Premium for Corporate Valuations: Methodologies and Empirical Evidence for Equity Markets in Key Countries. Frankfurt am Main: Peter Lang.

Guay, Wayne R.; Kothari, S. P.; Shu, Susan (2011): Properties of Implied Cost of Capital using Analysts' Forecasts. In: Australian Journal of Management 36 (2), S. 125–149.

Hachmeister, Dirk (2000): Der Discounted Cash Flow als Maß der Unternehmenswertsteigerung, 4. Auflage. Frankfurt am Main: Peter Lang.

Hagemeister, Meike M. (2010): Die Schätzung erwarteter Renditen in der modernen Kapitalmarkttheorie: Implizit erwartete Renditen und ihr Einsatz in Kapitalmarktmodell-Tests und Portfoliooptimierung. Wiesbaden: Gabler.

Hamada, Robert S. (1972): The Effect of the Firm's Capital Structure on the Systematic Risk of Common Stocks. In: The Journal of Finance 27 (2), S. 435-452.

Handa, Puneet; Linn, Scott C. (1993): Arbitrage Pricing with Estimation Risk. In: Journal of Financial and Quantitative Analysis 28 (1), S. 81–100.

Harris, Robert S.; Marston, Felicia C. (1992): Estimating Shareholder Risk Premia Using Analysts' Growth Forecasts. In: Financial Management 21 (2), S. 63–70.

Harris, Robert S.; Marston, Felicia C. (2001): The Market Risk Premium: Expectational Estimates Using Analysts' Forecasts. In: Journal of Applied Finance 11 (1), S. 6–16.

Harris, Robert S.; Marston, Felicia C.; Mishra, Dev R.; O'Brien, Thomas J. (2003): Ex Ante Cost of Equity Estimates of S&P 500 Firms: The Choice between Global and Domestic CAPM. In: Financial Management 32 (3), S. 51–66.

Henschke, Stefan (2009): Towards a More Accurate Equity Valuation: An Empirical Analysis. Wiesbaden: Gabler.

Higgins, Huong N. (2011): Forecasting Stock Price with the Residual Income Model. In: Review of Quantitative Finance and Accounting 36 (4), S. 583–604.

Ho, Kung-Cheng; Lee, Shih-Cheng.; Lin, Chien-Ting; Yu, Min-Teh (2016): A Comparative Analysis of Accounting-Based Valuation Models. In: Journal of Accounting, Auditing & Finance, S. 1–15.

Hodgkinson, Lynn (2001): Analysts' Forecasts and the Broker Relationship. In: Journal of Business Finance & Accounting 28 (7 - 8), S. 943–961.

Horowitz, Joel L.; Loughran, Tim; Savin, Nathan E. (2000): Three Analyses of the Firm Size Premium. In: Journal of Empirical Finance 7 (2), S. 143–153.

Hou, Kewei; Van Dijk, Mathijs A. (2014): Resurrecting the Size Effect: Firm Size, Profitability Shocks, and Expected Stock Returns. Working Paper: Online verfügbar unter SSRN-ID: 1536804.

Hou, Kewei; Van Dijk, Mathijs A.; Zhang, Yinglei (2012): The Implied Cost of Capital. A New Approach. In: Journal of Accounting and Economics 53 (3), S. 504–526.

Ibbotson, Roger G.; Grabowski, Roger J.; Harrington, James P.; Nunes, Carla (2017): 2017 SBBI Yearbook. Stocks, Bonds, Bills and Inflation: U. S. Capital Markets Performance by Asset Class 1926-2016. Hoboken, New Jersey: John Wiley & Sons.

Ilmanen, Antti (2003): Expected Returns on Stocks and Bonds. In: The Journal of Portfolio Management 29 (2), S. 7–27.

Imam, Shahed; Chan, Jacky; Shah, Syed Z. A. (2013): Equity Valuation Models and Target Price Accuracy in Europe: Evidence from Equity Reports. In: International Review of Financial Analysis 28 (C), S. 9–19.

Isidro, Helena; O'Hanlon, John; Young, Steven (2006): Dirty Surplus Accounting Flows and Valuation Errors. In: Abacus 42 (3-4), S. 302–344.

Jackson, Andrew R. (2005): Trade Generation, Reputation, and Sell-Side Analysts. In: The Journal of Finance 60 (2), S. 673–717.

Jegadeesh, Narasimhan; Titman, Sheridan (1993): Returns to Buying Winners and Selling Losers. Implications for Stock Market Efficiency. In: The Journal of Finance 48 (1), S. 65–91.

Jensen, Michael C. (Hrsg.) (1972): Studies in the Theory of Capital Markets. New York: Praeger.

Jones, Stewart (Hrsg.) (2015.): The Routledge Companion to Financial Accounting Theory. London: Routledge.

Jorgensen, Bjorn N.; Lee, Yong G.; Yoo, Yong K. (2011): The Valuation Accuracy of Equity Value Estimates Inferred from Conventional Empirical Implementations of the Abnormal Earnings Growth Model: US Evidence. In: Journal of Business Finance & Accounting 38 (3-4), S. 446–471.

Jüttner-Nauroth, Beate E. (2006): Unternehmensbewertung mit Hilfe von Rechnungsle-gungsgrößen: ein Überblick. In: Mika, Werner (Hrsg.): Die Fachhochschule der Deutschen Bundesbank in Hachenburg: Festschrift für den langjährigen Rektor Prof. Dr. Dietrich Schönwitz. Frankfurt am Main: Deutsche Bundesbank, S. 125–148.

Kaplan, Steven N.; Ruback, Richard S. (1995): The Valuation of Cash Flow Forecasts: An Empirical Analysis. In: The Journal of Finance 50 (4), S. 1059–1093.

Kempkes, Jan; Wömpener, Andreas (2016): Resolving the Reliance on Fixed Estimation Dates in the Implied Cost of Equity Capital Approach. Working Paper: Universität Duisburg-Essen.

Kennedy, Peter (2008): A Guide to Econometrics, 7. Auflage. Oxford: Wiley-Blackwell.

Kim, Moonchul; Ritter, Jay R. (1999): Valuing IPOs. In: Journal of Financial Economics 53 (3), S. 409–437.

King, David R.; Dalton, Dan R.; Daily, Catherine M.; Covin, Jeffrey G. (2004): Meta-analyses of Post-Acquisition Performance: Indications of Unidentified Modera-tors. In: Strategic Management Journal 25 (2), S. 187–200.

Klein, Roger W.; Bawa, Vijay S. (1976): The Effect of Estimation Risk on Optimal Port-folio Choice. In: Journal of Financial Economics 3 (3), S. 215–231.

Kothari, S. P. (2001): Capital Markets Research in Accounting. In: Journal of Accounting and Economics 31 (1), S. 105–231.

Kryzanowski, Lawrence; Rahman, Abdul H. (2009): Degrees-of-Freedom Problem and Implied Cost of Equity Capital. In: Finance Research Letters 6 (3), S. 171–178.

Laamanen, Tomi (2007): On the Role of Acquisition Premium in Acquisition Research. In: Strategic Management Journal 28 (13), S. 1359–1369.

Lakonishok, Josef; Shleifer, Andrei; Vishny, Robert W. (1994): Contrarian Investment, Extrapolation, and Risk. In: The Journal of Finance 49 (5), S. 1541–1578.

Lambert, Richard A.; Leuz, Christian; Verrecchia, Robert E. (2012): Information Asym-metry, Information Precision, and the Cost of Capital. In: Review of Finance 16 (1), S. 1–29.

La Porta, Rafael (1996): Expectations and the Cross-Section of Stock Returns. In: The Journal of Finance 51 (5), S. 1715–1742.

Larocque, Stephannie (2013): Analysts' Earnings Forecast Errors and Cost of Equity Capital Estimates. In: Review of Accounting Studies 18 (1), S. 135–166.

Lee, Charles M. C. (1999): Accounting-Based Valuation: Impact on Business Practices and Research. In: American Accounting Association 13 (4), S. 413–425.

Lee, Charles M. C.; Swaminathan, Bhaskaran (2000): Price Momentum and Trading Volume. In: The Journal of Finance 55 (5), S. 2017–2069.

Lee, Charles M. C.; Myers, James; Swaminathan, Bhaskaran (1999): What is the Intrinsic Value of the Dow? In: The Journal of Finance 54 (5), S. 1693–1741.

Lee, Charles M. C.; Ng, David; Swaminathan, Bhaskaran (2009): Testing International Asset Pricing Models Using Implied Costs of Capital. In: Journal of Financial and Quantitative Analysis 44 (2), S. 307–335.

Lev, Baruch; Kunitzky, Sergius (1974): On the Association between Smoothing Measures and the Risk of Common Stocks. In: The Accounting Review 49 (2), S. 259–270.

Lev, Baruch; Thiagarajan, Ramu (1993): Fundamental Information Analysis. In: Journal of Accounting Research 31 (2), S. 190–215.

Li, Kevin K.; Mohanram, Partha (2014): Evaluating Cross-Sectional Forecasting Models for Implied Cost of Capital. In: Review of Accounting Studies 19 (3), S. 1152–1185.

Lintner, John (1962): Dividends, Earnings, Leverage, Stock Prices and the Supply of Capital to Corporations. In: The Review of Economics and Statistics 44 (3), S. 243–269.

Lintner, John (1965): The Valuation of Risk Assets and the Selection of Risky Investments in Stock Portfolios and Capital Budgets. In: The Review of Economics and Statistics 47 (1), S. 13–37.

Litzenberger, Robert H.; Ramaswamy, Krishna (1979): The Effect of Personal Taxes and Dividends on Capital Asset Prices: Theory and Empirical Evidence. In: Journal of Financial Economics 7 (2), S. 163–195.

Litzenberger, Robert H.; Ramaswamy, Krishna (1982): The Effects of Dividends on Common Stock Prices Tax Effects or Information Effects? In: The Journal of Finance 37 (2), S. 429–443.

Liu, Jing; Nissim, Doron; Thomas, Jacob (2002): Equity Valuation Using Multiples. In: Journal of Accounting Research 40 (1), S. 135–172.

Loßagk, Sven (2014): Die Bewertung nicht börsennotierter Unternehmen: Eine empirische Untersuchung zur Erklärung des systematischen Risikos mittels rechnungswesenbasierter Daten. Lohmar: Eul.

Lücke, Wolfgang (1955): Investitionsrechnung auf der Grundlage von Ausgaben oder Kosten? In: Schmalenbachs Zeitschrift für handelswissenschaftliche Forschung 7, S. 310–324.

Lundholm, Russell J.; O'Keefe, Terrence B. (2001a): Reconciling Value Estimates from the Discounted Cash Flow Model and the Residual Income Model. In: Contemporary Accounting Research 18 (2), S. 311–335.

Lundholm, Russell J.; O'Keefe, Terrence B. (2001b): On Comparing Residual Income and Discounted Cash Flow Models of Equity Valuation: A Response to Penman 2001 (CAR, Winter 2001). In: Contemporary Accounting Research 18 (4), S. 693–696.

Malkiel, Burton G. (1979): The Capital Formation Problem in the United States. In: The Journal of Finance 34 (2), S. 291–306.

Malkiel, Burton G. (2003): The Efficient Market Hypothesis and Its Critics. In: The Journal of Economic Perspectives 17 (1), S. 59–82.

Malkiel, Burton G.; Xu, Yexiao (1997): Risk and Return Revisited. In: The Journal of Portfolio Management 23 (3), S. 9-14.

Markowitz, Harry M. (1952): Portfolio Selection. In: The Journal of Finance 7 (1), S. 77–91.

Markowitz, Harry M. (1991): Foundations of Portfolio Theory. In: The Journal of Finance 46 (2), S. 469–477.

Marston, Felicia C.; Harris, Robert S. (1993): Risk and Return: A Revisit using Expected Returns. In: Financial Review 28 (1), S. 117–137.

Merton, Robert C. (1974): On the Pricing of Corporate Debt: The Risk Structure of Interest Rates. In: The Journal of Finance 29 (2), S. 449–470.

Merton, Robert C. (1987): A Simple Model of Capital Market Equilibrium with Incomplete Information. In: The Journal of Finance 42 (3), S. 483–510.

Metz, Volker (2007): Der Kapitalisierungszinssatz bei der Unternehmensbewertung: Basiszinssatz und Risikozuschlag aus betriebswirtschaftlicher Sicht und aus Sicht der Rechtsprechung. Wiesbaden: Deutscher Universitäts-Verlag.

Mika, Werner (Hrsg.) (2006): Die Fachhochschule der Deutschen Bundesbank in Hachenburg: Festschrift für den langjährigen Rektor Prof. Dr. Dietrich Schönwitz. Frankfurt am Main: Deutsche Bundesbank.

Miller, Edward M. (1977): Risk, Uncertainty, and Divergence of Opinion. In: The Journal of Finance 32 (4), S. 1151–1168.

Miller, Merton H.; Modigliani, Franco (1961): Dividend Policy, Growth, and the Valuation of Shares. In: The Journal of Business 34 (4), S. 411–433.

Modigliani, Franco; Miller, Merton H. (1958): The Cost of Capital, Corporation Finance, and the Theory of Investment. In: The American Economic Review 48 (3), S. 261-297.

Modigliani, Franco; Miller, Merton H. (1959): The Cost of Capital, Corporation Finance, and the Theory of Investment: Reply. In: The American Economic Review 49 (4), S. 655–669.

Mohanram, Partha S. (1999): How do Young Firms Choose Among Different Modes of Investor Communications? Working Paper: Online verfügbar unter SSRN-ID: 151021.

Mohanram, Partha S.; Gode, Dan (2013): Removing Predictable Analyst Forecast Errors to Improve Implied Cost of Equity Estimates. In: Review of Accounting Studies 18 (2), S. 443–478.

Mossin, Jan (1966): Equilibrium in a Capital Asset Market. In: Econometrica 34 (4), S. 768–783.

Myers, James N. (1999): Conservative Accounting and Finite Firm Life: Why Residual Income Valuation Estimates Understate Stock Price. Working Paper: Online verfügbar unter SSRN-ID: 177208.

Nekrasov, Alexander (2016): Equity Value as a Function of (eps1, eps2, dps1, bvps, beta): Concepts and Realities. Discussion of Ohlson and Johannesson. In: Abacus 52 (1), S. 100-105.

Nekrasov, Alexander; Ogneva, Maria (2011): Using Earnings Forecasts to Simultaneously Estimate Firm-Specific Cost of Equity and Long-Term Growth. In: Review of Accounting Studies 16 (3), S. 414–457.

Nekrasov, Alexander; Shroff, Pervin K. (2009): Fundamentals-Based Risk Measurement in Valuation. In: The Accounting Review 84 (6), S. 1983–2011.

Newey, Whitney K.; West, Kenneth D. (1987): A Simple, Positive Semi-Definite, Heteroskedasticity and Autocorrelation Consistent Covariance Matrix. In: Econometrica 55 (3), S. 703–708.

Nölte, Uwe (2008): Managementprognosen, Analystenschätzungen und Eigenkapitalkosten: Empirische Analysen am deutschen Kapitalmarkt. Dissertation: Ruhr-Universität Bochum.

O'Brien, Patricia C.; McNichols, Maureen F.; Lin, Hsiou-Wei (2005): Analyst Impartiality and Investment Banking Relationships. In: Journal of Accounting Research 43 (4), S. 623–650.

O'Hanlon, John; Steele, Anthony (2000): Estimating the Equity Risk Premium Using Accounting Fundamentals. In: Journal of Business Finance & Accounting 27 (9-10), S. 1051–1083.

Ohlson, James A. (1995): Earnings, Book Values, and Dividends in Equity Valuation. In: Contemporary Accounting Research 11 (2), S. 661–687.

Ohlson, James A. (2005): On Accounting-Based Valuation Formulae. In: Review of Accounting Studies 10 (2), S. 323–347.

Ohlson, James A.; Gao, Zhan (2006): Earnings, Earnings Growth and Value. In: Foundations and Trends in Accounting 1 (1), S. 1-70.

Ohlson, James A.; Johannesson, Erik (2016): Equity Value as a Function of (eps1, eps2, dps1, bvps, beta): Concepts and Realities. In: Abacus 52 (1), S. 70-99.

Ohlson, James A.; Jüttner-Nauroth, Beate E. (2005): Expected EPS and EPS Growth as Determinants of Value. In: Review of Accounting Studies 10 (2), S. 349–365.

Partington, Graham (2006): Discussion of Dargenidou, McLeay and Raonic. In: Abacus 42 (3-4), S. 415–425.

Pashigian, Peter B. (1968): Market Concentration in the United States and Great Britain. In: The Journal of Law & Economics 11 (2), S. 299–319.

Penman, Stephen H. (1998): A Synthesis of Equity Valuation Techniques and the Terminal Value Calculation for the Dividend Discount Model. In: Review of Accounting Studies 2 (4), S. 303-323.

Penman, Stephen H. (2001): On Comparing Cash Flow and Accrual Accounting Models for Use in Equity Valuation: A Response to Lundholm and O'Keefe (CAR, Summer 2001). In: Contemporary Accounting Research 18 (4), S. 681–692.

Penman, Stephen H. (2005): Discussion of "On Accounting-Based Valuation Formulae" and "Expected EPS and EPS Growth as Determinants of Value". In: Review of Accounting Studies 10 (2), S. 367–378.

Penman, Stephen H. (2015): Valuation Models: An Issue of Accounting Theory. In: Jones, Stewart (Hrsg.): The Routledge Companion to Financial Accounting Theory. London: Routledge, S. 236-253.

Penman, Stephen H.; Sougiannis, Theodore (1998): A Comparison of Dividend, Cash Flow, and Earnings Approaches to Equity Valuation. In: Contemporary Accounting Research 15 (3), S. 343–383.

Petersen, Mitchell A. (2009): Estimating Standard Errors in Finance Panel Data Sets: Comparing Approaches. In: The Review of Financial Studies 22 (1), S. 435–480.

Pietzsch, Luisa (2004): Bestimmungsfaktoren der Analysten-Coverage: Eine empirische Analyse für den deutschen Kapitalmarkt. Bad Soden am Taunus: Uhlenbruch.

Power, D. M.; Lonie, Alasdair A. (1993): The Overreaction Effect: Anomaly of the 1980s? In: British Accounting Review 25 (4), S. 325–366.

Preinreich, Gabriel A. D. (1937): Valuation and Amortization. In: Accounting Review 12, S. 209–226.

Ramsey, J. B. (1969): Tests for Specification Errors in Classical Linear Least-Squares Regression Analysis. In: Journal of the Royal Statistical Society 31 (2), S. 350–371.

Rausch, Benjamin (2008): Unternehmensbewertung mit zukunftsorientierten Eigenkapitalkostensätzen: Möglichkeiten und Grenzen der Schätzung von Eigenkapitalkostensätzen ohne Verwendung historischer Renditen. Wiesbaden: Gabler.

Reese, Raimo (2007): Schätzung von Eigenkapitalkosten für die Unternehmensbewertung. Frankfurt am Main: Peter Lang.

Ridder, Christopher (2006): Investor Relations-Qualität: Determinanten und Wirkungen: Theoretische Konzeption mit empirischer Überprüfung für den deutschen Kapitalmarkt. Wolfratshausen: Going Public Media.

Rosenberg, Barr (1974): Extra-Market Components of Covariance in Security Returns. In: Journal of Financial and Quantitative Analysis 9 (2), S. 263–274.

Rosenberg, Barr; Reid, Kenneth; Lanstein, Ronald (1985): Persuasive Evidence of Market Inefficiency. In: The Journal of Portfolio Management 11 (3), S. 9–16.

Ross, Stephen A. (1976): The Arbitrage Theory of Capital Asset Pricing. In: Journal of Economic Theory 13 (3), S. 341–360.

Schneider, Sebastian (2001): Kapitalmarktmodelle und erwartete Renditen am deutschen Aktienmarkt. Bad Soden am Taunus: Uhlenbruch.

Schröder, David (2007): The Implied Equity Risk Premium: An Evaluation of Empirical Methods. In: Kredit und Kapital 40 (4), S. 583–613.

Shapiro, S. S.; Wilk, M. B. (1965): An Analysis of Variance Test for Normality (Complete Samples). In: Biometrika 52 (3-4), S. 591–611.

Sharpe, William F. (1964): Capital Asset Prices: A Theory of Market Equilibrium under Conditions of Risk. In: The Journal of Finance 19 (3), S. 425–442.

Shiller, Robert J.; Fischer, Stanley; Friedman, Benjamin M. (1984): Stock Prices and Social Dynamics. In: Brookings Papers on Economic Activity 1984 (2), S. 457-510.

Stanzel, Matthias (2007): Qualität des Aktienresearchs von Finanzanalysten: Eine theoretische und empirische Untersuchung der Gewinnprognosen und Aktienempfehlungen am deutschen Kapitalmarkt. Wiesbaden: Deutscher Universitäts-Verlag.

Stehle, Richard; Hausladen, Julie (2004): Die Schätzung der US-amerikanischen Risikoprämie auf Basis der historischen Renditezeitreihe. In: Die Wirtschaftsprüfung 57 (17), S. 928-936.

Stein, Jeremy C. (1996): Rational Capital Budgeting in an Irrational World. In: The Journal of Business 69 (4), S. 429–455.

Steiner, Manfred; Bauer, Christoph (1992): Die fundamentale Analyse und Prognose des Marktrisikos deutscher Aktien. In: Schmalenbachs Zeitschrift für betriebswirtschaftliche Forschung 44 (4), S. 347–368.

Tang, Gordon Y. N.; Shum, Wai C. (2003): The Conditional Relationship Between Beta and Returns: Recent Evidence from International Stock Markets. In: International Business Review 12 (1), S. 109–126.

Urban, Dieter; Mayerl, Jochen (2011): Regressionsanalyse: Theorie, Technik und Anwendung, 4. Auflage. Wiesbaden: VS Verlag für Sozialwissenschaften.

Van Halteren, Jörn (2011): Evaluating and Improving Methods to Estimate the Implied Cost of Capital and Return Decompositions. Dissertation: Universität Mannheim.

Vuolteenaho, Tuomo (2002): What Drives Firm-Level Stock Returns? In: The Journal of Finance 57 (1), S. 233–264.

White, Halbert (1980): A Heteroskedasticity-Consistent Covariance Matrix Estimator and a Direct Test for Heteroskedasticity. In: Econometrica 48 (4), S. 817–838.

Williams, John B. (1938): The Theory of Investment Value. Cambridge: Harvard University Press.

Wooldridge, Jeffrey M. (2016): Introductory Econometrics: A Modern Approach, 6. Auflage. Boston, Cengage Learning.

FINANZIERUNG, KAPITALMARKT UND BANKEN

Herausgegeben von Prof. Dr. Hermann Locarek-Junge, Dresden, Prof. Dr. Klaus Röder, Regensburg, und Prof. Dr. Mark Wahrenburg, Frankfurt

Band 93
Eva Maria Kreibohm
The Performance of Socially Responsible Investment Funds in Europe – An Empirical Analysis
Lohmar – Köln 2016 ◆ 316 S. ◆ € 68,- (D) ◆ ISBN 978-3-8441-0482-0

Band 94
Svenja Mangold
Die Realoptionsmethode als Steuerungsinstrument eskalie-renden Commitments – Eine empirische Untersuchung
Lohmar – Köln 2017 ◆ 268 S. ◆ € 62,- (D) ◆ ISBN 978-3-8441-0513-1

Band 95
Johannes Volkheimer
Erfolg und Einflussfaktoren chinesischer Unternehmens-übernahmen in Europa – Eine empirische Untersuchung
Lohmar – Köln 2017 ◆ 520 S. ◆ € 88,- (D) ◆ ISBN 978-3-8441-0534-6

Band 96
Philipp Bartholomä
Strategische Fremdwährungsverschuldung
Lohmar – Köln 2018 ◆ 244 S. ◆ € 60,- (D) ◆ ISBN 978-3-8441-0538-4

Band 97
Steffen Biermann
Unternehmensbewertung mit Modellen zur Diskontierung von Gewinnprognosen unter Verwendung zukunftsorientier-ter Kapitalkosten – Eine empirische Analyse auf Basis von Fak-torenmodellen zur Bestimmung impliziter Kapitalkosten
Siegburg – Köln 2018 ◆ 288 S. ◆ € 64,- (D) ◆ ISBN 978-3-8441-0544-5